thauer · Fitness der Unternehmung

Klaus F. Withauer

Fitness der Unternehmung

Management von
Dynamik und Veränderung

Professor Dr. Klaus F. Withauer lehrt betriebswirtschaftliches Management und personale Führung an der Fachhochschule Worms und arbeitet in der Unternehmensberatung als Moderator von Workshops und in Seminaren als Trainer für Management-Development.

Die Deutsche Bibliothek – CIP-Einheitsaufnahme
Ein Titeldatensatz für diese Publikation ist bei der Deutschen Bibliothek erhältlich.

Alle Rechte vorbehalten.

Der Gabler Verlag ist ein Unternehmen der Fachverlagsgruppe BertelsmannSpringer.

© Betriebswirtschaftlicher Verlag Dr. Th. Gabler GmbH, Wiesbaden 2000
Lektorat: Jutta Hauser-Fahr / Renate Schilling

Das Werk einschließlich aller seiner Teile ist urheberrechtlich geschützt. Jede Verwertung außerhalb der engen Grenzen des Urheberrechtsgesetzes ist ohne Zustimmung des Verlages unzulässig und strafbar. Das gilt insbesondere für Vervielfältigungen, Übersetzungen, Mikroverfilmungen und die Einspeicherung und Verarbeitung in elektronischen Systemen.

http://www.gabler.de

Höchste inhaltliche und technische Qualität unserer Produkte ist unser Ziel. Bei der Produktion und Verbreitung unserer Bücher wollen wir die Umwelt schonen. Dieses Buch ist auf säurefreiem und chlorfrei gebleichtem Papier gedruckt. Die Einschweißfolie besteht aus Polyäthylen und damit aus organischen Grundstoffen, die weder bei der Herstellung noch bei der Verbrennung Schadstoffe freisetzen.

Die Wiedergabe von Gebrauchsnamen, Handelsnamen, Warenbezeichnungen usw. in diesem Werk berechtigt auch ohne besondere Kennzeichnung nicht zu der Annahme, dass solche Namen im Sinne der Warenzeichen- und Markenschutz-Gesetzgebung als frei zu betrachten wären und daher von jedermann benutzt werden dürften.

ISBN-13: 978-3-409-11629-9   e-ISBN-13: 978-3-322-82299-4
DOI: 10.1007/ 978-3-322-82299-4

Vorwort

»Fitness« als Bestreben des entwicklungsorientierten Managements der Unternehmung

I. Das Problem der »Fitness« von Unternehmungen

Fitness heißt Stärkung der Muskeln, der Beweglichkeit, schnelle Reaktionsfähigkeit auf das Umfeld, Abtrainieren des Fettgewebes und optimale Zusammenarbeit der Organe und Zellen. Sie zeigt sich darin, dass man eine gute Kondition erreicht und behält, sich in einer guten Verfassung befindet. Für die Fitness muss man etwas tun, sie kennzeichnet eine Geisteshaltung, sie ist Ausdruck von Dynamik, vitalem Veränderungswillen, Vorstellungskraft und Gefühlsintensität. »Wer rastet, der rostet«, dies ist die Erfahrung fast eines Jeden. Fitness kommt nicht von selbst, sie muss aktiviert, mobilisiert und entwickelt werden. Fitness hilft, die Dynamik des Lebens zu beherrschen, unvorhergesehene Ereignisse, herausfordernde Belastungen oder auch gefährliche Situationen zu bewältigen, vor allem aber im normalen Lebensablauf und sogar bei mancher Widrigkeit die gestellten Aufgaben und Probleme mit Leichtigkeit und Überlegenheit zu meistern. Sie ist mithin Vorsorge für belastende oder schwierige Herausforderungen sowie Aufbau und Erweiterung von Potenzialen körperlicher oder geistiger Art. Fitness bedeutet eine qualitative Verbesserung des Lebens.

Auch Unternehmungen und andere Institutionen der Gesellschaft benötigen Fitness. Diese analoge Eigenschaft ist gefordert, weil auch sie vielfältiger Dynamik ausgesetzt sind und dabei ihre Funktionsfähigkeit bewahren möchten. Die äußere und innere Dynamik sorgen dafür, dass Unternehmungen nicht gleich bleiben. Soziale Systeme müssen und können sich verändern, damit sie ihre Funktionen und ihren Zweck erfüllen und somit langfristig bestehen können.

Nur wenige Unternehmungen bewahren ihre Existenz über lange Zeit. So fand sich zum Beispiel ein Drittel der Fortune-500-Unternehmen des Jahres 1970 schon 1983 verkauft oder in Stücke zerlegt oder hatte mit anderen Firmen fusioniert. Im Mittel liegt die Lebenserwartung von Unternehmungen bei weniger als 50 Jahren. Andererseits gibt es Beispiele, dass Unternehmungen mehrere hundert Jahre alt werden können wie die japanische Sumitomo-Gruppe, die ihre Ursprünge in einer 1590 gegründeten Kupfermine hat oder die schwedische Firma Stora, die vor über 700 Jahren als Kupfermine in Zentralschweden begann. Viele Hinweise zu den Gründen der Kurzlebigkeit der meisten Unternehmungen legen die Vermutung nahe: Sie scheitern, weil ihre Manager zu sehr nur ökonomisch in Geschäftsstrategien und -methoden denken und dabei auf die Produktion von Gütern und Dienstleistungen fixiert sind, statt die Unternehmung als Gemeinschaft von Menschen zu begreifen (vgl. Geus 1997, S. 111).

Eine Studie langlebiger Unternehmungen ergab, dass sie vor allem im »Management des Wandels« vortrefflich waren. Stora, das auffälligste Beispiel, bewahrte sein Bestehen seit dem Mittelalter, in der Reformation, im Dreißigjährigen Krieg, während der industriellen Revolution und zweier Weltkriege bis heute; das Stora-Geschäft verlagerte sich vom Kupfer auf Forstwirtschaft, Verhüttung, Wasserkraft und schließlich auf Papier, Pulpe und Chemikalien, der technische Wandel verlief von der Dampfkraft zu Verbrennungsmotoren, von der Elektrizität zu Mikrochips.

Die Fitness und Vitalität langlebiger Unternehmungen ist geprägt von vier gemeinsamen Charakterzügen: einem konservativen Finanzgebaren mit der Haltung von Mittelreserven, durch Lernen und Anpassen abgeleitet aus der Sensibilität gegenüber dem Umfeld, dem Bewusstsein der eigenen Identität und einer starken Aufgeschlossenheit für neue Ideen und Geschäftsfelder (vgl. ebenda, S. 112 f). Diese Merkmale schaffen die Voraussetzungen für eine Unternehmung, sich harmonisch zu entwickeln.

In vitalen Unternehmungen gelten gemeinschaftsbildende Werte und Glaubenssätze: Engagement kommt vor Kapital, Innovationen sind favorisiert gegenüber dem Festhalten an einer bestehenden Geschäftspolitik, die Verpflichtung zum Lernen hat Vorrang vor geordneten Abläufen und das Überdauern der Gemeinschaft zählt mehr als irgendwelche anderen Belange. Für diese Unternehmungen sind Güter und Rechte sowie auch der Gewinn wie Sauerstoff, nämlich notwendig zum Leben, doch nicht der Daseinszweck.

Es gibt Zeiten, in denen Kenntnisse und Fähigkeiten einer Unternehmung, ihre Produktpalette und die Arbeitsbedingungen mit der Umwelt harmonieren. Die geschäftliche Lage ist vertraut und die Unternehmung gut organisiert; die Mitarbeiter sind geschult und erfüllen die Anforderungen. In solchen Zeiten müssen Manager keine neuen Ideen entwickeln und umsetzen. Ihre Aufgabe besteht darin, die verfügbaren Mittel zu verteilen, um Wachstum und Entwicklung voranzubringen, also Kapital und Personal in die Teile der Unternehmung zu lenken, die am ehesten in der Lage sind, aus dem derzeitigen Stand der Dinge Nutzen zu ziehen. Diese Unternehmungsteile werden dann größer und ertragreicher und etablieren sich stärker. Aber gerade wenn eine Unternehmung sich gut eingerichtet hat, können neue äußere Bedingungen eintreten. Neue Techniken tauchen auf, Märkte wandeln sich, Zinsen steigen oder fallen, der Verbrauchergeschmack ändert sich – die Unternehmung wird dadurch in eine neue Situationsphase gedrängt. Nun muss sie fähig sein, ihre Marketingstrategie zu ändern, die Produktpalette, die Organisationsform, Fertigungsstandorte und -methoden. Mit der Anpassung an ein neues Umfeld ist aber die Unternehmung nicht mehr jene, die sie vorher war. Konstanz und Veränderung sind mithin komplementäre Voraussetzungen für die Fitness der Unternehmung.

Häufig wird aber in sozialen Systemen auf Umweltveränderungen sehr einseitig reagiert. Gerade in turbulenten Zeiten werden dann etwa Konflikte unterdrückt, Innovationen ausgeschlossen, Veränderungen vermieden, Wahlmöglichkeiten verhindert, Probleme verneint oder verniedlicht usw. Damit wird Entwicklung als Voraussetzung der Fitness verhindert. Negativ ausgedrückt fehlt in sozialen Institutionen die gute Kondition und insbesondere die Entwicklungsfähigkeit, wenn sehr eingeengte, eindimensionale Wahrnehmungen vorherrschen (Ideologien, Zielsetzungen, Wertstrukturen), positive Wechselwirkungen zu einem unabwendbaren Aufschaukeln oder einem Abschaukeln führen (»Mehr desselben« als Lösungsansatz), Risiken vermieden, Konflikte unterdrückt, Probleme verschwiegen werden, Probleme außerhalb des Systems lokalisiert werden (angebliches Markt- oder Strukturproblem, Sündenbocksuche), Wahlmöglichkeiten ausgeschlossen und Veränderungen vermieden werden. In solchen Fällen meint man dann etwa, dass noch mehr Wachstum die Lösung aller Probleme sei, die freien Handlungsmöglichkeiten in Krisenzeiten stark zu reduzieren seien, Investitionen und Innovationen zurückgestellt werden müssten usw.

Dynamik und Wandel sind die Voraussetzungen der entwicklungsfähigen Unternehmung. Fitness ist das Ziel des entwicklungsorientierten Managements. Bei der Entwicklung geht es nicht einfach nur um die Auswahl von Verhaltensmöglichkeiten aus einem bestehenden Verhaltensrepertoire. Entwicklung umfasst ein bewusstes oder unbewusstes Erweitern des Verhaltenspotenzials und eine Neugestaltung oder Neuwahl von Zielen und Zwecken. Das Ergebnis der Entwicklung ist ein qualitativer Unterschied, der die sinnmachende Erweiterung der Verhaltensmöglichkeiten bedeutet, bezogen auf menschliche Werte eine Verbesserung darstellt. Die eigenen Möglichkeiten können aus freiem Willen heraus erweitert und verbessert werden. Die notwendige qualitative Veränderung der Unternehmung ist begründet im Streben der Menschen und Institutionen der Gesellschaft nach neuen, besseren Leistungen, aber auch im Streben aller Beteiligten, ihre Bedürfnisse möglichst kostengünstig decken zu können. In einer marktwirtschaftlichen Ordnung wird dieser äußere Druck potenziert durch die Konkurrenz, wer sich auf veränderte Anforderungen am besten einstellen kann, gewinnt im Wettbewerb.

Die Entwicklung stellt nicht einfach einen natürlichen Prozess dar. Entwicklung und Wachstum, das eine größenmäßige Zunahme bedeutet, sind nicht dasselbe (vgl. Ulrich/Probst 1991, S. 90 f). Entwicklung hat weniger damit zu tun, wieviel wir haben, sondern vielmehr, was wir aus dem machen, was wir haben. Entwicklung ist somit stets Höherentwicklung. Entwicklung hat mit der Fähigkeit zu tun, sich neues Wissen und Können anzueignen, neue Möglichkeiten absichtsgeleitet zu nutzen, neue Wünsche und Bedürfnisse zu entdecken und aufzugreifen, den Ressourcenverbrauch zu mindern und das Angebot an Ressourcen sinnvoll auf neue Art zu nutzen. Entwicklung bedeutet auch, dass noch nicht dagewesene Eigenschaften, Fähigkeiten und Beziehungen entstehen, geschaffen oder integriert werden, wobei auch sinnmachende, moralische und/oder ethische Aspekte mit einfließen. Mit dem evolutionären Prozess wird automatisch die Frage nach den Bedingungen des Fortschritts gestellt. Welche Bedürfnisse werden in der Umwelt befriedigt bzw. welche Werte werden bei den betroffenen Mitgliedern in System und Umwelt realisiert? Entwicklung ist deshalb nicht einfach zielorientierte Veränderung. In sozialen Systemen kann man wählen, was man *wollen* und was man *tun* möchte.

Grundstrukturen zu verändern und neue Fähigkeiten zu entfalten heißt *lernen*. Überdies *immer schneller neue* Potenziale schaffen und sich anpassen oder verändern zu können, kann mit *Lernen zu lernen* gleichgesetzt werden. Entwicklung ist damit etwas, das von niemand anderem gemacht oder realisiert werden kann als dem System selbst. Entwicklung ist ein Resultat und Phänomen des Systems selbst. Für die Entwicklung und die Förderung der Fitness müssen Institutionen also lernen und lernen zu lernen.

II. Zielsetzung und Aufbau des Buches

Dieses Buch befasst sich mit der Fitness der Unternehmung und dem Management entwicklungsorientierter Dynamik- und Veränderungsprozesse. Es ist gerichtet an Führungskräfte und andere Schlüsselpersonen vor allem in Unternehmungen, die verantwortlich an der Gestaltung, Lenkung und Entwicklung ihrer Institution mitwirken.

Einerseits wird der Versuch unternommen, für »Fitness« und »entwicklungsorientiertes Management« einen theoretischen Bezugsrahmen zur Begründung, Erfassung und Bewältigung von Dynamik und Wandel zu entwerfen. Dabei sollen vorhandene Denkstrukturen nicht etwa ergänzt werden, vielmehr geht es um eine Erschütterung dieser eingefahrenen Denkstrukturen anhand einer erneuerten theoretischen Beschreibung der Unternehmung und ihrer Entwicklung. Zum anderen gilt die Arbeit der Darstellung und Einordnung anwendungsbezogener Dynamikkonzepte und Veränderungsansätze, um der Managementpraxis eine Beurteilung ihrer Tauglichkeit und ihrer Eignung für fitnessgerichtete Absichten zu bieten.

Die Abhandlung will zu ihrer praktischen Ausrichtung zugleich auch ein Lehr- und Lernbuch über Management sein. Dies bedeutet, dass auch Teile enthalten sind, die so zu lesen sind, wie man dies für ein richtiges intensives Studium tut (Kap. 3, 4.2 sowie 5.2 bis 5.5, teilweise 7.4). Sie sind immerhin auch als wichtige »Denkschule« zu verstehen. Eine solche ist deshalb sehr bedeutsam, da die Art und Weise, wie wir denken und handeln, davon abhängt, wie wir die Welt wahrnehmen, die wir verstehen und in die wir eingreifen wollen (vgl. Ulrich/Probst 1991, S. 96).

Die Arbeit gliedert sich in vier Teile. Im 1. Teil - Management im Hin-blick des gewandelten Realitätsverständnisses gesellschaftlicher Institutionen - werden vor dem in Kapitel 1 geschilderten Hintergrund, dass Komplexität und Dynamik gegenwärtig in fast allen Gesellschaftsbereichen zur einer zentralen Lebenserfahrung geworden sind, in Kapitel 2 Systemtheorie und Kybernetik als dieser Gegebenheit gerecht werdende und inhaltlich konkretisierte Grundkonzepte vorgestellt, die allerdings eine ungenügende theoretische Fundierung der Führ-barkeit und des Funktionieren-Könnens von Unternehmungen in der besonderen Perspektive ihres Wandels und daraus abgeleitete Grundfragen erkennen lassen.

Der 2. Teil - Wissenschaftsmethodische und interdisziplinäre Grundlegung einer Theorie der Dynamik und des Wandels von Unternehmungen - erörtert die Grundlagen einer angewandten Forschung, stellt vorliegende ganzheitliche Management-Konzepte mit einem Einbezug von Dynamik- und Wandelaspekten vor und widmet sich sodann aus neueren naturwissenschaftlichen Forschungsergebnissen abgeleiteten analogen theoretischen Konzeptionen der Unternehmung und ihrer Entwicklungsdynamik. Kapitel 3 befasst sich mit der Erkenntnismethodik für den Fortschritt sowie dem Zweck wissenschaftlicher Forschung und weist auf die Bedeutung des jeweils zugrunde gelegten Paradigmas hin; im Hinblick auf das aufgezeigte heutige, vor allem durch naturwissenschaftliche Erkenntnisse neuorientierte wissenschaftliche Weltbild wird die Möglichkeit einer interdisziplinären Vorgehensweise geklärt, gleichwohl aber die Managementlehre weiterhin der Betriebswirtschaftslehre zugeordnet. In Kapitel 4 werden als methodisch gelungenes Beispiel das St. Galler Management-Konzept vorgestellt und das Konzept der Münchner Schule diskutiert. Kapitel 5 erörtert ausgehend von dem auch im Management stattfindenden Paradigmenwechsel solche auf soziale Systeme übertragbare von der Chaosforschung beeinflusste physikalische sowie organismische Systemkonzeptionen und arbeitet evolutionsbiologische Mechanismen als auch auf Unternehmungen passende Entwicklungsmuster heraus, um sich nach der Diskussion eines viel diskutierten soziologischen Systemansatzes für die Beschreibung der Unternehmung als *soziales* dissipatives System zu entscheiden.

Der 3. Teil - Entwicklungsorientiertes Management als Prozess des Umlernens auf der Grundlage eines ganzheitlichen Denkens - gibt für den durch Management als beeinflussbar geltenden organisationalen Wandel konzeptuale Leitlinien und behandelt im einzelnen methodische Zugänge und vielfältige konkrete, praktische Gestaltungsmaßnahmen. In Kapitel 6 werden Erklärungsansätze zum organisationalen Wandel erörtert und insbesondere Möglichkeiten eines vom Management ausgehenden Beitrags. In Kapitel 7 werden begründete Leitlinien für entwicklungsorientiertes Management vorgestellt, wobei ausgehend von der Sicht der Unternehmung als handlungsfähiger Einheit und der lernenden Organisation als Entwicklungsperspektive die drei Theorie-Konzepte der Ausbildung interner Selektionsmechanismen durch konstruierte Wirklichkeiten, des organisationalen Lernens und der Selbst-Organisation bei fraktalen Strukturen als denkleitend angesehen werden. Methodische Zugänge für entwicklungsbezogene Veränderungen werden in Kapitel 8 thematisiert. Entwicklung wird als dynamikgeprägtes strategisches Problem gesehen mit mannigfaltigen Tücken und abhängig von der jeweiligen Unternehmensdynamik. Die zweifelhafte Anwendbarkeit planerischer Strategien bei einer hochdynamischen Unternehmungsentwicklung bedingt andere hierzu besser passende methodische Ansätze unter Einbeziehung anderer Erfolgsfaktoren; ein ganzheitliches Methodenkonzept muss mithin verschiedene, dynamikabhängige Methoden einsetzen. Die Prozess- und Strukturkontrolle und die Methode des vernetzten Denkens sind Managementtechniken zur Analyse von Veränderungschancen. Kapitel 9 widmet sich der *Praxis* der entwicklungsorientierten *Gestaltung des Wandels* in den Aktionsfeldern Strategie, Kultur, Struktur und schlägt unter dem Motto »Vitaler und mobiler sein« strategische Maßnahmen für Flexibilität und Erneuerung vor, behandelt unter dem Stichwort »Besser sein«, wie die Unternehmensintelligenz gesteigert und eine kulturbewusste Führung gestaltet werden kann, und wie nach der Devise »Variabler sein« die funktionalen Voraussetzungen der Unternehmungsentwicklung durch fluide, heterarchische Strukturen zu schaffen sind.

Im 4. Teil der Arbeit - Management-Development als persönliche Aufgabe der Selbstentwicklung von und in Organisationen - wird die Aufgabe eines Management-Developments im Sinne der als lernende Organisation zu steigernden Fähigkeit zur selbstorganisierenden Lenkung und Entwicklung der Unternehmung erweitert um die damit einhergehend notwendige Selbstentwicklung von Führungspersonen. In Kapitel 10 werden die Erkenntnis- und Handlungsressourcen für entwicklungsorientierte Gestaltungspotenziale analysiert, wegen der evolutionär begrenzten Erkenntnisfähigkeit des Menschen beim Umgang mit komplexen Phänomenen wird für emotional orientierte Erkenntnismechanismen und mehr intuitives Management plädiert. Für organisationale Lern- und Entwicklungsprozesse sind funktions- und berufsübergreifende sogenannte »Schlüsselqualifikationen« wesentlich. Kapitel 11 definiert integriertes Management-Development als die prozessuale Förderung von Entwicklungsprozessen durch personale Qualifizierung und stellt für eine erkenntnisfördernde mentale Selbstentwicklung geeignete Trainingsbausteine vor. Kapitel 12 gibt einen Ausblick auf die für künftiges Management-Development nutzbare Managementpraxis.

Inhaltsübersicht

Vorwort: »Fitness« als Bestreben des entwicklungsorientierten Managements der Unternehmung V

I. Das Problem der »Fitness« von Unternehmungen V
II. Zielsetzung und Aufbau des Buches VIII

Teil I: Management im Hin-blick des gewandelten Realitätsverständnisses gesellschaftlicher Institutionen

1. **Führ-barkeit und Funktionieren-lassen der Unternehmung im Spannungsfeld von Komplexität und Dynamik** 1

1.1 Attribute zunehmender Dynamik und fundamentalen Wandels 1
1.2 Komplexität und Dynamik als Grundaspekte zur Führ-barkeit der Unternehmung 6
   ..1 *Der Umgang mit komplexen Phänomenen als Managementproblem* 7
   ..2 *Komponenten der Komplexität* 10
   ..3 *Komponenten der Dynamik* 13
   ..4 *Duales Verständnis von Komplexität und Dynamik* 14
1.3 Fitness und Führbarkeit der Unternehmung durch Management ihrer Höherentwicklung 16

2. **Das »System« Unternehmung und Management-»Kybernetik«** 18

2.1 Der Beitrag der Systemtheorie 18
   ..1 *Systemische Welt und Management* 21
   ..2 *Holistischer Ansatz im Denken und Handeln* 22
   ..3 *Systemorientiertes Management* 24
2.2 Kybernetik als Wissenschaft von der Lenkung komplexer Systeme 27
   ..1 *Kybernetisches Denken und Regelkreis als Lenkungskonzept* 28
   ..2 *Management als lenkende Handhabung von Varietät und Komplexität* ... 35
   ..3 *Management als Gestalten, Lenken und Entwickeln sozialer Systeme* 40
   ..4 *Kybernetik mechanischer, natürlicher und sozialer Systeme* 45
   ..5 *Ausbalancieren zwischen Vergangenheit und Zukunft* 53
2.3 Perspektive des Wandels in Organisations- und Managementansätzen 59
   ..1 *Ausgewählte Problemfelder der klassischen OE-Technokratie* 60
   ..2 *Anliegen eines entwicklungsorientierten Managements* 61
   ..3 *Grundfragen zur theoretischen Fundierung des Managements von Wandel* 64

Teil II: Wissenschaftsmethodische und interdisziplinäre Grundlegung einer Theorie der Dynamik und des Wandels von Unternehmungen

3. Wissenschaftsmethodik einer angewandten Managementforschung 67

3.1 Erkenntnismethodik für wissenschaftlichen Fortschritt 67
3.2 Theoretische versus anwendungsorientierte Wissenschaft 70
3.3 Paradigma-Grundlage wissenschaftlicher Forschung 72
3.4 Philosophie der Instabilität als neuorientiertes wissenschaftliches Weltbild für die Sinnzusammenhänge von Wirklichkeiten 75
3.5 Interdisziplinarität als Arbeitskonzept der Managementforschung 81
3.6 BWL als Bezugsdisziplin der Management-Lehre? 83

4. Ganzheitliche Management-Konzepte in der deutschsprachigen Managementlehre 87

4.1 Das St. Galler Management-Konzept als Ausformung nach der kybernetischen Systemtheorie 87
..1 Dimensionen und Bausteine des Managementkonzepts 89
..2 Integrative Verknüpfung der dimensionalen Bausteine 94
4.2 Die »evolutionäre« Führungskonzeption der Münchner Schule 96

5. Beschreibung der Unternehmung und ihrer Entwicklungsdynamik in Analogie zu neueren natur- und sozialwissenschaftlichen Forschungsergebnissen 100

5.1 Paradigmenwechsel im Management, Metaphern und Analogien 102
5.2 Dissipative Systeme und Chaosforschung 107
5.3 Organismische Systemkonzeptionen 114
..1 Allgemeine und erweiterte Theorie offener Systeme 115
..2 Autopoiese-Ansatz für Systeme 116
..3 Systemtheorie der Evolution 120
5.4 Evolutionsbiologische Mechanismen des Wandels von Systemen 123
5.5 Die Unternehmung in der Perspektive der neuen Systemansätze 125
..1 Systemansatz der »neueren« Soziologie 125
..2 Dissipative Systemkonzeption für die Unternehmung 129
..3 Beschreibung der Unternehmung als »soziales« dissipatives System ... 132

Teil III: Entwicklungsorientiertes Management als Prozess des Umlernens auf der Grundlage eines ganzheitlichen Denkens

6. Erklärungsansätze organisationalen Wandels 137

6.1 Entwicklungsfähigkeit sozialer Systeme und Aktionspotenzial für entwicklungsorientiertes Management 137
6.2 »Auslöser« für entwicklungsbezogenes Management 140
6.3 Beitrag des Managements zur Erklärung organisationalen Wandels 147

7. Leitlinien für entwicklungsorientiertes Management 150

7.1 Referenzrahmen zur Auswahl von Leitkonzepten für
entwicklungsorientiertes Management 150
7.2 Soziale Systeme als handlungsfähige Einheiten 151
7.3 Die lernende Organisation als Entwicklungsperspektive 152
7.4 Theorie-Konzepte für entwicklungsorientiertes Management 155
  ..1 Konstruieren von Wirklichkeiten 155
  ..2 Organisationales Lernen 158
  ..3 Selbst-Organisation und fraktale Struktur 168

8. Methodische Zugänge für entwicklungsbezogene Veränderungen 172

8.1 Entwicklung als strategisches Problem 172
  ..1 Strategie als dynamischer Problemlösungspfad 172
  ..2 Tücken strategischer Interventionen in komplexe Realitäten 174
  ..3 Zielausrichtung von Strategien bei niedriger und hoher Unternehmensdynamik ... 178
8.2 Methodische Konzepte zur Unternehmensdynamik und Unternehmungsentwicklung .. 181
  ..1 Anwendbarkeit der strategischen Planung 181
  ..2 Erfolgsfaktoren und intervenierende Förderung eines
  hochdynamischen Systemwandels 183
    a) Verankerung eines Sinn- und Werterahmens zur
    entwicklungsprägenden Musterbildung 185
    b) Strukturelle Rahmenbedingungen für selbstorganisierende Musterbildung .. 188
  ..3 Ganzheitliches Methoden-Konzept für entwicklungsbezogenes Management 191
8.3 Managementtechniken zur Analyse von Veränderungschancen 193
  ..1 Prozess- und Strukturkontrolle 193
  ..2 Strategieerkennung durch Methodik des vernetzten Denkens 194

9. Praxis der entwicklungsorientierten Gestaltung des Wandels in den Aktionsfeldern Strategie, Kultur, Struktur 203

9.1 Vitaler und mobiler sein: Flexibilitäts- und Erneuerungs-Strategien 204
  ..1 Visionäre Orientierung 206
  ..2 Partizipatives MbO 208
  ..3 Kernkompetenzen 209
  ..4 Prozessorientierung 211
  ..5 Zeitwettbewerb: Zeitflexibilität und Zeitvorsprünge erreichen 213
  ..6 Unternehmungsarchitektur 217

9.2 Besser sein: Unternehmensintelligenz und kulturbewusste Führung 220
  ..1 Organisationale Intelligenz 220
  ..2 Humanpotenzialfördernde Kultur 222
  ..3 Führer-Rolle 224
  ..4 Prinzipien der Mitarbeiterführung 225
    a) Sinnvermittlung 225
    b) Offene Kommunikation 227
    c) Partnerschaft 228
    d) Änderungskultur 229
    e) Konfliktmanagement 231

9.3 Variabler sein: Fluide, heterarchische Strukturen 233
  ..1 Eigendynamik von Organisationstypen 233
  ..2 Heterarchie und organisationale Fluidität 236
  ..3 Prinzipien des Strukturierens 238
      a) Strukturelle Koexistenz 238
      b) Lose Kopplung 241
      c) Kunden-Fokus 242
      d) Netzwerk-Kommunikation 246
      e) Minimal-Organisation 247

Teil IV: Management-Development als persönliche Aufgabe der Selbstentwicklung von und in Organisationen

10. Persönliche Erkenntnis- und Handlungsressourcen für Management-Development 249

10.1 Evolutionär begrenzte Erkenntnisfähigkeit entwicklungsorientierter
     Gestaltungspotenziale 249
  ..1 Situative Ausgangslage für entwicklungsorientierte Gestaltung 249
  ..2 Erkenntnisprozess nach der evolutionären Erkenntnistheorie 250
  ..3 Erkenntnisschwierigkeiten durch den »ratiomorphen Apparat« 252
  ..4 Kulturell entstandene Verkürzungen der Wirklichkeitsverarbeitung 254
  ..5 Konsequenzen aus der reduzierten Sichtweise für entwicklungsrelevante
      Gestaltungspotenziale 256
10.2 Intuitive Erkenntnismechanismen als zusätzliche Chance für das Management 258
  ..1 Emotionen als nichtbewusste Grundlage erweiterter Erkenntnis 258
  ..2 Plädoyer für mehr intuitives Management 260
10.3 »Schlüsselqualifikationen« für interaktives Handeln und
     ganzheitliche Managementkompetenz 261
  ..1 Handlungskompetenz 262
  ..2 Systemkompetenz 265

11. Prozessuale Förderung des Management-Development durch personale Qualifizierung 266

11.1 Integriertes Management-Development durch plurale Entwicklungsprozesse 266
11.2 Selbstentwicklung mentaler Fitness für geistige Arbeit 270
  ..1 Ganz-hirniges Denken und Erkennen 270
  ..2 Selbsterfahrung im intuitiven Handeln 272
  ..3 Entfaltung des Selbstwertgefühls 274
  ..4 Persönlichkeitsanalyse und Stressbewältigung 275
  ..5 Mentale Beeinflussung und Energetisierung positiver Gefühle 277

12. Management-Development durch genutzte Managementpraxis 280

Literaturverzeichnis 285
Sachregister 303

Abbildungs- und Tabellenverzeichnis

Abbildungsverzeichnis

Abb. 1	Eskalierende Schleife sich anhäufender Komplexität	6
Abb. 2	Das Gerüst des Komplexitätsbegriffs	11
Abb. 3	Triviale und nicht triviale Systeme	12
Abb. 4:	Eigenschaften komplexer Systeme	13
Abb. 5:	Gerüst des Dynamikbegriffs	14
Abb. 6	Die »Zeitschere«	16
Abb. 7	Das magische Dreieck des heutigen Managements	17
Abb. 8	Systemtheorie, Kybernetik und empirische Wissenschaften	26
Abb. 9	Systemtheorie, Kybernetik und Managementlehre	30
Abb. 10	Regelkreis als Lenkungskonzept	32
Abb. 11	Erweitertes Schema des Regelkreises	33
Abb. 12	Lenkung gemäß Kybernetik erster Ordnung und Kybernetik zweiter Ordnung	34
Abb. 13	Unternehmensführung, Unternehmung und Umwelt als drei interagierende Systeme	38
Abb. 14	Managementlehren auf verschiedenen Ebenen	45
Abb. 15	Dimensionen und Objekte des Wissens	51
Abb. 16	Drei Ebenen organisationaler Fitness / systemischer Effektivität	56
Abb. 17	Management als mehrebenen-integrierender Lenkungszyklus	58
Abb. 18	Überwindung des kognitiven Dualismus	69
Abb. 19	Zusammenhang von normativem, strategischem und operativem Management	93
Abb. 20	Das »Scheinwerfermodell«	97
Abb. 21	Elemente einer mechanistisch-technomorphen Denkweise	103
Abb. 22	Elemente eines ganzheitlich-evolutionären Managementverständnisses	105
Abb. 23	Feigenbaum-Diagramm: Zustände eines dissipativen Systems	113
Abb. 24	Das »Zwiebelmodell« der Organisation	137
Abb. 25	Das Grundmodell der »strategischen Wahl«	143
Abb. 26	Das Grundmodell des »organisationalen Lernens«	144
Abb. 27	Organisationale Sinnmodelle	153
Abb. 28	Subjektive Wirklichkeiten	155
Abb. 29	Der Prozess des Organisations-Lernens in wissensbasierten Systemen	165
Abb. 30	Lernniveaus: Single-Loop- und Double-Loop-Learning	166
Abb. 31	Charakteristika fraktaler Strukturen	170
Abb. 32	Strategie als dynamischer Problemlösungspfad	172
Abb. 33	Häufige Ursachen für Strategiefehler in komplexen Situationen	175
Abb. 34	Ursache oder Wirkung?	194
Abb. 35	Positive und negative Rückkopplung	194
Abb. 36	Schritte der ganzheitlichen Problemlösungsmethodik	196

Abb. 37	Netzwerkdarstellung - Zusammenspiel wirtschaftlicher und ökologischer Größen bei der Firma CIBA AG	197
Abb. 38	Prinzipielle Arten von Beziehungen	198
Abb. 39	Wirkungsanalyse - Einflussmatrix	198
Abb. 40	Wirkungsanalyse - Intensitätseigenschaften	199
Abb. 41	Grundelemente der Entwicklungsdynamik	202
Abb. 42	Strategie-Ansätze zur Unternehmungsentwicklung	209
Abb. 43	Leistungskategorien	210
Abb. 44	Konzept des Wertschöpfungssystems	213
Abb. 45	Subzyklen des Durchlaufzeitkonzeptes	214
Abb. 46	Interaktion von individueller und organisationaler Intelligenz	220
Abb. 47	Das Spektrum organisationaler Fluidität	236
Abb. 48	Die »Wertekette« nach Porter	242
Abb. 49	Die »kundenorientierte Wertschaffungskette«	243
Abb. 50	Einflussfaktoren auf die Handlungskompetenz	265
Abb. 51	Strukturdiagramm für integriertes Management-Development	269
Abb. 52	Bausteine für mentales Training	277
Abb. 53	Ganzheitliche Beratung und Führungskräfteentwicklung	282

Tabellenverzeichnis

Tab. 1	Vergleich von klassischem und modernem Weltbild	81
Tab. 2	Betriebswirtschaftliche Rationalisierungsebenen - Sozialökonomische Konzeption des Managements	87
Tab. 3	Vergleich zwischen Ordnungsbildung durch Fluktuation und Evolutionsdynamik	131
Tab. 4	Vergleich der Erfolgsfaktoren bei verschiedenen Komplexitätszuständen	186
Tab. 5	Kulturell entstandene Verarbeitungsmechanismen und entwicklungsorientiertes Management	255

Teil I: Management im Hin-blick des gewandelten Realitätsverständnisses gesellschaftlicher Institutionen

1. Führ-barkeit und Funktionieren-lassen der Unternehmung im Spannungsfeld von Komplexität und Dynamik

1.1 Attribute zunehmender Dynamik und fundamentalen Wandels

Veränderungsprozesse in Wirtschaft und Gesellschaft haben am Ende des 20. Jahrhunderts eine neue Qualität erreicht. Technologische, ökonomische, politische, soziale und ökologische Faktoren greifen dabei immer enger ineinander und erzeugen in ihrer Kombination ein Ausmaß an Veränderungsintensität, welche sich auf nahezu alle Lebensbereiche auswirkt. Die Lebenswelt und ihre Prozesse weisen nicht mehr ein im wesentlichen stabiles Gepräge auf, das Dynamikmuster ist immer mehr veränderlich, ja geradezu turbulent, diskontinuierlich bis chaotisch. Die »besondere Qualität« aktueller Veränderungsprozesse lässt sich kennzeichnen durch eine wachsende *Komplexität* der Systemumwelt, der Märkte und in den Unternehmen selbst, die sich an den Elementen Vielzahl, Vielfalt und Dynamik festmachen lässt. Die vom Menschen erzeugten Veränderungen vollziehen sich heute rund eine Million mal schneller als das Tempo der Evolution in der Natur. Keine Epoche zuvor, abgesehen von Ansätzen in der Renaissance, weist eine derartige Turbulenz auf wie unsere Zeit (vgl. Wüthrich 1991, S. 157 f).

Mit dieser Instabilität haben sich auch die Erfolgsvoraussetzungen für Unternehmungen fundamental gewandelt, und die Probleme, die sich daraus für solche sozialen »Systeme« als »Ganzheiten« ergeben, bedeuten eine einschneidende Herausforderung für das Management.

Komplexität führt dazu, dass Wirkungszusammenhänge zwischen einzelnen Variablen nur schwer oder gar nicht mehr erkannt werden können. In der Vergangenheit gewonnene Erkenntnisse besitzen daher für zukünftige Situationen nur noch eine geringe Aussagekraft, und die Vorhersage langfristiger Entwicklungen wird nahezu unmöglich. Zur Verarbeitung der Dynamik und des zunehmend fundamentalen Wandels bietet sich eine entwicklungsorientierte Lösungsperspektive an.

Die fortwährend steigende Komplexität und Dynamik lässt sich anhand einiger wirtschaftlicher und gesellschaftlicher Trends illustrieren (vgl. Pümpin/Imboden 1991, S. 5 f; Klimecki/Probst/Eberl 1994, S. 7 ff):

Weltpolitische Veränderungen

Veränderungen auf der politischen Ebene sind geradezu charakteristisch für fundamentale Wandlungsprozesse. Sie haben in den letzten Jahren weltweit die politische Situation stark verändert und verändern sie immer noch. Zu denken ist dabei an die Wiedervereinigung Deutschlands, die Auflösung des »Ostblocks«, die Abschaffung der Apartheid in Südafrika oder andere zuvor undenkbar gewesene friedenstiftende Verständigungen wie zum Beispiel im Nahen Osten. Bei allen vermeintlichen positiven Effekten, die diese Veränderungen mit sich bringen, sind auch die teilweise unausweichlichen Folgeprobleme, die solche Prozesse verursachen, ganz deutlich ins Bewusstsein gerückt.

Diese Entwicklungen verdeutlichen die *Diskontinuität* von Umweltveränderungen, denn wer hätte vor zehn Jahren solche Veränderungen voraussagen können. Im Gegenteil, die meisten Politiker und Manager waren von den Veränderungssprüngen so überrascht, dass sie - wenn überhaupt - nur wenige Handlungsprogramme präsentieren konnten.

Weltwirtschaftliche Veränderungen

Die weltwirtschaftliche Situation hat sich in den letzten zwei Jahrzehnten radikal gewandelt. Waren es über weite Strecken des vergangenen Jahrhunderts die Amerikaner, die die Weltwirtschaft bestimmten, waren es sodann die Japaner, die viele »Schlüsseltechnologien« beherrschten, so könnte aus jetziger Sicht Europa als globale Wirtschaftsmacht bedeutsamer werden. Die Triade der Marktregionen USA/Japan/Europa stellen gigantische Weltmärkte dar. Insgesamt dürften viele fernöstliche Länder wie z.B. China ihr wirtschaftliches Potenzial noch längst nicht ausgeschöpft haben. Neue Entwicklungs- und Schwellenländer und zusätzlich mit der Ostöffnung einhergehend auch neue Konkurrenten bewirken einen weiteren Wandel der Wirtschaftsstrukturen. Der »Kostendruck« auf die traditionellen europäischen Industriezweige ist so groß, dass neue Arbeits- und Beschäftigungsmodelle nötig werden. Die aktuelle Verunsicherung der westlichen Industrie verdeutlicht die Schwierigkeiten, mit der *Dynamik* und *Sprunghaftigkeit* der weltwirtschaftlichen Veränderungen zurechtzukommen.

Weltweite Präsenz, Globalisierung von Märkten

Die steigende Verflechtung der Weltwirtschaft und der Prozess der zunehmenden Globalisierung der Märkte ist besonders gut geeignet, *dynamische* Abläufe zu verdeutlichen. Wettbewerbsbezogene Anpassungszwänge führen dazu, dass Wirtschaftsräume ausgeweitet, Technologien in neue Gebiete transferiert, Ressourcen weltweit ausgetauscht und globale Strategien für eine weltweite Präsenz entwickelt werden. Dies bedingt eine immer stärkere Internationalisierung von Organisationen und damit ein geographisches, mitarbeiter-, produkt- und kapitalbezogenes Wachstum, das sich vor allem in einer stetigen Zunahme von Joint-Ventures, Konzerngesellschaften sowie Akquisitionen und Fusionen widerspiegelt.

Diese rein quantitativen Aspekte bedeuten allerdings auch neue qualitative Anforderungen. So müssen Organisationen neue Handlungskompetenzen, wie z.B. den Umgang mit unterschiedlichen Kulturen, das Aufeinanderabstimmen verschiedener Unternehmungszweige und das Vermitteln einer länderübergreifenden Identität erwerben, um auf globalen Märkten erfolgreich zu sein.

Technologische Veränderungen

Gerade die Entwicklungen in der Mikroelektronik, der Einsatz von Lasern, Robotern und Expertensystemen haben im letzten Jahrzehnt zu einem umfassenden »Technologieschub« geführt. Die Zeit für technologische Veränderungen ist um ein Vielfaches kürzer geworden als vor hundert Jahren. Die Entwicklungen in der Computer- und Biotechnologie sind Beispiele hierfür. Zudem geht der Trend immer mehr zu einer Integration ursprünglich getrennter technischer Dienstleistungen. So ist etwa ein Zusammenwachsen von Informatik und Telekommunikation zur »Telematik« zu beobachten. Gerade im Bereich technologischer Veränderungen lässt sich neben der dynamischen Komponente der Einfluss der *Diskontinuität* verdeutlichen. Innovative Entwicklungen zeichnen sich - über ihre dynamischen Eigenschaften hinaus - eben genau durch jenes prinzipiell unvorhersehbare Element der Sprunghaftigkeit aus. Neben der begrenzt vorhersehbaren Verbesserung bestehender Technologien sind es viel stärker die revolutionären Neuerungen, welche die grundlegenden Spielregeln des Wettbewerbs in einem Markt verändern können. Ihre Richtung ist kaum prognostizierbar.

Fragmentierung von Bedürfnissen, Varietät von Produkten und Dienstleistungen

Nach Naisbitt läuft die Gesellschaft auf eine Multi-Options-Gesellschaft zu. Personen, Gruppen und Szenen differenzieren sich immer mehr (vgl. Wüthrich 1991, S. 158). Die Ansprüche von Konsumenten bzw. Kunden an die *Vielfalt* von Produkten und Dienstleistungen erhöhen sich dadurch erheblich. In vielen Bereichen sind nicht mehr einfache Produkte bzw. Dienstleistungen, sondern komplexe Problemlösungen gefragt. Standardisierte Produkte verlieren zunehmend an Bedeutung zugunsten flexibler Module, die zur Lösung spezifischer Probleme immer wieder neu integriert werden können. Diese neuen Herausforderungen für die Kundenorientierung erfordern ein hohes Maß an Flexibilität hinsichtlich des Produkt- und Dienstleistungsprogramms. Darüber hinaus führen Individualisierungs- und Pluralisierungstendenzen zu einem stetigen Nachfragezuwachs nach »individuellen« Erzeugnissen. Beispiele hierfür sind die zunehmende Anzahl von Sondermodellen (Automobilindustrie), limitierte Produktauflagen (Medienbranche) sowie hochgradig differenzierte Produktpaletten (Uhrenindustrie). Marktentwicklungen und Konkurrenzreaktionen sind unvorhersehbar. Der Konsument zeigt zunehmend ein paradoxes Verhalten, Zielgruppen können kaum noch zuverlässig definiert werden.

Veränderung in der Struktur von Aufgaben

Eine fortwährende Veränderung der Aufgabenstrukturen ist die direkte Folge der erhöhten Vielfalt im Produkt- und Dienstleistungsbereich. Moderne Volkswirtschaften sind immer weniger in der Lage, mit einfachen Angeboten insbesondere im Wege einer Massenproduktion zu bestehen. *Komplexe Aufgaben* im Dienstleistungssektor oder in der Hochtechnologie treten immer mehr in den Vordergrund.

Während einfache Aufgaben sich analytisch zerlegen und zusammenführen lassen, sind komplexe Aufgaben unbestimmt, in ihrem Lösungsverlauf kaum vorhersehbar und verändern sich, während man an ihnen arbeitet. Lösungsverfahren sind daher nicht eindeutig planbar, sondern es entstehen kurzfristige und unvorhersehbare Anpassungszwänge, die ein umfangreiches und kurzfristig aktivierbares, Verhaltenspotenzial erfordern. Dabei ist immer weniger technisches (»wie produziere ich etwas«), sondern soziales Know-how (»wie bekomme ich lernfähige und motivierte Mitarbeiter«) gefragt. Das kreative und innovative Potenzial von Mitarbeitern rückt somit zunehmend in den Mittelpunkt. Neben der Techno-Flexibilisierung gewinnt die "Brain-Flexibilität" entscheidend an Bedeutung. Je stärker die Turbulenzen, je größer Ungewissheit und Komplexität, desto mehr wird eine dezentrale Führung »vor Ort« mit mehr Handlungsspielraum und ohne Zeitverzug erforderlich. Gefordert ist "Mehr Freiheit bei gleichzeitig mehr Führung" (vgl. Gerken/Luedecke 1988, S. 79, 83). Dies verlangt aber auch stabilisierende Wertkonturen, eine Führung durch unausgesprochene Regeln auf der Grundlage indirekter, geistig kultureller Prinzipien.

Zeitwettbewerb und temporäre Relevanz

Schnelle Innovationen, Herstell- und Informationszeiten werden immer mehr zum zentralen Wettbewerbsfaktor, denn die beste Marktposition ist nur zu erreichen, wenn man schneller ist als die Konkurrenz. Immer weniger gilt es, Probleme mit einem Streben nach Perfektionismus zu lösen, sondern erfolgsentscheidend ist das schnelle und damit rechtzeitige Lösen. »Speed Management« wird besonders im Bereich der Technologie erforderlich. Versäumt eine Unternehmung der Mikroelektronikbranche etwa die zeitgerechte Entwicklung eines neuen Superchips, dann resultiert daraus sicherlich ein krisenhafter Einbruch oder sogar die existentielle Gefährdung. Die Führungsposition bei der Neueinführung eines Produktes zu erreichen - vielleicht nur für wenige Monate - , bedeutet andererseits oft, einen uneinholbaren Vorsprung zu gewinnen. Schon der zweite Platz wird in der Regel vergleichsweise wertlos sein.

Zeit verursacht *Kosten* und stellt daher ein Managementproblem dar. Jedes soziale System benötigt Zeit: Arbeitszeit, Maschinenlaufzeit, Betriebszeit. Auch nachdem das besonders arbeitszeitbeschleunigende Fließband durch flexiblere Fertigungsformen ersetzt ist, bleibt die Ausgangsfragestellung die gleiche: Wie kann die Zeit so effektiv und effizient wie möglich genutzt werden? Dabei steht vor allem die optimale *Relation zwischen Qualität und Geschwindigkeit* der Arbeit im Mittelpunkt der Überlegungen. Da die Qualitätsstandards in den letzten Jahrzehnten ein gleich hohes Niveau erreicht haben (z.B. Textil-, Automobil- und Elektroindustrie), ist die Geschwindigkeit zu einem entscheidenden Wettbewerbsfaktor geworden. Denn langsamer zu sein als die Konkurrenz, verursacht zusätzliche Kosten. Dabei geht es nicht nur um die materiellen Prozesse, sondern auch um geschäftspolitische und kommunikative Handlungen. Auf der *operativen* Ebene gilt es, den Produktedurchlauf zu beschleunigen, was häufig durch eine maschinelle Rationalisierung erreicht wird, auf der *strategischen* Ebene, Entscheidungsprozesse schneller zu bewältigen vor allem durch eingesetzte Informations- und Kommunikationstechnologien, und in *normativer* Hinsicht müssen die immer häufigere Konfrontation mit veränderten gesellschaftlichen Rahmenbedingungen sowie auch die aufgrund der steigenden Internationalisierung entstehenden »Kulturkonflikte« bewältigt werden.

Die wachsende Umweltdynamik und die dadurch knapper werdende Zeit bei der Bewertung von Informationen trifft insbesondere Führungskräfte. Bei größerem Arbeitstempo sind Entscheidungen unter Unsicherheit zum Regelfall geworden. Stress ist eine typische Randerscheinung der erhöhten Problemverarbeitungsgeschwindigkeit. Angesichts steigender oder wenigstens gleichbleibender qualitativer Anforderungen an die Aufgabe sehen Führungskräfte sich oft veranlasst, die Arbeitszeit über die normale Betriebszeit auszudehnen und nicht selten auch eine permanente zeitliche Überlastung auf sich zu nehmen.

Veränderung in den Werthaltungen

Die Machtstrukturen innerhalb der Unternehmen erodieren. Die Diffusion des durch höhere Ausbildung und allgemein zugängliche Informationen vorhandenen Wissens und der Trend zur Selbstentfaltung formen eine neue Intelligenz "von unten". Es entstehen organisatorische Netzwerke. Die Tendenz zu komplexen Aufgaben geht mit einer veränderten Einstellung zur Arbeit einher. Mitarbeiter fordern verstärkt eine anspruchsvolle und sinnvolle Arbeit. Materielle Anreize werden überlagert, ja sogar zunehmend verdrängt durch *postmaterialistische Werte* wie z.B. Selbstverwirklichung, Entfaltungsmöglichkeiten oder Selbstbestimmung. Einige Beispiele sollen dies verdeutlichen (vgl. Dyllick/Probst 1983, S.32 ff):

- Arbeit ist nicht mehr der dominierende Bestandteil des individuellen Lebensplans.
- Arbeit soll mehr als bisher in das gesamte Lebenskonzept integriert sein.
- Partizipative Formen der Arbeitsgestaltung werden immer häufiger gefordert, autoritäre Konzepte sind nicht mehr ohne weiteres durchsetzbar.
- Sinn und Zweck von Aufgabenzielen und Arbeitsbedingungen werden häufiger hinterfragt, was auf »Begründungsdefizite« von und in sozialen Systemen verweist.
- Die negativen Effekte des zunehmenden Zeitdrucks lassen zunehmend die Forderung nach mehr Zeitautonomie aufkommen. Ein neu definiertes Verhältnis zwischen Zeit und Geld drückt sich in Wünschen nach flexiblen Arbeitszeiten und mehr Freizeit aus. Erstrebt wird ein *vernünftiger Umgang* mit Zeit und ein humanes und individuell gestaltbares, stressvermeidendes Arbeitstempo.
- Materialistisch orientierte Werthaltungen werden zunehmend unattraktiv.

Die Problematik des Wertewandels zeigt, dass nicht nur die Vielgestaltigkeit des Wandels, sondern auch dynamische Vorgänge in der Veränderung der Systemumwelt wesentliche Auswirkungen auf Managementkonzepte haben müssen.

1.2 Komplexität und Dynamik als Grundaspekte zur Führ-barkeit der Unternehmung

Die zuvor geschilderten Trends und Wandlungsvorgänge sind sämtlich Ausdruck einer zunehmenden *Komplexität*. Die Veränderungen haben weitreichende Konsequenzen zur Folge, welche durch nachstehenden Wirkungszusammenhang gekennzeichnet sind:

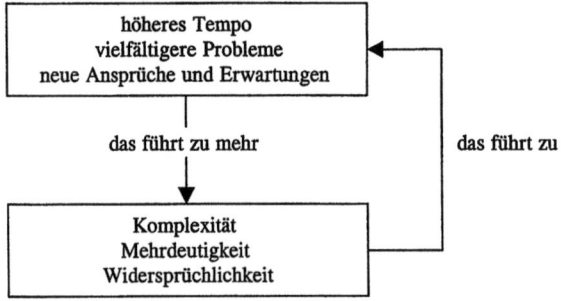

Abb. 1: Eskalierende Schleife sich anhäufender Komplexität

Es handelt sich um einen sich selbst beschleunigenden und Komplexität anhäufenden Prozess, welcher interdependent zustande kommt und die Gestalt einer allmählich akzelerativen Schleife aufweist.

Veränderungsprozesse dieser Art führen zu einem Umbruch, der durch die damit sprunghaft zunehmende Komplexität einen Eingriff in die Handlungsbedingungen für Unternehmungen bedeutet. Dies hat zur Folge, dass nicht nur eine Auseinandersetzung mit einer neuen Qualität von Systemumwelten notwendig ist, sondern dass auch die Unternehmen selbst eine neue »Qualität« aufweisen müssen. Die allgemein erhöhte Komplexität führt zu zunehmenden Widersprüchlichkeiten, denen sich Manager nunmehr gegenüber sehen, z.B.

- die Lebenszyklen für Produkte werden immer kürzer, während die Entwicklungszeiten eher länger werden;
- die betrieblichen Strukturen und Abläufe werden immer komplexer, flexibler und leistungsfähiger, während gleichzeitig die Störanfälligkeiten zunehmen;
- strategisches Denken und Investitionen in die Zukunft beanspruchen oberste Priorität, aber die Zahlen von heute entscheiden über den Erfolg;

- die strategischen Planungen werden immer genauer, während die operativen Umsetzungen immer mehr nachhinken;
- die Leistungsanforderungen an Mitarbeiter werden immer höher, während diese immer stärker auf ihre eigenen Ziele und ihr eigenes Wohlbefinden bedacht sind;
- alles, was man macht, sollte man besser machen, zugleich aber mehr Zeit für Gespräche und neue Projekte aufbringen; usw.

Diese Paradoxien bedingen bei dem unausweichlichen Anpassungsprozess gerade und trotzdem, die eigene Handlungsfreiheit zu wahren (vgl. Hinterhuber 1990, S. 50).

Komplexität als empirisches Merkmal sozialer Systeme bezeichnet die Mannigfaltigkeit von Zuständen und Zustandskonfigurationen eines solchen Systems in einer bestimmten Zeitspanne oder - dynamisch ausgedrückt -, dass es sich in vielfältiger Weise verhalten kann. Diese Mannigfaltigkeit resultiert im Prinzip aus den Interaktionen im und mit dem System. In der Anzahl möglicher Zustände und Verhaltensweisen, die von einem System angenommen werden können, liegt auch das Maß für die Komplexität, das Varietät genannt wird (vgl. Malik 1996, S. 186; siehe auch Pkt. 2.2.2). Je größer Zahl und Mannigfaltigkeit der Zustände eines Systems sind, umso schwieriger sind die Handlungsbedingungen, denn in der Regel sind, welche Kriterien man auch immer verwendet, nicht alle Zustände akzeptabel.

1.2.1 Der Umgang mit komplexen Phänomenen als Managementproblem

Komplexe Phänomene werfen das Problem des Umgangs mit ihnen auf. Solche Phänomene sind wegen ihrer Interaktionsvielfalt schwer fassbar und beschreibbar. Unternehmensrelevante Phänomene sind Erscheinungen unterschiedlicher Abstraktionsebenen wie Wertewandel, neue Technologien, Globalisierung etc., die sowohl innerhalb als auch außerhalb der Einflusssphäre der Unternehmung auftreten können. Ein Denkansatz zum Bewusstmachen von Phänomenen ist die Phänomenologie, sie will Erscheinungen beschreiben sowie in einer ganzheitlichen Interpretation verstandesmäßig das im Besonderen enthaltene Allgemeine erkennen und bestimmen (vgl. Malik 1985, S. 215 und Rüegg 1989, S. 91). Bedingt durch ihren Komplexitätsgrad bedeutet das vielfach, dass lediglich die Gestalt oder Figur von Phänomenen erkennbar sind.

Auch die Unternehmung selbst ist ein komplexes Phänomen bzw. spezifischer Phänomenbereich, der aufgabenspezifische und globale Interaktionen zur Umwelt aufweist (vgl. Rüegg 1989, S. 102). Die Identifikation und lenkende Beeinflussung bestehens- und erfolgsrelevanter Phänomene ist für Unternehmungen von eminenter Bedeutung. Komplexe Phänomene bzw. der Umgang mit Komplexität berührt das Problem der »Führbarkeit«. Management besteht ja zu einem erheblichen Teil gerade darin, Zustände, die inakzeptabel sind, nicht entstehen zu lassen und solche, die akzeptabel sind, hervorzubringen oder zu bewahren. Dabei spielt es für den allgemeinen Fall keine Rolle, welche Kriterien mit welchem konkreten Inhalt zur Beurteilung von Zuständen verwendet werden. Das Problem wird in seinem Grundcharakter dadurch nicht berührt, denn jedes Kriterium macht eine Unterscheidung von wünschbaren und nicht wünschbaren, von akzeptablen und nicht akzeptablen Zuständen möglich. Die Wahl bestimmter Kriterien mag also im konkreten Fall eine Erschwerung oder Erleichterung für das Management bedeuten, ändert aber am grundlegenden Charakter der Aufgabe nichts, die sich als in der Regel immens große Zahl und Mannigfaltigkeit der Systemzustände manifestierende Komplexität in dem Sinne unter Kontrolle zu bringen, als nur ganz bestimmte Zustände auftreten sollen, alle anderen hingegen nicht. Das Tun von Führungskräften betrifft in letzter Konsequenz immer die Frage, wie sie den Bereich oder das System, für das sie zuständig und verantwortlich sind, *unter Kontrolle bringen und* unter Kontrolle *halten.*

Dass es sich hierbei um ein bestimmtes Verständnis des Wortes »Kontrolle« handelt, ist offensichtlich. Statt »Kontrolle« im Sinne von Überwachung, Aufsicht, Inspektion ist hier eher die Bedeutung des englischen Begriffs »control« gemeint, welcher die bezeichnete Aufgabe im vorliegenden Kontext treffender mit »steuern, regeln, regulieren, lenken, Richtung geben« charakterisiert. Kontrolle im Sinne von Überwachung, Beaufsichtigung usw. kann eine Rolle spielen, wenn es um einfache Systeme geht, für ein komplexes System jedoch wäre diese Wortbedeutung von »control« missverständlich und ungeeignet. Verkürzt und bildhaft drücken Formulierungen wie »ein Orchester unter Kontrolle haben«, »eine Sportart oder eine Fremdsprache beherrschen«, »eine Herde hüten« jene Bedeutung aus, die in diesem Zusammenhang gemeint ist. Control ist weniger etwas, was man tut, sondern etwas, was das System *hat* oder *ist*. Etwas »unter Kontrolle haben« oder »unter Kontrolle sein« hat nicht so sehr zu tun mit spezifischen Aktivitäten, sondern mit einer Eigenschaft eines Systems. Diese Eigenschaft hängt den Erkenntnissen der Systemtheorie und der Kybernetik zufolge zusammen mit der Struktur des Systems und seinem Informationshaushalt (vgl. Malik 1991, S. 197).

Einfache Systeme sind einfach »unter Kontrolle zu bringen« oder anders gesagt, man hat es hier mit Selbstverständlichkeiten zu tun, falls etwas versagt, ist es relativ leicht erkennbar und kann in der Regel mit einfachen Mitteln korrigiert werden. Ganz anders ist die Situation bei komplexen Systemen, deren innere Funktionsweise man weder im einzelnen kennt noch kennen kann, und deren Verhalten insofern schwer zu verstehen ist, als es interpretationsbedürftig ist und fast immer eine ganze Palette verschiedener Interpretationen zulässt, keine eindeutigen Ursache-Wirkungs-Zusammenhänge existieren oder erkennbar sind, und daher Verhaltensprognose und -beeinflussung vor ganz anderen Schwierigkeiten stehen als bei einfachen Systemen. Selbst relativ kleine Unternehmungen sind bereits komplex genug, um alle diese Aspekte aufzuweisen und ihre Führ-barkeit und ihr Funktionieren-lassen zu einer anspruchsvollen und schwierigen Aufgabe zu machen.

Eine Unternehmung führbar machen und funktionieren zu lassen ist im Kern die Aufgabe des Managements einer Unternehmung oder irgendeiner anderen Institution: und dies heißt, sie so zu gestalten, zu lenken und zu entwickeln, dass sie »unter Kontrolle ist und bleibt«. Daher sagt Stafford Beer auch mit Recht, dass der »Stoff«, mit dem das Management es zu tun hat, *Komplexität* ist. Und damit sagt er, dass dieser Stoff nicht Geld oder andere ökonomische Größen ist - wirtschaftswissenschaftlich gedacht -, auch nicht Maschinen und Materialien - bei technischer Denkweise - und auch nicht Menschen, wie die Humanwissenschaften implizieren, sondern eben Komplexität. Dies alles, Geld und Kapital, Maschinen und Materialien, Produkte, Preise, Deckungsbeiträge und Cash-flow, Gewinn und Investitionen, Mitarbeiter und Kunden usw., sind Manifestationen von Komplexität, die Form gewissermaßen, in der sich Komplexität zeigt. Eine Unternehmung mit wenigen Kunden, die wenige Wünsche haben, mit wenigen Produkten in einer kleinen Zahl von Variationen, mit wenigen Mitarbeitern, die wenige Bedürfnisse haben, ist leichter unter Kontrolle zu bringen als eine Unternehmung, in der wir überall das Wort "wenig" durch "viel" ersetzen müssen. Das Problem stellt sich dabei nicht wegen der Produkte, Kunden und Mitarbeiter, sondern wegen der *Vielzahl* und *Verschiedenartigkeit* und der *Dynamik*, mit welcher diese Variablen auftreten (vgl. Malik 1991, S. 198).

Unternehmungen sind komplexe produktive soziale Systeme, die in eine wiederum komplexe und dynamische Umwelt integriert sind und mit ihr in vielfältiger Weise in Wechselbeziehung stehen. Aus dieser engen Verflechtung zwischen Umwelt und Unternehmung ergibt sich, dass nur die Institutionen langfristig wettbewerbsfähig und überlebensfähig bleiben können, denen es gelingt, sich möglichst rasch und flexibel an zunehmend turbulentere Umweltentwicklungen anzupassen. Das Kernproblem besteht hierbei nach Stafford Beer und Ross Ashby darin, die für das Überleben der Unternehmung relevante Komplexität unter Kontrolle zu bringen. Die Autoren vergleichen hierbei die prinzipiellen Zusammenhänge zwischen der Unternehmung und ihrer Umwelt mit einem lebenden Organismus und den komplexen Einflüssen seiner Umwelt (vgl. Beer 1966, S. 270 ff; Ashby 1984, S. 282 ff).

Inwieweit Unternehmungen in der Lage sind, mit dem Wandel in ihrer Umwelt und Innenwelt umzugehen, sich den äußeren und inneren Wechsellagen anzupassen und auf Turbulenzen jedweder Art intelligent zu reagieren, ist Ausdruck der Führbarkeit, und je besser dies einer Unternehmung gelingt, desto größer ist ihre »Fitness«. Ist überhaupt die Möglichkeit gegeben, aktiv gestaltend und lenkend in das Geschehen der Unternehmung einzugreifen? Das Erhalten bzw. Schaffen von Erfolgspotenzialen und damit verbunden die Erhaltung bzw. Verbesserung der nachhaltigen »Fitness« kann als zentrale Aufgabe des Managements gesehen werden. Die zunehmende Dynamik und Vernetzung und die damit verbundene ansteigende Komplexität machen diese strategische Entwicklungsaufgabe jedoch zunehmend schwieriger, und es ist keineswegs klar, ob überhaupt geeignete Konzepte oder Strategien verfügbar sind, welche die Absicht zu managen erfüllen können.

Gleichzeitig wird das Problem Komplexität zu der zentralen Managementherausforderung. Wie Probst ausführt, ist "Komplexität ... für den Manager ein zentrales Phänomen, bedeutet Management doch weitestgehend Komplexitätsbewältigung." (Probst 1985, S. 187). Kirsch sieht dies ähnlich und stellt fest, dass "...die Handhabung komplexer Probleme die »eigentliche« Funktion einer Führung..." (Kirsch 1984, S. 308) ist, und er sieht in der Untersuchung dieser Führungsfunktion den zentralen Gegenstand der "Lehre von der Führung". Und auch Malik äußert sich übereinstimmend: "Management kann man möglicherweise viel besser verstehen als das ständige Bemühen, ein sehr komplexes System unter Kontrolle zu bringen und zu halten..." (Malik 1996, S. 46).

In Zeiten einer stabilen Unternehmungsumwelt mit ungesättigten Märkten und kontinuierlichem Wirtschaftswachstum hat sich eine Strategie des »Mehr vom Gleichen« als ausreichend erwiesen. Die Führbarkeit in einer turbulenten Zukunft ist jedoch keinesfalls selbstverständlich, um überlebens- bzw. wettbewerbsfähig sein zu können, müssen neue 'Spielregeln' gesucht und verstanden werden. Spielregeln verstehen heißt hier, den Prozess des Wandels im Aufgabenumfeld und die daraus entstehenden Einflussänderungen auf die Branche und die Geschäfte der Unternehmung erkennen.

Diese sich oftmals sehr rasch ändernden Spielregeln zu erfassen und zu begreifen und damit die Voraussetzungen für die Führbarkeit zu erkennen, gelingt jedoch mit traditionellen Managementkonzepten und Instrumentarien heute kaum noch.

1.2.2 Komponenten der Komplexität

Komplexe Phänomene unterscheiden sich in fundamentaler Weise von einfachen bzw. komplizierten Phänomenen. Deshalb bedarf der Komplexitätsbegriff einer eingehenden Explanation. Der Begriff Komplexität wird umgangssprachlich oftmals im Sinne von »kompliziert«, »schwierig«, »problematisch«, »unverständlich« usw. gebraucht (vgl. Malik 1996, S. 185 f). Komplexität bedeutet jedoch mehr als nur Kompliziertheit. Der wesentliche Unterschied zwischen Kompliziertheit und Komplexität liegt in der Dynamik komplexer Phänomene.

Komplexität kann durch folgende kumulativ aufeinander aufbauende Kriterien definiert werden (vgl. Perich 1993, S. 88):

1. *Anzahl* der Variablen eines Systems (Menge).
   Die Anzahl bezeichnet die in einem System gleichzeitig vorhandene Variablenmenge. Je größer die Variablenmenge in einem bestimmten Realitätsausschnitt (»System«), desto höher ist die Systemdichte.

2. *Verschiedenartigkeit* der Variablen eines Systems (Diversität).
   Verschiedenartigkeit heißt, dass die Variablen eines Systems voneinander unterschiedliche Eigenschaftsmerkmale aufweisen (Heterogenität), unterschiedliche Funktionen erfüllen (Differenzierung, Spezialisierung) und/oder über voneinander differierende eigene Verhaltensrepertoires verfügen (Verhaltenspotenzialität).

3. *Verknüpfung* der Variablen eines Systems miteinander (Vernetztheit).
   Verknüpfung heißt, dass die Variablen eines Systems nicht unabhängig voneinander existieren, sondern miteinander gekoppelt sind (Interaktion), sich gegenseitig beeinflussen und sich somit kaum isoliert voneinander betrachten lassen (Abhängigkeit, Interdependenz, Vernetztheit). Das System als Ganzes weist andere Eigenschaften auf als die einzelnen Variablen (Elemente). Die Beeinflussung einer

Variablen wirkt immer auch auf viele andere Teile des Systems und zeitigt damit Neben- und Fernwirkungen. Gesamthaft betrachtet resultiert hieraus eine Situation der Intransparenz.

Neben der Komplexität wird zur Differenzierung von Problemtypen noch nach der Strukturqualität in »wohl-strukturiert« und »schlecht-strukturiert« unterschieden. Aus diesen Komponenten lässt sich eine Typologie von Problemen ableiten:

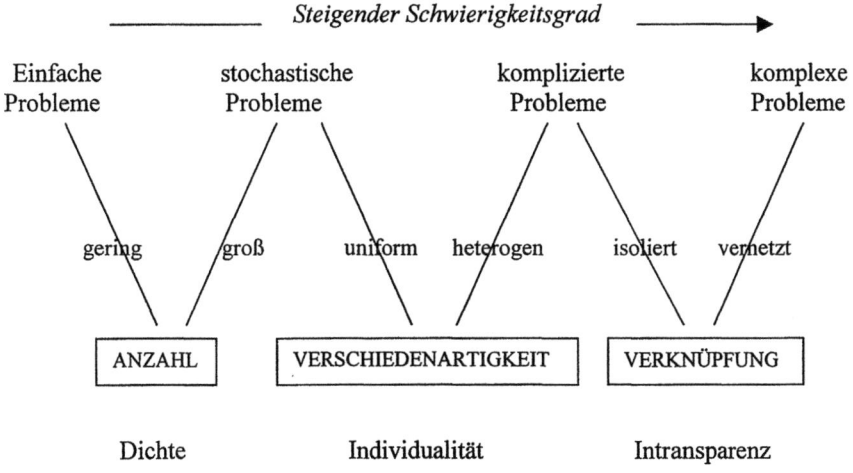

Abb. 2: *Das Gerüst des Komplexitätsbegriffs*

Die *Kompliziertheit* einer realen Situation oder Gegebenheit ergibt sich aus der grossen Anzahl und Verschiedenartigkeit der Elemente und Beziehungen, durch welche sie charakterisiert wird. So spricht man beispielsweise von der Kompliziertheit einer technischen Apparatur. Da es sich hierbei jedoch um ein statisches System handelt, dessen Struktur sich im Zeitablauf nicht ändert, kann man mit entsprechendem Aufwand sein Verhalten immer verstehen, prognostizieren und folglich beherrschen.

Komplexität bedeutet hingegen, dass ein bestimmtes reales System nicht nur in seiner Zusammensetzung kompliziert ist, sondern seinen Zustand auch permanent ändert. Für komplexe Phänomene ist folglich das Merkmal kennzeichnend, dass sie eine große Anzahl verschiedener Zustände im Zeitablauf annehmen können.

Komplexe Systeme sind definiert als sogenannte *nicht triviale* Systeme, die auf einen gleichbleibenden Input mit unterschiedlichem Output reagieren können, wobei dieser Output von den Systemzuständen der Vergangenheit und von einer sich in selbstorganisierenden Prozessen ändernden Systemstruktur abhängt und daher nicht analytisch bestimmbar ist.

Im Gegensatz hierzu versteht man unter einem *trivialen System* ein System, das einen bestimmten Input immer in einen gleichbleibenden, analytisch bestimmbaren und exakt vorhersagbaren Output transformiert.

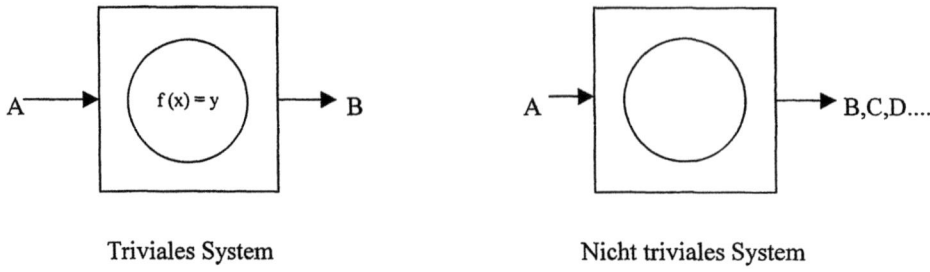

Triviales System   Nicht triviales System

Abb. 3: Triviale und nicht triviale Systeme

Eine grundlegende Eigenschaft komplexer Realitäten bzw. Systeme, zu denen jedenfalls sämtliche ökologischen sowie die sozialen Systeme wie z.B. Unternehmungen zu zählen sind, liegt folglich in der Ungewissheit begründet, wie sich das System ändert, wenn bestimmte Eingriffe vorgenommen werden.

J. Forrester weist in seinen grundlegenden Arbeiten auf diesem Gebiet darauf hin, dass das *Verhalten komplexer Systeme*

- *intuitionswidrig* ist, das heißt,
    - Ursache-Wirkungs-Beziehungen sind oft nicht klar ersichtlich,
    - langfristige Auswirkungen können kurzfristige Effekte verderben oder zunichte machen,
    - die Sensitivität von Parametern ist oft schwer zu bestimmen;
- die Tendenz aufweist, sich Änderungen zu widersetzen;
- nur begrenzt erfasst und nie eindeutig prognostiziert werden kann;
- niemals entgegen einer weit verbreiteten Vorstellung in der für triviale Systeme passenden reduzierten Weise betrachtet werden darf.

Die Kombination von steigender Anzahl, Vielfalt und Vernetztheit (Interaktionsintensität) der Teile in unserer Lebenswelt bewirkt, dass wir mit der begrenzten menschlichen Wahrnehmungs- und Verarbeitungsfähigkeit (vgl. z.B. Pöppel 1987) nicht mehr in der Lage sind, Realitätsausschnitte vollumfänglich und zuverlässig zu erfassen (= Intransparenz). "Es ist nicht alles sichtbar, was man eigentlich sehen will ... Viele Merkmale der Situation sind demjenigen, der zu planen hat, der Entscheidungen zu treffen hat, gar nicht oder nicht unmittelbar zugänglich" (Dörner 1991, S. 63). In einer komplexen Welt sind die konkreten Umstände in der Regel derart zahlreich und vielschichtig, dass wir sie praktisch nie alle ermitteln können und dass wir nie all das wissen können, was wir zu einer vollständigen Erklärung des Phänomens wissen müssten. Anstelle einer exakten Erfassung eines Zustandes im einzelnen ist in komplexen Situa-

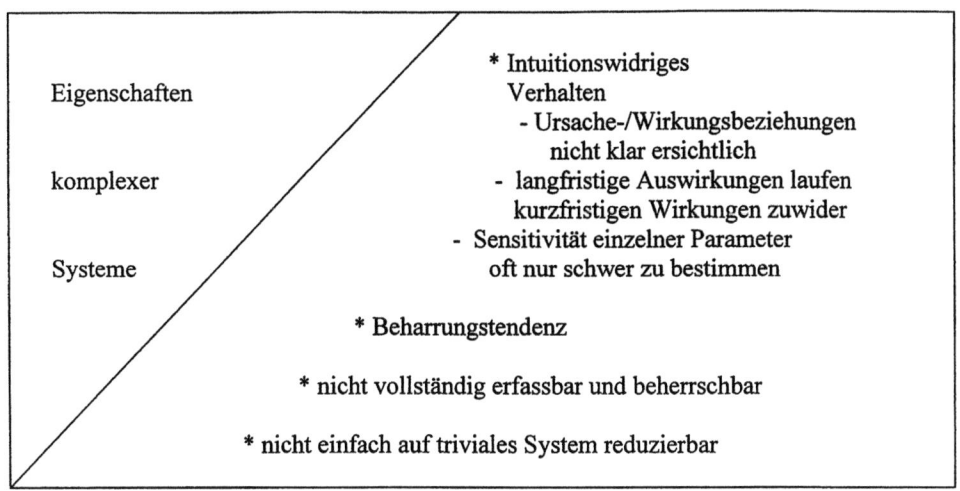

Abb. 4: Eigenschaften komplexer Systeme

tionen lediglich das Erkennen und Voraussagen von ganzen *Mustern* ("pattern recognition") möglich. Durch das gegenseitige Aufeinanderwirken zahlloser Aktivitäten (Interdependenz der Erscheinungen) ist in komplexen realen Problemsituationen kaum mehr feststellbar, wo Ursache und wo Wirkung liegen. Im Umgang mit komplexen Realitäten erweist sich denn auch die klassische analytisch-reduktionistische Problemlösungsmethodik allein als kaum geeignet (siehe auch die Experimente von Dörner 1991).

1.2.3 Komponenten der Dynamik

Der Komplexitätsbegriff erfasst den Aufbau und das funktionelle Gefüge komplexer und mithin intransparenter Phänomene und dabei insbesondere die Verknüpfungsintensität bzw. Vernetzung. Weit weniger beachtet wird hingegen die *Veränderungsintensität*, d.h. der zeitlich-dynamische Aspekt. Geht man davon aus, dass sich alles erfahrbare Geschehen im Rahmen eines vierdimensionalen Raum-Zeit-Systems vollzieht, dann lässt sich feststellen, dass praktisch sämtliche Probleme "dynamischer Systeme" unter dem Komplexitätsaspekt behandelt werden und weitgehend in die räumlichen Dimensionen hineinprojiziert werden (vgl. Perich 1993, S. 92). Unter dem Gesichtspunkt der Vernetztheit sind denn auch in erster Linie Sachverhalte der »Raumgestalt« angesprochen, womit man sich eher dauerhafte und statische Gebilde vorstellt (vgl. Schwaninger 1989, S. 36). Erst jedoch durch eine Erfassung der Bewegung oder - aus der Warte eines Betrachters formuliert - der Veränderungsintensität einer Situation, also mit ihrer Dynamik, wird auch die »Zeitgestalt« des Geschehens explizit mit einbezogen. Dadurch verlagert sich das Augenmerk auf eine prozessuale Betrachtung einer zeitbeanspruchenden Folge einzelner Vorgänge oder Handlungen bzw. Ereignisverknüpfungen, die in ein lineares Zeitschema von Vergangenheit, Gegenwart und Zukunft eingebettet ist. Im Hinblick auf höchst verschiedene "Bewegungsmuster« sollen für die Beschreibung eines »Grades« der Dynamik folgende Komponenten beachtet werden:

1. Beweglichkeit   (zeitlich-prozesshafte Veränderung)
2. Andersartigkeit (inhaltlich-zustandsmäßige Veränderung)
3. Regelmäßigkeit   (strukturelle, substanzielle Veränderung)
4. Aktivitätsniveau (fremd- oder selbstinduzierte Veränderung)

Daraus lässt sich eine Typologie der Dynamik von Phänomenen entwickeln (in Anlehnung an Perich 1993, S. 99):

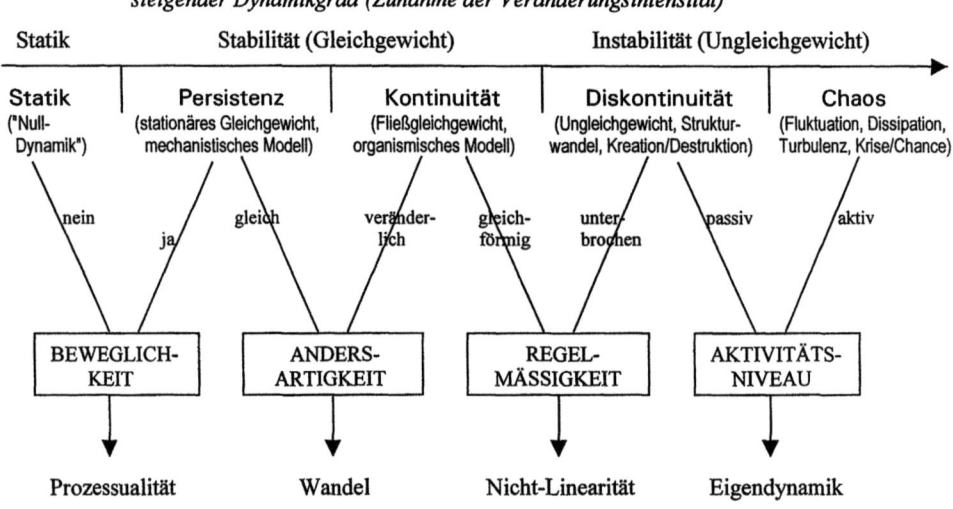

Abb. 5: Gerüst des Dynamikbegriffs

Mit zunehmender Dynamik - zum Beispiel durch das Zusammenwirken von Wandel, Nicht-Linearität und hoher Eigendynamik - nimmt die Neigung zur Instabilität der Situation zu, weshalb es immer weniger gelingt, Bewegungsabläufe zeitlich zu prognostizieren. Die Situation ist somit unsicher und unbestimmt. Einzelne Ereignisse können unvorhersehbar vielfache Folgen und zudem weitere unabsehbare und auch vom Zeitmuster her überraschende Fernwirkungen haben.

1.2.4 Duales Verständnis von Komplexität und Dynamik

Komplexität und Dynamik können höchstens artifiziell als klar trennbare und unabhängige Dimensionen betrachtet werden. Im Prinzip stellen sie unterschiedliche analytisch-methodische Denkkategorien zur Erfassung und Gestaltung der Realität dar: Während unter dem Gesichtspunkt der Komplexität vor allem räumliche Eigenschaften angesprochen sind (»Raumgestalten«) und der Vernetztheitsaspekt in den Vordergrund des Untersuchungsinteresses gerückt wird, stehen unter dem Gesichtspunkt der Dynamik zeitliche Eigenschaften im Zentrum (»Zeitgestalten«), und der Bewegungsaspekt - oder eben das Phänomen der »Veränderung« - erhält das Hauptinteresse. Der Stellenwert, der im Rahmen einer Theorienbildung jedem der beiden Konstrukte zukommt, unter welchem Namen dies auch immer geschieht, drückt somit in erster Linie ein spezifisches *Verständnis der Wirklichkeit* aus und beeinflusst die Art und Weise, in der wir versuchen, einzelne Realitätsausschnitte zu konzeptualisieren (zu ordnen) und auf sie einzuwirken (zu gestalten). In frühen Betrachtungen zum Management der Unternehmung kam praktisch ausschließlich der Begriff »Komplexität« vor, es ging um Probleme der Raumgestalt (z.B. Malik 1996). Im Zuge der - nicht selten durch reale Erfahrungen erzwungenen - Einsicht in die Bedeutung von Zeitgestalten, ist das ursprüngliche Komplexitätskonzept bei einigen Autoren um einzelne dynamische Elemente angereichert worden oder wird als weitgehend gleichberechtigter Teilaspekt eines umfassend definierten Komplexitätsbegriffs aufgefasst (siehe z.B. Ulrich/Probst 1991, S. 57 ff). Eine an der Dynamik orientierte Untersuchungsperspektive bedeutet nun keineswegs, dass Probleme der Raumdimension (also "Komplexitätsaspekte") vollständig aus dem Untersuchungszusammenhang ausgeklammert werden können; es geht eher um eine Aufwertung des Dynamikaspekts, womit das Primat der Zeitdimension betont wird. In diesem Sinne überlagern und ergänzen Aspekte der Dynamik i.e.S. (Zeitgestalt) diejenigen der Komplexität (Raumgestalt); Dynamik in einem umfassenden Sinne verstanden umhüllt das ursprüngliche Komplexitätsgerüst und projiziert Komplexitätsprobleme in die Zeitdimension (vgl. Perich 1993, S. 104).

Die Dynamik setzt Akteure im Umgang mit komplexen Phänomenen unter (Zeit-) Druck. Sie müssen sich nicht nur mit veränderten Umwelten auseinandersetzen, sie müssen es auch noch »schnell« tun. Instabilität und Unsicherheit bewirken für solche Handlungssituationen einen Zwang zum zügigen Handeln. Konstellationen ändern sich in einem dynamischen Kontext rasch und intensiv, lassen sich jedoch deshalb nur ungenügend im voraus planen und detailliert vorbereiten, wie dies eigentlich wünschenswert wäre. Das Streben nach umfassender Informationssammlung kollidiert mit dem Zwang zum Handeln unter Zeitdruck. Das Handlungsfeld wartet nicht auf die Reaktion eines Handelnden, es entwickelt sich weiter, ob der Akteur das nun schätzt oder nicht (vgl. Dörner 1991, S. 62).

Zwischen der Verarbeitung von Komplexität und Dynamik wird somit ein gegenläufiger Zusammenhang sichtbar. Die Bewältigung des Komplexitätsproblems verlangt nach erhöhtem Zeitbedarf zur Durchdringung und Lösungssuche in intransparenten und vielschichtigen Situationen; die Bewältigung des Dynamikproblems erfordert hingegen schnelle und flexible Reaktionen auf sich rasch und oftmals weitgehend unvorhersehbar verändernde Situationen. Die tendenzielle Divergenz von dynamikinduzierter Handlungsnotwendigkeit und komplexitätsgebundenem Handlungsvermögen zeigt sich als eine *»Zeitschere«*:

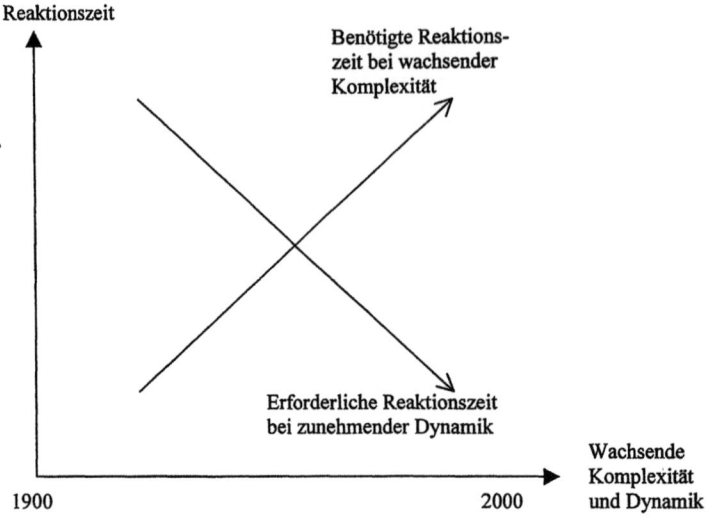

Abb. 6: Die »Zeitschere«
(Quelle: nach Bleicher aus Rufer/Wüthrich 1989, S. 33)

1.3 Fitness und Führbarkeit der Unternehmung durch Management ihrer Höherentwicklung

In einer Gesamtschau lassen sich die Gegebenheiten von Komplexität und Dynamik als »magisches Dreieck« pointieren. Vielzahl und Dichte, Vielfalt und Verschiedenartigkeit sowie die durch diskontinuierliche, interaktive Vernetzung und variable Strukturen zustande kommende Dynamik sind die Faktoren, mit denen sich das Management auseinandersetzen muss. Die Managementlehre muss sich von den ihr liebgewordenen Vorstellungen der Machbarkeit und der exakten Planbarkeit (»controlbased-management«) lösen. Die bisherige Managementlehre war ja darauf ausgerichtet, die Steuerung des Input-/Output-Prozesses in Betriebswirtschaften bei zunehmender Dynamik permanent zu optimieren und dabei fragte, wie sich Arbeit optimal aufteilen, verteilen und qualitätsorientiert ausrichten ließe. Dieser Ansatz liefert unter den heute drastisch veränderten Rahmenbedingungen keine adäquaten Aussagen mehr. Beispiele für solche - heute kaum mehr brauchbaren - Managementvorstellungen sind:

a) Beherrschbarkeit (Kontrolle über alle betriebsinternen Vorgänge),
b) Prognosefähigkeit (z.B. exakte Vorhersage der Marktentwicklung),
c) Definierte Verfahren (zur Verhinderung einer willkürlichen Handhabung von Arbeitsschritten),
d) Exakte Planung (zur optimalen Ressourcenallokation) sowie
e) Festgelegte Reaktionsmuster (um aus der Erfahrung gewonnene Erfolgsstrategien sicherzustellen).

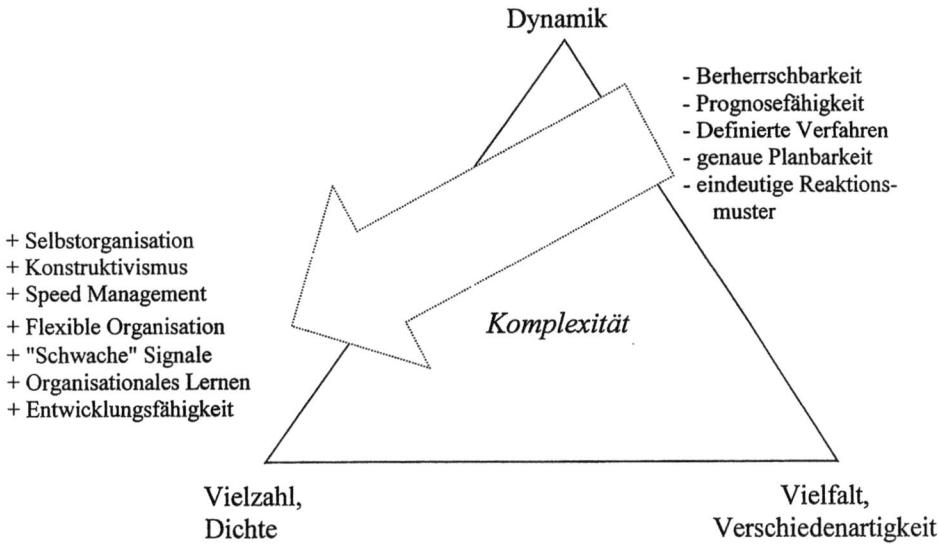

Abb. 7: *Das magische Dreieck des heutigen Managements*
(in Anlehnung an Klimecki/Probst/Eberl 1994, S. 12)

Eine »Komplexitätsfalle« besteht in der Diskrepanz bzw. Neigung, komplexe Probleme mit »einfachen« Lösungen zu bewältigen. Die bisherigen Denkprinzipien werden der neuen Qualität von Veränderungsprozessen nicht mehr gerecht. Es lässt sich nicht mehr erfolgreich planen und prognostizieren, wenn weder die relevanten Umweltvariablen sowie deren Wechselwirkungen bekannt sind, noch aus der Vergangenheit zuverlässige Rückschlüsse auf zukünftige Veränderungen dieser Vernetztheit gezogen werden können.

Die Führbarkeit und das Funktionieren-Können der Unternehmung hängen somit wesentlich von ihrer Fähigkeit ab, Potenziale aufzubauen, mit denen das »Unvorhersehbare« bewältigt werden kann. Im Kontrast zu bisherigen Potenzialen für planbare und geplante Situationen gilt es nunmehr, Potenziale zu schaffen, die »ungerichtet« sind und als Ressourcen für nicht vorhersehbare und somit unplanbare Problemlagen verfügbar sind.

Der entwicklungsorientierte Ausweg für das Management dynamikgeprägter, komplexer Phänomene dürfte darin bestehen, die Potenziale zu definieren und auszubauen, welche eine stete »Fitness« im Umgang mit Problemlagen, das heißt eine erhöhte Problemlösungsfähigkeit und »freie« Problemlösungskompetenz für »Unvorhergesehenes« und »Unvorhersehbares«" bewirken. Das »Developing« (»change based management«) widmet sich als neues Denk- und Verhaltensschema der laufenden Gestaltung evolutionärer Entwicklungsprozesse. Damit sollen gleichzeitig einmalige, revolutionäre Veränderungsakte, zum Beispiel durch Business Reengineering, verringert bzw.

vermieden werden, da solche stets ein Indikator für einen Entwicklungsstau wären und daraus bedingt sind. Der Aufbau entwicklungsfreundlicher Potenziale zur Bewältigung eines aktiven Wandels der Unternehmung müsste vor allem die Aktionsflexibilität stärken in Bezug auf innovatives Kulturbewusstsein, situationsgeeignete Strategien sowie fluide, vitale Strukturen. Qualifizieren und Lernen, Kommunizieren und Handeln sowie flexible Organisationskonzepte bilden dabei den inhaltlichen Rahmen.

2. Das »System« Unternehmung und Management-»Kybernetik«

Der Problemlandschaft komplexer Phänomene werden am ehesten systemtheoretische Zugänge gerecht. Durch die Beachtung der »Komplexität« als reale Gegebenheit bei solchen Problemen kann die Systemtheorie als eine »Theorie komplexer Phänomene« gelten (vgl. Malik 1996; Dörner 1991).

2.1 Der Beitrag der Systemtheorie

Neue Denk- und Handlungsmodelle versuchen, die grundsätzlich gegebenen Möglichkeiten und Bedingungen der Erkenntnis und des Verhaltens besser zu nutzen. Als alternativer Ansatz setzt sich die Systemtheorie explizit mit der zunehmenden Undurchdringbarkeit und Instabilität der »Welt« auseinander. Es ist nicht unüblich geworden, komplizierte und vielschichtige Probleme der Erfahrungswelt mittels eines »holistischen Denkens« - zuweilen auch mit integrativ, ganzheitlich, vernetzt oder systemisch bezeichnet - und unter Verwendung konzeptioneller Vorstellungen wie »System«, »Komplexität« oder »Dynamik« anzugehen. Ein »System« ist eine *Gesamtheit* von *Komponenten* (Teilen und Subsystemen), zwischen denen irgendwelche *Beziehungen* bestehen. Diese Beziehungen können materieller, energetischer oder informationeller Art sein und hängen in ihrer Ausprägung (Qualität) vom Grad der Komplexität und Dynamik ab. Der Systembegriff lässt sich auf verschiedenste Phänomene der Erfahrungswelt anwenden; er ist somit primär eine Form der Wahrnehmung, eine Konstruktion des menschlichen Geistes. "A system is a way of looking at the world" (Weinberg 1975, S. 51). Sie bietet sich dadurch auch als supradisziplinäre Strukturwissenschaft an.

Mit dem abstrakten Systembegriff und der Einführung einer generellen Klassifikation von Systemen sind die Fundamente zu einer »Allgemeinen Systemtheorie« gelegt worden, welche sich auf die Untersuchung von allgemein gültigen Systemprinzipien konzentriert und damit die Isolation einzelner disziplinärer (Teil)-Lehren überbrücken will (vgl. von Bertalanffy 1950; Boulding 1956; Weinberg 1975). Die Allgemeine Systemtheorie bietet einen Ansatz, der "... supradisziplinär in Form einer allgemeinen Modelltheorie die Modelle zur empirischen Anreicherung und inhaltlichen Interpretation bereithält, der interdisziplinär einen empirischen einzelwissenschaftlichen Modelltransfer ermöglicht und ein terminologisches Basisvokabular als Integrationsfunktion zur

Verfügung stellt.." (Lenk/Maring/Fulda 1985, S. 170). Die Systemtheorie ist viele Stufen abstrakter und inhaltsloser als jede empirische Wissenschaft; sie entwickelt Denkvorstellungen und Denkweisen, die in vielen empirischen Wissenschaften angewendet werden können zur Gewinnung disziplinärer Erkenntnisse, was auch in praktisch allen Naturwissenschaften und einigen Sozialwissenschaften in zunehmendem Maße geschieht. Sie ersetzt keine bestehende Wissenschaft, sondern bringt in diese nur eine neue Perspektive ein und führt damit meist zu neuen Fragestellungen und neuen Erkenntnissen.

Die wohl umfassendste Systemklassifikation stammt von Kenneth Boulding. Im Rahmen seines "system of systems" teilt er empirisch erfahrbare Tatbestände der Lebenswelt in eine hierarchisch gestufte Ordnungsfolge von Wirklichkeitsebenen ein, wobei jede dieser "Systemebenen" eine höhere Entwicklungsstufe repräsentiert. Jeweils ebenenspezifische Eigenschaften und Verhaltenslogiken charakterisieren darüber hinaus auch unterschiedliche theoretische Problemstellungen mit differenzierten Analyseebenen und Aussagakategorien (entnommen aus Perich 1993, S. 84-86):

1. Ebene der statischen Strukturen (level of frameworks)
Einzelteile eines Gesamtgefüges und Anordnung (Stellung) der Teile innerhalb dieses Gesamtgefüges (Bsp. der Wirklichkeitsebene: Geographie der Erdoberfläche; Struktur von Atomen in einem Kristall; analytische Ebene z.B.: Aufbau des Universums; Anatomie eines Organismus; Organigramm einer Unternehmung);

2. Ebene der einfachen dynamischen Systeme (level of clockworks)
Prädeterminierte, fixe Bewegungsabläufe (Bsp.: Planetenumlaufbahn, Ebbe und Flut, die meisten maschinellen Abläufe, einfaches bzw. stationäres Gleichgewicht);

3. Ebene der kybernetischen Systeme (level of the thermostat)
Kybernetische Kontrollmechanismen (informationelles Regelkreisprinzip), welche eine Varietät von Zuständen innerhalb vorgegebener Toleranzschwellen zulassen (Bsp. Temperatursteuerung durch einen Thermostat; die meisten physiologischen Prozesse, homöostatische Gleichgewichtszustände: Fließgleichgewichte);

4. Ebene der offenen Systeme (level of the cell)
Mechanismen der Selbsterhaltung und Selbstreproduktion (Bsp.: einzelne biologische Zelle). Auf dieser Ebene vollzieht sich die Differenzierung von Lebendigem und Nicht-Lebendigem. Zentrale Eigenschaft "lebensfähiger Systeme" ist die Interaktion, v.a. Energieaustausch, mit der Systemumwelt (Input-Throughput-Output-Modell);

5. Ebene der genetisch-sozialen Systeme (plant level)
Formen der Arbeitsteilung und Interdependenz zwischen verschiedenen Zellen und deren Gesamt-Funktionsfähigkeit (Bsp.: Bereich der Botanik);

6. Ebene des teleologischen Verhaltens (animal level)
Ausgebaute Informationsverarbeitungsmechanismen und situativ eigenständige Verhaltensrepertoires (Bsp.: Wahrnehmungsorgane, Nervensystem, Gehirnfunktionen in

der Tierwelt). Auf dieser Ebene beginnt die Vorhersagbarkeit konkreten Systemverhaltens zum Problem zu werden, weil zwischen Stimulus und Response kognitive Verarbeitungsfunktionen treten;

7. Ebene der Humansysteme (human level)
Eigenschaften von individuellen menschlichen Lebewesen. Hervorgehoben werden auf dieser Ebene insbesondere die eigenständige »innere Welt« der *Psyche* (subjektive Wirklichkeiten, Emotionalität) sowie die spezifisch humanen Möglichkeiten zu überlegtem und »freiem« Handeln (»kreative« Eigendynamik) aufgrund des *Verstandes* (geistig-sinnhafte Dimension); diese dokumentieren sich z.B. in einer bewussten Erfahrung und Selbstreflektion der Realität z.B. durch Vorwegnahme von Handlungsmöglichkeiten, dem Verwenden von Symbolen (z.B. der Sprache) sowie einem Interesse für das Wesen des Ichs, des Seins *(Identität),* der Vergangenheit und der Zukunft *(Zeitbewusstsein);*

8. Ebene der sozialen Systeme (level of social organizations)
Als auszeichnende Eigenschaften sozialer Ordnungsgefüge werden hervorgehoben intersubjektive Beziehungen, Zielorientierung, Autonomie, Selbstreferenz, Werthaltungen, ethische, ästhetische, historische und andere qualitative Aspekte (kulturell-soziale Dimension);

9. Ebene der Spiritualität (transcendental level)
Metaphysische, absolute und unentrinnbare »letzte« Wahrheiten (z.B.: Religion).

Auf der Wirklichkeitsebene entspricht die Systemklassifikation von Boulding der Chronologie eines Schichtbaus, in dem die Komplexität der Welt Schicht auf Schicht von den Quanten über die Atome, Moleküle, Biomoleküle zu Leben, Bewusstsein, Gemeinschaft und Kulturhaftigkeit folgerichtig zunimmt. Die Reihenfolge kennzeichnet dabei zwar aufeinander aufbauende (d.h. kumulative), aber dennoch verschiedene, in einer »fulgurativen Evolution« entstandene »Seinsschichten«, weshalb Systeme höherer Integrationsebene aus den niedrigeren grundsätzlich nicht deduzierbar sind (vgl. Riedl 1980, S. 160) und für ihre Erklärungslogik auch grundsätzlich andere Anforderungen an die jeweilige Theorienbildung stellen. Diese Nicht-Rekursivität weist auf das Problem des *Reduktionismus* in den Wissenschaften hin, das heißt auf die insbesondere durch das kartesianische Paradigma getragene Behauptung, Eigenschaften höherkomplexer und -dynamischer Schichten seien aus den einfachsten ableitbar und mit diesen angemessen darzustellen. Phänomene höherer Stufe weisen ein eigengesetzliches und zunehmend komplexeres Verhaltensmuster auf. So sieht Boulding als den wichtigsten Aspekt der Systemklassifikation, zu vermeiden, dass die theoretische Analyse einer Stufe unter der Stufe der gerade betrachteten Realität für diese gleichfalls als gültig und geeignet eingeschätzt wird. Gleichwohl bedienen sich die Sozial- und Wirtschaftswissenschaften im Rahmen ihrer Theoriebildung noch immer solcher Erklärungs- und Gestaltungskonzepte, die kaum über die Ebenen 3 oder 4 hinausgehen, obwohl die Erkenntnisse zu sozialen Systemen doch eher der Problemlandschaft der Ebene 8 zuzuordnen sind.

Der offensichtliche Vorteil des komplexitätsorientierten Systemansatzes liegt vor allem in dessen problemorientierter Anwendung auf unterschiedlichste Phänomene sowie in der ausgeprägt multidisziplinären Orientierung. Mit Hilfe des Systemansatzes ist es insbesondere gelungen, den Aspekt der Verknüpfungsintensität *(»Vernetztheit«)* besser zu ergründen, d.h. ein besseres Verständnis vom Aufbau sowie der Funktionsweise komplexer und mithin intransparenter Systeme zu erhalten. Unter dem Gesichtspunkt der Gestaltung wird von der Systemtheorie vor allem herausgestrichen, dass die primäre Führungsaufgabe in einem sozialen System in der Komplexitätsbewältigung gesehen werden muss und dass Führungshandlungen immer Eingriffe in vielschichtig vernetzte Wirkungsgefüge, d.h. Netzwerke, darstellen.

2.1.1 Systemische Welt und Management

Der Begriff »System« erscheint zunächst als abstrakte Bezeichnung. Menschen können in der Regel nur mit mehr konkreten Dingen umgehen, unsere Welt, in der wir leben, die wir begreifen können, hat nur in einem bestimmten, relativ kleinen Bereich begreifbare Dimensionen. So lässt sich daher das ganz Kleine des Mikrokosmos und das ganz Große des Makrokosmos nur sehr schwer und nur mit Hilfe geistiger Modelle vorstellen. Aber auch die vom Menschen selbst geschaffene Welt hat keine menschlichen, begreifbaren Dimensionen mehr. Wir leben in Städten, die unüberschaubar sind; wir haben eine Technik, deren Eigenleben kaum noch zu beherrschen ist, und wir haben eine Wirtschaft, die niemand mehr versteht. Die selbstverständlichsten Dinge unseres täglichen Lebens sind abhängig von Systemen, die Menschen geschaffen haben, die aber niemand in ihrer Totalität wirklich begreift, die wir nicht mehr wirklich unter Kontrolle haben.

Man kann sich diese Dinge besser vorstellen, wenn man sich beispielhaft vor Augen führt, welche gigantischen Systeme funktionieren müssen, damit wir in einem Supermarkt etwas so Alltägliches wie einen Apfel kaufen können. Früher ist man vielleicht hinter das Haus auf die Wiese gegangen, um einen Apfel aufzulesen, oder in den Keller, um einen zu holen, den man dort zur Erntezeit eingelagert hatte. Der Apfel im Supermarkt kommt aber meistens nicht aus der umliegenden Landwirtschaft, sondern zum Beispiel aus einer Plantage in Kalifornien. Es ist auch kein einfacher Apfel mehr, sondern ein spezielles Produkt langjähriger Züchtungen. Dafür ist ein weit verzweigtes System von Wissenschaftlern und Spezialisten tätig. Für die Produktivität der Plantage und die Qualitätssicherung werden meist Chemikalien eingesetzt, die neben dem Funktionieren der Wissenschaft auch das weit verzweigte System einer chemischen Industrie notwendig machen. Damit der Apfel in unseren Supermarkt kommt, sind weltumspannende Transportsysteme erforderlich. Zusätzlich müssen ein System des internationalen Handels und ein globales Geld-, Kredit- und Währungssystem funktionieren (vgl. Malik 1987, S. 8).

Dieses Apfelversorgungssystem ist nur eines von vielen Beispielen, das recht anschaulich zeigt, dass wir in einer Welt von Systemen leben, deren Funktionieren wir täglich als Selbstverständlichkeit voraussetzen. Diese Systeme hat der Mensch zwar selbst geschaffen, aber sie wurden in ihrer konkreten Form so von niemandem wirklich geplant und beabsichtigt. Sie entfalten ein Eigenleben und produzieren Sachzwänge, so dass wir nur noch bedingt davon sprechen können, dass wir sie unter Kontrolle haben. Wer versteht diese Systeme wirklich noch als Ganzes? Wie verletzlich sind sie? Wie können wir sie so managen, dass sie uns wirklich nützlich sind und uns nicht vollständig »vereinnahmen«? Wie erreichen wir, dass die vom Menschen geschaffenen Systeme auch menschlich bleiben? (vgl. Malik 1987, S. 8).

Inzwischen hat man eine bessere Vorstellung davon, wie die Lebensvorgänge der Natur, aber auch jene in der Wirtschaft, Technik, Wissenschaft usw. ineinander greifen und voneinander abhängen. Wenn man von Management und von Managementkonzepten redet, welche das Funktionieren-lassen dieser Systeme regeln sollen, dann muss man ein realistisches Bild über Zusammenhänge, über den systemischen Charakter der Welt und der Gesellschaft haben. Wenn wir nicht wissen, wovon wir Teil sind, dann wir können auch den kleinsten Teil dieses großen systemischen Netzwerkes nicht sinnvoll managen.

2.1.2 *Holistischer Ansatz im Denken und Handeln*

Das Postulat einer ganzheitlichen, »holistischen« Denk- und Handlungsweise im Rahmen des Unternehmungs- und Umweltgeschehens ist auf dem zuvor betrachteten Hintergrund in den Blickpunkt des Interesses gerückt. Ganzheitliches Denken ist dabei als umfassende Identifikation und Handhabung von Faktoren sowie als Erkennen wichtiger *Vernetzungen* von »Ganzes-Teil-Relationen« aufzufassen. Die besondere Bedeutung des Vernetzungsaspekts kommt mit dem Begriff »ganzheitlich-vernetzendes Denken« zum Ausdruck.

Die Lehre des Holismus geht davon aus (vgl. Eggers 1994, S. 67), dass das Ganze

1. nicht durch die bloße Summation von Teilen zustandekommt, »das Ganze ist mehr – oder etwas anderes – als die Summe seiner Teile«;
2. aus Teilen bzw. Elementen konstituiert wird;
3. auf dessen Teile zurückwirkt;
4. neue, »emergente« Eigenschaften aufweist, die den Teilen nicht inhärent sind;
5. nicht auf analytischem Wege erklärt werden kann.

Ein wichtiger Grund für die zunehmende Notwendigkeit einer ganzheitlichen Betrachtung der Unternehmung besteht u.a. darin, dass die klassische Betriebswirtschaftslehre kein ganzheitliches Verständnis aufweist. Sie ist zergliedert in zahlreiche, kaum miteinander verbundene Teillehren, die sich mit je spezifischen Aspekten oder Teilbereichen der Unternehmung befassen, nicht aber mit ihr als Ganzes (vgl. Steinle 1988, S. 245 f). Ein solcher Elementarismus als Forschungsprinzip führt zu einer »Stückwerk-Technologie« (vgl. Malik 1985, S. 206), die kaum sinnvolle Impulse für ausgewogene Strategien hervorbringen kann. Der daraus abgeleitete Forschungsbedarf verweist darauf, nicht mehr einzelne Elemente zu studieren, sondern Wirkungen der Elemente aufeinander, nicht die Eigenschaften losgelöster Prozesse, sondern die Eigenschaften von Ganzheiten. Der bedeutendste Beitrag zur »holistischen Wende« in der – managementorientierten – Betriebswirtschaftslehre kam von Hans Ulrich (Ulrich 1970 bzw. 1968), der die systemorientierte bzw. ganzheitliche Managementlehre begründete. Angesichts der zunehmenden *Umweltdynamik* und -komplexität wird heute eine ganzheitlich-vernetzende Denk- und Handlungsweise im Management als Grundvoraussetzung für eine erfolgreiche Unternehmungsführung betrachtet und als wichtiger Bestandteil eines entwicklungsorientierten Managementverständnisses angesehen (vgl. Bleicher 1991, S.26 ff; Wüthrich 1991, S.176). Die Überwindung von immer mehr Schnittstellen im *Unternehmensgeschehen* erfordert zudem eine integrative, vernetzte Führung, und dies ist ein noch nicht befriedigend gelöster Aufgabenkomplex (vgl. Hahn 1989, S. 163). Die Beachtung des Ganzheitlichen wird geradezu als Kriterium für die Bestandsfähigkeit der Unternehmung angesehen (vgl. Rüegg 1989, S. 21).

Die Thematisierung von Aussagen zu Ganzheitlichkeit und ganzheitlichem Management bietet ein facettenreiches Spektrum, das von praxisorientierten Lösungsversuchen bis zu einigen fundierten theoretischen Konzeptionen reicht. Allerdings wird der Terminus »ganzheitlich« von manchen Autoren als wohlklingender Begriff oder unzutreffend etikettierend benutzt; ein Beispiel ist die irrigerweise als ganzheitlich charakterisierte Wertanalyse (vgl. Jehle 1991, S. 288 ff), obwohl diese jedoch durchaus wohlstrukturierte Probleme angeht und sich auch schon lange und wirkungsvoll als praxisrelevante Methode zur Werterhöhung und Kostenreduzierung bewährt hat. Eine ungeeignete Interpretation entsteht auch, wenn ganzheitliche Erkenntnisgewinnung verabsolutiert wird. Es erscheint weder sinnvoll, sich ausschließlich auf das Ganze zu konzentrieren und dabei sich lediglich mit (Oberflächen-)Phänomenen zu befassen, noch ist es möglich, alle lenkungsrelevanten Faktoren und deren Konnex simultan zu erfassen und zu handhaben. Insbesondere unter Anwendungsgesichtspunkten muss Holismus zwangsläufig mit Reduktionismus verbunden werden. Selbst kleinste Systeme können rechnerisch eine ungeheure Anzahl von Zuständen haben, so dass ohne die weitgehende Ausblendung dieser überwältigenden Varietät die »Realität« überhaupt nicht fassbar wäre. Muster erkennen und wesentliche Phänomenbezüge transparent machen und dabei keine Zusammenhänge »zerreißen« sind hinreichende Vorgehensweisen. Das ganzheitliche und das elementaristisch-reduktionistische Forschungsprinzip gehen solcherart eine Verbindung ein.

Der Holismus kann als geeignete Leitidee eines Managementansatzes und einer Methodik zur Handhabung komplexer Phänomene und Probleme dienen. Für die Gestaltung von Management-Konzepten bietet er ein reichhaltiges Potenzial, die tragende Strukturidee der Teile-Ganzes-Betrachtung ist jedoch noch kaum ausgeschöpft. Der schlagwortartige Charakter des Begriffes »Ganzheitliches Management« ist sicherlich ein Grund dafür, dass holistische Ansätze in der Praxis zumeist noch nicht vorzufinden sind. Defizite im ganzheitlichen Denken sieht Bleicher als Grund für die unzureichenden Verbreitung holistischer Management-Konzeptionen (Bleicher 1990, S. 160). Es sind derzeit auch nur sehr wenige Praktikerberichte bekannt, aus denen eine erfolgreiche Schließung dieser Anwendungslücke hervorgeht. Ausnahmen bilden die Beschreibungen einer Unternehmung aus der Chemieindustrie mit einem ganzheitlich geführten Geschäftsbereich (vgl. ausführlich Schuhmann 1990, S. 329 ff), eine Fluggesellschaft (vgl. Chéhab/Fröhlich 1991, S. 7) und eine Brauerei-Gruppe (vgl. Gottfreund 1993, S. 207 ff), in denen erhebliche Anstrengungen unternommen werden, um ein systemisch-kybernetisches Management in umfassender Weise zu implementieren.

Bei dem wohl wichtigsten Managementprozess des Problemlösens hat ganzheitliches Vorgehen immerhin zunehmend Anklang gefunden. Gerade weil für komplexe Probleme die Anwendung logisch-analytischer Lösungsmethoden sich als untauglich erwiesen hat, wird zur Handhabung komplexer Phänomene und vernetzter Entscheidungstatbestände auf das Erfordernis des holistischen Denkens bei der Lösung solcher schlecht-strukturierten Probleme verwiesen (vgl. u.a. Mason/Mitroff 1981, S. 16, zit. bei Eggers 1994, S. 16). Eine ausgearbeitete und erprobte Methodik des ganzheitlichen Problemlösens liegt seit geraumer Zeit vor, die zudem vom Denkansatz inzwischen um den Aktions- und Verhaltensbereich erweitert worden ist (vgl. Gomez/Probst 1995 und Punkt 8.3.2). Ein ähnliches Verfahren wie das vorstehend genannte bisher einzige Konzept des ganzheitlichen Problemlösens ist von Eggers als sogenannte "Puzzle"-Methodik ausgearbeitet worden, wobei das Akronym »Puzzle« für die Phasen *Phänomene*, *Untersuchungen*, *Zielplanung*, *Zentralprojekte*, *Lösungsideen* und *Entscheidungen* steht (vgl. Eggers 1994, S. 250 ff).

2.1.3 Systemorientiertes Management

Im Bereich der Managementwissenschaft ist der Holismus untrennbar mit der Systemtheorie verbunden. Der Terminus »*systemorientiertes Management*« wird seit Anfang der sechziger Jahre als *Sammelbegriff* für die unter der wissenschaftlichen Leitung von H. Ulrich durchgeführten Forschungsvorhaben verwendet, die auf eine Entwicklung ganzheitlicher, integrierender und anwendungsorientierter (Teil-)Konzepte und Methodiken des Managements gerichtet sind (vgl. Ulrich 1970, 1968).

Systemorientiertes Management dient der *Gestaltung, Lenkung und Entwicklung* sozialer Systeme (vgl. Ulrich 1984, S. 99 ff, siehe weitergehend Pkt. 2.2.4). Mit nächstehenden grundlegenden Aspekten wird zunächst die Philosophie des systemorientierten Managements beschrieben. Vier tragende Säulen bilden die Basis des Konzepts (vgl. zum folgenden Semmel 1984, S. 5 ff, zit. nach Eggers 1994, S. 83):

(1) Perspektivismus,
(2) Anwendungsorientierung,
(3) Systemtheorie und Kybernetik,
(4) multiple Betrachtungsebenen.

zu 1: Perspektivismus als grundlegende Auffassung besagt, dass die Managementlehre aufgrund einer bestimmten Perspektive Problemstellungen konstruiert. Dahinter steht die Überlegung, dass Phänomene in sozialen Systemen in gewissem Maße erst durch eine bestimmte Betrachtungsweise definiert werden. Eine wesentliche Aufgabe der Managementlehre kann darin bestehen, Führungskräften in Unternehmungen *neuartige Perspektiven* zu vermitteln, so dass diese bestimmte Problemstellungen (überhaupt erst) identifizieren und diskutieren können. "Gerade bei ausdrücklicher Berücksichtigung der Abhängigkeit komplexer sozialer Phänomene von der sie konstruierenden Perspektive ergibt sich für die Managementlehre die wissenschaftliche Notwendigkeit, mehrere verschiedenartige Betrachtungsweisen anzubieten, um den Gefahren einer einseitigen, reduktiven Erfassung des Managements zweckorientierter sozialer Systeme entgegenzuwirken ..." (Semmel 1984, S. 6 f).

zu 2: Die systemorientierte Managementlehre wird als angewandte Wissenschaft verstanden, die Wissen produziert, das von Menschen zur Lösung von Problemen verwendet werden kann. Anwendungsorientierte Wissenschaft ist die *Nutzung theoretischen Wissens im Hinblick auf praktische Probleme*. Diese Auffassung wird von vielen wissenschaftlich tätigen Personen geteilt, denn "es gibt bekanntlich nichts Praktischeres als eine gute Theorie". Das Gestaltungsinteresse des systemorientierten Managements ist auf theoretischer Grundlage somit um eine Lageverbesserung der Praxis bemüht, indem Möglichkeiten zur Entfaltung von Managementkonzepten und -instrumenten aufgezeigt werden. Bleicher bezeichnet das "St. Galler Management-Konzept" als *"... Leerstellengerüst für Sinnvolles und Ganzheitliches..."* (Bleicher 1991, S. 51), denn ein zentrales Anliegen dieses Ansatzes besteht darin, Problembetroffenen auf Basis der Bereitstellung von Konzepten und Instrumenten primär Hilfe zur Selbsthilfe zu leisten.

zu 3: Systemtheorie und Kybernetik stellen wichtige *Basistheorien* der Managementlehre und -praxis dar. Die Systemtheorie ist eine formale Wissenschaft von der Struktur, Verknüpfung und dem Verhalten von Systemen (vgl. Ulrich 1970, S. 105 ff; Malik 1996, S. 22 ff). Zwischen Systemtheorie und Holismus besteht eine enge Beziehung, der Bezug zum Holismus kommt auch durch den Systembegriff selbst zum Ausdruck: ein System ist eine Gesamtheit von Elementen, zwischen denen Beziehungen bestehen oder hergestellt werden können (vgl. Flechtner 1966, S. 208 ff). Diesen Sachverhalt betonen genauer Gharajedaghi/Ackoff: "Ein System ist ein Ganzes, welches nicht in unabhängige Teile zerlegt werden kann; das Verhalten der Teile und ihre Wirkungen auf das Ganze hängen vom Verhalten der Teile ab." (Gharajedaghi/ Ackoff 1985, S. 287). In phänomenologischer Perspektive stellt ein System selbst einen rekonstruierten Phänomenenbereich dar (vgl. Rüegg 1989, S. 102).

Systembegriffe zur grundlegenden Klassifikation von Elementen bzw. integrierten Elementgruppen werden in der Literatur zum systemorientierten Management mit »Supersystem« (z.B. Umwelt), »System« (z.B. Unternehmung), Subsystem (z.B. strategische Geschäftseinheit) und Element (z.B. Mensch oder Maschine) bezeichnet. Die Bestandteile der unterschiedlichen Klassifikationsebenen stellen "Ganzheiten innerhalb eines Ganzen" dar (vgl. Probst 1987, S. 31).

Im Vergleich zu den anderen, historisch entstandenen wissenschaftlichen Disziplinen kann man die Systemtheorie als Metawissenschaft bezeichnen, die die konkreten, empirischen Wissenschaften mit allgemeinen Grundvorstellungen, Denk- und Vorgehensweisen zur Lösung ihrer Erkenntnisprobleme beliefert, also den Charakter einer *Methodologie* hat; die Kybernetik dagegen ist eher eine »Querwissenschaft«, die interdisziplinär infolge des überall vorkommenden Phänomens, das sie untersucht, die Analogiebildung zwischen den Disziplinen, die Übertragung von einem Objektbereich auf einen andern ermöglicht, auch auf abstrakter Stufe das Gemeinsame an Phänomenen herausarbeitet, die in der Realität konkret ganz unterschiedliche Erscheinungsformen aufweisen, wie z.B. das Nervensystem des Menschen und die Leitungsstruktur der Unternehmung (vgl. Abb. 8).

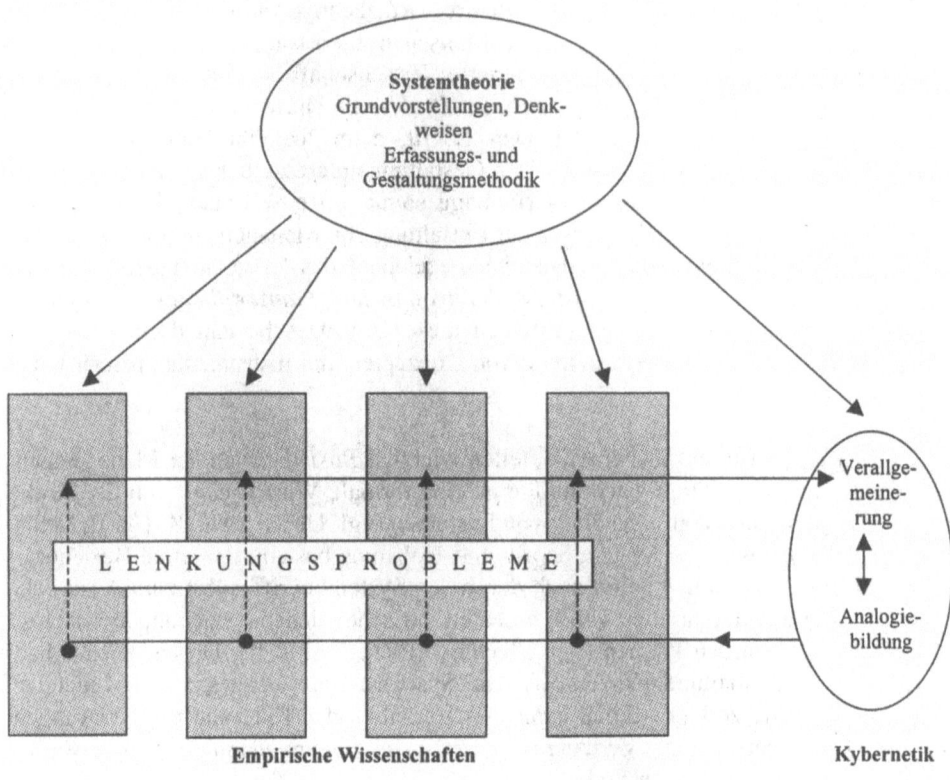

Abb. 8: Systemtheorie, Kybernetik und empirische Wissenschaften
(Quelle: Ulrich 1995, S. 170)

Die Kybernetik als integratives Theorieelement der Systemtheorie wurde durch Wiener begründet (vgl. grundlegend Wiener 1968, S. 31 ff). Zu dieser Teildisziplin entstand eine immense Anzahl von Veröffentlichungen, so dass keine einheitlichen Auffassungen zu deren Inhalten und Formen in der Literatur vorzufinden sind. Vielen Explikationen ist allerdings gemeinsam, dass die Kybernetik als Wissenschaft von der Struktur, den Lenkungsmöglichkeiten und vom Verhalten komplexer Systeme betrachtet wird (vgl. Probst/Dyllick 1987, Sp. 823 f). Demzufolge befasst sich die allgemeine Kybernetik mit dem formalen Aufbau, Verhalten und der Vernetztheit von Systemen.

Sachverhalte wie Kommunikation, Information und Regelung stehen folglich im Vordergrund.

Für Ulrich ist die Kybernetik die Wissenschaft von der Gestaltung und Lenkung dynamischer Systeme, und die Lehre des Managements widmet sich der Gestaltung und Lenkung einer besonderen Kategorie dynamischer Systeme, den Unternehmungen (vgl. Ulrich 1984, S. 66). Mit »Gestalten« ist die Organisation der Strukturen und Abläufe gemeint, die Bestimmung des grundlegenden Kurses und die Festlegung von dauerhaften Regelungen und Normen, »Lenkung« ist die ständige, kontinuierliche Steuerung und Regelung aller Aktivitäten.

Der Begriff »Managementlehre« ist mit dem Ausdruck »Führungslehre« keineswegs synonym verwendbar. Während mit »Führung« zumeist der personenbezogene Aspekt als »Menschen führen« gemeint ist, der englischsprachig mit »Leadership« ausgedrückt wird, fehlt dem Ausdruck Management dieser Bezug. »Gemanaged« werden nämlich nicht Menschen, sondern eher ganze Institutionen. »Management« im Sinne von H. Ulrich richtet die Perspektive auf die Gestaltung, Lenkung und Entwicklung gesellschaftlicher Institutionen. Während die Führungslehre durch ihre Hinwendung zum personalen Aspekt vorwiegend *verhaltenswissenschaftlich* ausgerichtet ist, wird die Managementlehre *systemorientiert* gedacht und verstanden.

zu 4: Multiple Betrachtungsebenen im Rahmen der systemorientierten Managementlehre sollen erreichen, dass durch deren *Integration* die Gefahr des Reduktionismus überwunden wird, zugleich soll dadurch ein mehrdimensionales Verständnis für soziale Systeme entstehen. Dabei geht es um drei Betrachtungsebenen, mit denen unterschiedliche Fragestellungen und Erkenntnisse verbunden sind, die im Rahmen der systemorientierte Managementlehre integriert werden (vgl. Ulrich 1984, S. 352 ff):

- materielle Ebene (woraus besteht das jeweilige System?),
- funktionelle Ebene (wie funktioniert das zu betrachtende System?),
- Sinn-Ebene (welchen Sinn hat das entsprechende System?).

2.2 Kybernetik als Wissenschaft von der Lenkung komplexer Systeme

Management will das Geschehen in komplexen Gebilden wie Unternehmungen, Behörden, Kliniken, Verwaltungszentren, Versorgungseinrichtungen, Schulen, Universitäten usw. unter Kontrolle bringen. Diese Gebilde werden als komplexe Systeme aufgefasst und charakterisiert, woraus sich ableitet, dass Management die Gestaltung und Lenkung solcher Systeme ist. Das Funktionieren-lassen komplexer Systeme oder – anders ausgedrückt – das Führbar-machen von Systemen ist der gemeinsame Nenner, die eigentliche Natur von Management. Nur aus dieser Perspektive betrachtet lassen sich die Gemeinsamkeiten finden in der Vielfalt der immer wieder als neu propagierten Managementmethoden, -konzepte, -modelle, -tricks, -theorien usw. Und nur aus dieser Sichtweise ist eine sinnvolle Lösung von Managementproblemen möglich.

Bemerkenswert ist, dass die Menschheit zwar über einen großen Reichtum an Erfahrungen im Zusammenhang mit der Gestaltung und Lenkung von Systemen verfügt, dass aber der Beginn der wissenschaftlichen Behandlung dieses Problems relativ jungen Datums ist. Unter jenen Wissenschaften, die sich im weitesten Sinne mit Fragen beschäftigen, die für Management ebenfalls von Bedeutung sind, ist es allein die Ende der vierziger Jahre entstandene Kybernetik, die das Problem der Gestaltung und Lenkung komplexer Systeme in das Zentrum ihres Interesses rückte. Die Frage, wie man komplexe Systeme unter Kontrolle bringt und hält, ist der wesentliche Forschungsgegenstand dieser Wissenschaft. »Kybernetik« ist aus dem griechischen Wort für »Steuermannskunst« abgeleitet, und in der Tat ist es diese Kompetenz, die Manager vor allem beherrschen müssen. Dabei geht es sowohl um die Frage, wie ein Schiff gebaut sein muss, damit es überhaupt steuerbar ist, wie auch um die Bedienung des Ruders in allen Situationen, in die das Schiff geraten kann. Management ist somit angewandte Kybernetik (vgl. Malik 1987, S. 8).

2.2.1 Kybernetisches Denken und Regelkreis als Lenkungskonzept

Die Kybernetik als interdisziplinäre Wissenschaft unterscheidet sich von den traditionellen Wissenschaftsdisziplinen nicht durch die Untersuchung eines speziellen, nur von ihr bearbeiteten Objekttyps, sondern durch ihre besondere *Betrachtungsperspektive*. Ihr geht es um die Untersuchung eines bestimmten Problems, nämlich dem der *Lenkung von und in komplexen Systemen*. Anders formuliert analysiert die Kybernetik jene Mechanismen in komplexen Systemen, die *Ordnung produzieren, erhalten und verändern oder entwickeln*. Dieses Problem stellt sich gleicherMassen in *technischen* Systemen, in *natürlichen* und in *sozialen* Systemen. Die Kybernetik liegt somit »quer« zu den traditionellen Wissenschaftsdisziplinen, weil sie nach einem anderen Gliederungskriterium gebildet ist, und überlagert oder ergänzt diese, ohne sie ersetzen zu können oder zu wollen (vgl. Probst/Dyllick 1987, Sp. 823 ff).

Die Kybernetik hat sich zunächst stark im Bereich der angewandten Technik als quantitativ ausgerichtete *Kybernetik mechanischer Systeme* oder *Regeltechnik* entfaltet. Aussagefähiger für Probleme des Managements war jedoch ihre Entwicklung innerhalb der Biologie als *Kybernetik natürlicher Systeme* oder als *Biokybernetik*, die sich mit Lenkungsproblemen in organischen Systemen und Ökosystemen befasst. Eine eigenständige *Kybernetik sozialer Systeme* ist demgegenüber erst in jüngster Zeit zustande gekommen. Ehe die wichtigsten Modelle aus diesen drei Bereichen und ihre Bedeutung für die Führung in sozialen Systemen vorgestellt werden, soll jedoch zunächst auf die Eigenart kybernetischen Denkens eingegangen werden.

Kybernetisches Denken

Das kybernetische Denken weist eine Anzahl von charakteristischen Merkmalen auf, die es von traditionellen Wissenschaften unterscheidet (vgl. Probst 1987, S. 36 ff., Probst/ Dyllick 1987):

- Zunächst ist das *Denken in Modellen* zu nennen. Modelle werden in allen Wissenschaften verwendet, um eine komplexe reale Situation im Hinblick auf den jeweiligen Untersuchungszweck handhabbar zu machen. Dies trifft in stärkerem Maße noch für die Kybernetik zu, deren Erkenntnisweise geradezu ausgezeichnet ist durch das Bilden von *Lenkungsmodellen*.

- Reale Probleme nehmen keine Rücksicht auf die Abgrenzungen der etablierten Wissensdisziplinen. Führungsprobleme weisen vielmehr immer sowohl ökonomische als auch psychologische, sozialpsychologische, biologische und weitere Aspekte auf und können kaum adäquat erfasst werden, wenn sie auf eine dieser Disziplinen reduziert werden. Aus diesem Grund ist kybernetisches Denken *interdisziplinäres Denken*.

- Die Übertragung kybernetischer Erkenntnisse auf den Bereich der Führung erfolgt mit Hilfe des Vehikels der *Analogie*. Bei Übertragungen aus dem Bereich natürlicher Systeme wird zum Beispiel keineswegs unterstellt, dass beide Systeme gleichzusetzen sind, sondern nur, dass sie im Hinblick auf die untersuchten Lenkungsmechanismen vergleichbar sind. Die Überprüfung solcher Analogien erfolgt aber anhand der Nützlichkeit der gewonnenen Erkenntnisse im Führungszusammenhang.

- Kybernetik befasst sich nicht mit dem Ding an sich, sondern mit seinem Verhalten; die Kybernetik ist somit funktions- und verhaltensorientiert. Reale Systeme weisen immer irgendwie geartete Beziehungen zwischen ihren Elementen auf, die für das Verhalten des Systems wichtiger sind als die Merkmale der Elemente. Diese Beziehungen werden im Rahmen der Kybernetik mit der Regelkreisvorstellung erfasst. Deren Verwendung ist so verbreitet, dass das *Denken in Regelkreisen* sogar oftmals gleichgesetzt wird mit kybernetischem Denken.

- Während bei materiellen Prozessen die dabei ablaufenden Energieflüsse betrachtet werden, geht es im Falle von Lenkungsprozessen um Informationsflüsse. Kybernetisches Denken ist deshalb ein *Denken in Strukturen der Information und Kommunikation*.

- Kybernetische Untersuchungen betreffen in erster Linie komplexe Systeme, die durch eine große Anzahl von Elementen und durch dynamische *Wechselwirkungen* zwischen ihnen gekennzeichnet sind. Eine grundlegende und wichtige Erkenntnis ist in diesem Zusammenhang das »Varietätsgesetz« von Ashby, das besagt, dass das lenkende System eine mindestens gleichgroße Varietät (Verhaltensvielfalt) aufweisen muss wie das zu lenkende System (Ashby 1984, S. 179 ff., Malik 1996, S. 191 ff.; siehe auch 2.2.2). Allgemein formuliert ist die Kybernetik ein *Denken im Kontext der Komplexitätsbewältigung*. Die Fähigkeit, sich selbst unter Kontrolle zu halten, ist eine Eigenschaft von komplexen Ganzheiten; sie halten sich durch eine Vielzahl von miteinander verknüpften Regelkreisen unter Kontrolle. Lenkungsvorgänge sind zum Funktionieren des Systems notwendige Prozesse, die im System selbst stattfinden.

- Komplexe Systeme weisen Ordnung auf, wenn man aus dem Zusammenspiel von Struktur und Verhalten ein Muster erkennen kann. Ordnung bewältigt Komplexität, das Geschehen lässt sich *ein*ordnen. Gestaltete und lenkend aufrechterhaltene Ordnung entsteht durch generierte und akzeptierte Regeln - Unternehmungskultur, Gruppenverständnis, Firmenstil - , welche die Freiheit des Verhaltens der Teile und des Ganzen beeinflussen, es entstehen Verhaltensräume, Handlungsbereiche, Entwicklungspfade. Kybernetisches Denken ist deshalb auch immer ein *Denken in Strukturen und Prozessen der Ordnung.*

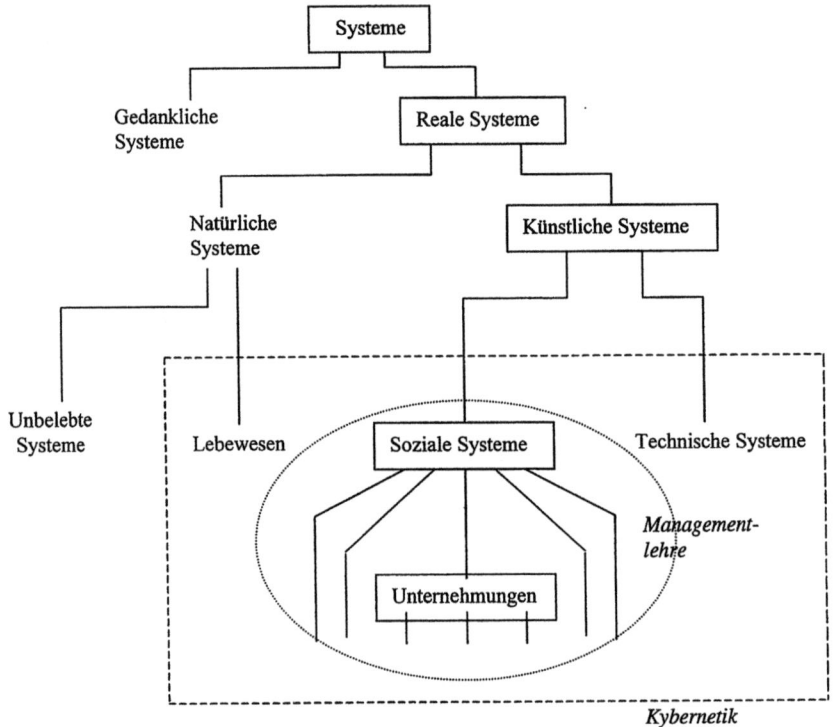

Abb. 9: Systemtheorie, Kybernetik und Managementlehre
(Quelle: Ulrich 1984, S.67)

Generell muss man jedoch feststellen, dass mit der Kybernetik allein niemals alle Dimensionen des realen Unternehmungsgeschehens erkannt werden können; die Kybernetik bedarf der Ergänzung durch die Theorie der Unternehmung und weiterer problemrelevanter Erfahrungswissenschaften.

Regelkreis als Lenkungskonzept

Wesentlich für eine Charakterisierung der Kybernetik ist die Darstellung der Unterschiede zwischen den Begriffen Steuerung und Regelung. *Steuerung* ist die informationelle Anweisung an ein System, damit es sich in einer bestimmten Art verhält und ein Ziel erreicht. Das System folgt diesen Steuerungsanweisungen, unabhängig ob diese sinnvoll sind und unbeachtlich auftretender Störungen. Bildhaft betrachtet handelt es sich um eine Steuerungskette. Die angestrebte Zielerreichung hängt von einer möglichst störungsfreien und kausal eindeutig bestimmbaren Steuerungskette ab. *Regelung* ist eine informationelle Rückkopplung einer Abweichung von einem gewünschten Verhalten oder Ziel. Im Rahmen der Regelung wird die Steuerung durch den Einsatz eines Reglers ergänzt. Dieser Regler kann durch Störungen eintretende Abweichungen auf die vorgegebenen Steuerungsgrößen negativ rückkoppeln und bei relevanten Abweichungen Steuerungskorrekturen vornehmen, so dass die ursprünglich angepeilten Steuerungsziele weiterhin erreicht werden.

Auf den ersten Blick scheint es naheliegender zu sein, Prozesse, die man »im Griff« behalten will, direkt und vorausblickend zu steuern. Allerdings sind Umweltfaktoren sozusagen an der Lenkung der systeminternen Prozesse beteiligt, die nicht unbedingt in die gewollte Richtung wirken und die deshalb als Störungen empfunden werden, von denen man sich entweder abschliessen können oder die man im voraus erkennen und vor ihrem Wirksamwerden kompensieren müsste. Dasselbe gilt für Ereignisse im Prozessablauf, eine Störung müsste erkannt werden, bevor sie überhaupt eintritt. Eine vollkommene Steuerung scheitert mithin an der Unmöglichkeit des dafür notwendigen Wissens.

Bei der Regelung werden diese ohnehin nicht einhaltbaren Voraussetzungen aufgegeben, das Auftreten von Störwirkungen wird zugelassen, jedoch so rasch als möglich korrigiert. Regelungsmechanismen verhindern das Eintreten von Störungen nicht, aber sie minimieren ihre Wirkungen. Der negativ rückkoppelnde Regler, der durch die Abgleichung von Systemzustand und Umweltzustand zu einer dynamischen Stabilisierung des Systems führt, stellt das charakteristische kybernetische Wesensmerkmal dar. Neben dieser stabilisierenden negativen Rückkopplung werden unter der Bezeichnung »Kybernetik II« zunehmend in der Literatur auch positiv wirkende Rückkopplungsmechanismen thematisiert, die zu einer Stabilisierung neuer Systemzustände und damit zu einer Entwicklung des Systems führen (vgl. Probst 1987, S. 37).

Mit der vorstehenden Charakterisierung der Kybernetik zeigt sich, dass auch die Fragen der Steuerung und Regelung einer Unternehmung geeignet abgebildet werden können. Regelung und Steuerung werden unter den Begriff »Lenkung« subsumiert, welcher dem englischen »control« bedeutungsgleich ist. Auch Fragestellungen zur Unternehmungsentwicklung können mit den neueren kybernetischen Ansätzen betrachtet werden. Somit ist die Beschreibung des komplexen, wechselseitig vernetzten Systems »Unternehmung« und die mit seiner Lenkung verbundenen Fragestellungen durch eine Kombination von Systemtheorie und Kybernetik möglich. Diese Kombination zu einer kybernetischen Systemtheorie kann unbedenklich vorgenommen werden, da Systemstruktur und Systemverhalten untrennbar miteinander verbunden sind. Damit ist auch der Versuch der Lenkung des Systemverhaltens untrennbar mit der Systemstruktur verbunden. Mit anderen Worten: Eine ganzheitliche Erklärung der Unternehmung und ihrer Lenkungsmöglichkeiten ist nur durch eine kybernetische Systemtheorie möglich. Damit ist geklärt, dass die zentralen Fragen der Unternehmungsführung sinnvoll in einer systemtheoretischen und kybernetischen Betrachtungsweise beschreibbar sind (vgl. auch Scheurer 1997, S. 240).

Der Führungsprozess kann als Lenkungsprozess und Regelkreis mit den Phasen Entscheiden - Ingangsetzen - Kontrollieren dargestellt werden.

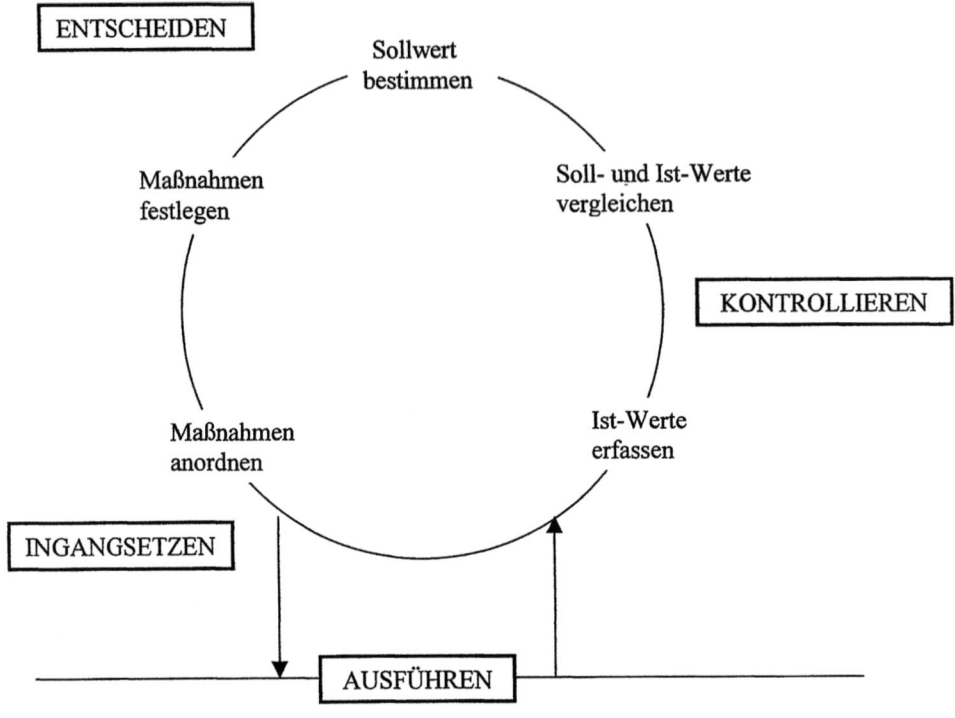

Abb. 10: Regelkreis als Lenkungskonzept
(Quelle: Bleicher 1994, S. 35)

Als grundlegendes Konzept der Kybernetik bildet der *Regelkreis* Lenkungsvorgänge in vereinfachter Form ab. Betrachtet man die Struktur von Regelkreisen genauer (siehe Abb. 11), so zeigt sich: In der Führung wird ein Prozess geregelt, wobei Ist-Werte erfasst, als Feedbacks an die Lenkungseinheit geleitet und dort mit den Soll-Werten verglichen werden. Der Soll/Ist-Vergleich veranlasst dann gegebenenfalls Korrekturentscheide (vgl. Schwaninger 1994, S. 22).

Es sei darauf hingewiesen, dass der Prozess bisher allein vom Output her gelenkt wird. In seiner einfachsten Form stellt der Regelkreis nur das Prinzip der Regelung dar: Erfasste Ergebnisse (»outputs«) werden über einen Rückkopplungs-Mechanismus (»feedback«) als Ist-Werte an eine Regelinstanz gemeldet. Diese vergleicht die Ist- mit Soll-Werten und trifft wenn nötig Lenkungsentscheidungen. Beim Regelungsvorgang erfolgt die Korrektur somit stets im wesentlichen »rückblickend« (ex post) aufgrund historischer Daten. Die Wirkung von Störgrößen wird nicht antizipiert. Hingegen beruht das Prinzip der Vorkopplung (»feed forward«) auf der vorausschauenden (ex ante) Berücksichtigung von möglichen Störungen, die in Steuerungsentscheiden in ihrer Wirkung im voraus einbezogen werden. Prozesse bestehen immer aus Teilprozessen oder Schritten (im Schema mit A_1 bis A_n bezeichnet). Die auf solche Teilprozesse gerichteten Lenkungsmaßnahmen sind als »Zwischenkopplung« aufzufassen, und dies entspricht im Prinzip einer Unterteilung des Regelkreises in kleinere Teil-Regelkreise. In einem sozialen System hat der »Regler« selbst die Möglichkeit und die Aufgabe, aktiv Einfluss auf die »Führungsgrößen« zu nehmen (dargestellt durch die punktierte Linie).

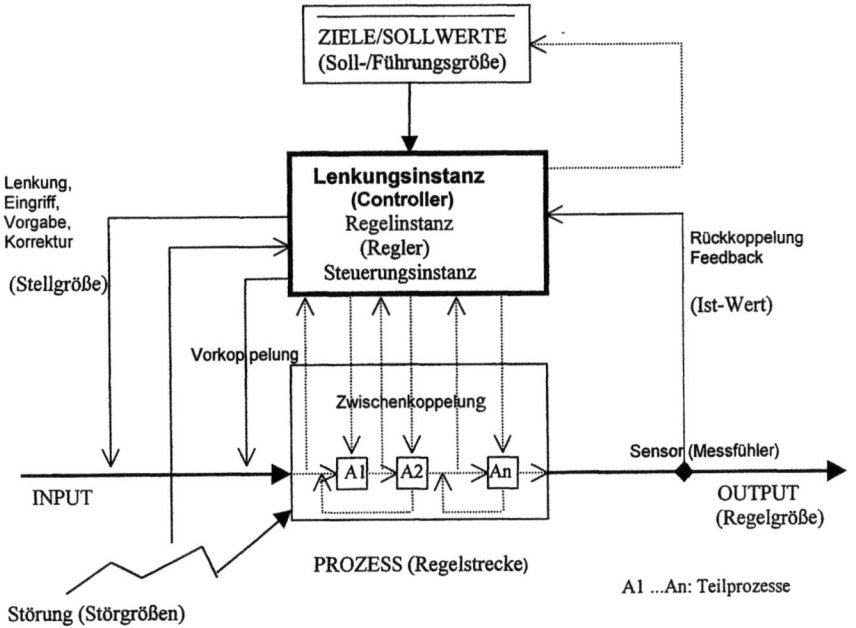

Abb. 11: *Erweitertes Schema des Regelkreises*
(Quelle: Schwaninger 1994, S. 22)

* Die im Schema verwendeten Begriffe haben sich mittlerweile auch auf dem Gebiet der Führung eingebürgert; in Klammern werden jeweils die entsprechenden Begriffe aus der technischen Kybernetik angegeben.

Das dargestellte Schema ist grundsätzlich auf jegliche Systeme - mechanische, natürliche, soziale - anwendbar, ihren Unterschieden wird es jedoch kaum gerecht.

Humane soziale Systeme

1. sind ähnlich wie bei natürlichen Systemen selbstorganisierend und produzieren spontan entstehende Ordnungen, die Lenkungsfunktion ist nicht bei einem einzelnen Element konzentriert, sondern über das ganze System verteilt; im Gegensatz zu allen niedrigeren Arten von Systemen zeichnen sie sich aber durch folgende Besonderheiten aus (vgl. Willke 1993, S. 43 ff; Hayek 1969, S. 33 ff; Roth 1986, S. 153 ff):

2. sie sind selbstherstellend durch selbstreferenzielle - reflektierende, selbstbeobachtende - Verknüpfungen der selbstorganisierenden Prozesse; zugleich sinnkonstituiert und sinnkonstituierend generieren sie ein eigenes »Bewusstsein«;

3. im Rahmen der selbstproduzierten und selbstregelnden Systemprozesse schaffen sie ihre Realität und Identität, sie können bewusst vom Menschen gestaltet und gelenkt und entwickelt werden;

4. sie konstituieren sich aus lebenden Individuen, die als psychische Systeme jeweils eigenständige Ziele, spezifische Werthaltungen, Überzeugungen und Motive besitzen.

Dadurch gewinnt für die Kybernetik sozialer Systeme die Selbst-Kontrolle und -Entwicklung gegenüber der Fremdkontrolle eine vorrangige Bedeutung, die intrinsischen Charakteristika (vgl. Probst 1987, S. 69, 76 ff.) der Komplexität, der Selbstorganisation und Selbstreferenz, der Eigenlenkung und Autonomie sind für organisatorische Belange von höchstem Interesse.

Mit der Anwendung kybernetischer Vorstellungen auf soziale Systeme hat sich im Laufe der Zeit eine logische Differenzierung zwischen zwei Betrachtungsweisen ergeben. Es wird unterschieden zwischen der Kybernetik erster Ordnung und einer Kybernetik zweiter Ordnung. In der Kybernetik erster Ordnung steht der Controller

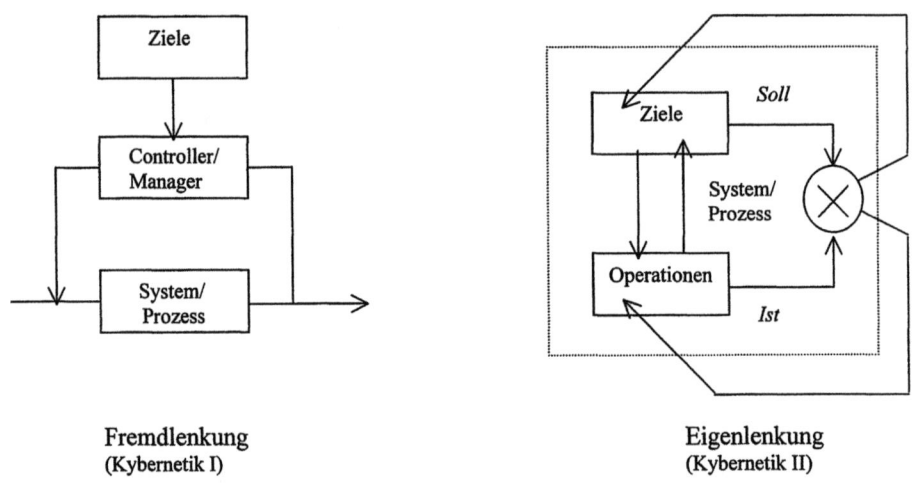

Abb. 12: Lenkung gemäß Kybernetik erster Ordnung und Kybernetik zweiter Ordnung
(Quelle: Schwaninger 1994, S. 25)

(Manager) außerhalb des Systems. Das System ist zweckorientiert, d.h. die Ziele werden dem System von außen vorgegeben. Die Kybernetik erster Ordnung wird auch als Kybernetik mechanischer bzw. maschineller Systeme bezeichnet. Sie ist nicht geeignet, den zielorientierten, intentionalen Absichten der Individuen, welche Organisationen konstituieren, adäquat Rechnung zu tragen.

In der Kybernetik zweiter Ordnung ist der Controller (Manager) selbst Teil des Systems. Das System ist zielorientiert, und es besteht aus Subsystemen (z.B. Mitarbeitern), die selbst eigene Ziele verfolgen. Heinz von Foerster definiert den Unterschied wie folgt (vgl. Foerster 1981, S. 1):

Kybernetik erster Ordnung: »The cybernetics of observed systems«.
Kybernetik zweiter Ordnung: »The cybernetics of observing systems«.

Die Konzepte der neueren Kybernetik ersetzen die alten nicht, aber sie ergänzen diese und geben ihnen zum Teil neue Bedeutungen. Das Konzept des Regelkreises beispielsweise wird auch aus der neuen Perspektive nicht obsolet. Die Trennung von Lenkungseinheit und gelenkter Einheit ist zwecks einer analytischen Betrachtung durchaus auch dann von Nutzen, wenn es sich bei Personen um dieselben Menschen handelt. Auch wenn der Manager Teil des zu lenkenden Systems ist, kann er dieses nur dann effektiv steuern, wenn er - zumindest geistig - Distanz zum System nimmt und es von außen wahrnimmt. Die analytische Trennung von Objektsystem und Lenkungssystem geschieht allein zur Erkenntnisgewinnung.

Ausgehend von diesen Ausführungen zur Lenkung wird deutlich, dass die Regelungs- und Steuerungsmechanismen, welche umfassenderen Managementsystemen zugrundeliegen, wesentlich komplexer sein müssen, um das Varietätsgesetz von Ashby zu erfüllen. Stets geht es entweder um die Verringerung oder Erhöhung der Freiheitsgrade des zu lenkenden Systems. Ein solches Lenkungskonzept ist kennzeichnend für ein umfassendes Varietäts-Engineering.

2.2.2 Management als lenkende Handhabung von Varietät und Komplexität

Während sich die meisten Wissenschaften mit der Frage beschäftigen, wie die *tatsächlich* vorzufindenden Sachverhalte beschaffen sind, so ist der Ausgangspunkt der Kybernetik die Frage, wie die Sachverhalte wären, *wenn sie ihre volle Varietät entfalten würden*. Ausgangspunkt ist also immer eine gedanklich vorgestellte *Menge von Möglichkeiten* (vgl. Ashby 1984, S. 121 ff). Welche Wirkung zum Beispiel eine Lenkungs- oder Gestaltungsmaßnahme hat, lässt sich nur dann gut beurteilen, wenn wir wüssten, was ohne diese Maßnahme geschehen wäre.

Das Verhalten komplexer, dynamischer Systeme wird durch die Zahl und die Eigenschaft sowie durch Art und Umfang der Beziehungen der Elemente bestimmt. Komplexität ist definiert als die Eigenschaft, viele Zustände annehmen zu können. Die Kybernetik drückt Komplexität durch die Maßgröße »Varietät« aus; diese bezeichnet die Anzahl möglicher Zustände, die ein System annehmen kann. Im übertragenen Sinne steht Varietät auch für Begriffe wie Verhaltensrepertoire, Verhaltensspielraum oder Verhaltensmöglichkeiten.

Mathematisch wird Varietät meist mit einer der beiden folgenden Formeln dargestellt:

a) Formel für Konstellationen von Beziehungen:

$$V = m \cdot \frac{n(n-1)}{2}$$

b) Formel für Konfigurationen von Elementzuständen

$$V = z^n$$

Zeichenerklärung:

V: Varietät
n: Anzahl der Elemente
m: Anzahl der Beziehungen zwischen jeweils zwei Elementen
z: Anzahl möglicher Zustände je Element

Führungskräfte respektive die durch sie geleiteten Organisationen stehen im Normalfall Situationen gegenüber, welche sie prinzipiell überfordern. Überwältigende Komplexität ist die grundlegende Gegebenheit im Management. Die Varietät der Situation ist in der Regel viel größer als das Verhaltensrepertoire der Führungskraft.

In der Praxis ist Varietät ein subjektives, für den jeweiligen Betrachter unterschiedliches Phänomen: "...the observer and his power of discrimination may have to be specified if the variety is to be well defined" (vgl. Ashby 1984, S. 125).

Das heißt also, dass es im Konzept der Messung der Varietät um *unterscheidbare* Zustände geht. Diese wahrnehmbaren Unterschiede, die vom Betrachter, das heißt von seinen Wahrnehmungsfähigkeiten und -möglichkeiten abhängen, sind prinzipiell zählbar, wodurch die Komplexität zweier unterschiedlicher Systeme vergleichbar ist. Varietät erlangt damit als Maßeinheit dieselbe Eigenschaft wie Geld: "It makes unlike things commensurable" (Beer 1981).

Es lässt sich nun leicht erkennen, dass die aktuelle Varietät einer Situation meist kleiner ist als die potenziell mögliche, die dann gegeben wäre, wenn alle möglichen Zustände mit gleicher Wahrscheinlichkeit eintreten würden. Daher bestehen also Varietätsbeschränkungen, die Ausfluss irgendwelcher Ordnungszusammenhänge sind, seien diese nun naturgesetzlicher Art oder die Folge spezifischer Gestaltungs- und Lenkungsmaßnahmen.

Die Bedeutung der Unterscheidung zwischen aktueller und potenzieller Varietät liegt in der Erkenntnis, dass ein System immer nur insoweit unter Kontrolle ist, als es möglich ist, es daran zu hindern, sich in Zustände zu bewegen, zu denen es grundsätzlich in der Lage ist, die aber nicht wünschbar erscheinen. Diese Varietätsbeschränkungen sind für kybernetische Belange äußerst wichtig, da sie vom Management gegebenenfalls disponiert werden können. Man wird daher immer zwischen der *potenziellen* Varietät eines Systems und seiner aktuellen Varietät unterscheiden müssen. Und jede Maßnahme muss daraufhin untersucht werden, ob sie die aktuelle Varietät weiter reduziert oder möglicherweise erhöht und damit mehr Raum für die Entfaltung potenzieller Varietät schafft.

Worin liegt nun aber die eigentliche Bedeutung der näheren Beschäftigung mit dem Phänomen der Komplexität und Varietät? Die Bedeutung liegt in der Erkenntnis, dass man ein System immer nur insoweit unter Kontrolle haben kann, als es gelingt, es daran zu hindern, sich in Zustände zu bewegen, zu denen es grundsätzlich in der Lage ist, die uns aber nicht wünschbar erscheinen. Systeme, »die machen, was sie wollen«, haben wir offensichtlich nicht unter Kontrolle. Diese Feststellung mag möglicherweise trivial erscheinen. Dieser Eindruck wird aber sofort verschwinden, wenn man sich überlegt, wie man denn das Problem lösen kann, Systeme daran zu hindern, zu machen, was sie wollen bzw. können.

Die allgemeine Lösung dieses Problems ist eine der grundlegenden Erkenntnisse der Kybernetik. Sie lautet: Wir können ein System mit einer gegebenen Komplexität nur mit Hilfe eines mindestens ebenso komplexen Systems unter Kontrolle bringen (vgl. Ashby 1984, S. 179 ff; Probst 1981, S. 158 ff; Malik 1996, S. 191 ff), oder

> Nur Varietät kann Varietät absorbieren (zerstören)
> ("ONLY VARIETY CAN DESTROY VARIETY").

Sämtliche Aktivitäten des Managements können nun unter dem Gesichtspunkt von Ashbys *»Law of Requisite Variety«* betrachtet werden. Das Gesetz der erforderlichen Varietät erhebt den Anspruch, für soziale Systeme eine Gültigkeit mit analogem naturgesetzlichem Charakter zu besitzen, etwa wie das Gravitationsgesetz von Newton für die Physik. Es lässt sich formal beweisen, ist aber auch intuitiv leicht einsichtig. Dies wird an Beispielen deutlich wie den Chancen einer Sportmannschaft, der Stärke eines Schachspielers im Spiel oder für die Gewandtheit eines Skifahrers in überraschendem Gelände.

»Ashbys Law« besagt also, dass Komplexität nur durch Komplexität kontrolliert werden kann, oder mit anderen Worten, dass die verfügbare Lenkungsvarietät relativ zu den beabsichtigten Zielen mindestens so groß sein muss wie die Varietät des zu lenkenden Systems. Anders formuliert kann man sagen, dass die tatsächlich auftretenden Systemzustände abhängig sind von der Systemvarietät einerseits und der Lenkungsvarietät andererseits. Dabei ist es nicht nötig, dass eine exakte Berechnung der Varietäten der Systeme erfolgt, sondern es kommt auf den Ausgleich, das heißt die Erreichung eines Gleichgewichts an.

Mit einer Komplexitätsbejahung und der erläuternden Forderung für eine erfolgreiche Komplexitätshandhabung, "...dass die Entscheidungsarena so gestaltet wird, dass deren Komplexität der Problemkomplexität entspricht - oder diese sogar übersteigt" (vgl.

Kirsch 1990, S.146 sowie Kirsch 1978, S. 189 ff) folgt Kirsch weitgehend der Argumentation von Ashbys Gesetz der erforderlichen Varietät.

Gedanklich kann man sich nun die Managementaufgabe als losgelöst von der Unternehmung und der Umwelt vorstellen. Die Aufgabe des Managements besteht nunmehr darin, die Komplexität der beiden anderen Systeme in einer für sie geeigneten Weise zu beeinflussen. Sämtliche Maßnahmen des Managements haben so betrachtet eine zuvor abschätzbare Auswirkung auf die Varietät der beiden anderen Systeme: Der Manager wird auf diese Weise zum »Varietäts-Engineer«.

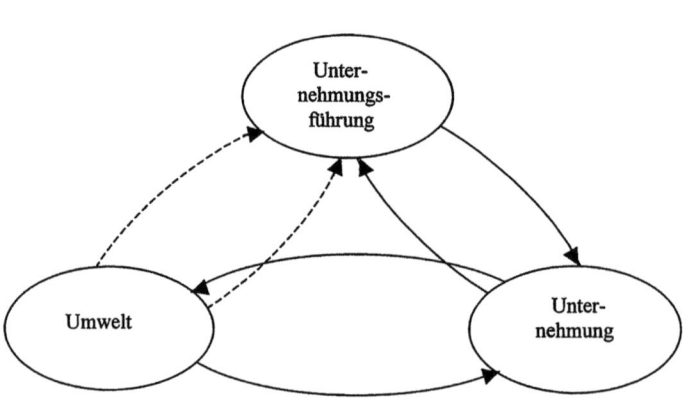

Abb. 13: Unternehmungsführung, Unternehmung und Umwelt als drei interagierende Systeme
(Quelle: Ulrich 1987, S.188)

Ashbys Gesetz bildet die konzeptionelle Grundlage für das Varietäts-Engineering. Hieraus leitet sich ab, dass das Verhaltensrepertoire einer effektiven Lenkungseinheit potenziell der Komplexität der jeweiligen Situation ebenbürtig sein muss. Damit vermittelt Ashbys Gesetz ein Kriterium für die Unterscheidung zulässiger (geeigneter) und nicht zulässiger (nicht geeigneter) Formen der Komplexitätsbewältigung.

Hier erhebt sich nun möglicherweise die Frage, weshalb die Bedeutung der Komplexität von Systemen *so lange verkannt* wurde. Zum ersten lässt sich dazu sagen, dass Komplexität oder Varietät in sehr *vielen verschiedenen Formen* auftritt. In jeweils speziellen konkreten Situationen, wie etwa der Einschätzung der sportlichen Spielstärke einer Mannschaft, war man sich durchaus intuitiv des Aspektes der Varietät bewusst und man wusste auch, dass das eigentliche Problem darin besteht, der Komplexität des Gegners mit einem adäquaten Maß an eigener Komplexität zu entsprechen. Selbstverständlich wurde die Analyse in sporttaktischen Ausdrücken und Begriffen durchgeführt, das heißt, der allgemeine Hintergrund, jene Erkenntnis, die für alle komplexen Systeme gleichermaßen gilt, wurde durch die Details des speziellen

Problems überdeckt. Die Situation ist hier durchaus vergleichbar mit anderen wissenschaftlichen Erkenntnissen; so wurde selbstverständlich lange vor Newton von der Schwerkraft konkreter Gebrauch gemacht, und in konkreten Situationen waren schon längst Lösungen gefunden worden, die es erlaubten, die Schwerkraftwirkung zu überwinden. Für die Erkenntnis allerdings, dass es sich hier um ein allgemeines physikalisches Gesetz handelt, brauchte es einen Newton (vgl. Malik 1996, S. 193).

Zum zweiten ist zu der gestellten Frage zu sagen, dass alle natürlichen Systeme unter *irgendeiner Art von Kontrolle* stehen und somit eine große Anzahl von Zuständen, die grundsätzlich möglich wären, faktisch niemals oder nur äußerst selten auftreten. So nehmen wir es beispielsweise alle als völlig selbstverständlich und nicht besonders bemerkenswert hin, dass unser Nervensystem normal funktioniert, so lange es eben normal funktioniert. Erst wenn durch eine Verletzung oder durch eine andere Beeinträchtigung gewisse Funktionen des Nervensystems ausfallen oder Mängel aufweisen, wird uns bewusst, wieviele nicht wünschbare Zustände unser Organismus annehmen kann (vgl. Malik 1996, S. 194). Aufgrund von Naturgesetzen oder durch Gestaltungs- und Lenkungseinflüsse geordnete Größen sind viele relativ unveränderlich, und jede konstante Größe in einem Situationsmuster ergibt generell eine kleinere Varietät als für den Fall, dass die Größe in der Situation veränderlich wäre. Auch die Voraussagbarkeit einer bestimmten Situation oder Kontinuitäten ergeben solche Vartietätsbeschränkungen. Die Position eines fahrenden Zuges nach einer bestimmten Zeitperiode ist aufgrund der vielfältigen Situationsbedingungen (Schienen, Höchstgeschwindigkeit, unfähig zu fliegen usw.) grob abschätzbar. Innerhalb der Grenzen, welche durch die varietätsbeschränkenden Hemmnisse gegeben sind, ist also eine Prognose sinnvoll.

Zum dritten dürfte vielen Menschen sowohl die nötige Ausbildung wie auch die *nötige Phantasie* fehlen, um sich die über das Gewohnte hinausgehenden *Verhaltensmöglichkeiten* eines Systems vorzustellen.

Varietät zu dämpfen oder zu verstärken, ergibt sich durch vielfältige Möglichkeiten. Man kann sie mit R. Espejo/J. Watt (vgl. 1988, S. 7) in drei Gruppen unterteilen:

1) strukturelle Dämpfer und Verstärker
2) konversationale Dämpfer und Verstärker
3) kognitive Dämpfer und Verstärker.

Erfolgreiche Manager setzen die verschiedensten varietätsverändernden Maßnahmen meist intuitiv einigermaßen zweckmäßig ein. Die eine Richtung der Maßnahmen will der proliferierenden Varietät Einhalt gebieten, indem die Interaktionen im System eingeschränkt werden, zum Beispiel durch divisionale oder funktionale Strukturierung, Ziele setzen usw. Bei dieser Verminderung der Varietät auf ein akzeptables Maß sollte allerdings klar sein, dass solches Handeln stets ambivalent ist, da jede Beschränkung der Varietät den künftigen Flexibilitätsspielraum verringert. Das Wort »Engineering« bezieht sich bewusst nicht nur auf Varietätsvernichtung, da heutige Maßnahmen mit komplexitätsvermindernder Wirkung zukünftige Möglichkeiten ausschalten, so dass die notwendige Anpassungsfähigkeit verloren geht. Die andere Richtung des Komplexitätsmanagements zielt auf die Verstärkung der Varietät.

Komplexität kann zunächst durch unterschiedliche organisatorische Strukturen variiert werden (strukturelle Ebene). Sie bestimmen die Informationsmenge und den Handlungsspielraum der Organisationsmitglieder. Die Organisationsstruktur kann als eine Ansammlung von Filtern betrachtet werden, die das Muster der Informationsflüsse bestimmen und inwieweit eine immer gedämpfte Version der Ereignisse und Geschehnisse vermittelt wird. Die Verbesserung der betrieblichen Kommunikation (konversationale Ebene) will bewusst machen, dass die Verstärkung oder Dämpfung eigener Absichten abhängig ist vom Grad einer in der Konversation erreichten Übereinstimmung. Hinzu kommt, dass verschiedene organisatorische Strukturen die Kommunikation erleichtern oder erschweren. Mit der Absicht, dass das reale System nicht alle potenziellen, sondern möglichst nur die wünschbaren Zustände annimmt, erfüllen auf der konversationalen Ebene Kommunikation und Information eine Schlüsselrolle. Kognitiv können die Fähigkeiten zum Umgang mit Komplexität durch persönliche mentale Fitness und eine entwickelte Persönlichkeit gesteigert werden (kognitive Ebene). Zur instrumentalen Unterstützung der Komplexitätsbewältigung respektive zum Varietäts-Engineering sind »Managementsysteme« geeignet; sie leisten diese Aufgabe zum einen gleichfalls durch Strukturierung, zum anderen durch die Bildung kognitiver Modelle. Das Ausbalancieren der Varietäten interagierender Systeme sowohl nach innen als auch nach außen muss an allen drei Grundaspekten des Managements anknüpfen, der Gestaltung, der Lenkung und der Entwicklung eines sozialen Systems (vgl. Schwaninger 1994, S. 20 f).

2.2.3 Management als Gestalten, Lenken und Entwickeln sozialer Systeme

Die Klärung der *Führbarkeit* von Unternehmungen im Hinblick auf die Gegebenheiten der Komplexität und Unbestimmtheit ist die Voraussetzung für die weitergehende Analyse von Führungskonzepten, -strategien und -instrumenten, welche im Hinblick auf ihr gestaltendes Potenzial zu untersuchen sind, das Funktionieren-Können der Unternehmung zu fördern. Damit soll die Fähigkeit des Managements unterstützt werden, mit der Ungewissheit auf eine Art umzugehen, die diese bearbeitbar macht, ohne wiewohl das Ergebnis mit Gewissheit zu verwechseln (vgl. Baecker 1994, S. 9).

Die systemorientierte Managementlehre verwendet zur Konzeption der Führbarkeit und des Funktionieren-lassens die folgenden Ansätze (vgl. Ulrich 1995, S. 170):

1. Sie greift zur Charakterisierung ihres *Objektbereiches,* der Unternehmungen, auf die Vorstellungen und Denkweisen der allgemeinen Systemtheorie zurück und versteht sie als Systeme mit bestimmten Eigenschaften.

2. Zur Charakterisierung ihres *Problembereiches,* der Führung von Unternehmungen, greift sie auf die Kybernetik zurück und versteht darunter die Gestaltung, Lenkung und Entwicklung solcher Systeme.

Die Begriffe »Gestaltung« und »Entwicklung« ergänzen den kybernetischen Aspekt der »Lenkung«, weil die systemorientierte Managementlehre ein drittes Charakteristikum aufweist:

3. Sie versteht sich als anwendungsorientierte Wissenschaft in dem Sinn, dass sie Handlungsanleitungen für praktisch handelnde Menschen entwickeln will, und da Unternehmungen nicht von Natur aus bestehende Systeme sind, sondern solche, die von Menschen für menschliche Zwecke geschaffen werden und dauerhaft erhalten bleiben sollen, geht es nicht nur um die unmittelbare Lenkung, sondern auch um die Schaffung und permanente Weiterentwicklung der Unternehmung.

Diese hier erwähnten Definitionen von »Unternehmung« und »Führung« sind wesentlich abstrakter und weiter als die in der Betriebswirtschaftslehre oder auch in der amerikanischen Managementlehre üblichen. Die Unternehmung wird nicht von vornherein als Wirtschaftssubjekt definiert, sondern als ein zweckgerichtetes soziales System, das sehr viele Aspekte und Dimensionen aufweist, und »Führung« bedeutet weder nur Mitarbeiterführung noch - wie in den klassischen Definitionen - eine Reihe von einzelnen Funktionen oder Tätigkeiten der einzelnen Führungskraft wie Planen, Entscheiden, Kontrollieren usw., sondern das Gestalten, Lenken und Entwickeln eines ganzen, komplexen sozialen Systems (vgl. zum folgenden Ulrich 1984, S. 92 ff).

Gestalten heisst, eine Institution überhaupt zu schaffen und ihr Bestehen als zweckgerichtete handlungsfähige Ganzheit aufrechtzuerhalten. Soziale Systeme entstehen nicht von selbst, sie werden von Menschen für menschliche Zwecke konzipiert. Die Aufgabe des Gestaltens besteht somit darin, Menschen und »Dinge« aus der Umwelt so auszuwählen und sie zu Komponenten eines Systems zu machen, dass dieses funktionieren kann und die angestrebten Zwecke erfüllt. Gestalten als Managementfunktion bedeutet das gedankliche Entwerfen eines Modells der Institution und das Bestimmen ihrer angestrebten Eigenschaften. Solche Entwürfe sind *»Gestaltungsmodelle«*, die nicht wie bei wissenschaftlichen Erklärungsmodellen eine bestehende Wirklichkeit erklären oder wie im Falle von Entscheidungsmodellen eine spezifische Problemsituation in einem gegebenen System erfassen wollen, sondern die hingegen in einem schöpferischen Vorgang analog etwa zu technischen Konstruktionszeichnungen eine noch nicht existierende, erst noch zu schaffende Wirklichkeit abbilden. Die gestalterische Aufgabe ist nicht nur auf die Gründung der Institution beschränkt; immer wieder muss diese in ihren Teilen neu konzipiert und umgestaltet werden, damit sie als Ganzes erhalten bleibt. Gestalten schafft die Voraussetzungen für das Funktionieren der Handlungen auf der operativen Ebene wie Energiebezug, Materialeinkauf und Personalbeschaffung und sie sind als ausführende Tätigkeiten die Konsequenz der Gestaltung.

Gestaltungsmodelle für gesellschaftliche Institutionen sind stets konfrontiert mit der überaus hohen Komplexität, welche diese Systeme und ihre Umwelten aufweisen. Das Gestalten kann deshalb als das *Entwerfen von Ordnung* aufgefasst werden, das die potenziell sehr große Verhaltensvarietät eines aus vielen selbst aus komplexen

Elementen bestehenden Systems auf zweckgerichtete Verhaltensweisen reduziert. Aus dieser Sicht wird auch der Unterschied zwischen dem Gestalten sozialer Systeme und der gestalterischen Aufgabe des technischen Konstrukteurs deutlich: man hat es beim Entwerfen sozialer Systeme mit Menschen als Handlungsträgern zu tun, die selbst psychische Systeme mit hoher Verhaltensvarietät sind und überdies einen Selbstwert besitzen, der es nicht zulässt, dass die Selbstbestimmung ihres Verhaltens auf Null reduziert wird (vgl. Ulrich/Probst 1991, S. 271).

Mit der Vorstellung und Bejahung, dass Unternehmungsführung stets Komplexitätsbewältigung mit einem ständigen Wechselspiel von Varietätsreduktion und -erhöhung ist, ergibt sich, dass zukunftsgerichteten Gestaltungsmodellen für eine gesellschaftliche Institution ein erhebliches Maß an Unbestimmtheit anhaften muss. Da zukünftige Umweltkonstellationen konkret nicht vorausgesagt werden können, ist ein gestalterisches Konzept zur Erzeugung konkret definierter Verhaltensweisen für ein soziales System wenig sinnvoll; möglich dagegen ist es, eine Institution so zu konzipieren, dass sie innerhalb abgrenzbarer *Verhaltensfelder* die jeweils aktuell erforderlichen konkreten Verhaltensweisen zu erzeugen in der Lage ist. Das Ausfüllen dieser Verhaltensfelder durch konkretes, ausführendes Handeln muss dann weiterhin bewirkt werden durch einen weiteren Managementprozess, der als Lenkung bezeichnet wird. Dabei muss der Manager "gleichsam die »Lücken« schließen, die die organisatorische Steuerung offen lässt, er muss das organisieren, was noch nicht vororganisiert ist oder gar nicht vororganisiert werden kann" (Sofsky/Paris 1994, S. 68). Ein wesentliches Ziel des Gestaltens besteht also darin, der Institution die Eigenschaft der »Führbarkeit« oder »Lenkfähigkeit« zu verschaffen.

Lenkung heißt, laufend Entscheide zu treffen und zu verwirklichen, und dies erfordert das Bestimmen konkreter Teilziele und das Auslösen und unter Kontrolle halten der zielgerichteten, laufenden Aktivitäten. Lenkung ist demgemäss gerichtet auf das unmittelbare *Funktionieren-lassen*, eine Aufgabe, die notwendigerweise im System erfüllt werden muss, damit dieses seine Zwecke unter wechselnden Bedingungen durch direktes Eingreifen oder gerade bewusstes Nicht-Handeln erfüllt. Sie strebt bestimmte *Vorzugszustände* des Systems an und bewirkt, dass in einem Verhaltensfeld, das durch die Systemgestaltung bestimmt und abgegrenzt wurde, einzelne Verhaltensweisen ausgewählt oder aufgrund selbstorganisatorischer Abläufe zugelassen werden. Da das konkrete Handeln der Unternehmung durch die Gesamtheit der Einzelhandlungen erfolgt, ist das Objekt des Lenkens letztlich die einzelne Handlung, welche zu einem bestimmten, im Gesamtinteresse liegenden Verhalten der Unternehmung beitragen soll (vgl. Pongratz/Voss 1997, S. 30-53).

Dass Führungskräfte die unmittelbaren Lenker des Geschehens im ihnen zugeordneten Teilbereich der Unternehmung sind, ist auch die Grundlage der klassischen Vorstellung von der Führung jedes Mitarbeiters durch Ihren Vorgesetzten. Betrachtet man jedoch die reale Situation, dass in einer nicht ganz kleinen Unternehmung täglich Tausende von ausführenden Handlungen in Gang gesetzt und vollzogen werden müssen, so zeigt sich die Unzulänglichkeit dieser Vorstellung. Es müsste dann eine immense Betriebsamkeit von Chefs bestehen, die unaufhörlich mit solchen einzelnen

Lenkungsvorgängen beschäftigt wären. Führung wird dabei als *Steuerung* eines Systems - z.B. einer Gruppe von unterstellten Mitarbeitern - von außen durch ein abgetrenntes, übergeordnetes Organ gesehen. Die Aufgabe, ein Teilsystem innerhalb der Unternehmung unter Kontrolle zu halten, wird in diesem Bild personifiziert und zur Aufgabe einer bestimmten Führungsperson gemacht. Die Lenkung der Unternehmung insgesamt geschieht dann durch eine Hierarchie von Führungskräften mit einem obersten Manager und lediglich ausführenden Personen an den beiden Enden dieser Steuerungskette. Tatsächlich ist jedoch in einem modernen Industriebetrieb oder einem beliebigen anderen Betrieb nichts von dieser Hektik zu sehen; sehr oft ist gar kein Chef anwesend, obwohl Tausende von unterschiedlichen Operationen im Gang sind. Die unmittelbare Lenkung des Geschehens kann gar nicht durch permanentes persönliches Führen der Mitarbeiter durch Vorgesetzte erfolgen, sie ist vielmehr die Aufgabe von *Lenkungssystemen*, die eine Vielzahl von Handlungen bestimmen, in Gang setzen und überwachen.

Lenkungssysteme bewirken die Fähigkeit von Systemen, sich in ihre Umwelt einzupassen, und zwar durch eine andere Art der Lenkung, die *Regelung*. Statt dass ein einzelnes Element das Handeln der anderen steuert, ergibt sich das Systemverhalten aus der Vernetzung der Elemente zu bestimmten *Regelkreisen*. Die große Zahl notwendiger dispositiver Lenkungsvorgänge, um ein »Produkt« oder eine von der Institution gewollte Leistung zu erzeugen, ist eine Folge der hochgradigen Arbeitsteilung und Spezialisierung. Damit beispielsweise ein Verkehrsflugzeug nicht nur zur geplanten Zeit abfliegt, sondern auch am Bestimmungsort sicher landet, die richtigen Passagiere und Gepäckstücke befördert und das gewollte Essen serviert wird, sind unzählige Leistungen von Hunderten von Menschen zu erbringen - von Schalterkräften, Gepäckträgern, Flugzeugmechanikern, Meteorologen, Fluglotsen, Piloten, Hostessen, Stewardessen, Köchen, Buschauffeuren usw. -, die alle entschieden, ingangsgesetzt und kontrolliert werden müssen. Oder betrachten wir eine Großunternehmung des Maschinenbaus, so sehen wir, dass die Produkte aus Hunderten von Teilen bestehen, welche meist wieder aus verschiedenen Teilen zusammengesetzt sind, die in Tausenden von Operationen hergestellt werden, teils in der Unternehmung, teils bei Unterlieferanten. So haben große Unternehmungen Tausende von Zulieferern, deren Leistungen im eigenen Betrieb eingefügt werden müssen, und diese haben ihrerseits wieder Unterlieferanten, so dass ein recht verzweigtes Beziehungsgefüge innerhalb und in das Umfeld der Unternehmung nötig ist, damit die gewollten Produkte oder Leistungen zustandekommen (vgl. Ulrich/Probst 1991, S. 273).

Diese Beispiele zeigen, dass in derartigen Institutionen die Vorgänge der unmittelbaren Lenkung ausführender Aktivitäten nur zeitlich und inhaltlich aufeinander abgestimmt vollzogen werden können, wenn sie Teil eines umfassenderen *Lenkungssystems* sind. Heute kann man feststellen, dass solche Lenkungssysteme vielfach bereits in die technischen Anlagen eingebaut sind oder dass menschliches Handeln von computerisierten Dispositionssystemen gelenkt wird. Dies führt zu einer Entpersönlichung der unmittelbaren Lenkung ausführender Handlungen; nicht eine Führungsperson, sondern der Arbeitsprozess selbst bestimmt das Verhalten der daran beteiligten Mitarbeiter (vgl. ebda.). Die eigentliche Aufgabe mit der Lenkung betrauter Führungskräfte besteht darin, das Funktionieren-lassen durch die Kontrolle des Lenkungssystems zu bewirken, bei Störungen sofort »von Hand« einzugreifen, Sonderfälle zu entscheiden und Lücken im System selbst auszufüllen. Regelungsmechanismen sind nicht in jedem Falle aus der Sicht unternehmerischer Zielsetzung produktiv, so können zum Beispiel negative Regelkreise innovative Vorhaben vereiteln, indem sie bewirken, dass trotz intensiver Bemühungen einzelner Beteiligter, Dinge zu ändern, die Unternehmung immer wieder in bisherige Verhaltensweisen zurückfällt, im wesentlichen alles beim alten bleibt. Die Bedeutung von Werten und Zielsetzungen im Rahmen von Selbstregelungsmechanismen kann daher vernünftigerweise nicht zum Schluss führen, auf bewusste Lenkungsmaßnahmen zu verzichten und das System sich selbst zu überlassen.

Entwickeln als Managementfunktion zielt auf die Verbesserung der »Fitness« der Unternehmung, auf ein ständiges Verbessern und qualitatives Lernen. Die ständige Bessergestaltung des Funktionieren-Könnens ist wegen der komplexen und dynamischen Gegebenheiten für die Unternehmung ein wichtiges Erfordernis.

Kürzerfristig soll eine Entwicklung der Unternehmung erreichen, dass diese bei gegebenen Zielen immer besser funktioniert, Mängel abgestellt werden und Fehler sich nicht wiederholen. Auf längere Sicht geht es um die Entwicklung einer vielschichtigen dynamischen Aktionsflexibilität zur Verbesserung und Erhaltung der Führbarkeit. Entwicklung ist wesentlich das Ergebnis von Lernen, hier der Lernfähigkeit einer ganzen Organisation. In systemischer Sicht fördert entwicklungsorientiertes Management die Fähigkeit zur Selbstentwicklung und schafft hierfür funktionelle und kulturprägende Voraussetzungen. Sich entwickeln können im Sinne des qualitativen Lernens ist eine menschliche Eigenschaft, weil sich das, was sich »Qualität« und »Verbesserung« bedeuten soll, nur von menschlichen Einsichten und Wertsetzungen bestimmen lässt (vgl. Ulrich/Probst 1991, S. 259).

Die mit den Funktionen der *Gestaltung, Lenkung und Entwicklung* konzipierte Managementlehre, welche bewusst vom Spezifischen und Konkreten abstrahiert, ist die notwendige Voraussetzung, um die Vielfalt von Konkretem, das mit Unternehmung und Management in der Realität verbunden ist, erfassen und verstehen zu können. Das Konzept rückt ab von einseitigen Betrachtungen, wie die Unternehmung sei nichts als ein Wirtschaftssubjekt, Führung sei nichts als ein psychologisches Problem und dergleichen.

Mit dieser Sichtweise lässt sich sogar die Perspektive erweitern, indem die Abstraktion ausgedehnt wird vom Objektbereich »Unternehmungen« auf zweckgerichtete gesellschaftliche Institutionen schlechthin. Mit solchem Abstraktions- und Konkretisierungsdenken lässt sich sinnvoll »spielen«. Dadurch lassen sich das Gemeinsame, Gleichartige an allen sozialen Systemen und generelle Erkenntnisse über die Führung solcher Institutionen in einer allgemeinen Managementlehre herausarbeiten. Gleichfalls könnte eine Managementlehre für eine bestimmte Unterklasse von Unternehmungen entwickelt werden, z.B. für Handelsbetriebe, Banken, Versicherungen oder Hotels.

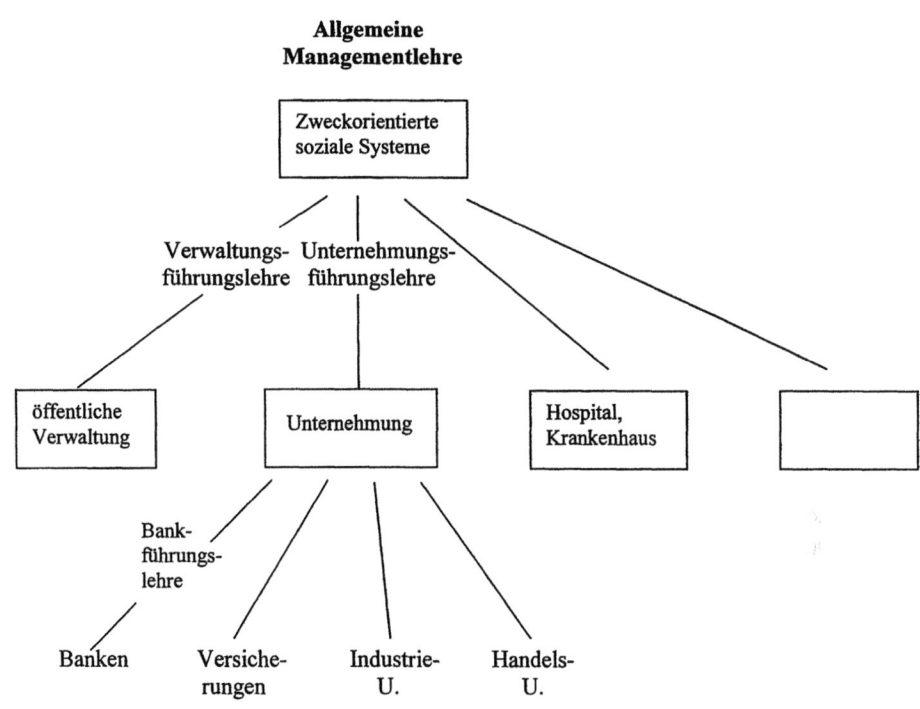

Abb. 14: *Managementlehren auf verschiedenen Ebenen*
(Quelle: Ulrich 1995, S. 171)

2.2.4 Kybernetik mechanischer, natürlicher und sozialer Systeme

Betrachtungen zur Kybernetik mechanischer, natürlicher und humaner sozialer Systeme knüpfen an ihr wichtigstes Unterscheidungsmerkmal an, den selbstorganisatorischen Fähigkeiten (vgl. zum folgenden Probst/Dyllick 1987; Probst 1987, S. 46 - 52).

Mechanische Systeme generieren grundsätzlich keine neuen Eigenschaften, Elemente oder Beziehungen zwischen den Elementen oder Teilen. Was immer von einem definierten Zustand abweicht, wird als Störung oder gar als zerstörend empfunden. Entsprechend muss das System "re"-agieren.

Mechanistische Modelle betrachten ihr Untersuchungsobjekt als regelmäßig arbeitende Maschine, dessen Verhalten durch die interne Struktur mit einfachen Kausalbeziehungen bestimmt ist. Den »Einzelteilen« ist dabei ihr Verhalten fest vorgegeben, es wird allenfalls durch Eingriffe eines außenstehenden »Ingenieur« verändert. Kennt man die »Einzelteile« und die Art ihrer Interaktion, dann lässt sich damit das ganze

System erfassen. Falls Störungen eintreten, können diese leicht behoben werden durch einfaches Auswechseln fehlerhafter Teile. Das System kann bei vorliegendem »Bauplan« ohne weiteres vollständig nachgebaut werden. Das zugrundeliegende Denken beruht auf der *analytischen* Zerlegung des Systems in seine Bestandteile und auf der Annahme linearer Kausalitätsbeziehungen. Mechanische Systeme reagieren wie im Falle eines Heizungsthermostats auf Veränderungen, indem sie den ihnen vorgegebenen Zustand auch unter verschiedenen Umweltbedingungen erhalten. Dabei ist ihnen der zu *erhaltende Zustand* von außen vorgegeben, und durch Abweichungen wird ein festes Reaktionsmuster ausgelöst.

In der der Managementlehre hat die Anwendung mechanistischer Modelle zeitweise eine bedeutende Rolle gespielt, sie sind keineswegs nur auf die technischen Wissenschaften beschränkt. Die Konzeption einer *Wissenschaftlichen Betriebsführung* von F. Taylor oder die bis heute praxisrelevanten Varianten von *Bürokratiemodellen* sind Beispiele. *Mechanistische Führungssysteme* reduzieren die Aufgaben der Mitarbeiter auf elementare, spezialisierte Verrichtungen (vgl. Burns/Stalker 1961, S. 120). Die Aufgaben werden dann durch eine präzise Rollen- bzw. Stellenbeschreibung normiert, womit Rationalität und Planbarkeit der Ausführung erreicht werden sollen. Dabei wird von *abstrakten Rolleninhabern* statt von konkreten Personen gesprochen, die sich an die vorgegebenen Rollen anpassen sollen. Etwaige »Störungen« werden durch den Ersatz von Rolleninhabern behoben. Eine *Weisungshierarchie* verknüpft die einzelnen Rollen miteinander. Vorgesetzte sind den unter-gebenen Rollen vor-ge-setzt, die sie an-weisen und kontrollieren sollen. Information und Autorität fließen von oben nach unten; kommuniziert wird nur vertikal. Mechanistische Führungsmodelle betonen die Bedeutung formeller Rollen, direkter Führung und Kontrolle durch den Vorgesetzten und die Motivation der Mitarbeiter durch äußere Anreize. Das somit vorausgesetzte Menschenbild geht von einem passiven, außengelenkten Menschen aus, der nur durch Drohungen und Anreize zum Arbeiten gebracht werden kann. Insoweit ist es nur konsequent, Kompetenzen der Mitarbeiter auf das gerade zur Aufgabenverrichtung benötigte Maß zu beschränken, und selbständiges Urteilen und Handeln als störend zu sehen.

Die *Grenzen* mechanistischer Führungsmodelle Modelle beruhen darauf, dass Menschen und Menschengruppen Ziele sich nur selten einfach von außen vorschreiben lassen; hinzu kommt, dass eine vollständige Kontrolle weder möglich noch erstrebenswert ist und die Komplexität häufig das Fassungsvermögen mechanistischer Lenkungsmodelle übersteigt. Jenseits dieser Grenzen bedarf es anderer Systemmodelle, welche eine größere Fassungskraft für Komplexität besitzen und die typisch menschlichen Eigenschaften stärker berücksichtigen (vgl. Probst/Dyllick 1987, Sp. 826).

Natürliche Systeme sind Pflanzen und Tiere und die aus diesen Elementen vielfältig zusammengesetzten Ökosysteme. Biologische oder ökologische Systeme passen sich ihrer Umwelt an, verändern ihre Lenkungsstruktur, vergrößern oder verkleinern die Zahl ihrer Elemente als Reaktion auf Veränderungen in der Umwelt. Sie reagieren nicht nur, sondern sie »entgegnen«. Sie handeln und lernen, sich in ihre Umwelt einzupassen, um zu überleben. In diesem Sinne sind sie schöpferisch, indem sie sich neues, bisher nicht benutztes Verhalten aneignen, mit unterschiedlichen Verhaltensvarianten im Rahmen ihres Verhaltensrepertoires reagieren. Neue Elemente oder Beziehungen entstehen allerdings nicht aus einem freien Willen heraus, sondern aufgrund evolutionär entstandener, in sie gewissermaßen eingebauter Versuch-Irrtums-Prozesse. Typisch sind hierzu die Beispiele von Tieren und Pflanzen oder das System aus Beute- und Feindtieren.

Organismische und ökologische Systeme verfolgen einen *eigenen* nicht von außen vorgegebenen *Zweck*, dieser Zweck ist das *Überleben*. Das System wird als *offen* gegenüber seiner Umwelt gesehen, von wo es lebenswichtige Ressourcen bezieht und an die es sich anpassen muss. Es ist mithin fähig, ein *Fließgleichgewicht* aufrecht zu erhalten, indem es das Verhalten von Teilen ändert, um das Ganze innerhalb akzeptabler Grenzen zu halten. Dies bedeutet das Anstreben eines *dynamischen* Gleichgewichts, während ja mechanische Systeme auf eine statische Zustandserhaltung ausgerichtet sind. Das System macht über seine Lebensspanne eine *Entwicklung* durch, weshalb man von einem Lebenszyklus und von unterschiedlicher Reife sprechen kann. Für eine ganze Population gleichartiger Systeme lässt sich eine *Evolution* der Strukturen und Verhaltensweisen konstatieren.

Im organismischen Modell werden die Teile als *Organe* aufgefasst, die keine eigenen Ziele verfolgen, sondern deren Funktionen zur Sicherung der Lebensfähigkeit des Gesamtorganismus beitragen. Organe sind nicht so leicht austauschbar und ersetzbar wie die Teile mechanischer Systeme. Im Vordergrund der Betrachtung stehen hier die *Funktionen für das übergeordnete Systemganze*, während dies in mechanistischen Modellen die Strukturen sind, die bestimmen, wie die Aufgaben auf die einzelnen Teile verteilt sind und wie deren Tätigkeiten koordiniert werden. Das Funktionieren des Systems wird durch eine *organische Lenkung* bewirkt, bei der *selbstregulierende und selbstorganisierende Prozesse* wirken und nach Möglichkeit für die Zielerreichung ausgenutzt werden. Das System ist in seinem Innern hierarchisch strukturiert, die Struktur kann aber variieren je nach Aufgabe und Problem. Gegenüber einer starren Weisungshierarchie, in der Kommunikation und Befehle immer nur in einer Richtung verlaufen, liegt das vor, was als *Feedback-Hierarchie* bezeichnet wird (vgl. Vester 1988a, S. 231; Dyllick 1982, S. 206 ff). Den Teilen kommt hierbei ein gewisses Ausmaß an Autonomie, an *Selbstlenkung* zu.

Natürliche Ökosysteme verhalten sich gleichfalls nicht beliebig, sondern sie streben Vorzugszustände an und verhalten sich in bestimmter Weise. Dies geschieht nicht durch eine von außen kommende Lenkung oder einen personifizierten Willen, die *Natur lenkt sich selbst*. Lenkung ist also eine Eigenschaft des Systems. Sie geschieht durch das Feedback-Prinzip der Rückkopplung mit einer Vielzahl komplizierter Verknüpfungen zahlreicher Rückkopplungsschleifen.

Burns/Stalker (vgl. 1961, S. 121 f.) stellen dem mechanistischen ein *organisches Führungssystem* gegenüber, das für Situationen dynamischer Umweltveränderungen angemessen sei. In dieser Systemsicht tragen die Mitarbeiter mit Ihrem Tun zur Lösung von Problemen der Gesamtunternehmung bei, im Verlaufe der ständigen Interaktionen mit den Kollegen wird dieser Beitrag angepasst und umformuliert. Jeder Mitarbeiter wird als Träger spezieller Kenntnisse und Fähigkeiten gesehen, die für die Aufgaben der Unternehmung wesentlich sind. Er ist eingebunden in ein *interdependentes Netzwerk von Informationen, Kompetenzen und Kontrollbefugnissen,* das an die Stelle der vertikalen Weisungsbeziehung tritt. Laterale Kooperation und horizontale Kommunikation werden wichtiger als vertikale. Die Kommunikation besteht eher aus Information und Ratschlägen als aus Anweisungen und Entscheidungen. In organischen Führungssystemen werden die Bedeutung informeller und sich entwickelnder Rollen, Prozesse der Selbstorganisation und Selbstmotivation hervorgehoben. Das darin sich ausdrückende *Menschenbild* entspricht der Auffassung, dass der Mensch in der Regel eher zur *Eigeninitiative* und zur *Selbstlenkung* fähig ist.

Organismische Modellvorstellungen liegen mehreren Ansätzen zur Organisations- und Führungstheorie zugrunde. Ein umfassendes Konzept ist das von Stafford Beer vorgestellte »Modell des lebensfähigen Systems«. Ausgehend von der Wirkungsweise des menschlichen Zentralnervensystems ist dies ein abstraktes Analogmodell, das die Führungsstrukturen und -mechanismen für eine soziale Organisation aufzeigt, damit sie sich in einer wechselhaften Umwelt erhalten und entwickeln kann (vgl. Beer 1981, S. 135 ff; Malik 1996, S 80 ff). Der systemisch-evolutionäre Managementansatz von Malik basiert auf der Konzeption des organischen Managements von Burns/Stalker und rezipiert das Modell von Stafford Beer. Den Arbeiten von F. Vester ist es zu verdanken, Erkenntnisse der Ökosystemforschung auch für das Verständnis und die Führung sozialer Organisationen nutzbar gemacht zu haben (vgl. Vester 1983, 1988).

Erkenntnisse der neueren *Evolutionstheorie* waren schließlich wegleitend für die Ausarbeitung evolutionärer Ansätze für das Management von sozialen Systemen. Hierbei war man um die Übertragung evolutionärer Prinzipien und Mechanismen und ein besseres Verständnis von dynamischen Prozessen und Entwicklungen bemüht. Dadurch konnte zwischen *gemachten* und *gewachsenen* Ordnungen unterschieden werden, die dazu entsprechenden Formen der Koordination und Führung, *Weisung und Selbstorganisation,* wurden deutlich. Dazu kam ein deutliches prozesshaftes Verständnis der Organisation von sozialen Systemen. Auch die grundlegend andere Wirkung von Führung zum einen verstanden als eine Beeinflussung von allgemeinen Verhaltensregeln und zum anderen als Führung durch Zielvorgabe wurde herausgearbeitet (vgl. Malik 1996, S. 214 ff; Dyllick 1982, S. 347 ff). Eine Systemtheorie der Evolution führt zur Einsicht, dass Evolution weder das Produkt des Zufalls noch vorausgeplant ist (vgl. Riedl 1975, S. 81 ff).

Menschen umfassende *soziale Systeme* zeichnen sich durch die Fähigkeit aus, sich selbst gewollt zu ändern. Sie sind nicht auf das Lernen durch den Vollzug von Versuch-Irrtums-Prozessen in der realen Welt angewiesen, sondern können solche Prozesse gedanklich simulieren. Ein soziales System passt sich nicht passiv an Umweltveränderungen an, es greift auch selber *aktiv gestaltend* in diese Umwelt ein. Es kann sich selbst in Frage stellen und bewusst das eigene System verändern. Es kann dabei sein Verhalten nicht nur aus einem vorgegebenen Verhaltensrepertoire auswählen, sondern darüber hinaus willentlich durch Lernen neue Eigenschaften generieren und integrieren, was einhergehend mit Veränderungen der Elemente und Beziehungen auch sein Verhaltenspotenzial vergrößert; vor allem aber kann es die zu verfolgenden *Ziele nach eigenen Zwecken* festlegen. Der Zweck sozialer Systeme muss dabei in der *Entwicklung* der eigenen *Möglichkeiten* gesehen werden (vgl. Probst 1987, S. 50).

Im human-sozialen Systemmodell wird aber nicht nur von zweckorientierten Objektsystemen ausgegangen, sondern auch von zweckorientierten Teilen dieser Systeme sowie dass auch das umfassendere System ebenfalls zweckorientiert ist. Damit man ein soziales System verstehen kann, muss man mithin nicht nur die Ziele des Systems wissen, sondern auch welches die seiner Teile und die der umfassenderen Systeme sind, und wie diese wechselseitig wirken. In sozialen Systemmodellen sind die Teile *selbstbewusste Einheiten* (Menschen, Gruppen), die nicht nur wie Organe in organismischen Modellen gewisse Funktionen für das Gesamtsystem erfüllen, sondern eigene Ziele und Zwecke verfolgen, die zuweilen sogar im Widerspruch zu denen des Gesamtsystems stehen. Daraus ergibt sich eine der wichtigsten Führungsaufgaben, die Ziele der Teile mit denen der Organisation kompatibel zu machen. Wichtiger ist hier aber ein Verständnis für Management als *wertorientiertes* Entscheiden und Handeln, als *Überzeugungs- und Sinnvermittlungsprozess* (vgl. Probst/Dyllick 1987, Sp. 829).

Soziale Systeme werden aufgrund von *Werten* gestaltet und gelenkt, die von Menschen gesetzt oder im menschlichen Zusammenwirken entstanden sind. Sie dienen menschlichen Zwecken und verfolgen von Menschen gesetzte Ziele, die der Verwirklichung von Werten und Normen dienen. Mit der Einbeziehung der *kognitiven und normativen* Ebene entsteht ein neues Verständnis des Systems und des Managements. Das Handeln ist stets Gegenstand menschlicher Beurteilung und soll für das System selbst und die gesellschaftliche Umwelt »Sinn machen«. Das human-soziale System ist somit eher eine Gemeinschaft des Verständnisses und der Werthaltungen, denn eine Gemeinschaft der Mittel oder des Bestandes. Management heißt deshalb nicht nur bestands- und erfolgssicherndes Gestalten und Lenken, daraus ergeben sich lediglich Einsichten in die Zweckmäßigkeit von bestimmten Lenkungsprozessen und Anregungen zu einer funktionsfähigeren Gestaltung der Lenkung, jedoch wird nichts ausgesagt über den Sinn und Zweck selbst. Führung als *Sinnvermittlung* heisst deshalb, dem Handeln der Organisation insgesamt, aber auch den Handlungen der Mitglieder Orientierung und Selbstvertrauen zu vermitteln; die relevanten Führungsfunktionen können dabei als Definieren, Bezeichnen und Erklären einer in der Regel widersprüchlichen Wirklichkeit sowie als Bewerten und Legitimieren der Handlungen verstanden werden. Sinnstrukturen legen verbindliche Denk-, Sprach- und Interpretationsschemata fest und lenken dadurch die laufende Verarbeitung von Ereignissen und das Handeln der Mitglieder.

Organisationen werden im sozialen Systemmodell als *Sinnsysteme* aufgefasst, die durch sinnhaft aufeinander bezogene Handlungen, durch Kognitionen, Werte und Normen zusammengehalten werden (vgl. Luhmann 1987). Damit erlangen typisch geistige Phänomene wie Sprache, Wahrnehmung, Werthaltungen und Kultur eine entscheidende Bedeutung. Zwischen die reale Umwelt und das Handeln des Systems schiebt sich eine *»sekundäre Umwelt«,* die aufgrund der Wahrnehmungen und Werthaltungen der einzelnen Systemmitglieder, aber auch kollektiv aufgrund der gemeinsamen Systemkultur *konstruiert* und sprachlich, handelnd und artefaktisch vermittelt wird (vgl. Probst 1987, S. 50). Diese sekundäre Umwelt bildet die unmittelbare Grundlage des Handelns der Organisation und ihrer Akteure, nicht die dadurch abgebildete primäre Umwelt.

Was die *Lenkung* betrifft, muss man feststellen, dass Unternehmungen, Schulen, Kliniken, staatliche Organisationen usw. zur Befriedigung menschlicher Bedürfnisse geschaffen und auf die Erfüllung spezifischer menschlicher Zwecke gerichtet sind, und dies erklärt, warum solche Institutionen nicht einfach durch im Zusammenwirken der Menschen »von selbst« entstehende Lenkungsmechanismen gelenkt werden können. Sie sollen nicht einfach überleben, sondern durch ein spezifisches Handeln sinnvolle Zwecke erfüllen. Erfahrungsgemäß verhalten sich jedoch soziale Systeme nicht von selbst menschlichen Zwecken entsprechend, auch wenn sie sich selbst lenken können. Daraus ergibt sich das Erfordernis, ihre Strukturen und Lenkungsmechanismen bewusst auf spezifische Zwecke und Verhaltensnormen hin zu gestalten. Anders gesagt müssen der Fähigkeit zur Selbstorganisation und Selbstlenkung in solchen Systemen Grenzen gesetzt werden, damit sie zweckgerecht den jeweils von Menschen innerhalb und außerhalb des Systems gestellten Anforderungen entsprechen. Deshalb sind gesellschaftliche Institutionen nicht Systeme, in denen sich Lenkung vollständig von selbst vollzieht, sondern die Lenkungsfunktionen müssen auf die Zwecke und Ziele des Systems ausgerichtet, bestimmt und bewusst vollzogen werden. Dabei kann es sich durchaus auch um Funktionen des Steuerns handeln. In Kenntnis der Möglichkeiten der Lenkung durch Regelung und ihrer Vorteile wird man jedoch versuchen, die Lenkungsprozesse so zu strukturieren, dass sich selbst regelnde Teilsysteme entstehen, denen übergeordnete Zielsetzungen als Regelgrößen vorgegeben werden können. Damit ist Lenkung selbst ein vernetztes System, eine Eigenschaft des Ganzen. Sie ist über das System verteilt (vgl. Ulrich/Probst 1991, S. 88).

Eine zusammenfassende und vergleichende Darstellung der Charakteristika der Kybernetik mechanischer, natürlicher und sozialer Systeme ergibt ein zweidimensionales Schema der Dimensionen und Objekte des Wissens.

Die drei Ovale stellen drei verschiedene »Objekte« dar: unbelebte, natürliche lebensfähige und menschliche Systeme. Die drei Ebenen stellen Betrachtungsdimensionen für eine Organisation dar, die sich durch unterschiedliche Fragestellungen ergeben.

Unternehmungen gehören zweifellos zu den menschlichen Systemen. Die These ist, dass man sie von allen drei Ebenen her betrachten sollte, um zur Erfassung der Probleme des Managements ein »vollständiges« Bild zu erhalten. Diese unterschiedlichen *»Unternehmungsbilder«* sollen im folgenden kurz charakterisiert werden. Auf jeder der drei Betrachtungsebenen erscheint Management im Sinne des Gestaltens, Lenkens und Entwickelns in ganz unterschiedlichem Licht (vgl. Ulrich 1995, S. 172 ff):

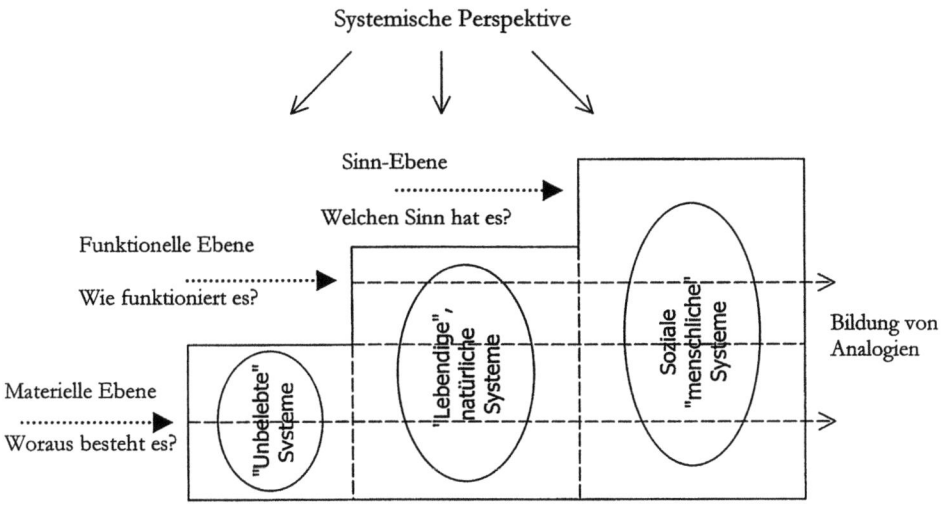

Abb. 15: Dimensionen und Objekte des Wissens
(nach Ulrich 1995, S. 185)

1. Auf der *materiellen Ebene* wird die Unternehmung als ein materielles Transformationssystem gesehen, das mit seiner Umwelt Materie, Energie und Information austauscht. Kennzeichnend auf dieser Ebene sind quantitativ messbare Zustände und Vorgänge mit meist naturgesetzlicher Erklärbarkeit und als Ergebnis rationalen Planens und Entscheidens. Die an den Transformationsprozessen beteiligten Menschen werden rein als Arbeitskräfte gesehen, deren Arbeit in die Prozesse eingeht. An diese materielle Betrachtung lässt sich eine geldmäßig-ökonomische anschließen, indem die Zustände und Vorgänge nicht nur in physikalischen Größen, sondern auch in Geld gemessen werden. Der Transformationsprozess erscheint dann als Geld-Ware-Geld-Prozess. Die Denkweise entspricht dem analytischen, zerlegenden, exakten Denken.

Management erscheint auf der *materiellen Ebene* als eine rationale, planerische und relativ einfach lösbare Aufgabe. Die Gestaltung von Transformationssystemen für bestimmte Leistungsmengen sowie die Lenkung durch Entscheide können durch analytische Methoden erfolgen, wobei meist mengen- oder geldmäßige Input-Output-Relationen auftreten. Im Prinzip wird die Unternehmung als eine »Leistungs«maschine betrachtet, die optimal konstruiert und eingesetzt werden muss. Das Management ist um so erfolgreicher, je besser es die formalen Methoden der Bildung und Anwendung strukturierter Entscheidungsmodelle beherrscht.

2. Auf der *funktionellen Ebene* wird die Frage nach dem »Funktionieren-Können« der Unternehmung gestellt, wodurch also Bestand, Erfolg und nachhaltige Entwicklung zustande kommen. Hierzu greift man auf die Erkenntnisse zurück, die primär bei der

Untersuchung dissipativer Systeme (»far-from-equilbrium«) bzw. lebensfähiger natürlicher Systeme - Lebewesen, Populationen, Ökosysteme - gefunden worden sind (vgl. Punkte 5.2 und 5.3). Aus dieser Sicht wird das Funktionieren eines gesamten Systems nicht von den Eigenschaften seiner Teile bestimmt, sondern vielmehr von der Art ihrer Verknüpfung, hinzu kommt die Miteinbeziehung der Umwelt von Unternehmungen. Für das Funktionieren des Systems sind immaterielle, informatorische Prozesse entscheidend, materielle Transformationsprozesse sind lediglich deren Folge. Methodisch gesehen tritt auf dieser Ebene an die Stelle eines rein analytischen Denkens das systemische Denken in Verknüpfungen; zudem tritt hier nun das Problem der Komplexitätsbewältigung deutlich hervor. Als brauchbare Analogien erweisen sich Modelle von Lebewesen oder noch besser von Ökosystemen. Erkenntnisse der »Kybernetik 2. Ordnung« oder der Nichtgleichgewichtsthermodynamik und der Biokybernetik über Phänomene in komplexen Ökosystemen wie Umkipp-Effekte, irreversible Prozesse, Selbstorganisation, Selbstlenkung u.ä. können hier sinngemäss Anwendung finden.

Management auf der *funktionellen Ebene* bemüht sich in erster Linie darum, die Unternehmung als nachhaltig bestands- und erfolgsorientiertes Systems zu entwickeln. Management erscheint - in Analogie zu natürlichen Systemen - weniger in Form spezieller Tätigkeiten, die von anderen Aktivitäten des Systems getrennt sind, sondern ist eine Eigenschaft des Systems; die Fähigkeit zur »Selbstorganisation« und »Selbstlenkung« muss also gewissermaßen im System eingebaut sein. Die Vernetztheit der Unternehmungsprozesse erfordert geeignete Kommunikationswege und funktionsfähige Formen der Verständigung. Die leitende Vorstellung für das Management auf dieser Ebene ist eine gelenkte Unternehmungsentwicklung, an die Stelle von genauen Entscheidungen treten »weiche«, qualitative Erwägungen und ein Vorgehen nach dem Versuch-Irrtum-Prinzip oder mittels intuitiver Denkmuster. In der Dynamik ihrer Strukturen und Prozesse entwickeln Organisationen einen *Eigen-Sinn*, der für die Beständigkeit, aber auch Beharrung und Trägheit wider manche Veränderungsversuche verantwortlich zeichnet. Umweltkontakte, Interventionen und Gestaltungen können daher sich nicht nur an eigenen Zielvorstellungen oder Absichten orientieren, sie werden mit der Operationsweise des Systems konfrontiert und müssen sie respektieren.

3. Auf der *Sinnebene* präsentiert sich die Unternehmung als ein Kulturphänomen, ein in die Gesellschaft eingegliedertes, menschlichen Zwecken dienendes System. Zustände und Vorgänge sind Ergebnisse menschlicher Absichten und werden aufgrund von Werthaltungen beurteilt. Der Mitarbeiter wird als Mensch mit Selbstwert erfasst, Informationen für einen Empfänger gelten als nützliche, »sinn«machende Wissensinhalte, Kommunikation bedeutet zwischenmenschliche Beziehungen gestalten. Der Sinnbegriff ist mit Handlungen des Menschen unlösbar verbunden, Verhaltensweisen von Menschen und sozialen Systemen sind ohne Erfassung auf der Sinnebene unverständlich. Methodisch gesehen sind daher Analogien zu natürlichen, aber nicht menschlichen Systemen hier buchstäblich sinn-los. Hingegen können Erkenntnisse aus den Kulturwissenschaften, die sich seit jeher der Sinnebene gewidmet haben, wie Philosophie, Individual- und Sozialpsychologie, Soziologie usw. zum »Verstehen« der Unternehmung beitragen.

Management auf der *Sinn-Ebene* bedeutet wertorientiertes Denken und Handeln. Hierbei geht es um das Meinungs-, Normen- und Wertgefüge der Organisation, das als gestaltbar betrachtet wird. Solche kulturellen Normen vermitteln zum Beispiel den Mitarbeitern und Außenstehenden einen glaubwürdigen Sinnzusammenhang des unternehmerischen Handelns oder die beim Menschen-führen zu beachtenden menschlichen Werte. Managementtätigkeiten erscheinen als sinngebende und sinnvermittelnde Prozesse. Sie zielen auf die kulturelle Identität der Unternehmung, stützen das "Wir-Gefühl" der Organisationsmitglieder sowie ihr individuelles Selbstbewusstsein, für die "Fitness" der Unternehmung sollen fähigkeitssteigernde Lern- und Entwicklungspotenziale mobilisiert werden, um auf veränderte Existenzanforderungen proaktiv reagieren zu können (vgl. P. Ulrich 1983a, S. 312 f; Withauer 1992, S. 140 ff).

Die Sinn-Ebene ist gemeint, wenn Stichworte wie Unternehmungs- und Management-Philosophie, Unternehmungskultur, Unternehmensethik, Werthaltungen von Führungskräften usw. fallen, und welche die Aufmerksamkeit belegen, welche heute diesen Phänomenen in der Praxis gewidmet wird und das Denken prägen.

Die Managementlehre hat sich bis vor wenigen Jahrzehnten - wie fast alle Wissenschaften - vorwiegend der materiellen Ebene gewidmet. Dies war konform mit dem seinerzeitigen Wissenschaftsverständnis, das an die vollständige Erklärbarkeit und rationale Machbarkeit der Welt mit Hilfe exakter Beobachtung und logischer Verarbeitung der Beobachtungen glaubte und ihr Interesse darauf reduzierte.

Die Erforschung von Phänomenen auf der funktionellen Ebene hat inzwischen wesentliche Fortschritte gemacht. Neuere Entwicklungen in der Makrobiologie und besonders der Evolutionsbiologie haben zu neuen inhaltlichen Erkenntnissen über Struktur und Verhalten auch von sozialen Systemen geführt. Zuweilen hat sogar ein gewisser »Biologismus« um sich gegriffen, welcher insoweit gleicherMassen reduktionistisch humane Systeme als »nichts als« natürliche Lebewesen auffasst.

2.2.5 Ausbalancieren zwischen Vergangenheit und Zukunft

Im Kontext sozialer Systeme repräsentiert die Zeit in erster Linie einen Strukturierungsmechanismus zur Ordnung des sozialen Lebens. Die Zeitstruktur zeigt sich zunächst als gestaltete und gestaltbare Rahmenordnung, welche Strukturen und Prozesse zeitlich ordnet. Hinter den in einer *Zeitordnung* verankerten, systemspezifischen Zeitnormen stehen kollektive Anschauungen bezüglich der Zeit, die zusammengefasst das intersubjektive Zeitbewusstsein, die *Zeitkonzeption* eines sozialen Systems bilden. Eine Zeitkonzeption wird zum einen geprägt von wesentlichen Vorstellungen zur Zeitlichkeit wie Zeitempfinden, Orientierung an Vergangenem, Gegenwärtigem oder Zukünftigem sowie Zeithorizont, zum anderen enthält sie die Maßstäbe für die "richtige" Zeitverwendung. Die Zeitkonzeption begrenzt das Erfahrungsfeld und wirkt für das soziale System handlungsleitend, vor allem inwieweit Zeitprobleme überhaupt als relevant angesehen werden.

Über das Wesen der Zeit bestehen vielfältige philosophische, naturwissenschaftliche und »alltagstheoretische« Vorstellungen (vgl. Schäuble 1985, Bieri 1972). Grundlegend ist Zeit entsprechend dem hierarchisch gestuften, systemischen Aufbau der Welt (siehe Pkt. 2.1) je nach Komplexitätsstufe - mechanistische, natürliche, psychische, soziale Systeme - ein differenziertes Phänomen und weist jeweils temporale Eigenheiten auf (vgl. Fraser 1988). Aus soziokultureller Warte erweist sich die Zeit als gedankliche Konstruktion, nicht jede Epoche bzw. jeder Kulturkreis hatte dasselbe Zeitverständnis, der zivilisatorische Prozess führte von einem naturzentrierten Zeitbewusstsein zu immer mehr normativen, sozial konventionalisierten Vorstellungen.

Zeitprobleme für Unternehmungen und das Management der »organisationalen Zeit« sind sinnvoll vor dem Hintergrund des aktuellen vorherrschenden und als selbstverständlich erachteten Zeitbewusstseins zu reflektieren. Die heutige Zeitideologie geht von einem linearen, standardisierten Zeitbewusstsein aus und betrachtet Zeit als ökonomische, nutzenbringende Ressource, wobei durch die Beschleunigung des Lebensrhythmus auch eine »Beschleunigung« der Zeit empfunden wird und dieses Tempo immer schnellere Wandlungen bewirkt und verlangt.

Ausdruck einer »Geschwindigkeitskultur« sind nicht nur die drastisch verkürzten Zeitintervalle zur Verrichtung komplexer Arbeitsfolgen, sondern vor allem auch die durch rasante Innovationsraten geförderte Schnelllebigkeit und damit Vergänglichkeit aller Dinge; was noch gestern galt, scheint heute bereits wieder obsolet zu sein und längst durch etwas Neues ersetzbar. Gerade im Wirtschaftsleben geht die Beschleunigung des Produkteangebots quasi mit dessen raschem Verfall bzw. schnellem Veralten einher und induziert dadurch eine regelrechte Innovationsspirale mit weitgehend eigendynamischen Zügen (vgl. Ulrich 1984, S. 26 f). Die Einsicht in die begrenzte Gültigkeit einmal getroffener Lösungen fördert zuweilen eine Tendenz zum Oberflächlichen, Kurzfristigen und Provisorischen; sie bewirkt zudem eine radikale Verkürzung der handlungsrelevanten Zeithorizonte, d.h. einen latenten Verlust an vergangenheitsorientiertem Geschichtsbewusstsein sowie einen weitgehenden Verlust an Erwartungssicherheit bezüglich der Zukunft. Je rascher sich die Zivilisation in Abhängigkeit von der Geschwindigkeit wissenschaftlicher, technischer und wirtschaftlicher Innovationen in ihren Strukturen ändert, umso mehr verkürzt sich die Zeit, über die hinaus damit gerechnet werden kann, dass die Zukunft der Gegenwart in wesentlicher struktureller Hinsicht gleicht.

Das Unternehmungsgeschehen ist eingebettet in den fließenden Zeitstrom, wobei das Gegenwärtige die Erfahrungen aus der Vergangenheit erhält und von Erwartungen der Zukunft bestimmt wird. Vergangenheits- und Zukunftshorizont sind dabei selten symmetrisch. Das Vergangene ist bereits real und höchstens interpretierbar, die offene Zukunft hingegen bietet sich als Raum gestaltender Möglichkeiten und ist somit das Handlungsfeld für das Management. Zukunftsentwürfe sind Gegenstand der *Planung in sozialen Systemen*.

Planung ist ein spezifisches Produkt respektive eine Folge des linearen Zeitdenkens und der Fortschrittsidee. Das Konzept der Planung bewegt sich in einem Gedankengebäude von drei Grundannahmen (vgl. Perich 1993, S. 279 ff):

(1) Die Zukunft ist nicht vorherbestimmt, d.h. das Kommende ist prinzipiell offen, häufig andersartig und graduell gestaltbar durch gegenwärtige Entscheidungen; im Prinzip gibt es also nicht »die« Zukunft, sondern immer mehrere mögliche, alternative »Zukünfte«;

(2) Es gibt keine perfekte Voraussicht, d.h. Planungen sind stets mit Unsicherheit und mit einem Fehlerrisiko bzw. Glücksmoment behaftet;

(3) Die Entwicklung der Welt ist nicht völlig ungeordnet (»chaotisch«), es existieren zumindest gewisse erkennbare intertemporal stabile Ordnungsmuster. Planung setzt sich daher aus zwei Funktionselementen zusammen, Vorhersage (»predicting«) und Vorbereitung (»preparing«), und beinhaltet mithin grundsätzlich auch zwei Arten von Fehlerquellen, nämlich falsche Vorhersagen sowie inadäquate Vorbereitungen.

Der grundsätzliche Charakter der Planung liegt in der Vorausschau, im gedanklichen Vorwegnehmen und Vorstrukturieren künftiger Handlungsräume. Methodisch umfasst die Aktivität des Planens einen zukünftig zu erreichenden Zielpunkt oder eine zum Beispiel visionär bestimmte Zielrichtung (das WAS) sowie eine daraus abgeleitete kohärente Schrittfolge (das WIE) zur Zielerreichung. Jeder Plan hat den Charakter von Erwartungen, Hoffnungen bzw. Intentionen, der tatsächliche Eintritt von Ereignissen bleibt unbestimmt. Das prozessbegleitende Auftauchen neuer Umstände und damit verbundene Lernprozesse beim Planer bewirken zudem, dass ein Plan zum Zeitpunkt seiner Erstellung (»ex-ante«) und zum Zeitpunkt seiner Erfüllung (»ex-post«) zumeist unterschiedlich interpretiert wird, vielem wird retrospektiv Sinn zugeschrieben, im Nachhinein will man natürlich stets »klüger« sein.

Die zunehmende Turbulenz der Umwelt lockert zunehmend die Koppelung zwischen Gegenwart und Zukunft. Dies macht die Planung zu einem Balanceakt. Wie lange im voraus, wie genau und für welches Änderungstempo, wie innovativ bzw. radikal soll ein Zukunftsentwurf sein, was erscheint überhaupt im Hinblick auf Traditionen oder Widerstände umsetzbar? Vergangenheit, Gegenwart und Zukunft sind aufeinander bezogen und prägen ein Spannungsfeld mit immenser Komplexität, was ihr Ausbalancieren erforderlich und Management zu einem zeitkritischen Handeln macht.

An die Ausgestaltung der problematischer gewordenen Planungsarbeit werden mithin erhöhte Flexibilitätsansprüche gestellt. Planung ist nicht mehr nur ein einfaches Entscheiden über zukünftige Ereignisse, sie legt vielfach künftige Handlungen und Entscheidungen nicht mehr inhaltlich fest, sondern formuliert nur die Prämissen und strukturiert die künftigen Entscheidungssituationen, in denen dann wiederum entschieden werden muss (vgl. Bergmann 1981, S. 245). In einem mehrstufigen, reflexiven Verfahren können so spätere Entscheidungssituationen schon vorzustrukturiert, d.h. für die Zukunft »Markierungen« gesetzt werden, ohne jedoch den konkreten Entscheidungen in der zukünftigen Gegenwart vorzugreifen (vgl. ebda, S. 222). Zunächst wird durch formulierte Prämissen der Bereich des überhaupt Möglichen und Erwünschten gedanklich umrissen, später in weiteren Schritten konkretisiert und mit zunehmendem Informationsstand endgültig bestimmt. Durch diese Mehrstufigkeit des Planungsprozesses ist in der Gegenwart eine Festlegung und Offenhaltung von Zukunft zugleich möglich.

Eine auf den vorstehenden Überlegungen beruhende konzeptionelle Grundlage für ein planerisch lenkendes Management liefert das Vor-/Steuergrößen-Konzept von Aloys Gälweiler (vgl. Gälweiler 1987) und dessen Weiterentwicklung zu einem dreistufigen, integralen Konzept für »Organisational Fitness« durch Schwaninger (vgl. Schwaninger 1989a, 1993). Ausgangspunkt des Konzepts bildet die Überlegung, dass einzelne Bezugsgrössen der Unternehmungsführung (Liquidität, Erfolg [Gewinn], Erfolgspotentiale, Lebensfähigkeit, Entwicklung) unterschiedliche *zeitliche Wirkungshorizonte* ansprechen und damit auf eigenständigen, unterschiedlich komplexen Orientierungsgrundlagen beruhen müssen. Dasselbe System muss somit gleichzeitig mit Steuergrößen gelenkt werden, die logisch unterschiedlichen Ebenen angehören (operatives, strategisches und normatives Management); diese bilden keineswegs voneinander abgekoppelte Systemteile, vielmehr umhüllen die höheren Ebenen jeweils alle darunterliegenden und bilden ein integrales Managementsystem.

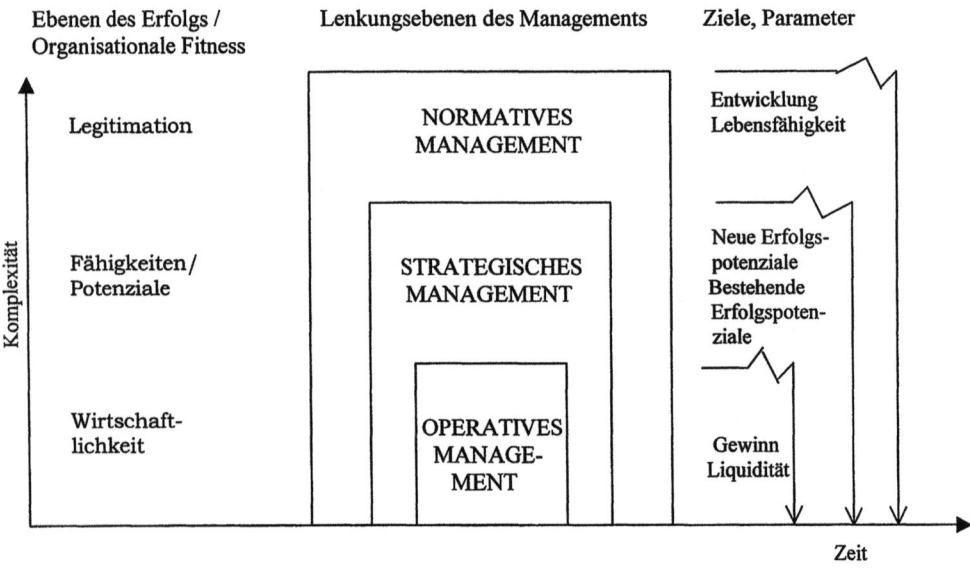

Abb. 16: Drei Ebenen organisationaler Fitness /systemischer Effektivität

- Die *operative* Ebene erfordert eine unmittelbar auf Erfolg und Gewinn sowie gesicherte Liquidität ausgerichtete Führung. Sie ist kurzfristig orientiert und steuert die

Wirtschaftlichkeit. So wie die Liquidität vom Gewinn abhängt, wird der Gewinn wiederum von kategorial andersartigen Faktoren, den Erfolgs-*Potenzialen* vorgesteuert.

- Die *strategische* Ebene setzt bei dieser potenzialorientierten Betrachtung der Organisation an und verlagert die Betrachtung auf Aspekte des Aufbaus und der zeitlichen Nutzbarkeit solcher »Erfolgspotenziale« (vgl. Gälweiler 1987, Pümpin 1986, 1989). Dies können beispielsweise sein das Humanpotenzial (Anzahl und Fähigkeiten von Mitarbeitern und Managern), technische Potenziale (Informationsmittel, Betriebsmittel), Finanzpotenziale (Geldmittel) oder Programmpotenziale (Beschaffungs- und Leistungsprogramme). Abweichend von der traditionellen betriebswirtschaftlichen Lehre ist Gewinn keine strategische Steuerungsgröße und kann folglich auch kein strategisches Ziel sein, vielmehr ist vorhandener oder fehlender Erfolg das Ergebnis guter oder falscher Strategien. Die Notwendigkeit zur strategischen Vorsteuerung ergibt sich daraus, dass zur langfristigen Erfolgssicherung jeweils neue Potenziale aufgebaut und u.U. obsolet gewordene Potenziale abgebaut werden müssen; bis derartige Potenziale aber auch erfolgswirksam werden, bedarf es einer gewissen Vorlaufzeit. Der Ruf nach neuen Erfolgspotenzialen kommt meist schon zu spät, wenn notwendige Innovationen bereits für jedermann erkennbar sind, sei es in Form rückläufiger Liquidität, schwindender Ergebnisse, stagnierender oder schrumpfender Umsätze, geringer werdender Marktanteile oder abwandernder Kunden. Vorsteuern heißt, etwas frühzeitiger bemerken und sein Verhalten daran ausrichten (vgl. Gälweiler 1987, S. 29). Strategisches Management als Vorsteuerung in bezug auf eine spätere Erfolgsrealisierung besteht somit in der Suche, Schaffung und Erhaltung hoher und sicherer Erfolgspotenziale durch das rechtzeitige Mobilisieren von Innovationen; ihr maßgebliches Orientierungskriterium ist der Erhalt der Wettbewerbsfähigkeit.

- Die *normative* Ebene schließlich bezieht ein, dass Organisationen grundsätzlich auf Dauer angelegte, ziel- und zweck- bzw. nutzengerichtete Systeme sind. Das oberste Ziel der Organisation beinhaltet letztlich mindestens die dauerhafte Sicherung ihrer Existenzfähigkeit bzw. möglichst die Fähigkeit zur Selbstentfaltung und Höher-Entwicklung. Damit dies gelingt, muss sich die Organisation auf lange Frist so verhalten, dass sie stets in der Lage bleibt, die für ihre Fortentwicklung benötigten Ressourcen aus der Umwelt anzuziehen und damit letztlich ihre Legitimität gegenüber ihren Bezugsgruppen aufrechterhalten kann (vgl. Schwaninger 1993, S. 53). Die Organisation muss aber auch über genügende Dynamik und interne »Intelligenz« verfügen, um die Voraussetzung für ihre eigene Entwicklung zu bieten (vgl. Prigogine 1989) und diese sinnvoll und richtungsbestimmt zu kanalisieren.

Das Ausbalancieren des (gegenwärtigen) operativen, (zukunftsorientierten) strategischen und normativen Bezugs von Managementebenen bedeutet, dass diese Handlungsbereiche nicht separat, sondern miteinander verknüpft zu betrachten sind. Gerade auch die normative Legitimierung ist von der Vergangenheit vorgeprägt, indem sie unter dem Gesichtspunkt einer Komplexitätsreduktion die schon reale, vollständig bestimmte Vergangenheit zur Orientierung gegenwärtiger und zukünftiger Selektionen nutzt. Der Rückgriff auf Sinnfestlegungen der »Geschichte« sichert dabei primär Kontinuität und wirkt identitätsbildend (vgl. Bergmann 1981, S. 236). Geschichte berührt zwar tatsächlich passiertes Geschehen, unterliegt aber bei deren jeweiliger Aktualisierung stets selektiven Prozessen des »Vergegenwärtigens« (Erinnern) sowie der sinnhaften Deutung (Interpretation) (vgl. Fraser 1988, S. 202). Es besteht eine natürliche Neigung, die Vergangenheit im Lichte eigener gegenwärtiger Erfahrungen, Ideen und Werte zu sehen.

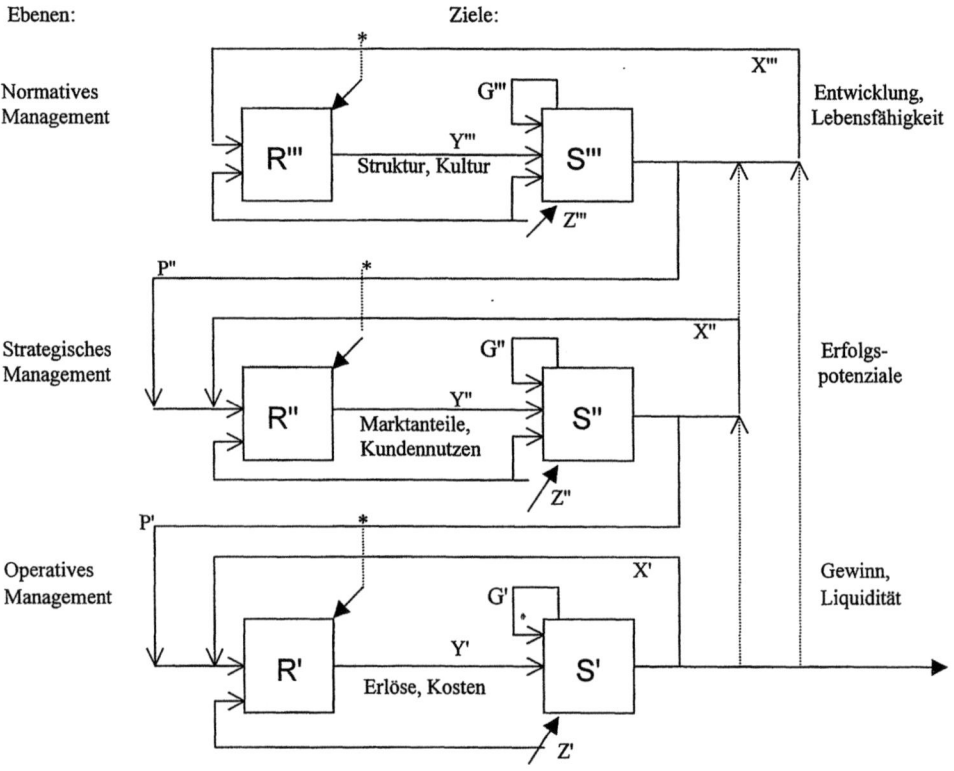

Zeichenerklärung:
X: Regelgrößen Y: Regelstrecke (Beispiele) P: Parameter/ Vorgabe R: Regler S: Gelenktes System
Z: Störgröße G: Ziel/Stellgröße *: Verknüpfung zur nächsthöheren Ebene

Abb. 17: Management als mehrebenen-integrierender Lenkungszyklus
(entnommen aus Schwaninger 1993, S. 58)

Unter dem Eindruck zunehmender Dynamik des Wirtschaftssystems hat sich der Fokus der Organisations- und Managementtheorie stark um zukunftsbezogene (planerische) Aspekte gruppiert und vergangenheitsbezogene (geschichtliche) Überlegungen weitgehend verdrängt. Dabei ist vielfach übersehen worden, dass die Vergangenheit stets das tragende Fundament bildet, auf dem die Zukunft überhaupt erst aufbauen kann. Geschichte fungiert als »kulturelle Klammer«, die Vergangenheit und Gegenwart verbindet und bei die Zukunft betreffenden Entscheidungen mitwirkt; die Kenntnis der Geschichte schärft den Blick für die Gegenwart und eine mögliche Zukunft. Die Geschichte bildet den Erklärungshintergrund für das »So-und-nicht-anders-Geworden-sein« der Organisation. Die Firmengeschichte enthält das Erbe und die Traditionen, die Manager verstehen müssen, wenn sie die Gegenwart der Unternehmung als Teil eines Prozesses begreifen wollen und nicht als Ansammlung zufälliger Ereignisse (vgl. Matenaar 1983, S. 21). Die aus der Vorwelt überkommenen Faktoren wirken ambivalent: einerseits bilden sie ein akkumuliertes »organisationales Gedächtnis« in Form von »Wissen« respektive »Kultur«, andererseits kann sich solche »Erfahrung« als schwer abzuwerfende »Erblast« erweisen und damit zum Hemmschuh für die weitere organisationale Entwicklung werden, insbesondere wenn diese eine radikale Abkehr von Vergangenem erforderlich macht (vgl. ebenda, S. 20).

Die Tendenz zum Konservieren des Bestehenden ist ein Resultat der Geschichte. Bewährte Strukturmuster, institutionalisierte Verhaltensroutinen, etablierte Herrschaftsverhältnisse, eingegangene Verpflichtungen, tradierte Erfahrungswerte, liebgewonnene Gewohnheiten usw. bewirken tendenziell eine Trägheit der Organisation und begrenzen deren Bereitschaft zum Wandel. Gerade in sich ändernden Zeiten oder Krisen erweist sich eine zu weitgehende Orientierung an der Geschichte als riskant, weil dann nämlich neue Ansätze gefordert sind. Entwicklung beruht immer darauf, auf dem Vorhandenen aufzubauen, Bewährtes zu bewahren und vom jeweils erreichten Entwicklungsstand aus weitere Neuerungen auszuprobieren.

2.3 Perspektive des Wandels in Organisations- und Managementansätzen

Der weitaus größte Teil der Organisations- und Managementlehre ist auf die Erfassung und Gestaltung des Stabilen, Dauerhaften und Harmonischen sozialer Systeme konzentriert. Organisationen werden grundsätzlich mit bleibendem Charakter entworfen und in ihnen ist kaum vorgesehen, sich wieder zu verändern, zu evolvieren, zu lernen und sich zu entwickeln; die betriebswirtschaftliche Theorienbildung widmete sich denn auch bislang weitgehend der Untersuchung interner Mechanismen der Bewahrung sowie der Gestaltung prinzipiell unveränderlicher funktionaler Komponenten (vgl. Probst 1987, S. 87). Unter dem Eindruck der wachsenden Komplexität und Dynamik in vielen Bereichen unseres Lebens sowie im Hinblick auf ein sich veränderndes wissenschaftliches Weltbild (siehe Punkt 3.4) ist jedoch offensichtlich geworden, dass reale Organisationen keineswegs derart quasi-statische Gebilde darstellen und auch nicht mehr ausschließlich vor einem solchen Hintergrund analysiert bzw. konzipiert werden können. Vielmehr laufen in und zwischen Organisationen ständig Prozesse aller Art ab; Organisationen befinden sich mithin permanent im Wandel, entstehen und vergehen, wachsen und schrumpfen, durchlaufen Perioden der Stabilisierung, der Veränderung, des Umbruchs und des Wandels (vgl. Perich 1993, S. 119). Dabei verschieben sie Ressourcen, modifizieren ihre Funktionsweise, wechseln Aktivitätsfelder und verändern zuweilen sogar ihren grundlegenden Charakter. Ein Managementkonzept, das solche dynamikgeprägten Entwicklungen als selbstverständlich ansieht und sie als notwendig bejaht, stellt die bestands- und erfolgsorientierte »Fitness der Unternehmung« in den Vordergrund.

Unter den Sammelbegriffen »Organizational Change« und »Change Management« hat sich in jüngerer Zeit eine mit den Aspekten der Veränderung und des Wandels sich auseinandersetzende eigenständige und inzwischen recht bedeutsame theoretische Perspektive in der Organisations- und Managementlehre entwickelt. Die wesentlichen Fragenkomplexe lassen sich dabei in drei Untersuchungsbereiche gliedern: das WAS, das WARUM und das WIE organisationaler Wandelprozesse (vgl. Perich 1993, S. 121).

Bei der Frage nach dem »Was« geht es um die Frage, was sich denn ändert, wenn wir davon sprechen, eine »Organisation« ändere sich. Es ist mithin der Gegenstandsbereich des organisationalen Wandels angesprochen: Was soll »Objekt« der Veränderung sein? Auf welcher Analyseebene der Organisation soll sich die Entwicklung vollziehen? Welche Ansatzpunkte für den organisationalen Wandel ergeben sich aus unterschiedlichen Betrachtungsdimensionen (Pkt. 2.2.5) der Organisation? (siehe Punkte 2.3.1 und 2.3.2)

»Warum« sich Organisationen verändern bzw. verändert werden, ist die Frage nach kausalen Erklärungsmechanismen für organisationalen Wandel: Welches sind die Grundmechanismen zur Erklärung eines Wandels? Ist der Wandel in erster Linie intern oder extern induziert, inwieweit kann das Management hierzu beitragen und Einfluss ausüben? (siehe Kap. 6.)

Das "Wie" des Wandels fragt nach Strategien zur Veränderung von Organisationen: Wie durchlaufen Organisationen Prozesse der Veränderung? Welche grundlegenden Interventionsstrategien für ein entwicklungsorientiertes Management können angewendet werden? Welche Struktur und Verlaufsform weisen Wandelprozesse auf? Wie können Veränderungsprozesse in der Umwelt aktiv und »selbstbewusst« in systemische Entwicklungsprozesse transformiert werden? (siehe Kap. 8 und 9.)

2.3.1 Ausgewählte Problemfelder der klassischen OE-Technokratie

In der Managementlehre wurden mannigfaltige Versuche unternommen, sich mit diesen Problemen der Veränderung und Entwicklung auseinanderzusetzen. Der bekannteste und vom Begriff der »Entwicklung« wohl auch naheliegendste Ansatz ist die Organisationsentwicklung (OE). Unter diesem Sammelbegriff sind vielfältige Konzepte der Organisationsveränderung zusammengefasst, deren gemeinsame normative Basis in der humanistischen Psychologie und der Human Relations-Bewegung liegt. Diese Ansätze suggerieren wegen ihrer Sammelbezeichnung eine große Nähe zum entwicklungsorientierten Management. Eine solche Annahme ist jedoch nicht zutreffend. Das entwicklungsorientierte Management zielt darauf, eine *Theorie der Entwicklung sozialer Systeme* zu konzipieren. Organisationsentwicklung ist hingegen eine mikroorganisational orientierte *Prozesslehre* und behandelt eine *Technologie des Veränderns* (vgl. Klimecki/Probst/Eberl 1994, S. 23).

Auch für das entwicklungsorientierte Management sind solche Veränderungstechnologien unverzichtbar. Dennoch zeigt sich im gegenüberstellenden Vergleich der grundsätzlich andere Zugriff beider Ansätze zum Problem. Aus der Sicht des entwicklungsorientierten Managements ist die Organisationsentwicklung ein humanistisch und sozio-prozessual ausgerichtetes Interventionskonzept, das einen wichtigen Baustein in einem entwicklungsorientierten Gestaltungsrahmen darstellt. Dass es sich bei der Organisationsentwicklung um eine vorwiegend mikroorganisational orientierte Interventionslehre handelt, zeigt sich darin, dass diese mit Bezug auf den Human-Relations-Ansatz in aller Regel Entwicklung mit einer Steigerung der Leistungsfähigkeit von Gruppen/Organisationen bei gleichzeitiger Verbesserung der von diesen Institutionen produzierten Zufriedenheitsleistungen gleichsetzt. Ein Verständnis der zu entwickelnden Einheit (Organisation/System) ist meist nur implizit erkennbar und wird in keinem Fall theoretisch-konzeptionell ausgearbeitet.

Entwicklungsorientiertes Management setzt auf der makroorganisationalen Ebene an. Das für diesen Ansatz geeignete Organisationsverständnis geht von »zweckautonomen« Einheiten sozialer Systeme aus. Sie besitzen die Fähigkeit, aktiv zu sein, sie können sich somit an ihre Umwelt anpassen. Zudem aber ist es den Akteuren in sozialen Systemen gestattet, mögliche Ziele und Zwecke selbst zu wählen und selbstbestimmt zu handeln, der Systemzweck kann auch neu definiert werden. Die Systemerhaltung ist mithin kein Selbstzweck. Das Fortbestehen ist vielmehr nur legitim, wenn und solange ein System »nützlich« ist, indem es einen Sinn »produziert«, der auch »nachgefragt« wird. Ein soziales System ist ein von Menschen geschaffenes Gebilde, das keineswegs um jeden Preis überleben muss, sondern das auch jederzeit aufgelöst oder völlig neu gestaltet werden kann, wenn es die ihm gestellte Aufgabe nicht mehr »sinnvoll« erfüllt.

2.3.2 Anliegen eines entwicklungsorientierten Managements

Unternehmungen sind keine passiven »Gebilde«, die sich reaktiv an Änderungen anpassen. Sie bestehen vielmehr aus eigenverantwortlichen Akteuren, die sich aktiv und reflektiert mit Veränderungen auseinandersetzen können. Das Erkenntnisinteresse des entwicklungsorientierten Ansatzes zur »Fitness« der Unternehmung besteht darin, ein *integratives Managementverständnis* zu konzipieren, das eine pro-aktive Auseinandersetzung sozialer Systeme mit ihren komplexen Umwelten ermöglicht. Im Blickpunkt des Ansatzes stehen somit die Qualität der Umweltveränderungen, die Handlungs- und Leistungspotenziale sozialer Systeme sowie das Problem, diese Potenziale bei der Bewältigung von Veränderungsprozessen sinnvoll einzusetzen. Das generelle Ziel dieses Umgangs mit Veränderungsprozessen ist es, die Entwicklungsfähigkeit und damit das Problemlösungspotenzial sozialer Systeme zu erhöhen. Ein hohes die »Fitness der Unternehmung« prägendes systemisches Problemlösungspotenzial befähigt soziale Systeme, stets sich rechtzeitig bzw. zeitnah auf neue Probleme einzustellen und aktiv auf Umweltveränderungen mit passenden Handlungsstrategien zu reagieren. Der Zweck sozialer Systeme ist mithin in der Entwicklung der eigenen Möglichkeiten zu sehen.

Ein entwicklungsorientiertes Managementkonzept muss auf einer aktiven und selbstbestimmenden Rolle der Systemmitglieder bei der Auseinandersetzung mit Veränderungsprozessen basieren. Dieses Verständnis hat dann nichts mehr mit mechanistischen Vorstellungen des »Machens« und »Beherrschens« zu tun, aus entwicklungsorientierter Sicht heißt Management nicht mehr ein gewünschtes Verhalten definieren und durch Maßnahmen sicherstellen. Wichtig ist vielmehr, dass die Akteure *eigenverantwortlich und selbstorganisierend* handeln können, und dazu bedarf es eher des Schaffens von *Rahmenbedingungen*. Management ist gleichzusetzen mit Kontextgestaltung. Durch entwicklungsfreundliche Rahmenbedingungen sollen die Selbstentwicklungskräfte des Systems gefördert werden.

Zudem beschränken sich die darauf ausgerichteten Managementleistungen nicht auf einen bestimmten Personenkreis - etwa die Führungsspitze -, sondern werden von allen Akteuren im System erbracht. *Jedes Systemmitglied ist ein potenzieller Manager.* Die Fähigkeit zu managen ist somit diffus über das ganze System verteilt. Aus dieser Sicht kann Management als eine »Eigenschaft des Systems« verstanden werden und umfasst alle Handlungen, die dazu beitragen, fitness-orientierte Veränderungsprozesse systemisch zu gestalten.

Zentrale Perspektiven des auf »Fitness der Unternehmung« gerichteten entwicklungsorientierten Managements sollen die folgenden sieben Thesen sein (vgl. Klimecki/Probst/Eberl 1994, S. 24 f.):

1. Entwicklungsorientiertes Management ist wert- und sinnorientiert.
Die Bedeutung kollektiv geteilter Werthaltungen für das Verhalten von Führungskräften und Mitarbeitern macht sie zu wichtigen Erfolgsfaktoren für die Unternehmungsführung. Unternehmungen können nicht lediglich durch Managementtechniken und organisatorische Regeln gelenkt werden. Sie brauchen ein Fundament an gemeinsam geteilten Meinungs-, Normen- und Wertvorstellungen, um ihre Identität auszudrücken und »Spielregeln« zu schaffen. Der Sinnzusammenhang aller Handlungen in der Unternehmung wird dadurch für die Mitarbeiter erfahrbar und nachvollziehbar.

2. Entwicklungsorientiertes Management will dezentrale Managementkompetenz entfalten.
Wenn entwicklungsorientierte Managementleistungen nicht nur von zentraler Stelle, der Führungsspitze, zu erbringen sind, sondern sind über das ganze System verteilt sind, führt dies zum Prinzip der *»fluktuierenden Hierarchie«*. Solche Hierarchien müssen sich funktional zu den jeweiligen Problemstellungen verändern lassen, die Managementkompetenz wird dort »gebündelt«, wo das Problem liegt. Dies erfordert zum einen statt einer klassischen organisatorischen Linienstruktur eine dezentrale Organisation und zum anderen eine geförderte Entfaltung dezentraler Managementkompetenz.

3. Entwicklungsorientiertes Management ist strategisch ausgerichtet.

Entwicklung ist ein strategisches Problem, das sich auf Potenziale für die Erreichbarkeit von Erfolgspositionen bezieht. Betont wird damit eine Ausrichtung des Managements an den *langfristigen Erfolgspotenzialen* einer Unternehmung. Aufgrund einer zukunftsgerichteten Chancen- und Risikenanalyse geht es darum, sich in der Umwelt möglichst transparent und eindeutig zu positionieren, zukünftige Ertragspotenziale zu erkennen und aufzubauen, Handlungsspielräume, Alternativen und Optionen zu generieren. Strategischen Management will die für das Erreichen von Erfolgspositionen notwendigen Handlungsprogramme entwerfen und ausbalancieren, fitness-orientiert wird es, wenn es darüber hinaus auch das Entwicklungspotenzial des Systems sowie der Mitarbeiter verbessert. Dies setzt eine Analyse der »inneren Dynamik« des Systems voraus, welche das jeweilige Entwicklungsniveau und die sich daraus ergebenden Möglichkeiten bestimmt, dieses Potenzial zu aktivieren.

4. Entwicklungsorientiertes Management erfordert eine prozesshafte Betrachtung.

Die traditionellen Managementkonzepte streben quasi-dauerhafte Gleichgewichtssituationen an. Aus einer Prozessperspektive befinden sich Organisationen jedoch ständig im *Wandel*. Die zentrale Aufgabe des Managements besteht somit darin, solche Wandlungs- bzw. Veränderungsprozesse in entwicklungsorientierter Weise zu bewältigen. Dies erfordert Freiräume für Selbstorganisationsprozesse, das heißt anstelle behindernder Verfahrens- und Verhaltensvorschriften durch eine Rahmen- oder Kontextgestaltung die Selbstorganisation zu ermöglichen und zu fördern.

5. Entwicklungsorientiertes Management ist lernorientiert.

Lernen ist die fundamentale Voraussetzung zur Erhaltung und Steigerung der organisationalen Fitness. Diese zu entwickeln erfordert nicht nur die Verbesserung des Bestehenden auf der materiellen und funktionalen Ebene, sondern einen Reflexionsprozess, der sich mit den eigenen Wertvorstellungen und Normen auseinandersetzt. Solche Lernprozesse entstehen aus der selbstbestimmten aktiven Bereitschaft der Beteiligten. Das *Bereitstellen von Lernhilfen* sowohl für individuelle als auch für organisationale Lernprozesse ist ein Weg, um so das »Lernen zu lernen« zu fördern.

6. Entwicklungsorientiertes Management will die Flexibilität erhöhen.

Um mit komplexen Aufgaben umgehen zu können, muss die »innere Dynamik« der Organisation hinreichend sein. Dysfunktionale Konsequenzen einer zu engen Verkettung bei innovativen und routinefernen Aufgaben legen stattdessen eine *lose Kopplung* autonomer Organisationseinheiten nahe, die sich an veränderte Umweltkonstellationen improvisierend und flexibel anpassen können. Relativ kleine Einheiten *in sich* als fest gekoppelte, stabile Kollektive werden nur locker mit anderen organisatorischen Subsystemen verbunden. Eine solche »fluide« Struktur kann etwa aus Task Forces, Projekt-Teams, einer Netzwerk-Organisation oder durch Intrapreneuring konzipiert sein (vgl. Staehle 1991, S. 316), die durch sinn- bzw. zielbezogene Kopplungsmuster koordiniert werden.

7. Entwicklungsorientiertes Management ist partizipativ angelegt.

Das Streben nach »Fitness« setzt die *Bereitschaft* zur Entwicklung voraus und ist deshalb im Grundsatz mit *Selbstentwicklung* gleichzusetzen. Sowohl die Entwicklung von Individuen als auch einer Institution kann mithin nicht durch Außenstehende, sondern nur durch die Person oder das System »selbst« realisiert werden. Dies setzt voraus, dass Entwicklungsprozesse stets partizipativ angegangen werden müssen.

2.3.3 Grundfragen zur theoretischen Fundierung des Managements von Wandel

Nach der Klärung der grundlegenden Problemstellung des entwicklungsorientierten Managements als der Erlangung und Erhaltung einer »Organisational Fitness« vor dem Hintergrund wachsender Komplexität und Dynamik, kann nun genauer untersucht werden, welche theoretisch fundierten Angebote die Wissenschaften den Praktikern zur Handhabung dieser Aufgabe machen. Neben der theoretischen Stichhaltigkeit der Konzepte ist somit auch deren Anwendungsrelevanz zu klären.

Eine Theorie der Entwicklung sozialer Systeme ist bislang nicht vorhanden. Empirische Studien zur Erfassung und Auswertung dynamischer Entwicklungsmuster von Unternehmungen wären somit unerlässlich, um zu adäquaten Aussagen für die Theoriebildung und Praxis des entwicklungsorientierten Managements zu kommen. Hierfür notwendige zeitliche Längsschnittanalysen mit dem erforderlichen aufwendigen Design und enormer Zeitdauer sind bisher nicht durchgeführt worden und erschienen wohl auch wenig attraktiv (vgl. Perich 1993, S. 487 f).

Eine theoretische Fundierung der Dynamisierung und des aktiven Wandels der Unternehmung erscheint somit zunächst angehbar auf einer abstrakten Ebene durch ein interpretatives Konzept auf der Basis eines phänomenologisch-hermeneutischen Forschungsansatzes. Ausgangspunkt kann die häufig zur Theorienbildung verwendete Übertragung von Beschreibungen, Erklärungsaussagen und Funktionszusammenhängen aus anderen Wissenschaftsdisziplinen sein. Dabei wäre vor allem auf die wichtigsten Wesensmerkmale, die Komplexität und Dynamik humaner sozialer Systeme, abzustellen. Komplexität und Dynamik als Managementproblem stellen im deutschsprachigen Raum jedoch lediglich zwei Managementschulen in den Mittelpunkt ihrer Betrachtung (siehe Kap. 4). Weil somit in der Literatur zur Dynamisierung bzw. zum Wandel der Unternehmung der Komplexitätsaspekt weitgehend unbetrachtet bleibt, muss die Mutmaßung aufkommen, dass die eigentlichen Grundprobleme im entwicklungsorientierten Management nicht richtig erkannt oder nicht problemadäquat behandelt worden sind. Auch neuere Managementkonzepte für den aktiven Wandel wie zum Beispiel Business Reengineering vernachlässigen Komplexität als bedingendes Phänomen.

Eine fundierte Bearbeitung der Probleme des aktiven Wandels komplexer Systeme muss mithin zunächst theoretische Grundlagenforschung sein und sich abstrahierten Fragestellungen widmen, was letztlich für die Praxis gehaltvollere Antworten ergibt. Hierzu erscheint eine Betrachtung von zwei unterschiedlichen Ebenen notwendig.

Zunächst handelt es sich um die inhaltliche Ebene des entwicklungsorientierten Managements. Die Fragestellungen auf dieser Ebene müssen sich mit der Dynamisierung und aktivem Wandel vor dem Hintergrund von Komplexität und Unbestimmtheit befassen. Theoretische Aussagen müssen auf dieser Ebene Antworten zu folgenden Fragestellungen bieten:

Wie soll das komplexe System »Unternehmung« vor dem Hintergrund seiner Einbindung in eine dynamische Umwelt sinnvoll beschrieben werden?

Wie soll ausgehend von diesem Systemverständnis die fortschrittsorientierte, auf »Fitness der Unternehmung« gerichtete Entwicklung des sozialen Systems erfolgen?

Zu den Fragen des entwicklungsorientierten Managements wird zudem unterstellt, dass die in der Praxis immer wieder auftauchenden Erkenntnisdefizite für Art und Richtung des eigentlich erforderlichen Wandels eines sozialen Systems nicht genügend reflektiert und mithin als Problem ungenügend erkannt sind. Auch fachpublizistische Beiträge weisen diese Erkenntnislücke auf. Deshalb erscheint es sinnvoll, in eine theoretische Fundierung auch die erkenntnistheoretischen Voraussetzungen des aktiven Wandels mit einzubeziehen. Hiermit ist zugleich die zweite Betrachtungsebene genannt. Es wird davon ausgegangen, dass eine theoretisch sinnvolle Beschreibung der Unternehmung und ihres aktiven Wandels durch Dynamisierung eng damit zusammenhängen, wie das gesamte Umfeld der Unternehmung gesehen werden muss, oder mit anderen Worten, welches Weltbild einer solchen Beschreibung zugrunde liegt. Damit stellt sich für diese Untersuchung eine weitere Frage:

Welches Weltbild bietet einen sinnvollen Rahmen für die Einordnung des aktiven Wandels als Aufgabe eines entwicklungsorienten Managements?

Aus der Beantwortung dieser Frage können möglicherweise konkretere Aussagen dazu gemacht werden, warum dieses Weltbild nur unvollkommen oder ansatzweise präsent ist, und damit verknüpft, wieso dadurch die Fragen des auf aktiven Wandel zielenden entwicklungsorientierten Managements unvollständig erkannt werden. Die nächste Frage ist also:

Welche Erkenntnisschwierigkeiten können sich für die richtige Sicht der Welt und eng damit verknüpft für die richtige Erkenntnis zu entwicklungsorientiertem Management ergeben?

Ausgehend von der Beantwortung dieser Frage stellt sich dann natürlich sofort die weitergehende Frage nach der Möglichkeit einer Überwindung dieser Erkenntnisschwierigkeiten. Somit muss also schlussendlich folgende Frage beantwortet werden:

Welche Erkenntnismethodik soll angewandt werden, um Erkenntnisschwierigkeiten, welche mit entwicklungsorientiertem Management verbunden sind, zu überwinden?

Mit der Beantwortung dieser Grundfragen könnte u. E. ein Rahmen für eine theoretische Fundierung eines entwicklungsorientierten Managements aufgespannt werden. Damit muss sich die weitere Untersuchung daran ausrichten, geeignete theoretisch fundierte Antworten auf diese Fragestellungen zu finden.

Teil II: Wissenschaftsmethodische und interdisziplinäre Grundlegung einer Theorie der Dynamik und des Wandels von Unternehmungen

3. Wissenschaftsmethodik einer angewandten Managementforschung

3.1 Erkenntnismethodik für wissenschaftlichen Fortschritt

Wissenschaft zielt auf die Gewinnung von Erkenntnissen. Die Erkenntnisgewinnung kann zweckfrei geschehen oder auf ein bestimmtes Interesse gerichtet sein. Wissenschaftliche Disziplinen sind die Antwort auf die überwältigend große Anzahl von Problemen und Fragestellungen, denen der Mensch mit seiner begrenzten und auch durch Lernen kaum veränderbaren Auffassungsgabe gegenüber steht. Die Wissenschaftstradition hat die Frage nach der arbeitsteiligen Absteckung von Erkenntnisbereichen zumeist derart gelöst, dass sich jede Disziplin zunächst einem bestimmten Bereich betrachteter Erfahrung zuwandte und dann aus diesem *Erfahrungsobjekt* heraus ein engeres Erkenntnisobjekt oder eine *Erkenntnisperspektive* definierte. Es bündelt isolierend und abstrahierend die Betrachtung auf einen beschränkten Kreis von Erscheinungen und grenzt diese damit zugleich von Erkenntnisbestrebungen anderer Disziplinen ab, die auf gleiche oder ähnliche Objekte gerichtet sind. Auf diesem Weg definiert sich prinzipiell die besondere Eigenart eines Faches, seine Identität. Das Identitätsprinzip verleiht der Disziplin ihr unverwechselbares Gepräge und bestimmt generelle Ziele, Inhalte, Methoden und Institutionen eines Faches und geteilte Werte und Normen (vgl. Bleicher 1995, S. 96 f).

Die *Methodik* der wissenschaftlichen Erkenntnisgewinnung wird wesentlich durch die Untersuchungsprobleme bestimmt, zunächst ob diese eher naturwissenschaftlicher oder mehr geisteswissenschaftlicher Art sind oder ob gegebenenfalls ein interdisziplinärer Objektbereich vorliegt.

Eine hypothetisch-deduktive und empirisch orientierte Forschungsmethodik ist kennzeichnend für die *Naturwissenschaften*. Sie beschäftigen sich mit Objektwissen zur Steuerung und Beherrschung der Welt. Das methodische Vorgehen einer solchen wissenschaftlichen Disziplin strebt an, ein geschlossenes System von Wenn-Dann-Aussagen für ihren Gegenstandsbereich zu entwerfen und damit eine Theorie zu diesem Untersuchungsobjekt auch im Bewusstsein der anderen Wissenschaften fest zu verankern. Theoretisches Ziel der Wissenschaft ist daher die Entwicklung von Hypothesen und deren Prüfung an Beobachtungen der Realität; empirische Forschung dient hierbei der Prüfung des Wahrheitsgehalts postulierter Hypothesen. Übertragen auf eine mit hypothetisch-deduktiver Methodik forschende Managementlehre wäre als Wissenschaft vom Management somit ein System von Wenn-Dann-Aussagen über die Gestaltung, Lenkung und Entwicklung von Unternehmungen und anderer sozialer Systeme zu verstehen. Die explikative, theoretische Managementforschung müsste für Managementprozesse Gesetzeshypothesen formulieren, diese im Sinne einer möglichst häufig misslungenen Falsifizierung empirisch überprüfen und dann in Ursache-Wirkungs-Zusammenhänge ausdrückenden »Erklärungsmodellen« abbilden.

Erklärung ist die Voraussetzung für die Prognose von Wirkungen einzelner ManagementMaßnahmen auf und für die Unternehmung. Normative Aussagen für die Praxis können dann nämlich aus bestätigten bzw. nicht falsifizierten Hypothesen wissenschaftlich abgeleitet werden. Solche aus dem theoretischen Wissen durch »technologische Transformation« gefundene Möglichkeiten sollen betriebliche Prozesse im Hinblick auf bestimmte, vorgegebene Ziele besser gestalten. Instrumentale Methoden und Techniken sowie konzeptionelle Aussagen als Entwürfe von Systemen und Aktionsstrategien gehören zur Gestaltungsaufgabe einer Realwissenschaft. Wenn eine im Forschungsprozess bewährte Wenn-Dann-Aussage vorliegt, wird unterstellt, dass durch Herbeiführung der Wenn-Komponente die Dann-Wirkung realisiert werden kann. Derjenige, der in einer betrieblichen Institution Lenkungsimpulse gibt oder zu ihrem Management beiträgt, muss die Wirkungszusammenhänge der Institution mit ihrer Umwelt und die Interdependenzen innerhalb des Systems verstehen und seine Handlungen aufbauend auf der Kenntnis dieser Wirkungszusammenhänge so gestalten, dass sein Managementhandeln »optimal« für das System ist. Angewandte Forschung will also mit Ziel-Mittel-Zusammenhänge ausdrückenden »Entscheidungsmodellen« als Instrumenten zur Lösung praktischer Probleme beitragen.

In erster Linie auf die argumentative und konstruktive Kraft des Denkens sind die *Geisteswissenschaften* angewiesen (vgl. Mittelstraß 1989, S. 14). Sie stellen Orientierungswissen bereit, ein Wissen um ".. Ziele und Maximen ..." (Mittelstraß 1989, S. 19), das erst die als Wertmaßstab wirkende Voraussetzung für einen sinnvollen Einsatz des technisch orientierten Objektwissens schafft. Ihre wissenschaftsmethodische Perspektive geht davon aus, dass ein Beobachtungsphänomen erst dann richtig verstanden wird, wenn die Zusammensetzung der einzelnen Bestandteile untersucht wird und zugleich der Sinn dieser Bestandteile aus der Sicht des gesamten Beobachtungsphänomens interpretiert wird. Die phänomenologisch-hermeneutische Forschungsmethode der geisteswissenschaftlichen Interpretation zur Klärung von Sinn und Bedeutung von Fakten in einem Wissensgebiet hat eine lange geistesgeschichtliche Tradition.

W. Dilthey hat für den Methodendualismus das Gegensatzpaar von »erklärender« Methode der Naturwissenschaft und »verstehender« Methode der Geisteswissenschaft geprägt (vgl. Dilthey 1957). Diese dualistische Einteilung von Natur- und Geisteswissenschaften mit der Zuschreibung verschiedener Methoden zur Erforschung ihrer Probleme sowie unterschiedlicher Rollen und Zielsetzungen erweist sich bei näherer Betrachtung doch als zu krass oder sogar unsinnig. Besonders der Methodendualismus lässt sich schwer begründen. Die Geisteswissenschaften spielen ebenso wie die Naturwissenschaften eine konstruktive, fortschrittsorientierte Rolle, deshalb sind sie genauso auf die erklärende Methodik angewiesen. Dies zeigt sich besonders bei anwendungsorientierten Geisteswissenschaften wie etwa der Soziologie, Psychologie oder Wirtschaftswissenschaft, wo bereits seit längerer Zeit Verhaltensgesetzmäßigkeiten erforscht werden, um so Prognose-, Planungs- und Lenkungsmöglichkeiten abzuleiten. Andererseits zeigen auch neuere naturwissenschaftliche Erkenntnisse die Notwendigkeit zum Überdenken der dort bislang bevorzugten Forschungsmethoden.

Die vorstehend diskutierten Betrachtungen zeigen, dass sich die streng dualistische Einteilung von Natur- und Geisteswissenschaften nur schwer aufrechterhalten lässt, insbesondere dann, wenn damit die Vorstellung verbunden ist, alle wissenschaftlichen Disziplinen erfassen und sinnvoll getrennt einordnen zu können (vgl. Gabriel 1991, S. 75). Eine ganze Reihe von Disziplinen, die sich auf der Grenze zwischen den beiden Bereichen befinden, lassen sich ohnehin kaum sinnvoll zuordnen. In der Literatur werden hier eine ganze Reihe von Beispielen genannt (vgl. Gabriel 1991, S. 75; Hübenthal 1991, S. 134 ff; Mittelstraß 1989, S. 26). Gerade die Betriebswirtschafts- und Managementlehre und die Soziologie geraten hier in Schwierigkeiten. Einerseits beschäftigen sie sich mit der menschlichen Gesellschaft, so gesehen also mit einem Produkt des Geistes, andererseits versuchen sie aber die Erscheinungsformen gesellschaftlichen Verhaltens mit empirischen und quantitativen Methoden, also scheinbar naturwissenschaftlichen Methoden zu erfassen. Die Managementforschung umfasst sowohl individualisierende, verstehend-beschreibende und deutende als auch generalisierende, erklärend-gesetzessuchende Aspekte und muss ihre theoretischen Modelle aus beiden Orientierungen beziehen.

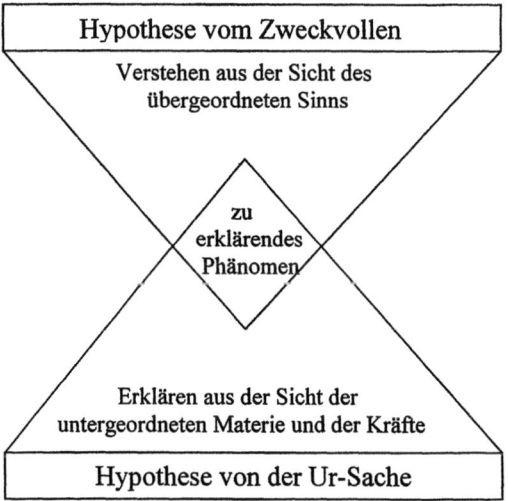

Abb. 18: Überwindung des kognitiven Dualismus
(Quelle: Scheurer 1997, S. 81)

Der strenge Gegensatz zwischen der hypothetisch-deduktiven Methode und der Hermeneutik scheint zudem ohnehin nur ein Konstrukt, ein »*kognitiver*« Dualismus zu sein. Die menschliche Erkenntnisfähigkeit ist nämlich biologisch vorgeprägt und wird nach der evolutionären Erkenntnistheorie (vgl. Pkt. 10.1) durch evolutionär entstandene vorbewusste Voraus-Urteile gelenkt (vgl. Riedl 1980, S. 35 f). Aus diesem »ratiomorphen Apparat« sind vor allem zwei der vorbewussten Erkenntnismechanismen für die Spaltung des Weltbildes (vgl. Riedl 1985) von Bedeutung: die Hypothese von der Ur-Sache und die Hypothese vom Zweck-vollen. Daraus sind zwei verschiedene Weltanschauungen entstanden, die eine, die meint, alle Dinge, alle Ereignisse auf dieser Welt auf letzte Ursachen zurückführen zu können und eine andere Sicht, welche versucht, alle Dinge in dieser Welt aus letzten Zwecken zu begründen. Unterschiedliche wissenschaftliche Methoden sind die Folge der somit aufgrund einer Schwäche der Vernunft entstandenen Spaltung des Weltbildes. Aus dieser Erkenntnis ergibt sich natürlich die Notwendigkeit, den kognitiven Dualismus zu überwinden.

Über die Zusammenfügung der spezifischen Unterschiede auf dem Kontinuum der Erkenntnis soll eine gesamthafte Erkenntnis der betrachteten Phänomene entstehen (vgl. Gabriel 1991, S. 79). Dies bedeutet zugleich eine notwendigerweise interdisziplinäre Zusammenarbeit der zwei Wissenschaftsbereiche der Natur- und der Geisteswissenschaften.

3.2 Theoretische versus anwendungsorientierte Wissenschaft

Zweck einer Management- und Führungslehre ist die Bereitstellung von Wissen für den praktisch handelnden Menschen in der Unternehmung (vgl. Ulrich 1984, S. 16). Als anwendungsorientierte Wissenschaft muss sie sich mit faktischen Problemen befassen, die als praktische Führungsfragen in betrieblichen Institutionen zu lösen sind. Diese Probleme kommen aus der vom Menschen geschaffenen und gestalteten Realität; sie widmen sich historischen, veränderlichen, kontingenten und individuellen Phänomenen. Im Gegensatz zu den Naturwissenschaften, die sich mit der naturgegebenen, relativ unveränderlichen, vom Menschen kaum beeinflussbaren Realität befassen, unterliegen die von den Geistes- und Kulturwissenschaften behandelten, vom Menschen erdachten und gestalteten Objekte einem fortwährenden entwicklungsmäßigen Wandel (vgl. Mittelstraß 1989, S. 28). Deshalb ist typisch für kulturwissenschaftliche Objekte und somit auch für eine Lehre vom Management, dass fortwährend Impulse aus der sich verändernden Realität zu verarbeiten sind.

Eine Management-Wissenschaft, die das »pragmatische« Ziel einer Handlungshilfe verfolgen könne, wird von H. Ulrich als Möglichkeit generell bezweifelt. Dies setzt voraus, dass die aus einer Theorie abgeleiteten Handlungsnormen tatsächlich eine in der Praxis bestehende Problemsituation treffen und für die gewünschte Problemlösung ausreichen. Anwendungsorientierte Forschung erhält ihre Probleme aus der Praxis, also von außerhalb der Wissenschaft, sie sind in der Regel disziplinübergreifend; Problemlösungen werden nicht vorrangig als Hypothesenprüfung im Rahmen einer Theorie aufgefasst, sondern am Nutzen für die Praxis gemessen, also an Kriterien wie

Leistungsgrad, Zuverlässigkeit, universelle Anwendbarkeit. Die Nützlichkeit und nicht eine allgemeingültige Wahrheit gilt als Forschungsregulativ (vgl. Staffelbach 1987, S. 459). Die Untersuchung des relevanten Anwendungszusammenhanges und die Prüfung der postulierten Regeln und Modelle auf anwendungsbezogene Konsequenzen stehen im Vordergrund. Somit erweist sich die einfache Ableitung von Handlungsregeln für die Praxis aus Theorien und empirischer Forschung im Sinne des Hypothesentestens für eine anwendungsorientierte Wissenschaft als untauglich (vgl. Ulrich 1981, S. 2 ff, sowie Mann 1988, S. 82). Ulrich plädiert deshalb dafür, Gestaltungsmodelle für das Management aus Einsichten anderer Disziplinen wie u.a. der Biologie und Biokybernetik abzuleiten und diese nutzenorientiert zu beurteilen und damit quasi theoriefrei zu arbeiten.

Eine auf konsistenten Wenn-Dann-Aussagen beruhende Managementwissenschaft konnte bislang nicht entwickelt werden. Weil es im Management um den Umgang mit Komplexität in sozialen Systemen geht, wäre es grundsätzlich auch unsinnig, diese zu »trivialisieren« und in Ursache-Wirkungs- oder Mittel-Zweck-Beziehungen zu zerlegen, welche dieser Komplexität und Dynamik der Phänomene nicht gerecht werden können. Auch die Forderung nach deterministischen Zusammenhängen kann nicht aufrechterhalten werden, weil dann nur Entscheidungsmodelle zustande kommen, die die realen Zusammenhänge stark vereinfacht wiedergeben. Daraus abgeleitete Handlungsempfehlungen sind somit von zweifelhaftem Wert und erklärt ihnen gegenüber die Skepsis der Unternehmenspraxis.

Eine Wissenschaft vom Management kann mithin keinesfalls eine »exakte« Wissenschaft sein. Management bedeutet ja Handeln, und dieses Handeln ist zumeist irrational, vor allem weil unter Zeitdruck, Ressourcenmangel, Intransparenz, Informationsunsicherheit, Zielwidersprüchlichkeit und mit Provisorien, Überraschungen usw. zu handeln ist und daher zwar auf einzelne Kriterien bezogen optimierbar, aber nicht gesamthaft rationalisierbar ist. Managementhandeln unter Praxisbedingungen heißt immer »Vereinfachen« und nicht alle, sondern nur wenige und für wesentlich gehaltene Bedingungen und Folgen berücksichtigen. Die schwer zu bewältigende Komplexität sozialer Systeme ist für Führungskräfte keine neue Entdeckung, sie wurde bislang aber eher als »Störungen« wahrgenommen, die zu beseitigen waren. Indem solche Phänomene als unnormal verkannt wurden, musste man dafür sorgen, sie nicht entstehen zu lassen oder sie zu beseitigen. Mit ihrer Akzeptanz als allgegenwärtig, quasi »natürlich« werden diese Erscheinungen nicht mehr tabuisiert, sondern als normale Situationsvariablen wahrgenommen und beachtet.

Neuberger plädiert aus diesen Überlegungen für eine Management-Wissenschaft im Sinne von »action research« und versteht darunter aktive Intervention und reflektierende diskutierende Begleitung (vgl. Neuberger 1995, S. 59) bei Managementprozessen. Sie würde die Welt nicht nur interpretieren, sondern verändern, sie wäre Einmischung, Beratung, Aufklärung, Lernen, Diskussion und Reflexion. Um gleichzeitig den dynamischen Charakter des Arbeitsverhaltens von Managern und ihre *mentalen Leistungen* zu erfassen, bietet es sich ohnehin an, Prozesse erfahrungsorientierten, alltäglichen Lernens und Reflektierens als zentrale Kategorie eines Gefüges von

Annahmen über individuelles Verhalten aufzufassen. Der Ansatz akzeptiert den »Primat der Tat« (vgl. Neuberger 1995, S. 61) und verfolgt ein Nach-Denken des Vor-Gemachten. Statt des Denkens in Möglichkeiten nimmt man verändernde Eingriffe vor und versucht sodann, die Folgen unter Kontrolle zu bekommen.

Einen hierfür als »praktische Handlungstheorie« bezeichneten Bezugsrahmen bietet das von K. Weick entwickelte GSR-Konzept, das - mit anderen Begriffen, aber inhaltlich entsprechend - die kybernetischen Managementfunktionen Gestalten, Lenken und Entwickeln sozialer Systeme beinhaltet (vgl. Pkt. 2.2.3) sowie den Faktor »Selektion« (Wahr-Nehmung). Selektion kennzeichnet die symbolische Funktion des Managements, Wirklichkeit zu benennen und sie auf diese Weise psychisch und sozial zu konstituieren (vgl. ausführlicher Neuberger 1995, S. 60 ff.). Manager interpretieren, etikettieren, diskutieren, signieren Situationen und Handlungen und leisten als einen wesentlichen Beitrag, diesen retrospektiv (!) Sinn zu verleihen. Ergebnis des mehr oder weniger dicht gekoppelten Handelns in Unternehmungen sind zwar letztlich konkrete Güter oder Dienstleistungen (Kühlschränke, Telefonverbindungen, Hotelfrühstücke usw.), aber es sind nicht die Manager, die Schweißnähte anbringen oder servieren. Für ihr Wirken als Informationsverarbeiter oder »Schreibtisch-Täter« kennzeichnet das Bild vom *»Manager als Theoretiker«* betrieblicher Praxis die Handlungssituation und die Handlungsmöglichkeiten (vgl. Staehle/Sydow 1992, Schirmer 1991).

Zum wissenschaftsmethodischen und erkenntnisorientierten Bezugsrahmen erscheint nunmehr folgende Auffassung angemessen:

Die Managementlehre orientiert sich an realen Problemen, wobei sich die Themenauswahl an der Problemrelevanz orientieren soll. Angestrebt werden Gestaltungsempfehlungen in Form von Problemlösungsmethoden, Modellen und Strategien, welche durchaus situativen Bewährungstests zu unterwerfen sind. Die Gestaltungsvorschläge sollen auf realwissenschaftliche Forschung zurückgreifen nicht nur wenn dies möglich ist, sondern wenn sich dies als nötig erweist (vgl. Ulrich/Hill 1976, S. 348).

3.3   Paradigma-Grundlage wissenschaftlicher Forschung

Das Ordnen der Um-Welt, das Zusammenfügen von Wahrnehmungstatbeständen zu Mustern und die Suche nach Sinnzusammenhängen der wahrgenommenen Wirklichkeit prägen das menschliche Sein. Eine konstruktivistische Auffassung der Erkenntnis begreift diese nicht mehr als »objektive«, ontologische Wirklichkeit, sondern ausschließlich als Ordnung und Organisation von Erfahrungen in der Welt unseres Erlebens. Der gesamte Sinn eines Ereignisablaufs hängt somit vom Ordnungsprinzip ab, das ihm ein Beobachter sozusagen aufstülpt (vgl. Watzlawick 1988, S. 72). Gemäss der konstruktivistischen Erkenntnistheorie erzeugen unterschiedliche Denkmuster bzw. gedankliche Ordnungskonzepte verschiedene Realitätsabbilder und lenken die Problemlösungsbemühungen menschlichen Tuns auf alternative Fragestellungen und Vorgehensweisen (vgl. Watzlawick 1988, Berger/Luckmann 1966). Wissenschaftlicher Fortschritt und gesellschaftlicher Wandel verändern die Eigenschaften der erlebten Realität.

Die Paradigma-Frage reflektiert das gedankliche Grundmodell der Erfahrungswelt. Ein *Paradigma* begründet das Verständnis der Zusammenhänge von Tatbeständen der Erfahrungswelt; es dient der grundsätzlichen Rechtfertigung dessen, was jeweils als wahr oder falsch gelten soll und wirkt als Wahrnehmungsfilter. Während das Erkenntnisobjekt den Forschungsgegenstand definiert, steht der Begriff Paradigma für eine bestimmte Auffassung über das Wesen dieses Forschungsobjekts. Wenn in einer wissenschaftlichen Disziplin Forschungsthemen und -ergebnisse sich stark auffächern, wird die Definition eines einheitlichen Erfahrungs- und Erkenntnisobjekts bzw. deren fachdisziplinäre Zuordnung nicht bedeutungslos, aber wenig aussagefähig. Statt dessen ist eher die Frage nach dem individuellen Arbeitsprogramm relevant, die Frage nach dem Paradigma. Nach Kuhn (vgl. 1988, S. 10) ist ein Paradigma eine für eine gewisse Zeit allgemein anerkannte Erkenntnisperspektive, welche einer Gemeinschaft von Fachleuten den Rahmen für wissenschaftlich maßgebliche Probleme und Lösungen liefert. Wenn mit zunehmendem Erkenntnisfortschritt die Problemlösungskraft bisheriger Denkmuster und gedanklicher Grundmodelle der Erfahrungswelt in Frage gestellt und die Grenzen eines Paradigmas erkennbar werden, kommen neue Paradigmata auf, welche sich mit ihrer Bewährung nach und nach durchsetzen. Alternative Beschreibungs-, Erklärungs- und Gestaltungsmodelle, welche auf die Erfassung, Veränderung und Neustrukturierung der Wirklichkeit gerichtet sind, werden gesucht und ersetzen allmählich die bisherigen, an Grenzen stoßende Denk- und Verhaltensformen. Neues Wissen wird mit anderen Worten durch einen evolutionären Entwicklungsprozess generiert (vgl. Riedl 1980, S. 178 f).

Systembildender Grundgedanke war z.B. für die Betriebswirtschaftslehre zunächst das Wirtschaftlichkeitsprinzip (Schmalenbach), welches nacheinander vom faktoranalytischen (Gutenberg), verhaltens- bzw. entscheidungsorientierten (Simon, Heinen, Kirsch) und schließlich systemischen Ansatz (Ulrich) als Erklärungshypothese abgelöst wurde.

Aussagen der Managementlehre unterliegen ebenfalls einem bestimmten Paradigma, verschiedene Paradigmen erbringen andere Erkenntnisse. Hierbei geht es um die Frage, in welcher Weise sich die Wissenschaft oder andere »Systeme«, die auf die Beobachtung der Unternehmenspraxis spezialisiert sind - gemeint sind hier vor allem die Unternehmensberatungsgesellschaften, aber auch Teile der Wirtschaftspresse, des Rechtssystems, der Politik etc. -, mit Phänomenen der Unternehmungsführung auseinandersetzen. Welche Theorien gibt es, wie sehen die spezifischen »Brillen« aus, mit denen sie »ihren« Gegenstandsbereich konstituieren und die Managementpraxis beobachten? Gibt es Theorien, denen grundlegend ein *paradigmatischer* Status zuerkannt wird? Unterscheiden sich die theoretischen Perspektiven, die in der Diskussion der letzten Jahre eingenommen werden, von jenen Perspektiven, die man vor ungefähr dreißig Jahren gehabt hat? Auf welche Einflüsse sind die Perspektivenveränderungen zurückzuführen?

All diese Fragen sind zunächst einmal akademischer Natur, Ausdruck der Beschäftigung der Wissenschaft mit sich selbst. Gleichwohl besitzen sie aber auch eine praktische Komponente (vgl. Knyphausen-Aufsess 1996, S. 3 ff). Wenn die Unternehmenspraxis sich mit Managementfragen auseinandersetzt, tut sie dies vor dem Hintergrund spezifischer Weltsichten, spezifischer "subjektiver Theorien des Managements über das Management" (Staehle/Sydow 1992, Sp. 1296). Hierzu gehören vor allem explizit formulierte Annahmen über die »Wirklichkeit« von Organisationen. Der Manageralltag ist nicht kontextfrei, es ist ein Alltag in und von Organisationen. Aus der Perspektive des in verschiedenen Disziplinen diskutierten »Radikalen Konstruktivismus« werden Organisationen als »sozial konstruierte Wirklichkeiten« interpretiert. Die Welt ist uns nicht objektiv gegeben, und auch wir selbst sind uns, sofern wir Bestandteil dieser Welt sind, nicht objektiv gegeben. Wir können sie nur mit Hilfe unserer Sinnesorgane und unseres Gehirns wahrnehmen bzw. *beobachten,* und dabei sind unsere Wahrnehmungen resp. Beobachtungen hier und jetzt abhängig von dem, was wir vorher wahr-genommen bzw. beobachtet haben. Jede Welt-Wahrnehmung und -Beobachtung hat insofern eine höchst individuelle Komponente. Gleichzeitig ist allerdings auch nicht ausgeschlossen, dass eine Mehrzahl von Individuen im Laufe ihrer Geschichte eine weitgehend kohärente Welt-Wahrnehmung entwickelt (vgl. Hejl 1992). Wenn soziale Systeme, speziell Unternehmungen, als sozial konstruierte Wirklichkeiten begriffen werden, dann werden solche ein ideelles, »kognitives« Phänomen, das in den Köpfen der Akteure des Systems steckt und typischerweise regelhafte, sinntragende Verhaltensmuster bezeichnet, die sich durch Interaktion der Beteiligten aktualisieren bzw. manifestieren. »Organisation« ist aus dieser Perspektive nicht greifbar, organisiertes Handeln wird über kognitiv repräsentierte Konzepte gesteuert. Aus dem Blickwinkel einer solchen Perspektive hat die Welt dann durchaus objektiven Charakter; sie erscheint als (kognitive) *Wirklichkeit* (vgl. Roth 1987, S. 275). "Wenn die Welt nicht das ist, was der Fall ist (wie der frühe Wittgenstein formuliert hat), sondern das, was die Menschen denken, was sie ist .., dann kommt es .. entscheidend auf ein .. *Denken* und nicht .. auf die harten Methoden an" (Kirsch 1990, S. 318).

Ein wichtiger Gesichtspunkt besteht nun darin, dass die Kognitionen von Managern nicht nur - in einem vielleicht lockereren Sinne - als »Theorien« aufgefasst werden können, sondern dass sie ihrerseits auch sehr weitgehend durch Theorien beeinflusst sind, die in all den vorhin angesprochenen »Beobachtungssystemen« produziert werden. Viele der als abstrakt und zu wenig praxisrelevant bezeichneten Ideen, die in wissenschaftlichen und anderen Diskursen entwickelt werden, finden eben doch auch in die Unternehmungspraxis Eingang. Durch eine von der Mehrzahl der Manager absolvierte inner- und/oder außerbetriebliche Ausbildung sowie über Bestseller der Managementliteratur (z.B. Peters/Waterman 1984, Womack et al. 1992), Management-Weiterbildung und schließlich mannigfache Beratungsprojekte, die auf theoretische Konzepte Bezug nehmen, gelangen viele Theoriekonzepte der Wissenschaft in die Unternehmungen. Die theoretische Fundierung von Managementempfehlungen soll diese meist rechtfertigen und das Managementhandeln und hierzu getroffene Entscheidungen rational begründen. Theorien tragen dazu bei, die Konsistenz der Argumente sicherzustellen und damit dieses Begründen zu erleichtern (vgl. Knyphausen-Aufsess 1995, S. 5).

3.4 Philosophie der Instabilität als neuorientiertes wissenschaftliches Weltbild für die Sinnzusammenhänge von Wirklichkeiten

Verstehen und Handeln - allgemein das »Sich-Zurechtfinden« - in einer immer turbulenter, komplexer und dynamischer gewordenen Welt erweist sich als äußerst anspruchsvolles Unterfangen. Welches Weltbild bietet nun einen sinnvollen Rahmen für die Einordnung des Problems des auf »Fitness der Unternehmung« zielenden entwicklungsorientierten Managements?

Im Zusammenhang neuerer Erkenntnisse zeigt sich, dass diejenigen Denkstrukturen, welche den eindrucksvollen Fortschritt der Welt ermöglicht haben, nun zunehmend weniger in der Lage scheinen, der zugleich geschaffenen, qualitativ neuartigen Problemlandschaft heute in angemessener Art und Weise gerecht zu werden. Ein gesteigertes Krisenbewusstsein korrespondiert mit der Suche nach wissenschaftlicher sowie gesellschaftlicher Neuorientierung und begründet die Forderung nach einem Paradigmenwechsel (vgl. Capra 1983, Vester 1988a). Erkenntnisse der modernen Wissenschaft zeigen zunehmend einen Wandel vorheriger Vorstellungen, so dass davon ausgegangen werden kann, dass sich mit diesen Erkenntnissen auch das moderne Weltbild gewandelt hat. Die Neuorientierung zeigt sich vor allem in dem Verständnis, dass die realen Phänomene unserer Welt offensichtlich nur sehr selten als relativ einfach und linear abbildbar sind; wirklichkeitsnäher sind Vorstellungen, welche die Komplexität und Instabilität der Phänomene akzeptieren und eher als Regel annehmen.

Weil die Managementlehre stets vor allem Denkweisen der Naturwissenschaften übernommen hat, um ihre Theoriekonzepte zu entwerfen, müsste eine Veränderung des naturwissenschaftlichen Weltbildes auch eine erkenntnistheoretische Rolle für Konzepte des entwicklungsorientierten Managements haben. Die Prinzipien des Denkens in der klassischen Physik und die mit ihnen einher gehende Wissenschaftsauffassung seien deshalb im folgenden betrachtet:

Das *kartesianische Weltbild* ist eng mit der geschichtlichen Entwicklung der Naturwissenschaften verbunden. Die geistige Grundlage ist die Aufklärung. Vor allem das Werk von Descartes und Newton hat das moderne Verständnis der Naturwissenschaft stark geprägt. René Descartes entwirft im 17. Jahrhundert ein Weltbild der vollkommenen Beherrschbarkeit der Natur durch den Menschen. Er begreift die Welt als große Maschine, die vollständig beherrschbar und erfassbar ist, wenn man nur die Zusammenhänge immer weiter reduziert und analysiert. Als Hauptziel der Wissenschaft wird die Ermittlung der in Raum und Zeit unverrückbar gültigen Gesetze formuliert, die für die Abläufe in der Natur verantwortlich sind. Anhand dieser universalen Gesetzmäßigkeiten soll die Ordnung der realen Welt vollständig beschrieben werden. Gesucht wird nach einem einheitlichen Rahmen, letztlich eigentlich nach einer Weltformel, die zeigt, wie alle existierenden Phänomene logisch miteinander verknüpft sind. Damit bleibt kein Platz mehr für spontane, im Kern nicht vorhersehbare Entwicklungen. Zugleich sollen die Menschen über die Kenntnis der Gesetzmäßigkeiten aus ihrer selbstverschuldeten Unmündigkeit befreit und in letzter Konsequenz zur Beherrschung der sie umgebenden Welt befähigt werden (vgl. Schramm

1989, S. 427 ff). Isaac Newton und Pierre Laplace vervollständigen dieses mechanistische Weltbild und entwickeln damit die wissenschaftliche Vorgehensweise, die unser Denken bis in die Mitte des 20. Jahrhunderts prägt und Wissenschaft als ".. exakt, mathematisch, quantifizierend, isolierend, kausal, analytisch, mechanistisch und materialistisch.." versteht.

Descartes führt den Gedanken der alles überlagernden Vernunft (Ratio) ein. Er versuchte, aus grundlegenden Prinzipien deduktiv die Gesetzmäßigkeiten realer Phänomene zu erklären. Newton dagegen leitete über die Beobachtung von realen Phänomenen induktiv bislang noch nicht bekannte Gesetzmäßigkeiten ab. Zugleich wurde das Postulat einer positivistischen, exakten Naturwissenschaft formuliert. Hiernach gilt nur das als wissenschaftlich, was rational begründbar und durch exakte, experimentell bestätigte Messungen unmittelbar beweisbar ist (vgl. Schramm 1989, ebda).

Diese Prinzipien bilden die Grundlage für die Physik Newtons. Die mit der klassischen Physik verbundene Wissenschaftsauffassung lässt sich zusammenfassend mit folgenden Prinzipien charakterisieren (vgl. Capra 1983, S.28 ff; Haken 1988, S. 6; Richter 1991, S.115 ff, zitiert bei S. Scheurer 1997, S. 135):

Determinismus: Bei gleichen Ausgangsbedingungen und bekannten Gesetzmäßigkeiten ist bei wiederholten Versuchen stets mit einem gleichen Ergebnis zu rechnen. Umgekehrt kann auch anhand der Ergebnisse und bei Kenntnis des Gesetzes auf die Ausgangsbedingungen zurückgeschlossen werden.

Konvergenz: Eine näherungsweise Kenntnis der Ausgangsbedingungen ist ausreichend, um ein Systemverhalten hinreichend beschreiben zu können. Ungenaue Eingaben verfälschen mithin das Ergebnis nicht völlig, sondern nur nach dem Grade ihrer Ungenauigkeit.

Reduktionismus: Die reduktionistische Vorgehensweise bei der Erklärung komplexer Phänomene zerlegt, grenzt ab und führt so komplexer Sachverhalte auf ihre Grundbausteine zurück und geht davon aus, dass durch eine getrennte Erklärung dieser Grundbausteine auch komplexe Sachverhalte verstanden und beherrscht werden können.

Kausalität: Die kausale Abhängigkeit der zueinander abgegrenzten Grundbausteine, vor allem durch eine Ziel-Mittel-Beziehung, ist eine Annahme, die mit dem reduktionistischen Vorgehenskonzept verbunden ist.

Geschlossene Systeme: Die reduktionistische Vorgehensweise zur Erklärung komplexer Phänomene verlangt, geeignete Systemschnitte vorzunehmen. Um die systeminternen Prozesse ungestört beobachten und erklären zu können, werden für die so gewonnenen Teilsysteme die äußeren Systembedingungen konstant gesetzt. Hierdurch ergibt sich eine Betrachtung geschlossener Systeme, deren interne Prozesse meist einem Gleichgewichtszustand entgegenstreben.

Quantifizierung: Das Experiment, die mathematische Analyse und verbunden damit auch die quantitative Messung sind seit Galilei Forschungsmethoden der Wissenschaft. Sie sind kennzeichnend für die sogenannten »exakten« Naturwissenschaften. Gleichzeitig erhielten damit alle nicht quantifizierbaren Erklärungsansätze natürlicher Phänomene den »Geruch des Nichtwissenschaftlichen«.

Linearität: Aus dem Prinzip der Quantifizierung der Wissenschaft sowie aus dem Kausalitätsprinzip und der damit verbundenen mathematischen Erfassung realer Phänomene ergibt sich praktisch zwingend eine lineare Betrachtung dieser Phänomene, da nicht-lineare Gleichungssysteme selbst mit moderner computerunterstützter Bearbeitung nur schwer lösbar sind. Die Folge ist eine lineare bzw. eindimensional kausale Betrachtungsweise realer Phänomene. Dabei wird unterstellt, dass auch nichtlineare Beziehungen durch eine lineare Betrachtung genügend angenähert werden können.

Reversibilität: Reversibilität ist die direkte Folge der linearen, monokausalen und deterministischen Betrachtungsweise. Da die Ausgangsbedingungen bei zugrundeliegenden Gesetzmäßigkeiten die Ergebnisse für reale Phänomene klar bestimmen, lassen sich ausgehend von diesen Endergebnissen stets die Anfangsbedingungen in einem umgekehrten Prozess wiederherstellen.

Objektivität: Objektivität kennzeichnet eine Betrachtung realen Geschehens von außen und wird als Grundhaltung einer exakten, quantifizierenden Wissenschaft angesehen. Bei einer Trennung zwischen dem beobachtenden Subjekt und dem beobachteten Objekt steht der Beobachter außerhalb des beobachteten Systems und ist dadurch zu einer objektiven Messung des beobachteten Objekts in der Lage.

Mechanistische Deutung der Welt: Durch den rein rationalen, objektiven und reduktionistischen Ansatz der Wissenschaft entsteht letztlich eine mechanistische Deutung der Welt. Der Wissenschaftler versteht sich als objektiver Beobachter und erforscht durch Zerlegung komplexer Vorgänge in ihre Grundbausteine deren Gesetzmäßigkeiten. Aus seiner Position außerhalb des Systems trifft er die Entscheidungen, während das beobachtete System deterministischen Gesetzmäßigkeiten unterworfen ist.

Diese Prinzipien der klassischen Wissenschaft wurden bis zum Anfang des 20. Jahrhunderts durch empirische Erfahrungen und experimentelle Resultate im wesentlichen gestützt. Damit konnte davon ausgegangen werden, dass die Prinzipien dazu geeignet sind, eine adäquate Beschreibung der Welt zu geben, oder mit anderen Worten ein zutreffendes Weltbild zu vermitteln. Auch im Bereich der Sozialwissenschaften hat sich die klassische Mechanik als geläufige methodologische Analogie etabliert. "Die Wirtschafts- und Sozialwissenschaften waren in ihrer methodischen Ausrichtung seit dem Aufkommen der ökonomischen Klassik und der Neoklassik geprägt durch das in der Ideenwelt von Descartes und Newton wurzelnde mechanistische Paradigma" (Bauer/Matis 1989, S. 51). Als Beispiele seien aus der »klassischen« Nationalökonomie die Bemühungen um eine *ökonomische Gleichgewichtstheorie* genannt, in der Soziologie und der soziologischen Organisationsforschung der *struktural-funktionalistische An-*

satz von T. Parsons (vgl. Parsons 1960) sowie die traditionelle Organisations- und Managementlehre.

Zahlreiche neuere Erkenntnisse der Naturwissenschaften (Physik, Biologie, Chemie) haben den Universalitätsanspruch des kartesianischen Weltbildes drastisch eingeschränkt und ihren Aussagengehalt zunehmend in Zweifel gezogen. Paradoxerweise sind es wieder grundlegende wissenschaftliche Erkenntnisse aus der Physik, die den Glauben an die Richtigkeit des mechanistisch geprägten Weltbildes erschüttern und immer deutlicher werden lassen, dass mit einem reduktionistischen Vorgehen zentrale Fragestellungen nicht mehr beantwortet werden können. Hinzu kommen grundlegende Erkenntnisse vor allem aus dem Bereich der Evolutionsbiologie.

Das *vernetzt-dynamische Weltbild* ist Ausdruck des gewandelten erkenntnistheoretischen Rahmens und wesentlich komplexerer Systemvorstellungen. Da diese Welt überwiegend aus komplexen Systemen besteht, bedeutet dies auch ein wirklichkeitsnäheres Verständnis der realen Phänomene dieser Welt.

Erstmals einen Bruch mit den klassischen Vorstellungen bewirkten seit Mitte des 19. Jahrhunderts Erkenntnisse, die sich durch den Übergang von der klassischen Dynamik zur Thermodynamik ergaben. Diese betrachtet nicht mehr einzelne Teilchen und deren Bewegungen, sondern die "..Interaktion zwischen Mitgliedern großer Teilchenpopulationen .." (Jantsch 1992, S. 36) und die Ordnungszustände und -muster, die sich durch diese Interaktionen von selbst bilden. Zunächst wurden vor allem geschlossene Systeme betrachtet. Gemäss dem zweiten thermodynamischen Hauptsatz kann in einem solchen die Entropie nur solange zunehmen, bis das thermodynamische Gleichgewicht des Systems erreicht ist. Entropie kann als Maß für jenen Teil der Gesamtenergie verstanden werden, der nicht frei verfügbar ist und somit nicht "... in gerichteten Energiefluss oder Arbeit umgesetzt werden kann" (Jantsch 1992, S. 56). Somit hat ein geschlossenes System eindeutig in einem unumkehrbaren Prozess die immanente Tendenz zur Unordnung. Am Ende dieser Entwicklung befindet sich das System im Zustand der maximal erreichbaren Entropie und damit im Zustand seines thermodynamischen Gleichgewichtes. Hiermit ist das Prinzip, dass Prozesse reversibel sind, durchbrochen zugunsten einer eindeutig verlaufenden zeitlichen Entwicklungsrichtung.

Weitere Anomalien gegenüber den klassischen Vorstellungen zeigten zu Beginn des 20. Jahrhunderts aus dem Bereich der Physik die Relativitätstheorie einerseits und die Quantentheorie andererseits. Die Relativitätstheorie macht Aussagen zum Verhalten von Materie bei Geschwindigkeiten nahe der Lichtgeschwindigkeit. Mit dem Nachweis Einsteins, dass die Lichtgeschwindigkeit eine Naturkonstante ist und dass somit bewegte Systeme immer *in Relation zur Lichtgeschwindigkeit* betrachtet werden müssen, war die Vorstellung von der Zeit als einer absoluten Größe nicht mehr haltbar. Darüberhinaus wies *Einstein* nach, dass auch die *Masse nicht unveränderlich* ist, sondern diese mit der Geschwindigkeit zunimmt; somit war die Newtonsche Illusion einer absoluten Raumzeit widerlegt worden. Die Quantentheorie beschäftigt sich mit dem Verhalten der kleinsten Materieteilchen. Das von *Max Planck* berechnete *Wirkungsquantum* als Naturkonstante wurde der Beobachtung gerecht, dass die um den Atomkern kreisenden Elektronen sich nicht auf kontinuierlichen Bahnen bewegen, sondern Sprünge machen und dabei elektromagnetische Strahlung in Energiepaketen abgeben, woraus abzuleiten ist, dass die Struktur des Raumes nicht kontinuierlich, möglicherweise die *Welt* ihrem Wesen nach *diskontinuierlich* ist. *Niels Bohr* stellte fest, dass ein Elektron sich in der Quantenwelt physikalisch als *Teilchen*, aber *auch* als *Welle* beschreiben lässt, und dass dies abhängig ist von der Betrachtungsperspektive und sich nur für einen gemeinsamen Zeitpunkt gegenseitig ausschließt. Den Erkenntnisgegenstand als etwas Verschiedenes zu erfahren mit innerlich zusammengehörigen von der Perspektive bedingten Alternativen bezeichnet Bohr als *Komplementaritätsprinzip* (vgl. Böcher 1987, S. 130). Die stochastische *Quantenmechanik* von *Schrödinger* stellte fest, dass ein Teilchen zu einem bestimmten Zeitpunkt in einem bestimmten Raumsegment anzutreffen nur wahrscheinlich angebbar ist; dies ist eine Absage an streng kausale, deterministisch vorhersagbare Ereignisse. Die *Unschärferelation* von *Heisenberg* besagt, dass niemals zugleich der Ort und der Impuls eines Teilchens genau bestimmbar sind; wenn man das eine anstrebt, wird das andere unbestimmt, wir können daher von Natur aus die Zukunft nicht vorhersagen. Damit wird auch das Kausalitätsprinzip, die Verursachung aufeinanderfolgender Ereignisse von vorhergehenden, infragegestellt.

Beobachter und beobachtetes System sind nicht mehr unabhängig voneinander zu sehen, der Beobachter wird zum Bestandteil des Systems, indem er durch seine Beobachtung das System verändert. Das Prinzip der Objektivität wird dadurch relativiert, weil die Ergebnisse eines Experiments von den Erwartungen, von der zugrunde gelegten Betrachtungsperspektive abhängen.

Zusammengefasst kann festgestellt werden, dass die moderne Physik anfangs durch die Entwicklung der Thermodynamik, weiterhin vor allem durch die Relativitätstheorie und die Quantentheorie wesentliche Grundlagen zu einem neuen wissenschaftlichen Weltbild entstehen ließ. Eine weitere Unterstützung der erkenntnistheoretischen Ansichten leistete mit ihren Ergebnissen die Theorie der nichtlinearen Thermodynamik offener Systeme fern vom Gleichgewicht. Zusätzlich rückt die Theorie der nichtlinearen offenen Systeme fern vom Gleichgewicht, für welche Ilya Prigogine die Bezeichnung »dissipative Systeme« geprägt hat, neue Vorstellungen von komplexen, sich dynamisch entwickelnden Systemen in den Blickpunkt (vgl. ausführlicher Punkt 5.2).

Immer mehr muss akzeptiert werden, dass mit den mittels der klassischen Mechanik erfassten stabilen und determinierbaren Fällen eigentlich nur ein relativ enger Ausschnitt aus dem gesamten potenziellen Dynamikspektrum der Realität erfasst wird, d.h. nur selten zu beobachtende Fälle unter ganz spezifischen Bedingungen. "Nur eine verschwindend kleine Teilmenge aller Systeme entspricht dem Ideal der vollständigen Berechenbarkeit ... Der größte Teil aller natürlichen Systeme, belebte und unbelebte, sind Systeme, die sich in ihren Veränderungen nicht linear verhalten ..." (Oeser 1989, S. 15). Mit einem vernetzt-dynamischen Weltbild ist ein Wissenschaftskonzept entstanden, welches davon ausgeht, dass das Universum zu einem erheblichen, vielleicht sogar zu einem überwiegenden Teil aus Unordnung besteht, in dem Ordnung fließt und sich ständig selbst produziert ("selbstorganisierendes Universum") (vgl. Prigogine 1989).

Der Vergleich von klassischem und modernem Weltbild ist in der nachstehenden Tabelle zusammengefasst:

Untersuchungskriterien	klassische Sichtweise	moderne Sichtweise
Beobachterstatus	Der Beobachter wird unabhängig vom Objekt gesehen. Eine objektive Beobachtung ist somit möglich.	Beobachter und Objekt sind untrennbar miteinander verbunden. Das Beobachtungsergebnis hängt somit auch vom Beobachter selbst und seinen subjektiven beobachtungsrelevanten Werturteilen ab.
Betrachtungsweise	Der Wissenschaftler hat das Betrachtungsobjekt zunächst analytisch Schritt für Schritt zu zerlegen, um so vom Verständnis der einfachen Bestandteile schlussendlich über die logische Ordnung aller Teile bis zum Verständnis der komplizierten Bestandteile vorzudringen. Damit ist die typisch reduktionistische Vorgehensweise beschrieben, die davon ausgeht, auch komplexe Phänomene durch ihre Zerlegung in kleinste Bestandteile zu verstehen.	Aufgrund der Komplexität und Nichtlinearität der Systeme kann deren Wirkungsweise nur im Rahmen einer ganzheitlichen Betrachtung erfasst werden. Es gilt der Satz: Das Ganze ist mehr als die Summe der Teile. Es geht somit um die Betrachtung von Systemgesetzmäßigkeiten im Rahmen von miteinander wechselseitig verwebten dynamischen Prozessen. Eine reduktionistische Analyse der Systeme zerstört einen Teil der Systemeigenschaften. Zudem muss bei der Betrachtung eines Systems immer dessen Abhängigkeit von Material- und Formbedingungen berücksichtigt werden.
Kausalität	Beschäftigung mit linearen, in der Regel eindimensionalen Ursache-Wirkungs-Ketten. Bei Vorliegen eines bekannten Ausgangszustandes und der Kenntnis der Naturgesetzmäßigkeiten ist die Zukunft festgelegt und damit eine strenge Kausalität gewahrt.	Betrachtung von nicht-linearen, multidimensionalen und wechselseitig vernetzten Ursachen-Wirkungsketten. Selbst bei Kenntnis der Naturgesetzmäßigkeiten und bei einer angenommenen Bestimmbarkeit der Ausgangsbedingungen ist die Zukunft nicht festgelegt, da über den Zufall stochastische Elemente in den Prozessablauf eingehen. Die Kausalität ist somit nicht mehr gewährleistet.
Prognostizierbarkeit	Die realen Phänomene dieser Welt verhalten sich nach streng mechanistischen Gesetzen. Alle Prozesse dieser Welt sind somit determiniert und damit grundsätzlich vorhersagbar. Damit verbunden ist die Vorstellung einer leicht steuerbaren und beherrschbaren Welt.	Die realen Prozesse dieser Welt laufen im Wechselspiel zwischen Zufall und Gesetzmäßigkeiten ab. Aufgrund der stochastischen Einflüsse ist von einer offenen Welt auszugehen, die nicht vorhersagbar ist. Da die realen Prozesse nur sehr eingeschränkt prognostizierbar sind, ist eine Steuerung oder gar Beherrschung der Welt nur sehr eingeschränkt möglich.
Quantifizierbarkeit	Die Wissenschaft kann seit Galilei nur noch dann für sich in Anspruch nehmen, eine exakte Wissenschaft zu sein, wenn sich ihre Erkenntnisse quantifizieren und messen lassen. Damit wird die Betrachtung von qualitativen oder wertmäßigen Systemeigenschaften als unwissenschaftlich abgetan.	Bei nichtlinearen Wirkungsbeziehungen ist eine genaue Quantifizierbarkeit der Endergebnisse nicht mehr möglich, da schon eine ausreichend genaue Messung der Anfangsbedingungen nicht möglich ist. Die Analyse verlagert sich deshalb mehr hin zur Untersuchung von strukturellen Systemeigenschaften.

System-charakter	Grundlage der Betrachtung sind geschlossene, lineare Systeme, die zum Gleichgewicht tendieren. Es werden also einfach strukturierte Systeme analysiert.	Es werden offene, nicht-lineare System betrachtet, die sich fern vom Gleichgewicht befinden. System-änderungen vollziehen sich selbstorganisierend unter Einbeziehung der Umwelt und der eigenen historisch gewachsenen Systemstrukturen. Es handelt sich somit um die Betrachtung komplexer Systeme.
System-änderungen	Eine Änderung der Systeme kann nur durch einen Anstoß von außen erfolgen. Es herrscht somit die Vorstellung von passiver Materie, oder mit anderen Worten von einer statischen Welt.	Charakteristisch für diese Systeme ist, dass sie sich ständig in dynamischen Austauschprozessen mit ihrer Umwelt befinden. Damit ist die Vorstellung von einer dynamischen, prozesshaften Welt verbunden. Eine Systemänderung kann auch ohne Anstoß von außen erfolgen.
Dimension der Zeit	Alle Prozesse sind reversibel. Aufgrund der Kenntnisse der Gesetzmäßigkeiten, denen die ablaufenden Prozesse unterworfen sind, und des Endergebnisses kann aus einer mechanistischen und deterministischen Sicht der Welt jeder einmal abgelaufene Prozess beliebig wieder umgekehrt werden, um die Anfangsbedingungen wieder herzustellen.	Prozesse sind irreversibel. Beim Ablauf nichtlinearer Prozesse fern vom Gleichgewicht ergeben sich immer wieder Bifurkationspunkte, an denen sich das System in einer Mischung von Gesetzmäßigkeit und Zufall für einen zukünftigen Systemzustand entscheidet. Mit dieser Entscheidung ist zugleich eine zeitliche Symmetriebrechung erfolgt, da der vorherige Systemzustand nie mehr herstellbar ist.

Tabelle 1: Vergleich von klassischem und modernem Weltbild
(Quelle: Scheurer 1997, S. 222-224)

3.5 Interdisziplinarität als Arbeitskonzept der Managementforschung

Gerade für die Wirtschafts- und Sozialwissenschaften und damit auch die Managementwissenschaft, welche sich auf der Nahtstelle zwischen Natur- und Geisteswissenschaften befinden, erscheint eine interdisziplinäre Vorgehensweise bei der Erklärung ihrer Untersuchungsphänomene notwendig.

Die disziplinäre wissenschaftliche Arbeitsteilung findet ohnehin ihre Grenzen, wenn die Isolierung eines Erkenntnisobjekts wesentliche problembildende Interaktionen zerschneiden würde und damit für die Erkenntnisgewinnung hochgradig unzweckmäßig wäre. Management steht stets unter dem Zwang, mehrere Perspektiven zu beachten, um angesichts der Unübersehbarkeit und Widersprüchlichkeit überhaupt handeln zu können, geht es nicht ohne Vereinfachung. Management bedeutet, Möglichkeiten im Zusammenhang zu sehen. Die Einzelfragen, was ist technisch möglich, rechtlich erlaubt, politisch durchsetzbar, psychologisch akzeptabel, moralisch vertretbar, was bringt es und was kostet es, summieren sich zur Gesamtfrage "was ist machbar?" Alle Einzelaspekte haben die Eigenschaft, beschränkend zu wirken.

Die Notwendigkeit für eine interdisziplinäre Erforschung der Managementprobleme liegt also begründet in der Komplexität der betrachteten Phänomene und in der Absicht, möglichst eine ganzheitliche Erklärung dieser Phänomene zu geben (vgl.

Hübenthal 1991, S. 8). Die dabei aufkommenden vielschichtig miteinander vernetzten Fragen können von einer Fachdisziplin nur sehr eingeschränkt beantwortet werden. Am sinnvollsten kommt Spezialwissen dann zur Geltung, wenn von einer Fachdisziplin ein interdisziplinäres Denken gewahrt wird, das heißt dass sie ihr eigenes Wissen über einen Untersuchungsgegenstand als Puzzleteil sieht und dieses jeweils mit den Wissensteilen aus anderen Fachdisziplinen abstimmt und vergleicht, um so zu dem erstrebten Gesamtbild des Wissens zu kommen.

Die Managementforschung muss somit bemüht sein, vom Gegenstand in seiner Gesamtheit her - d.h. als komplexe Ganzheit - zu einem Verständnis der ihn ausmachenden Einzelphänomene zu gelangen und die jeweils von den Einzelwissenschaften kommenden managementrelevanten Beiträge zu verbinden und so durch die interdisziplinäre Verflechtung dem Gesamtphänomen auf die Spur zu kommen (vgl. Hübenthal 1991, S. 11). Der Vorgehensansatz bietet sich vor allem auch deshalb an, weil es weder eine eigenständige »Theorie des Managements bzw. der Führung« gibt, noch in der Betriebswirtschaftslehre fundiertere theoretische Überlegungen zur Lenkung komplexer Systeme zu finden sind. Durch die Übernahme von gesicherten theoretischen Erkenntnissen aus anderen Wissenschaften müssen so einzelne Bausteine zu einem theoretischen Fundament der Managementlehre zusammengetragen werden. Anders betrachtet bedeutet die solcherart entstehende Verschmelzung von Erkenntnissen verschiedener spezialisierter wissenschaftlicher Einzeldisziplinen eine Synthese zu einer problemorientierten Interdisziplin. Aus der Sicht des gesamten Wissens handelt es sich bei einer solchen Interdisziplin ebenfalls um eine Art Spezialisierung, es liegt nur ein anderes Prinzip der Ordnung des Wissens vor.

Eine interdisziplinäre Vorgehensweise ist für die Sozialwissenschaften und mithin auch die Wirtschaftswissenschaften kein gänzlich neues Arbeitskonzept. Die in der Soziologie von Niklas Luhmann entwickelte neuere Theorie sozialer Systeme (siehe Punkt 5.5.1) hat die Unternehmungskonzeption und die Sichtweise des Lenkungsproblems in dem durch Gilbert Probst vertretenen Managementansatz der St. Galler Schule grundlegend geprägt (vgl. Probst 1987). Dabei geht er zwar nicht explizit, aber implizit über den Umweg des Luhmannschen Ansatzes von einer stark abstrahierten autopoietischen und damit biologischen, also naturwissenschaftlichen Systemkonzeption aus. Auch ansonsten lassen sich vielfache Anleihen der Sozialwissenschaften bei naturwissenschaftlichen Modellen feststellen.

Ein wirklich stichhaltiger Grund für eine eingehendere Beschäftigung mit den Naturwissenschaften ergibt sich dadurch, dass sich offensichtlich zwischen Fragen des Managements zur Führbarkeit und dem Funktionieren-lassen komplexer Systeme und Fragestellungen von Physik und Biologie große Ähnlichkeiten abzeichnen. Auch hier werden Aspekte der Strukturierung und Lenkung komplexer Systeme im Rahmen dynamischer Entwicklungsprozesse betrachtet. Von manchen Autoren wird angesichts der ungelösten Gestaltungs- und Lenkungsprobleme für gesellschaftliche Institutionen vorgeschlagen, Strategien zur Bewältigung dieser Probleme bei der Natur abzuschauen, da ja gerade die Natur genau solche Aufgaben seit Jahrmillionen erfolgreich löst.

3.6 BWL als Bezugsdisziplin der Management-Lehre ?

Welche wissenschaftliche Disziplin erscheint nun legitimiert zu sein, die Managementlehre zu okkupieren? Oder sollte es etwa sinnvoller sein, dass sich eine Wissenschaft vom Management als eigene Disziplin etabliert? Die Fragen hängen mit der Suche nach einem zweckmäßigen Identitätsprinzip zusammen. Ein solches die Identität ausmachendes Erkenntnisobjekt kann jedoch nur dann als geeignet gelten, wenn dieses sinnvolle fachspezifische Fragestellungen ermöglicht.

Vor allem die Betriebswirtschaftslehre wird – außer der amerikanischen Business Administration – als prädestiniert betrachtet, das praxisrelevante Managementwissen an Studenten und Praktiker zu vermitteln. Führung oder Management kann nie isoliert als etwas für sich betrachtet werden, sondern stets im Hinblick auf das zu führende Objekt, den wirtschaftenden Betrieb oder eine andere Kategorie sozialer Systeme. Für das Verstehen von Managementproblemen und des Führungshandelns ist das Verstehen der zu lenkenden Institution grundlegend. Die Betriebswirtschaftslehre erscheint deshalb als Bezugsdisziplin dieser Wissenschaft vom Management und Lehre von der Führung geeignet.

Allerdings ist das wissenschaftliche Selbstverständnis der Betriebswirtschaftslehre hierzu keineswegs einheitlich. Die Betriebswirtschaftslehre befasst sich fraglos mit der wirtschaftlichen Seite des Betriebs und widmet sich der Beschreibung, Erklärung und Gestaltung der betrieblichen Leistungserstellung unter dem Aspekt der Wirtschaftlichkeit. Zugleich liegen aber auch vielfältige beschreibende, theoretische und pragmatische Aussagen zur Lenkung und Gestaltung von Betrieben vor. Hinzu kommen Beiträge, für die eine eindeutige Zuordnung schwerlich gelingt oder welche darüber hinaus wissenschaftliche Aussagen weiterer Disziplinen etwa des Rechts oder der Psychologie mit einbeziehen.

Daraus lässt sich folgendes erkennen: die BWL ist in ihrer konkreten Erscheinung zu sehen als ein »mixtum compositum« wissenschaftlicher Aussagen systematisierender, erklärender und gestaltender Natur über betriebliche Phänomene in funktionaler und institutionaler Sicht (vgl. Chmielewicz 1984). Den Zusammenhalt findet die Disziplin im Betrachtungsobjekt Betrieb.

Solange sich Betrieb und Unternehmung als Einheiten zur Güterversorgung des Marktes verstehen, sie also nahezu ausschließlich der Verfolgung wirtschaftlicher Zwecke - inhaltlich wie formal - dienen, ergibt sich durchaus eine enge Verbindung von Ökonomie und Management: Wie lässt sich anders der ökonomischen Zwecksetzung besser entsprechen als durch die Tatsache, dass die Träger der Führungsaufgabe in Wirtschaftsbetrieben zugleich eine hervorragende Kenntnis wirtschaftlicher Zusammenhänge und von Methoden und Techniken zur wirtschaftlichen Gestaltung von Organisationen aufweisen? Wenn aber wirtschaftliche Zwecksetzungen über zusätzliche Rollen, die der Unternehmung durch die Gesellschaft zugewiesen werden, in den Hintergrund treten, nimmt der *Deckungsgrad von Wirtschaft und Management* ab. Dies wird leicht erkennbar, wenn es nicht mehr nur ein optimales Verhältnis von Einsatz und Ergebnis zu erreichen gilt, sondern beispielsweise Leistungen unentgeltlich oder nicht kostendeckend zu erbringen sind. Aber auch im Inhaltlichen des Wirtschaftens, der Bereitstellung von Gütern für den Markt, wenn das Objekt »auf alle zweckgerichteten Institutionen der menschlichen Gesellschaft« im Sinne von H. Ulrich ausgedehnt wird, ist Wirtschaften und Management nicht mehr gleichzusetzen.

Dann allerdings stellt sich die Frage, wer eigentlich die Betriebswirtschaftslehre gegenüber anderen Fächern, den Betriebswirt gegenüber Absolventen anderer Fachrichtungen zum Management, zum Manager legitimiert - eine Frage, die sich nicht nur auf die Absolventen bezieht, sondern hinter der die bislang noch ungeklärte Frage nach der Legitimation der Betriebswirtschaftslehre als Disziplin zur Übernahme des Managements in ihre Erkenntnisperspektive steht. Warum sollten unter derartigen Gegebenheiten der Mediziner nicht gleiche Ansprüche an das Management im Krankenhaus, bei der Sozialversicherung, der Politologe beim Management von Kommunen, Gebietskörperschaften und des Staates stellen wie der Betriebswirt? Jede Wissenschaft könnte bei einer Bedeutungsminderung des Ökonomischen für gesellschaftliche Institutionen den gleichen Anspruch stellen, die Managementlehre zu okkupieren, sie für sich zu pachten.

Das Erfahrungsobjekt »Betrieb« hat so viele Gesichter und Erscheinungsformen, wie es Perspektiven gibt, es zu betrachten. Meist wird wie selbstverständlich davon ausgegangen, dass der Betrieb an und für sich existiert und »Gegenstand« einer Beschreibung, Erklärung und - Aufgabe des Managements - Gestaltung und Lenkung sein kann. Je nach Perspektive entsteht jedoch ein unterschiedliches »Bild« vom Betrieb. Mit dem Realphänomen »Betrieb« beschäftigen sich mit jeweils anderer Vor-Stellung Ingenieure, Naturwissenschaftler, Ärzte, Juristen, Informatiker, Psychologen, Politologen, Volkswirtschaftler, Betriebswirte usw. Je nach dem wie man sich den Betrieb vor-stellt, ergibt sich daraus eine spezifische Erkenntnisperspektive.

Daraus erklärt sich der unterschiedlich ausfallende vorwissenschaftliche Programmentscheid eines einzelnen Wissenschaftlers. Er kann die BWL als reine Wirtschaftswissenschaft im Sinne wirtschaftlichen Wirtschaftens ansehen (Albach, Witte, Wöhe) und sich dabei auf Effizienzbetrachtungen beschränken oder zudem zwecks realitätsnäherer Erklärung wirtschaftlicher Zusammenhänge und Bedingtheiten und für Gestaltungsempfehlungen auch Aspekte anderer Disziplinen einbeziehen (Bleicher, Hill, Gaugler). Oder er kann die BWL als Managementlehre auffassen und die Bedingungen und Möglichkeiten der Gestaltung und Lenkung sozialer Systeme untersuchen (Ulrich, Kirsch); auch dabei wird er bei der Problemanalyse wie auch bei der Erarbeitung von Lösungshilfen nicht umhin kommen, auf Wissen und Methoden anderer Disziplinen zurückzugreifen oder für den Fall fehlender Erkenntnisse relevante Einsichten selbst zu gewinnen. Eine dritte Position sieht als programmatisches Konzept in der BWL zugleich eine Wirtschaftswissenschaft und eine Managementlehre. Systematisch ergänzend ist zu nennen die mit der Managementlehre verbundene weitgehend ökonomieunabhängige personale Führungslehre.

Die Spannweite des wissenschaftlichen Selbstverständnisses der Betriebswirtschaftslehre ist offensichtlich orientiert an zwei divergierenden Polen:

Auf der einen Seite richtet sich der Fokus wissenschaftlicher Erkenntnis auf das Ökonomische mit einer disziplinären Betrachtung des Wirtschaftens in und zwischen Betrieben und kritisiert vor allem die ökonomische Theorielosigkeit der Managementlehre. Varianten dieser Sichtweise lenken die Betrachtung vom engeren wirtschaftlichen Handeln in Betrieben weg und hin zum Verhaltern im Hinblick auf einen weiteren Kreis von Zielvorstellungen, welche aus der gesellschaftsbezogenen Aufgabenstellung und Verantwortung der im Betrieb Handelnden und ihrer Probleme resultieren. Auf der anderen Seite orientiert sich die Betriebswirtschaftslehre zu einer verhaltenswissenschaftlich geprägten Führungslehre und zu einer systemorientierten Wissenschaft vom Management, die den »ökonomischen Gesichtspunkt« als alleiniges Identitäts- und Rationalitätsprinzip ablehnt und die Führungs- oder Managementlehre als eine Interdisziplin versteht. Malik (1984, S. 40) kennzeichnet die Spaltung der Auffassungen, wenn er bemerkt: "Vieles spricht dafür, die Managementlehre als eigenständig und als etwas völlig anderes zu verstehen, als zumindest die dominierende deutschsprachige Betriebswirtschaftslehre darstellt, die sich zu einem großen Teil noch immer als im wesentlichen wirtschaftswissenschaftliche Schwesterdisziplin der Ökonomie darbietet."

Die sich entwickelnde allgemeine Managementwissenschaft kann mit Bleicher (vgl. Bleicher 1995, S. 107) als querliegend zu den herkömmlichen Disziplinen der Wirtschafts- und Sozialwissenschaften begriffen werden. Für diese multiperspektivische Managementlehre steht nicht ein disziplinäres Erkenntnisinteresse im Vordergrund, ihre Integration geschieht vielmehr durch die realen Führungsprobleme der Praxis selbst. Sie ist somit nicht durch ein *theoretisches* Identitätsprinzip, sondern durch ein *praktisches* Integrationsprinzip charakterisiert.

Die Koppelung einer personalen Führungslehre mit dieser Konzeptualisierung der Managementlehre ist in Ansätzen sichtbar (vgl. Dachler 1988). Die notwendige Einbeziehung psychologischen Wissens könnte es mit sich bringen, dass dabei zu sehr auf »den Menschen« geblickt wird, der Betrieb nun in psychologischer Sicht zu eindimensional definiert und anstelle einer Unternehmungsführungs- bzw. Managementlehre eine Lehre von der Führung der Mitarbeiter entwickelt wird. Problematisch bei einer solchen Sichtweise ist nicht etwa das Menschenbild, sondern das Unternehmungsbild; eine Lehre über »Menschen führen« ist nicht etwa unwichtig oder gar überflüssig, sondern höchst wichtig und notwendig; aber sie sollte als eine Teildisziplin angesehen werden und nicht als ganzheitliche Managementlehre.

P. Ulrich widerspricht der Auffassung, dass die Betriebswirtschaftslehre in zwei gesonderte Wissenschaften zerrissen werden muss, in eine disziplinäre, »rein« ökonomisch ausgerichtete Wirtschaftswissenschaft und eine interdisziplinäre, weitgehend »außerökonomische« Managementwissenschaft. Betriebswirtschaftliche Fragen vereinen in der Wirklichkeit stets zwei Aspekte: sie sind praktische Führungsfragen und zugleich Fragen nach gutem betrieblichen »Wirtschaften«. Was tun denn *Manager* anderes als »*wirtschaften*«? Während sie, die Praktiker, wirtschaften, diskutieren die Theoretiker über vermeintlich »außerökonomische« Aspekte des Managements, die somit nicht in eine wirtschaftswissenschaftliche Betriebswirtschaftslehre passen. Manager haben offensichtlich bei ihrem Tun, was und wie sie es tun, als Praktiker ein umfassenderes und realistischeres Verständnis von »Wirtschaftlichkeit« als die Theoretiker, die sich durch ihre rein ökonomische Sicht selbst begrenzen. P. Ulrich sieht deshalb Management nicht als eine von »Natur« aus außerökonomische Angelegenheit, sondern in der Betriebswirtschaftslehre ein verkürztes Verständnis des Ökonomischen. Eine praxisorientierte Betriebswirtschaftslehre, die sich als Managementlehre verstehen will, muss sich bemühen um eine paradigmatische Erweiterung des offenbar nicht mehr praxisgerechten, da zu engen Grundverständnisses des Ökonomischen an Betrieb und Unternehmung und der Kriterien rationalen und effizienten Wirtschaftens (vgl. P. Ulrich 1995, S. 179). Das umfassendere und realistischere Verständnis der Manager von Wirtschaftlichkeit berechtigt zu einer Rekonstruktion der ökonomischen Grundproblematik im Management als methodischen Weg zu einem integrationsfähigen Paradigma der BWL.

Die programmatische Formel »BWL als praktische Sozialökonomie« soll nach P. Ulrich die methodische Synthese einer neu definierten ökonomischen Perspektive mit dem kritisch zu reflektierenden Praxisbezug der BWL als Managementlehre kennzeichnen. Die grundlegenden Schlüsselkonzepte richten sich auf die Bestimmung einer sogenannten sozialökonomischen Rationalität, die Rahmenkonzeption mehrstufiger betriebswirtschaftlicher Rationalisierungsebenen und die Verbindung ökonomischen Handelns mit lebenspraktischer Vernunft (P. Ulrich 1995).

Die mehrstufige Konzeption sozialökonomischer Rationalität umfasst sowohl eine ethische Perspektive als auch eine funktionale mit einer Differenzierung der letzteren in eine strategische und eine instrumentelle Rationalität. In der Handlungssituation eines Individuums fällt die funktionale Rationalität mit der bekannten technischen Zweckrationalität zusammen. In einer sozialen Handlungssituation sind andere Menschen beteiligt, welche subjektiv und »eigensinnig« handeln; für den eigenen Handlungserfolg erwächst daraus das Problem der strategischen Ungewissheit. Ein Wechsel vom strategischen zum kommunikativen Rationalitätstyp findet statt, wenn die Beteiligten eine verständigungsorientierte Einstellung entwickeln, wenn also das Interesse an einer fairen argumentativen Konsensfindung vorrangig wird, welche eine kommunikative Ethik für einen »kultivierten« Umgang zwischen Menschen in Situationen des Interessenkonflikts voraussetzt.

Die betriebswirtschaftlichen Rationalisierungsebenen sind ebenenspezifisch in dem skizzierten Schaubild der Tabelle 2 dargestellt (vgl. P. Ulrich 1995, S. 188).

Die sozialökonomische Konzeption des Managements hat ihre Ausformung und inhaltliche Weiterentwicklung mit einer anwendungsorientierten Perspektive im St. Galler Management-Konzept erfahren.

	I. Ebene: UNTERNEHMUNGS-POLITISCHE VERSTÄNDIGUNG (Normatives Management)	II. Ebene STRATEGISCHE SYSTEMSTEUERUNG (Strategisches Management)	III. Ebene OPERATIVER RESSOURCENEINSATZ (Operatives Management)
Rationalisierungsgegenstand	kollektive Präferenzordnung der Unternehmung (Zwecke; Ziele, Normen)	Funktionsprinzipien (Strategien, Strukturen, Führungssysteme)	Produktionsfaktoren (Ressourcen, Produktionsmittel, Verfahren)
Perspektive der Unternehmung	Unternehmung = politisch-ökonomische Institution	Unternehmung = sozio-technisches System	Ug.= Kombination von Produktionsfaktoren
Erfahrungshintergrund	Legitimationsdruck (Wertewandel)	Innovationsdruck (Strukturwandel)	Kostendruck (technischer Fortschritt)
Sozialökonomisches Erfolgskriterium	RESPONSIVITÄT (Wertberücksichtigungspotenzial d. Unternehmung)	EFFEKTIVITÄT (multifunktional!)	EFFIZIENZ (mehrdimensional!)
Grundlegende Managementaufgabe	Aufbau unternehmenspolitischer Verständigungspotenziale	Aufbau strategischer (Markt- und Nichtmarkt-) Erfolgspotenziale	Aufbau operativer Produktionspotenziale
Rationalitätstyp	kommunikative (ethische) Rationalität	strategische (systemische) Rationalität	instrumentelle (technische) Rationalität
sozialökonomischer Problemtyp	Konsensproblem (Konfliktbewältigung)	System-Steuerung (Komplexitäts- und Ungewissheitsbewältigung)	Effizienter Ressourceneinsatz (Knappheitsbewältigung)
Basismethode	Dialog ("Besprechung")	Sozialtechnologie ("Beherrschung")	Kalkül ("Berechnung")
Praxisbezug der BWL, Institutionelle Ebene	kritisch-normativ ("Verständigungsordnung")	empirisch-analytisch ("Verfügungsordnung")	normativ-analytisch ("Personales Handeln, Optimierung")

Tabelle 2: Betriebswirtschaftliche Rationalisierungsebenen - Sozialökonomische Konzeption des Managements
(in Anlehnung an: P. Ulrich 1995, S. 188)

4. Ganzheitliche Management-Konzepte in der deutschsprachigen Managementlehre

4.1 Das St. Galler Management-Konzept als Ausformung nach der kybernetischen Systemtheorie

Für das St. Galler Management-Konzept ist die Grundlage der Konzeptbildung der Systemansatz. Nachteilig ist dabei zunächst, dass dadurch eine so konzipierte Managementlehre um ein Vielfaches abstrakter erscheint als viele praxisorientierte Darstellungen der heutigen Betriebswirtschaftslehre. Dies ist dadurch bedingt, dass die Wahl einer systemtheoretischen und kybernetischen Sichtweise es notwendig macht, mit Analogien und Metaphern zu arbeiten und sie in einer für Managementprobleme brauchbaren Form aufzuarbeiten. Da die Systemtheorie ihre Erkenntnisse im Zusammenhang mit zahlreichen verschiedenen empirischen Wissenschaften gewinnt, wobei sie diese mit allgemeinen Grundvorstellungen, Denk- und Vorgehensweisen zur Lösung ihrer Erkenntnisprobleme beliefert, müssen diese auf übertragbare Inhalte gewissermaßen abgetastet werden, was eben nur über die Anhebung auf ein höheres Abstraktionsniveau möglich ist.

Dem Anspruch, eine anwendungsorientierte Wissenschaft sein zu wollen, wird die solcherart konzipierte systemorientierte Managementlehre noch nicht gerecht. Es verbleibt die anspruchsvolle Aufgabe, die Anwendbarkeit der gewonnener Erkenntnisse auf praktische Problemstellungen aufzuzeigen. Die Problematik des Praxisbezugs der Managementlehre liegt sicherlich in der ungeheuren Vielfalt von Unternehmungen und Problemsituationen begründet. Der Zwiespalt scheint unlösbar zu sein: je konkreter und »praxisnäher« die Managementlehre sein will, um so mehr schränkt sie ihren Geltungsbereich ein, um schließlich bei der einzelnen »Fallstudie« zu landen. Strebt sie dagegen Allgemeingültigkeit an, so wird sie notwendigerweise so abstrakt, dass es dem Praktiker nicht mehr gelingt, seinen konkreten Spezialfall unter das formale Modell zu subsumieren.

Der naheliegende Ausweg besteht im Verzicht auf inhaltliche Aussagen, die der Praxis eine bestimmte Problemlösung anbieten, und die Beschränkung auf das Angebot von Methoden oder Vorgehensweisen für die Praxis, womit diese ihre spezifischen Probleme selbst lösen kann und soll. Diese auch in der Betriebswirtschaftslehre aufgekommene »Methodenorientierung« birgt die Gefahr, dass zur Erreichung einer hohen Allgemeingültigkeit schließlich reine Logik betrieben wird, womit der Praxisbezug wieder illusorisch wird. Andererseits hat das Streben nach konkreter Ausrichtung auf Situationen der Praxis dazu geführt, dass Hunderte von Entscheidungsverfahren angeboten werden, die es nun wieder dem Praktiker schwer machen, das für sein spezifisches Problem passende auszuwählen. Kennzeichnend für die »Methodologie« der systemorientierten Managementlehre ist, dass sie die der Praxis angebotenen Verfahren aus einer systemischen Perspektive ableitet; es geht grundsätzlich jeweils darum, eine als problematisch empfundene Situation als System zu modellieren, wobei die zirkulären Verknüpfungen zwischen den Elementen besonders hervortreten. Nicht eine einzelne Funktion, zum Beispiel die Entscheidung in einer Situation, steht im Vordergrund, sondern stets das Problem der Gesamtführung der betrachteten Institution. Es erscheint dabei außerordentlich wichtig, dass zunächst diese Institution charakterisiert wird, ohne dass aus rein disziplinären Gründen eine Beschränkung auf einen bestimmten, z.B. wirtschaftlichen oder humanen Aspekt erfolgt. Von größter Bedeutung ist dabei auch die sogenannte Systemabgrenzung, d.h. die Frage, welche Faktoren und Beziehungen als systeminhärent betrachtet werden sollen, hinzu kommen weitere Regeln aus verschiedenen kybernetisch ausgerichteten Wissensgebieten. Wesentlich ist auch, dass eine hohe Komplexität der Situation als gegeben anerkannt und nicht von vornherein radikal reduziert wird, so dass es sich letztlich im Regelfall um Heuristiken und nicht um exakte Lösungsverfahren handelt.

Die wesentliche Entwicklung des theoretischen Fundaments einer derart verstandenen Managementlehre erscheint derzeit als weitgehend vollzogen und hat sich für die weitere Entwicklung in einer mehr anwendungsorientierten Perspektive als tragfähig gezeigt.

Auf der Grundlage des in den siebziger Jahren von Hans Ulrich und Walter Krieg entwickelten St. Galler Management-Modells wurden die *Inhalte der Managementlehre weiter strukturiert* und zum St. Galler Management-Konzept *ausgeformt*. Der *Bezugsrahmen* richtet sich auf den Umgang mit Paradoxien in Spannungsfeldern von normativer Opportunität und Verpflichtung gegenüber der Gesellschaft und von strategischen Absichten bei der Entwicklung von Erfolgspotenzialen im Wettbewerb aus. Für die Umsetzung wird heute ein praxiserprobtes *Vorgehenskonzept* bereitgestellt, das die Vernetztheit einzelner Dimensionen des Modells beachtet und auf eine Integration von Einzelaspekten bei der Problemerkenntnis und -lösung zielt. Der dynamische Kontext, der die Wählbarkeit unter mehreren Vorgehensmöglichkeiten begrenzt, wird in der Unternehmungsentwicklung gesehen (vgl. Bleicher 1995, S. 112).

Dabei ergibt sich das Muster einer inhaltlichen Dimensionierung des Managements:

Normatives und strategisches Management gestaltet,
operatives Management lenkt die Unternehmungsentwicklung:

Normatives und *strategisches* Management einerseits und das *operative* Management andererseits sind miteinander verknüpft. Die ersteren als rahmengebende Konzepte sind Orientierungsraster für das situationsbezogene Handeln im täglichen Betriebsgeschehen. Während dem Normativen und Strategischen eher eine Gestaltungsfunktion zukommt, ist es Aufgabe des operativen Managements, konzeptgeleitet und lenkend in die Geschäftsabläufe der Unternehmung einzugreifen.

Die Betrachtungsebenen sind jedoch nicht unabhängig voneinander. Zwischen den Dimensionen vollziehen sich vielfältige Vor- und Rückkoppelungsprozesse, indem einerseits konzeptionelle Vorgaben normativer und strategischer Art wegweisend für operative Dispositionen werden und andererseits unplanbare Ereignisse als Hindernisse für die Realisierung von Vorgaben erkennbar werden, die eine Veränderung von Zukunftsvorstellungen und Strategien zu ihrer Umsetzung notwendig machen (vgl. zum folgenden Bleicher 1995, S. 113 ff).

4.1.1 Dimensionen und Bausteine des Managementkonzepts

Normatives Management:

Das »normative Management« wirkt als konstitutive Dimension begründend für die Aktivitäten des Managements. Die *Legitimität* der Unternehmung wird zum Bezugsmaßstab für das normative Management. Es befasst sich mit der »unternehmungspolitischen Verständigung« der Unternehmung nach innen und außen. Der Gegenstand dieser Verständigung ist die normativ-praktische Aushandlung der kollektiven Präferenzordnung, d.h. eines akzeptierten Systems von Werten und Normen, welche das Handeln in der Unternehmung legitimieren. Die Funktionalität des betrieblichen Handelns wird damit orientiert an den lebenspraktischen Bedürfnissen der von diesem Handeln Betroffenen, dies gilt sowohl für Ansprüche von innerhalb als auch außerhalb der Unternehmung.

Der Aufbau von dafür geeigneten Verständigungspotenzialen ist die regulative Idee, für interne und externe Wertvorstellungen, Bedürfnisse und Ansprüche »responsiv« sein zu können. Vielfach wird dieses Problem als außerökonomisch angesehen und der sozialen Verantwortung der Unternehmung für ihre Mitarbeiter zugeordnet bzw. der gesellschaftlichen Zuträglichkeit des betrieblichen Tuns zugerechnet. Anders betrachtet heißt dies, einerseits einen hohen Mitarbeiternutzen zu erzeugen und zu steigern und damit wesentliche Bedürfnisse der »internen Umwelt« zu befriedigen, zum weiteren vor allem im Sinne des Kundennutzens zu handeln sowie vielfältigen Interessen anderer Anspruchsgruppen Rechnung zu tragen.

Im Rahmen des normativen Managements hat die *Unternehmungspolitik* eine legitimierende Funktion für betriebliche Programme, Strategien und Systeme als Voraussetzungen für ein besseres Funktionieren-Können der Unternehmung. Besonders gilt es, die *Fähigkeit zur Unternehmungsentwicklung* aufzubauen.

Entwicklungsfähigkeit bedeutet regelmäßig eine qualifizierte Veränderung in Richtung eines positiven, sinnvollen Wandels und damit Höherentwicklung. Ausgehend von einer unternehmerischen *Vision* gilt es, *Nutzenpotenziale* für Bezugsgruppen zu entwickeln und diese als unternehmungspolitische *Missionen* zu kommunizieren. Die Unternehmenspolitik definiert mithin die Zwecke der Unternehmung im gesellschaftlichen und wirtschaftlichen Umfeld und vermittelt den Mitgliedern des sozialen Systems Sinn und Identität im Inneren und Äußeren. Betriebliches Handeln als politisches Handeln bemüht sich, aktiv eigene Interessen zu fördern und andere eben an diesem Ziel zu hindern und solcherart die eigene Macht zu stärken. Kennzeichnend für dieses Sich-Verständigen sind einerseits dialogische Auseinandersetzungen, in denen zu klären ist, worum es überhaupt geht, wer mit wem koalieren könnte, was überhaupt getan werden kann, und zum anderen wegen stets vorhandener Widersprüche dialektisch. Politisches Handeln kennt Koalitionen und Kollusionen, Intrigen und Finten, Traditionen, Präzedenzfälle u.a. Ob eine durch Konsens entstandene Unternehmungspolitik richtig oder falsch ist, erweist sich meist erst nachträglich.

Unternehmungspolitik wird durch die Unternehmungs*verfassung* sowie durch die Unternehmungs*kultur* getragen.

Eine Unternehmungsverfassung kann den verständigungsorientierten Dialog der Anspruchsgruppen strukturieren und regeln und ist damit die ordnungspolitische Grundlage des normativen Managements.

Die normativ-kulturelle Verständigung nach innen zielt auf die Klärung und Findung von Sinn aus der Sicht der betroffenen Unternehmungsmitglieder. Sie will feststellen, wie ein Managementhandeln überhaupt wahrgenommen wird und zur »Welt-Anschauung« der Systemmitglieder korrespondiert. Weil die Konsequenzen eines Managementhandelns im vorhinein fast immer kaum absehbar sind, sondern sich erst nachträglich herausstellen, kann auch erst dann Sinn oder Erfolg konstatiert werden. Daraus ergibt sich die erklärliche Aufgabe der Führungskräfte, dass sie Situationen und Handlungen etikettieren und ihnen auf solche Weise rückblickend (!) Sinn geben. Der vielfach nachgewiesene hohe Anteil unmittelbarer Kommunikation in der Arbeit von Führungskräften beruht sicherlich wesentlich auf der Notwendigkeit der »konsensuellen Validierung« des Handelns und von Ereignissen: für Tat-Sachen als Handlungsergebnisse, die in komplexen Umwelten mehrdeutig sind und somit interpretierungsbedürftig sind, wird eine »offizielle Lesart« vereinbart. Durch Kommunikation und Verständigung erfährt jeder, was ein mehrdeutiges Vorkommnis wie etwa eine Markteinbuße, eine Karriereentscheidung oder eine Investition zu bedeuten *hat* (!): die faktische Kraft des Normativen! (vgl. Neuberger 1995, S. 65). Einiges davon kommt »ins Protokoll der Organisation« und repräsentiert die Werte und Normen symbolisierende *Unternehmungskultur*.

Strategisches Management:

»Strategisches Management« als zweite Dimension des St. Galler Managementkonzepts widmet sich dem *Aufbau, der Erhaltung und der Nutzung von Erfolgspositionen,* für die Ressourcen eingesetzt werden müssen. Geschäftliche Strategien, Organisationsstrukturen und Managementsysteme sind als Erfolgsvoraussetzungen zu gestalten. Was handlungsrational ist (»die Dinge richtig tun«), muss keineswegs systemrational sein (»die richtigen Dinge tun«). Das Lösen komplexer strategischer Probleme muss deshalb mittels einer systemisch orientierten Methodik geschehen, in der die vielfältigen Koppelungen im Wirkungsgefüge des Systems – Unternehmung, Markt usw. – beachtet werden.

Unter den Optionen für die Arbeitsgebiete (Produkte, Leistungen, Märkte) der Unternehmung und der Positionierung ihrer Geschäftseinheiten im Markt werden die besten Voraussetzungen und Erfolgspotenziale für eine langfristige Sicherung des Funktionieren-Könnens und der Fitness der Unternehmung gesucht. Gälweiler definiert Erfolgspotenziale als "das gesamte Gefüge aller jeweils produkt- und marktspezifischen erfolgsrelevanten Voraussetzungen, die spätestens dann bestehen müssen, wenn es um die Realisierung geht" (vgl. Gälweiler 1987, S. 73). Diese Definition wurde unter der Bezeichnung »strategische Erfolgspositionen« (vgl. Pümpin 1986, S. 31) über die reine Betrachtung von produkt- und marktspezifischen Aspekten hinaus erweitert, indem als SEP eine jegliche wesentliche wettbewerbsrelevante Stärke der Unternehmung gilt. Die marktorientierte Strategiefindung wird ergänzt durch eine konsequente Ausschöpfung aller internen und externen Nutzenpotenziale auf den Gebieten der Beschaffung, Logistik/ Informatik, der Humanressoucen, aber auch der Organisation, dem Eingehen von Joint Ventures. Strategisches Management beinhaltet in diesem

Sinne ein breites Spektrum von gezielten Maßnahmen zur Steigerung des Unternehmungswertes.

Bestehende Erfolgspositionen stellen die im Zeitablauf gewonnenen Erfahrungen einer Unternehmung mit Märkten, Technologien und sozialen Strukturen sowie Prozessen dar; sie schlagen sich in der Marktposition nieder. *Neue Erfolgspositionen* richten sich darauf, Bedingungen zu entwickeln, die potenziell geeignet sind, zukünftigen Nutzen aus Vorsprüngen gegenüber dem Wettbewerb zu erzielen. Starke gegenwärtig bestehende Erfolgspositionen einer Unternehmung lassen keineswegs erkennen, ob hinreichend genügend getan wird, um auch neue zukunftstaugliche Erfolgspositionen aufzubauen. Strategisches Arbeiten richtet sich somit auf den bewussten Einsatz von vorhandenen oder potenziellen Stärken zum Aufbau oder zur Sicherung von zukünftigen Erfolgspotenzialen.

Der Gestaltungsrahmen des strategischen Managements leitet sich aus dem normativen Management ab, es ist auf die Nutzung gegenwärtiger unternehmungsbezogener Fitness und den Aufbau zukünftiger Fitness-Potenziale gerichtet. Auf der Basis ausgewählter Strategien werden strategische *Programme* als Orientierungspunkte für das operative Handeln formuliert. Weitere Aufgaben des strategischen Managements sind die grundsätzliche Auslegung von *Strukturen und Systemen* des Managements sowie von Konzepten zum *Problemlösungsverhalten*.

Während das normative Management Aktivitäten begründen will, ist es Aufgabe des strategischen Managements, *richtunggebend* auf Aktivitäten einzuwirken.

Operatives Management:

»Operatives Management« bedeutet konkretes Führungshandeln. Normatives und strategisches Management sollen sich in dieser Dimension des Handelns niederschlagen. *Ökonomisch* bezieht sich dieses Handeln auf leistungs-, finanz- und informationswirtschaftliche Prozesse: die wirtschaftliche Effizienz wird bestimmt durch den operativen Ressourceneinsatz, worauf das operative Management auch durch die katalytische Verstärkung von Prozessen im System abzielt.

Hinzu tritt die personelle Führung im *sozialen* Zusammenhang zwischenmenschlicher Beziehungen und Interaktionen, sie drückt sich vor allem in der arbeitsrelevanten und psychologisch zuträglichen Kooperation und vertikalen wie horizontalen Kommunikation aus. Das operative Management hat eine *vollziehende* Aufgabe, indem die normativen und strategischen Vorgaben in Operationen umgesetzt werden sollen.

Die Abbildung 19 gibt das vorgestellte Muster und die wesentlichen Inhalte des Managements in einer anwendungsbezogenen Strukturierung und Ausformung wieder. Der dargestellte Zusammenhang von normativem, strategischem und operativem Management trägt den Vernetztheiten einzelner Dimensionen des Modells Rechnung und zielt auf eine Integration von Einzelaspekten bei der Problemerkennung und -lösung.

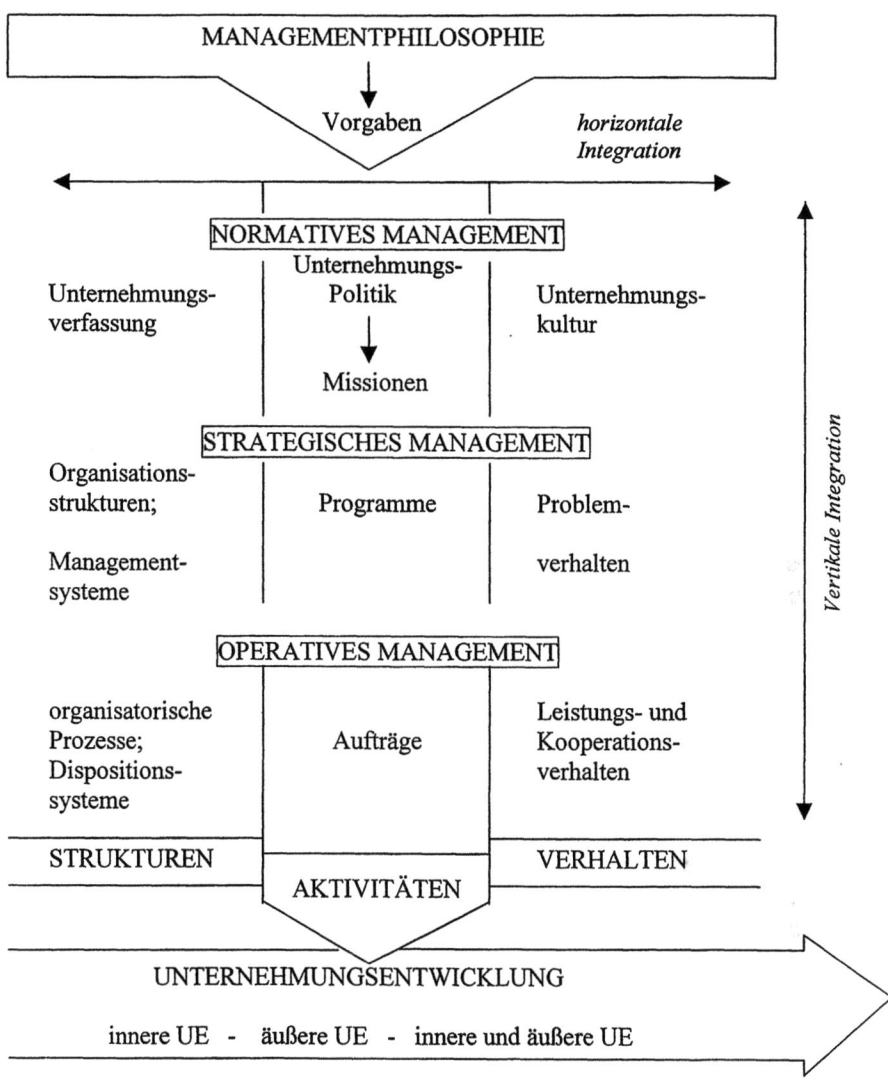

Abb. 19: Zusammenhang von normativem, strategischem und operativem Management
(Quelle: Bleicher 1995, S. 114)

*Aktivitäten, Strukturen und Verhalten wirken
auf die Unternehmungsentwicklung ein:*

Die dargestellten Dimensionen des Normativen, Strategischen und Operativen sind derart miteinander verknüpft, dass Vor- und Rückkoppelungen zwischen ihnen bestehen. Deshalb wird es notwendig, sie in vertikaler Sicht zu betrachten.

4.1.2 Integrative Verknüpfung der dimensionalen Bausteine

Drei Aspekte durchziehen die Dimensionen, die wesentliche Integrationsaspekte problematisieren zwischen konzeptionell-gestalterischem Wollen und führungsmäßiger Umsetzung des Erstrebten. Zunächst sind *Aktivitäten* ein Bezugspunkt, wobei Normen über Missionen zu Programmen konkretisiert werden, die wiederum Aufträge vorgeben. Ein weiterer Aspekt umfasst das Schaffen von *Strukturen*, die über die drei Dimensionen als Unternehmungsverfassung, Organisations- und Managementsysteme und schließlich als Dispositionssysteme gestaltet werden. Der dritte geht mit den ersteren Aspekten einher, er betrifft die Beeinflussung menschlichen *Verhaltens* im Wechselspiel von Werthaltungen, strategischem Denken und Problemlösen sowie der Leistungsorientiertheit im operativ-kooperativen Sinne. Mit dieser Denkhaltung wird eine integrative Gesamtsicht der Unternehmungsentwicklung angestrebt.

Integration durch Aktivitäten

Die Verknüpfung der als unternehmungspolitische Leitlinien (»policies«) formulierten *Missionen* mit den in der strategischen Dimension zu planenden *Programmen* für erstrebte Nutzenpotenziale und die daraus mit dem Kriterium der Machbarkeit abgeleiteten operativen *Aufträge* werfen das Problem der Integration der Aktivitäten auf. Die gegenseitige Abstimmung der dimensionsbezogenen Aktivitäten zu einem integrativen Konzept ist wiederum ein strategisches Problem, dieser »strategische Fit« gilt mithin als wesentliche Aufgabe des strategischen Managements.

Die Umsetzung von Mission, Programmen und Aufträgen ist eine Frage der strukturellen und verhaltensbezogenen Führung. Mitarbeiter sollen beeinflusst und dazu bewegt werden, Ziele zu erreichen. Ziele könnten sein, ein Konzept zur Umsatzerhöhung zu entwerfen, Strategien zur Betriebsklimaverbesserung zu konkretisieren, Qualitätsstandards zu definieren oder Verfahrensvorschriften einzuhalten, Betriebsablaufstörungen festzustellen. Die Arten der Einflussnahme können unterschiedlich sein: gliedert man grob, so lassen sich zwei Wege zur Führung feststellen mit wiederum vielfachen Varianten, zum einen wirkt Führung durch den Einfluss von Strukturen, zum anderen ist Führung das Verhalten von Personen.

Integration durch Strukturen: Führung durch Strukturen

In der normativen Dimension soll vor allem die *Unternehmungsverfassung* normsetzend sein und das Managementhandeln legitimieren und kanalisieren. Dieser strukturelle Aspekt erfährt in der strategischen Dimension in der Gestaltung der *Organisation* und von *Managementsystemen* eine weitere Konkretisierung. Im Operativen drückt sich der strukturelle Aspekt im raumzeitlich gebundenen Ablauf von Prozessen aus, die durch *Dispositionssysteme* gesteuert werden.

Das Verhalten in Organisationen wird mithin auch gewollt beeinflusst, ohne dass unmittelbar eine Person diesen Einfluss ausübt. Es sind Strukturen, die Aktivitäten steuern und koordinieren. Solche Strukturen können ganz unterschiedliche Qualität haben, so sind Organigramme, Stellenbeschreibungen, Verfahrensvorschriften, aber auch unterschiedliche Anreizsysteme wie z.B. ein Prämien- oder Leistungslohnsystem, Personalentwicklungsprogramme oder ein ausgeklügeltes System von Statussymbolen bis hin zur konkreten Gestaltung eines Arbeitsplatzes Ausdruck der strukturellen Führung. Das letztgenannte Beispiel macht dies besonders deutlich, wenn man bedenkt, wie ein Fließband etwa in sehr strenger Weise bestimmt, was ein Arbeiter zu tun hat. Durch die Struktur dieser Technik wird minutiös festgelegt, wie jeder Handgriff wann ausgeführt werden soll. Der Meister als Person muss nur im Ausnahmefall eingreifen; er muss gleichsam die »Lücken« schließen, die nicht organisatorisch geregelt sind.

In welchem Maße in manchen Organisationen Führung durch Strukturen erfolgt, wird erkennbar, wenn man z.B. Filialen oder Zweigstellen zentral gesteuerter Warenhaus-, Restaurant- oder Hotelketten besucht. Ob man in München oder Hamburg einkauft, man wird auf sehr ähnliche Angebote und Angebotspräsentationen stoßen. Ob man in Zürich oder London zum Essen geht, der Hamburger wird identisch gewürzt sein. Ob man in Paris oder New York übernachtet, dem Hotelzimmer ist dies nicht anzusehen. Alles ist geregelt, festgeschrieben, geordnet. Raum für die Kreativität einzelner Mitarbeiter besteht kaum; die Führungspersonen greifen nur dann ein, wenn im zentral geordneten und vorgeplanten Ablauf Störungen entstehen. Solche Festlegungen führen annähernd zu einer bürokratischen Organisation (vgl. Weber 1972): Führung durch Strukturen, nicht durch Menschen.

Über eine wechselbezügliche Gestaltung von Normen der Unternehmungsverfassung, der Aufbauorganisation und von Managementsystemen sowie der operativen Ausrichtung der Prozessorganisation und von Dispositionssystemen erfolgt eine strukturelle Integration.

Integration durch Verhalten: Führung durch Menschen

Regelmäßigkeiten im Verhalten sind nicht nur strukturell bedingt, sondern werden geprägt durch akzeptierte Wertvorstellungen der in einer Unternehmung tätigen Menschen. Das inhaltliche Normensystem ist Ausdruck der *Unternehmungskultur*. Die vergangenheitsgeprägte Unternehmungskultur bestimmt in der normativen Dimension das Zukunftsverhalten der Mitarbeiter einer Unternehmung im strategischen und normativen Handeln. Während in der normativen Dimension die Verhaltensbegründung im Mittelpunkt unternehmenspolitischer Prozesse steht, erfolgt in der strategischen Dimension eine Konkretisierung des erstrebten Verhaltens der Akteure in der Unternehmung im Hinblick auf ihr *Führungs- und Lernverhaltens*. Dies ergibt für das strategische Management die Aufgabe, verhaltensleitend zu wirken. Die operative Dimension stellt sodann auf das *Leistungsverhalten* im Arbeitsprozess ab, das durch die Führung zu fördern ist; ihr kommt die Funktion zu, *verhaltensrealisierend* zu wirken.

Die Praxis des Unternehmungsgeschehens zeigt immer wieder, auch wenn vieles durch Dispositionssysteme festgelegt ist und sogar Ausnahmefälle durch Sondervorschriften geregelt sind, die Menschen - und hier insbesondere die Führungspersonen - prägen die Art und Weise, wie solche Festlegungen in gelebte Realität umgesetzt werden. Hier kann mehr oder weniger menschlicher Verhaltensspielraum, ob flexibel und kreativ gearbeitet oder nur vorschriftsmäßig gearbeitet wird, eingeräumt werden. Das Verhalten der Führungsperson, die Art Ziele zu verdeutlichen, Aufgaben zu koordinieren, Mitarbeiter durch Gespräche zu motivieren, Ergebnisse zu kontrollieren, wird zum zentralen Bestandteil der Führung, die so zur personellen, insbesondere kommunikativen Beeinflussung von Mitarbeitern durch Vorgesetzte wird und die strukturale Komponente situativ modifiziert.

Auch der Aspekt Verhalten ist über alle drei Dimensionen hinweg zu integrieren. Gewiss mag es von Fall zu Fall unterschiedlich sein, ob der größere Einfluss von den Strukturen oder von den Personen ausgeht. Zu vernachlässigen ist jedoch der Stil, die Art und Weise des führungsmäßigen Umgangs mit Menschen niemals. Es kommt – auch – auf den Menschen an.

Defizite in der personellen Führung und unangemessene Kommunikation werden im besonderen Maße dann zum Problem, wenn Führung durch Menschen in der Unternehmung wichtiger wird als Führung durch Strukturen. Und dies gilt besonders dann, wenn die Umwelt der Unternehmung - z.B. die Technikentwicklung, der Personalmarkt, der Beschaffungsmarkt, der Absatzmarkt - so dynamisch ist, dass flexible Antworten sofort nötig sind und Strukturen viel zu starr wären. Dies gilt aber auch dann, wenn selbstbewusste und fachkompetente Spezialisten von einem Vorgesetzten koordiniert werden müssen, der im Detail weniger versteht als seine Mitarbeiter.

Führen »durch das Wort« beansprucht zeitlich das Tun von Führungskräften erheblich. Empirische Analysen belegen, dass Manager 80 bis 95 Prozent ihrer Arbeitszeit mit Kommunikation verbringen, falls man Kommunikation weit versteht, indem man nicht nur Vier-Augen-Gespräche, sondern auch Aktivitäten als Teilnehmer von Gruppengesprächen, als Vortragender oder Teilnehmer bei Tagungen und Konferenzen, beim Telefonieren, beim Erstellen oder Lesen von Schriftgut etc. mit einbezieht. Die Qualität der Kommunikation, die kommunikative Kompetenz lässt allerdings angesichts ausbildungsbedingter Defizite vielfach zu wünschen übrig. In der beruflichen Qualifizierung wird regelmäßig nur das »Was« als inhaltliche Komponente der Kommunikation behandelt, zum Beispiel hat man Ingenieurwissenschaften, Betriebswirtschaftslehre, Jura etc. studiert. Stillschwigend aber wird vorausgesetzt, dass man das »Wie« beherrscht, dass man mit den jeweiligen Partnern angemessen darüber sprechen kann, dass man die inhaltlichen Gedanken etwa Mitarbeitern überzeugend darlegt (vgl. Neumann 1995, S. 200). Nicht selten liegt hier ein Irrtum: die Verhaltensweisen der Vorgesetzten sind erwiesen die häufigste Ursache für Enttäuschungen, Frustrationen oder Ärger der Mitarbeiter (vgl. Bayerisches Staatsministerium für Arbeit und Sozialordnung, 1976).

4.2 Die »evolutionäre« Führungskonzeption der Münchner Schule

Die Managementlehre der sog. »Münchner Schule« ausgehend von W. Kirsch baut auf wesentlichen Grundannahmen der deutschsprachigen Betriebswirtschaftslehre auf, der Ansatz steht in der Tradition der konzeptionellen Arbeiten von E. Heinen und wurde darüber hinaus auch durch die systemtheoretischen Erkenntnisse von H. Ulrich geprägt (vgl. Kirsch 1989, S. 121).

Die Konzeption versteht sich als angewandte Führungslehre und orientiert sich deshalb an Problemen der Führungspraxis. Sie will als "... problemorientierte, multidisziplinäre Lehre *für* die Führung auf der Grundlage einer Lehre *von* der Führung....." (Kirsch 1990, S. 5) auf die Rationalisierung dieser Führungspraxis gerichtet sein.

Ebenso wie die St. Galler Schule knüpft Kirsch an der Komplexität des Führungsproblems an. Bei dem Versuch der Problemlösung wird ein ganz bestimmter Problemraum konstituiert, in dem der Problemlöser das Problem aus einem ganz spezifischen Kontext heraus betrachtet. Ein wesentlicher Bestandteil der Komplexität liegt nach Kirsch in der Notwendigkeit, Führungsprobleme aus unterschiedlichen Kontexten heraus zu beschreiben und zu behandeln. Deshalb geht Kirsch auch davon aus, dass es

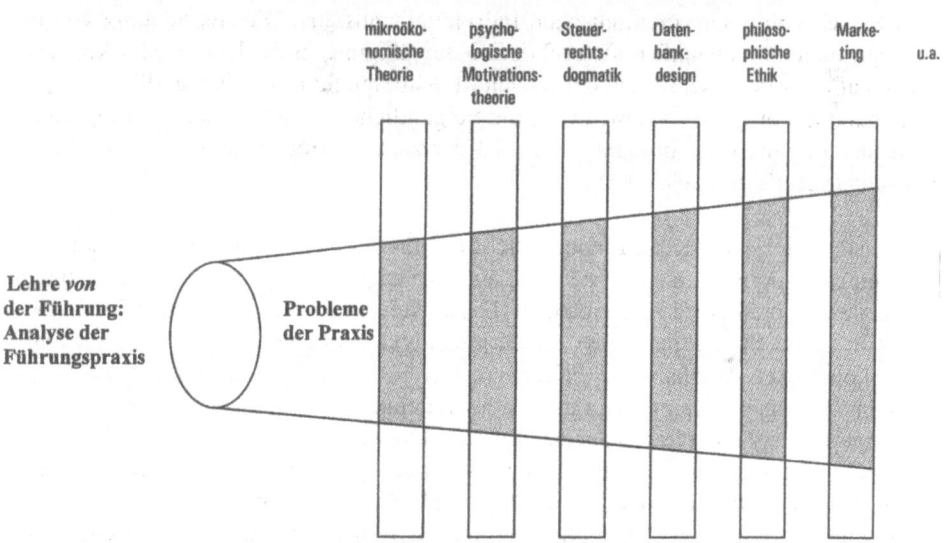

Abb. 20: *Das »Scheinwerfermodell«*
(weitgehend nach Kirsch 1990, S. 3)

sich bei Führungsproblemen um multikontextuelle Probleme handelt. Dieser Multi-Kontext ist das Merkmal komplexer Probleme. "Eine Lehre *für* die Führung impliziert in diesem Sinne Übersetzungen/Fortentwicklungen einer ganzen Reihe von Forschungstraditionen" (Kirsch 1990, S. 5 f).

Die Lehre *von* der Führung liefert über die Analyse der praktischen Führungsprobleme quasi einen Scheinwerfer, mit dem die für die Lösung des praktischen Führungsproblems relevant erscheinenden Forschungstraditionen angestrahlt werden. Dies bringt Kirsch mit dem »Scheinwerfermodell« zum Ausdruck (vgl. Kirsch 1992, S. 5).

Probleme der Praxis sollen ein Anleuchten der problemrelevanten Ausschnitte einer Nachbardisziplin veranlassen, eine simultane Erfassung des gesamten Spektrums mehrerer Nachbarwissenschaften wäre hingegen utopisch und überdies unnötig. Im Gegensatz zur St. Galler Schule spricht Kirsch nicht von einem interdisziplinären Forschungsansatz, in dem verschiedene Disziplinen über die allgemeine Systemtheorie und Kybernetik zusammengefasst werden, sondern von einem multidisziplinären Forschungsansatz. Kirsch geht davon aus, dass die verschiedenen Kontexte inkommensurabel sind und deshalb nicht über einen »Metakontext Systemtheorie und Kybernetik« zusammenfassbar sind (vgl. Ringlstetter 1987, S. 50). Stattdessen bleibt der wissenschaftlichen Forschung nichts anderes übrig, als die Führungsprobleme in verschiedenen Kontexten zu erfassen und zu versuchen, Übersetzungen zwischen den Kontexten vorzunehmen. Im Gegensatz zur St. Galler Schule, deren Ausgangspunkt zur Beschreibung von Führungsproblemen die holistische Sicht der Systemtheorie ist, geht Kirsch von einem methodischen Individualismus aus. Die Betrachtung von Führungsproblemen, verstanden als praktische Bewältigung individueller oder kollektiver Entscheidungsprozesse, stehen bei Kirsch im Mittelpunkt (vgl. Kirsch 1992, S. 7). Die Handhabung komplexer Probleme ist die »eigentliche« Funktion der Führung und die Untersuchung dieser Führungsfunktion ist der zentrale Gegenstand der Lehre von der Führung (vgl. Kirsch 1992, S. 11).

Dabei stellt sich nach Kirsch jedoch nicht nur die Frage nach der Handhabung dieser Probleme, sondern vor allem die Frage, unter welchen Bedingungen der Problemhandhabung ein »Fortschritt« zu erzielen ist. Diese Notwendigkeit wird erfüllt durch die "... Schaffung und Sicherung eines fortschrittsfähigen Systems als 'Arena' der Handhabung komplexer Probleme ..." (Kirsch 1992, S. 11). Die Schaffung eines solchen fortschrittsfähigen Systems erfolgt über einen geplanten Wandel der Organisation. Das Konzept des geplanten Wandels der Organisation wird von Kirsch zur Konzeption der geplanten Evolution weiterentwickelt (vgl. Kirsch 1990, S. 257 ff). Die Konzeption der geplanten Evolution sieht er wiederum als einen wesentlichen Bestandteil einer evolutionären Führungsphilosophie des strategischen Managements, welche nach Kirsch eine wesentliche Voraussetzung zur Schaffung einer fortschrittsfähigen Organisation ist. Eine weitere Voraussetzung sieht Kirsch in der Ausweitung des rein kognitiv-instrumentellen Rationalitätsbegriffes zu einer evolutionären Rationalität (vgl. Kirsch 1990, S. 492 ff).

Damit sind alle drei wesentlichen Grundelemente der »evolutionären Führungskonzeption« Kirschs angesprochen (vgl. Kirsch 1992, S. 354):

· Die Unternehmung als fortschrittsfähige Organisation.

· Evolutionäre Führungsphilosophie als Grundlage des strategischen Managements.

· Die evolutionäre Rationalität als Vorbedingung einer Fortschrittsfähigkeit der Unternehmung.

Kirsch beschreibt die Unternehmung als evolutions- und fortschrittsfähiges System. Er zieht jedoch keine kybernetischen Gestaltungsmodelle, die wie der St. Galler Ansatz letztlich auf biologischen Analogien beruhen, zur Beschreibung der Systemlenkung oder Systementwicklung heran. Vielmehr beschreibt er die Evolution der Unternehmung in Anknüpfung an die sozialwissenschaftliche Entwicklungslogik von J. Habermas (vgl. Kirsch 1992, S. 372). Kirsch konzipiert in Anlehnung an Habermas eine Entwicklungslogik, die zugleich die strukturell unterschiedlichen Stufen der Wissensorganisation einer Unternehmung kennzeichnet. Dies geschieht in Form von Sinnmodellen als Ausdruck der Kultur der Unternehmung, sie kennzeichnen, was als Sinn und Zweck der Organisation angesehen wird. Die Grundidee ist eine stetige Höherentwicklung der Sinnmodelle. Diese Entwicklung verläuft - mit zwei Übergangsmodellen - vom Zielmodell, in dem Organisationen als Instrumente zur Erfüllung vorgegebener Ziele dienen, über das Bestandsmodell, bei dem vor allem die Bestandserhaltung vorrangig ist, bis hin zum Fortschrittsmodell, wobei im Rahmen dieses Sinnmodells das Bemühen auf einen Fortschritt in der Befriedigung der Bedürfnisse und Interessen der vom Handeln der Organisation direkt oder indirekt Betroffenen gerichtet ist (vgl. Kirsch 1992, S. 14). Die Entwicklungsschritte der Unternehmung bis hin zur normativen Vorstellung der fortschrittsfähigen Organisation werden durch die Entwicklung von Systemfähigkeiten gefördert: Handlungsfähigkeit, Sensitivität für Bedürfnisse und Interessen von Betroffenen, organisationale Lernfähigkeit.

Diese Systementwicklung soll durch die Methodik einer geplanten Evolution unterstützt werden. Grundlage der evolutionären Führungsphilosophie ist nach Kirsch die Haltung des gemäßigten Voluntarismus. Hierbei wird die Veränderbarkeit sozialer Organisationen durch Willensakte unterstellt, gleichwohl wird jedoch bezweifelt, dass jeder willentliche Änderungswunsch auch zwanglos gelingt. Zudem verändert sich in einer Organisation vieles, ohne dass dahinter ein bewusst planender Wille steht (vgl. Kirsch 1990, S. 273 f), so dass ungeplanter Wandel und »Episoden eines geplanten Wandels« sich überlagern. Die Konzeption der geplanten Evolution soll als Kern einer Philosophie des strategischen Managements die Entwicklung der Unternehmung auf das Niveau der fortschrittsfähigen Organisation voranbringen. Dies geschieht überschaubar in Schrittfolgen, die extern oder intern angestoßen oder ausgelöst werden. Insoweit weist das Modell der geplanten Evolution eine starke Ähnlichkeit zur St. Galler Schule auf. Beide Methodiken basieren auf der Idee einer konzeptionellen Gesamtsicht bzw. eines übergeordneten Rahmens, in dem evolutionäre Versuchs-Irrtums-Schritte ablaufen.

Im Gegensatz zur St. Galler Schule thematisiert Kirsch zudem in Anlehnung an die »kommunikative Rationalität« von Habermas die Frage einer evolutionären Rationalität. Nach Habermas hat Rationalität mit der Begründung für verwendetes Wissens durch handelnde Personen zu tun. Rational ist eine Handlung, wenn sie wahr bzw. wirksam, normativ richtig und wahrhaftig ist. Prinzipielle Normen der intersubjektiven Verständigung müssen nach Kirsch durch eine situativ notwendige »okkasionelle Vernunft« ergänzt werden. Die St. Galler Schule verbindet ein rationales strategisches Management mit einer Orientierung vorrangig am Machbaren unter Einsatz der explizit formulierten Problemlösungsmethodik. Komplexitätsbejahung und pluralistische

Erkenntnispraxis sind nach Kirsch als Ausdruck einer evolutionären Führungslehre zugleich Bestandteile der evolutionären Rationalität. Es besteht eine wechselseitige Verknüpfung zwischen der Entfaltung der evolutionären Rationalität einerseits und der Entwicklung der Organisation hin zu einer fortschrittsfähigen Unternehmung andererseits.

In den Managementkonzepten der Münchner und St. Galler Schule ist die Maxime der Beherrschbarkeit immer mehr in den Hintergrund getreten. So geht es heute nicht mehr darum, die Arbeitsabläufe in sozialen Systemen so gut wie möglich zu kontrollieren, sondern es wird nach Strukturen gesucht, die *flexible Reaktionsmuster* hervorbringen und Wandel erzeugen können. Insbesondere Konzepte und Ideen wie die der Selbstorganisation von Ordnungsstrukturen, des »subjektiven« Konstruierens von Umweltwahrnehmungen, des frühzeitigen Erkennens unerwünschter Umwelteffekte, der Flexibilität von Systemeinheiten, des optimalen und effizienten Zeiteinsatzes sowie der Fähigkeit, zu lernen und sich weiterzuentwickeln, gewinnen zunehmend an Bedeutung. Komplexitätsbejahende Problemhandhabungsstrategien auf Basis der Selbstorganisation sind von der Leitidee bestimmt, eine problemadäquate »Eigenkomplexität« zu schaffen, vor dem Hintergrund des Varietätstheorems von Ashby heißt dies, eine Entscheidungsarena so zu gestalten, dass ihre Komplexität der Problemkomplexität entspricht bzw. diese sogar noch übersteigt (vgl. Kirsch 1990, S. 146, auch Rüegg 1989, S. 94).

Eine explizit formulierte Problemlösungsmethodik wurde von Kirsch et al. zunächst nicht entwickelt. Zur Erfassung einer gesamten Problemsituation, der Analyse von Wirkungsbeziehungen und das Aufspüren von Kernaspekten wird nunmehr - in Anlehnung an Gomez/Probst (1995) - eine Netzwerksystematik vorgeschlagen mit Ergänzungen wie zur Problemerkennung die Relevanzbaumanalyse und das »Mapping«, strategische Frühaufklärung und für die Gewinnung von Schlüsselgrößen die Szenario-Technik, das Brainstorming und auch die Mobilisierung von Intuition (vgl. Boehm-Tettelbach 1990, S. 103 ff und 149). Eine praktische Anwendung der Theorieelemente von Kirsch et al. bedürfte dennoch einer gewissen »Hemdsärmeligkeit«, um die Aussagen weitergehend und brauchbar zu operationalisieren (vgl. Eggers 1994, S. 113).

5. Beschreibung der Unternehmung und ihrer Entwicklungsdynamik in Analogie zu natur- und sozialwissenschaftlichen Forschungsergebnissen

Eine Systemkonzeption für humane, soziale Systeme durch die Übertragung der Systemansätze aus anderen wissenschaftlichen Disziplinen muss sich daran orientieren, inwieweit die Strukturen und Funktionsprinzipien überhaupt vergleichbar sind. Der Nutzen einer nur dann sinnvollen Übertragung des Wissens über solche Systeme liegt darin, dass zügig ein wissenschaftlicher und praktischer Fortschritt erreicht wird, welcher die Schwierigkeiten bei der spezifischen Erforschung sozialer Systeme ausgleichen und prinzipiell teilweise entbehrlich machen kann. Allerdings ist eine empirische

Überprüfung übernommener Aussagen im Bereich sozialer Systeme in jedem Falle unumgänglich.

Anhand der im vorigen Abschnitt dargestellten beiden Managementschulen wird deutlich, dass zwar im Grunde von demselben Managementproblem, nämlich der Komplexität ausgegangen wird, dass jedoch die zur Lösung dieses Führungsproblems entwickelten Vorschläge sehr unterschiedlich ausfallen.

Das St. Galler Management-Modell zielt für seine Umsetzung auf eine hohe Problemlösungskraft. Da die Praxis jedoch offensichtlich Probleme bietet, die durch ihre wechselseitige Vernetzung, ihre Dynamik und ihre inhaltliche Vielschichtigkeit gekennzeichnet sind, wird als Grundlage einer ganzheitlichen Erfassung und Handhabung dieser Probleme eine systemtheoretisch-kybernetische Sichtweise gewählt. Mittels der systemtheoretischen Betrachtungsperspektive gelingt es aus der Sichtweise der St. Galler Schule sowohl die wechselseitigen Verknüpfungen der Problemaspekte darzustellen als auch deren Bezug zu übergeordneten Systemen. Die eng mit den wechselseitigen Verknüpfungen verbundene Vielschichtigkeit begründet die interdisziplinäre Ausrichtung. Die Gestaltungs- und Lenkungsproblematik komplexer sozialer Systeme wird von der St.Galler Schule anhand kybernetischer Strukturmodelle behandelt, wobei hier eine starke Orientierung insbesondere an biokybernetischen Lenkungsmodellen festzustellen ist.

Die Münchner Schule um W. Kirsch hat sich der Herausarbeitung einer »evolutionären Führungslehre« gewidmet. Die Gestaltung und Lenkung sozialer Systeme wird als ein Multikontextproblem gesehen, was konsequenterweise zu seiner Beschreibung aus den verschiedensten Kontexten führt. Die evolutionäre Führungslehre knüpft zwar meist nicht unmittelbar an naturwissenschaftliche Theorien an, es ergibt sich jedoch ein indirekter Bezug über die sozialwissenschaftlichen Grundlagen des Ansatzes.

Für die Entwicklungsdynamik sozialer Systeme werden von beiden Managementschulen einheitlich evolutionär geprägte Ansätze zugrunde gelegt, die im inhaltlichen Sinne allerdings unterschiedlich orientiert sind. Der Systembegriff wird unterschiedlich ausgelegt und bietet eine große inhaltliche Spannweite. Angesichts dieser heterogenen Vorschläge einerseits, der im Grunde jedoch einheitlichen Orientierung an der Evolutionsbiologie andererseits, erscheint es sinnvoll und notwendig, zum Zwecke einer theoretischen Fundierung der Entwicklungsdynamik auch auf *evolutions*biologische Grundlagen einzugehen. Nur eine solche Vorgehensweise wird eine übersichtliche Ordnung in die aufzugreifenden Systemkonzepte und ihr Dynamikverständnis bringen und auch eine Beurteilung von Managementansätzen zulassen. Zugleich dient die Aufarbeitung der neueren evolutionsbiologischen Diskussion als Grundlage zur Klärung der bereits in Punkt 2.3.3 aufgestellten Grundfragen zur theoretischen Fundierung des Managements von Wandel.

Die Konzeptionen organismischer Systeme und evolutionsbiologische Betrachtungen stehen zudem mit physikalischen Systemkonzeptionen in einem zunehmend erkennbaren Zusammenhang. Darüber hinaus wird im Rahmen der Evolutionsbiologie ebenfalls in engem Zusammenhang mit den physikalischen Erkenntnissen von der bereits erwähnten Neuorientierung des Weltbildes mit der Konsequenz eines Paradigmawechsels gesprochen. Da somit offensichtlich enge Beziehungen zwischen den beiden Erkenntnisgebieten bestehen und zudem die ersten Entwicklungen in Richtung eines Paradigmawechsel ursprünglich von der Physik ausgingen, ist zu erwarten, dass auch in der jüngeren Physik wichtige Anhaltspunkte für die Klärung der Grundfragen zum entwicklungsorientierten Management des Wandels zu finden sind.

Damit ist der weitere Weg dieser Untersuchung vorgezeichnet. Ausgehend von einer Beschreibung kontroverser Paradigmen für die wissenschaftliche Erforschung des Managements des aktiven Wandels sollen zur theoretischen Fundierung eines Fortschritts in diesem Bereich zunächst physikalische und evolutionsbiologische Theorien im Hinblick darauf untersucht, welche möglichen Erkenntnisse und Antworten sie für die fitness-orientierte Unternehmungsentwicklung erbringen können.

5.1 Paradigmenwechsel im Management, Metaphern und Analogien

Die Neuorientierung im wissenschaftlichen Weltbild hat auch zu neuen Paradigmata für die Interpretation von Ansätzen, Vorgehensweisen und Methoden im Management geführt. Der geänderte erkenntnistheoretische Rahmen hat nicht nur die jüngere Managementforschung geprägt, die neuen Denkweisen haben auch das Verständnis und das Handeln in der Managementpraxis beeinflusst. Weil zum einen das kartesianische Weltbild weiterhin noch etabliert ist und dessen Erklärungsansätze in mechanistisch geprägten Situationen der organisationalen Realität durchaus auch brauchbar sind, sei zunächst das hierzu passende analytische Managementverständnis charakterisiert. Diesem werden sodann zwei auf ganzheitlich-vernetztem Denken beruhende Ansätze eines Managementverständnisses gegenüber gestellt, zum einen in Anlehnung an organismische und zum anderen an prozessorientierte Systemvorstellungen.

Das analytische Managementverständnis

Die analytische Methode der *Komplexitätsbewältigung* beruht auf dem Glauben, dass sämtliche für das Management relevanten Einflussfaktoren, Ziele und Alternativen identifiziert, analysiert und in eine bestimmte Reihenfolge gebracht werden können. Komplexität wird zwar als ein allgegenwärtiges Phänomen erkannt, es wird jedoch bei solchem Verständnis unterstellt, dass komplexe Problemstellungen auf komplizierte reduziert und durch strikt *analytisches Vorgehen* gelöst werden können.

Mit einer Orientierung am kartesianischen Weltbild geht das mechanistische Paradigma davon aus, dass Unternehmungen grundsätzlich beherrschbar sind und wir sie vollständig und im Detail unter Kontrolle haben können. Der Manager wird als »Macher« gesehen, der die Unternehmung zentralistisch steuert und stets vollständig beherrscht. Führung ist hierbei die Aufgabe Weniger (Top-Manager), die durch direktes Eingreifen in die Leistungsprozesse in der Unternehmung Anpassungszustände – nicht aber die Anpassungsfähigkeit – optimieren. Eine Folge hiervon ist die Trennung von Führungs- und Ausführungsorganen. Letztere werden bezeichnenderweise mit den

Werkstoffen und Betriebsmitteln unter den Elementarfaktoren subsumiert. Die Analogie zum Verhältnis Konstrukteur und Maschine ist offensichtlich.

Die vermeintlichen Erfolge, die mit dem mechanistisch geprägten Denken erzielt werden konnten, führten dazu, dass diese Denkhaltung eine weite Verbreitung erfahren hat. Komplexe soziale Systeme werden irrtümlicherweise als komplizierte Gebilde verstanden, in denen der Mensch einen unberechenbaren und schwer beherrschbaren Faktor darstellt.

Es wird versucht, die Funktionsweise und das Verhalten der Unternehmung durch die Analyse seiner Teile vollständig zu durchdringen und zu verstehen. Das Managementverständnis ist geprägt von der *Illusion der Beherrschbarkeit* komplexer sozialer Systeme sowie vom Prinzip der *Rationalität,* das heißt von der Überzeugung, dass alle Problemstellungen in sozialen Systemen rein verstandesmäßig gelöst werden müssen. Als Konsequenz hieraus dominieren monokausales Denken und das Streben nach eindimensional-ökonomischen Zielgrößen sowie die ausschließliche Orientierung an »kurzfristig Machbarem«.

Weitere Konsequenzen der mechanistischen Auffassung sozialer Systeme sind die *organisatorische Zersplitterung* und voranschreitende *Spezialisierung* in der Unternehmung. Das Zusammenleben in mechanistisch geführten sozialen Systemen ist geprägt von einem *starken Individualismus.* Durch die Konzentration auf den individuellen Erfolg wird das Konkurrenzprinzip zum bestimmenden Faktor des Handelns.

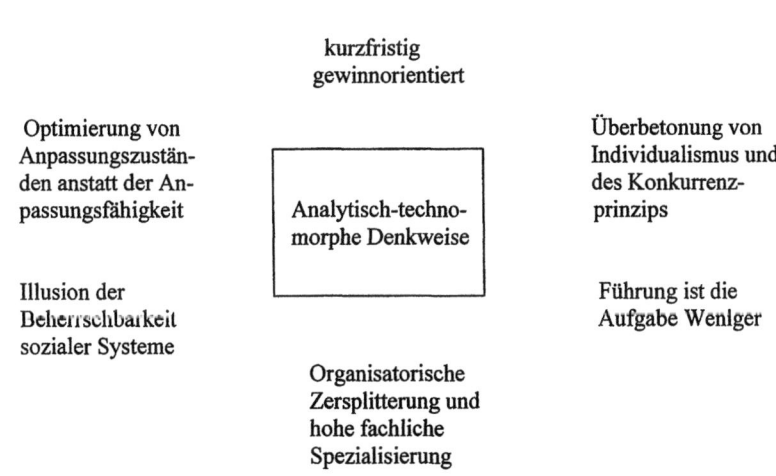

Abb. 21: Elemente einer mechanistisch-technomorphen Denkweise
(nach Servatius 1991, S. 103)

Das ganzheitlich-evolutionäre Managementverständnis

Im Sinne eines ganzheitlichen Managementverständnisses werden Unternehmungen als komplexe soziale *Systeme* verstanden, welche sich selbst weiterentwickeln. Das Grundmodell dieses ganzheitlich-evolutionären Paradigmas ist hierbei nicht die Maschine, sondern der lebende Organismus, der das Resultat von Prozessen einer *Selbstorganisation* darstellt und dessen Ganzheit ein wesentlich breiteres Verhaltensspektrum aufweist als die Summe seiner Teile. Der Kerngedanke eines ganzheitlich-evolutionären Managements ist die Idee der »geplanten Evolution« im Sinne einer schrittweisen Entwicklung im Rahmen einer konzeptionellen Gesamtsicht, die an Vergangenem anschließt und auf Zukünftiges verweist.

Für dieses *Paradigma der Selbstorganisation* (vgl. Kratky 1990, S. 3 ff; Jantsch 1992, S.36 ff) gilt als theoretische Grundlage die Systemtheorie und insbesondere die Kybernetik, die sich explizit mit komplexen Systemen auseinandersetzt. Hier sind insbesondere die Arbeiten von St.Beer, R.Ashby sowie J.Forrester zu nennen, die moderne Ergebnisse der Kybernetik auf die Steuerung von äußerst komplexen Systemen, wie sie Unternehmungen darstellen, übertragen haben. Der Ausgangspunkt des ganzheitlich-evolutionären Managementverständnisses ist die Anerkennung der Komplexität des realen Geschehens, die im Gegensatz zur mechanistischen Denkhaltung auch eine Akzeptanz der Vielfalt und Dynamik der Beziehungen in der Unternehmung und vor allem auch eine *Akzeptanz des Wandels* einschließt. Die Anerkennung des Wandels erfordert ebenfalls eine Akzeptanz des Chaos, was in einer Vielzahl möglicher Evolutionswege zum Ausdruck kommt. Tom Peters beschreibt in seinem Buch "Thriving on Chaos" diesen Sachverhalt (Peters 1987), der mit einem mechanistisch geprägten Managementverständnis kaum zu vereinbaren wäre.

Das Selbstverständnis des Managers ist nicht das des »Machers«, sondern er versteht sich mehr als »Katalysator«, "...der steuert und führt, indem er Impulse gibt und durch intensive Beobachtung des Umfeldes Einblicke in bisher unberücksichtigte, nichtlineare Zusammenhänge und Prozesse erhält, besonders auch in jene, die zwischen einzelnen Organisationseinheiten und zwischen den Menschen ablaufen. Er vermittelt Visionen, begreift Veränderungen nicht als Störung ... , sondern als neue Herausforderung, schafft Freiräume für die Mitarbeiter ... und motiviert durch Sinnvermittlung" (vgl. Zahn/Rüttler 1990, S. 3 f).

"Kernaufgabe von Managern ist nicht das Eingreifen auf der Objektebene, sondern das Gestalten von Kontexten" (Schwaninger 1994, S. 45). Nicht die Optimierung eines einzelnen Anpassungszustandes steht folglich im Mittelpunkt, sondern die Erhöhung der *Anpassungsfähigkeit der Unternehmung als Ganzes* an sich turbulent verändernde Umweltzustände.

An die Stelle der organisatorischen Zersplitterung tritt die *Vernetzung* von Unternehmungssubsystemen innerhalb und mit dem übergeordneten System Unternehmung sowie zur Umwelt. Trotz der notwendigen fachlichen Spezialisierung ist *interdiszipli-*

näres Denken von ausschlaggebender Bedeutung, weil nur dies eine ganzheitliche Betrachtung ergibt und die Unternehmung als Ganzes erfasst wird.

Die Komplexitätsbewältigung erfolgt unter dem Eindruck, dass nicht sämtliche Details erfasst und analysiert werden können. Wichtig wird vielmehr das *Verstehen von Zusammenhängen und Interdependenzen* zwischen einzelnen Unternehmungssubsystemen und der ganzen Unternehmung sowie ihrer Umwelt. Neben analytischem Denken ist hier vor allem *integratives Denken* gefordert.

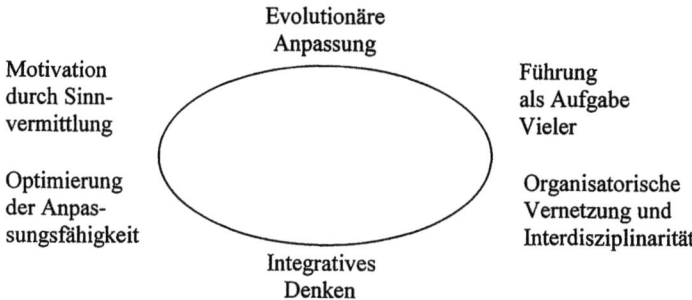

Abb. 22: Elemente eines ganzheitlich-evolutionären Managementverständnisses
(nach Servatius 1991, S.104)

Die Erkenntnis der *begrenzten Beherrschbarkeit* sozialer Systeme führt dazu, dass nicht eine zentrale Steuerung der Unternehmung angestrebt wird, sondern viele Personen in der Institution Lenkungsentscheidungen treffen müssen. Die wesentlichen Impulse gehen dabei nach wie vor vom Top-Management aus, marktorientierte Entscheidungen sollen aber prinzipiell in dezentralen, marktnahen Geschäftseinheiten getroffen werden, die im Sinne einer *gelenkten Selbstorganisation* zu schaffen sind. Den obersten Führungsinstanzen kommt bei dieser Methode der dezentralen Anpassung vor allem die Aufgabe zu, Organisationsstrukturen zu gestalten, die eine Orientierung für die dezentralen Lenkungsentscheidungen bieten und damit koordinierend wirken in der Gestaltung des Funktionieren-Könnens, um gemeinsame Werte sowie richtungweisende Ziele und Strategien zu induzieren.

Den Weg, den das Selbstorganisationsparadigma zu einem praktikablen Management komplexer Systeme weist, basiert auf der menschlichen Fähigkeit, prozesshaft Ordnung zu entwickeln und sich an Ordnungsmustern in einer zunehmend komplexeren Welt zu orientieren, um so koordinierend, dezentral und marktnah Lenkungsentscheidungen treffen zu können. Ziel ist die Verbesserung der Anpassungsfähigkeit, der Entwicklungsfähigkeit der ganzen Unternehmung, nicht die Optimierung einzelner

Teilbereiche bzw. Anpassungszustände. Entscheidungen sind hierbei Bestandteile eines umfassenden Versuch-Irrtums-Prozesses, der durch zentrale Gestaltungsmaßnahmen in seiner Richtung gelenkt wird. Die Verbesserung der Lernfähigkeit vernetzter Organisationen ist folglich eine zentrale Aufgabe eines ganzheitlichen Managements und eine wesentliche Voraussetzung für die Sicherung der langfristigen »Überlebens«-fähigkeit sozialer Systeme.

Das mikropolitisch-behavioristische Managementverständnis

Mit den Prinzipien des ganzheitlich-vernetzten Weltbildes hat sich eine andere Betrachtungsperspektive entwickelt, welche ein mikropolitisch-behavioristisches Managementverständnis charakterisiert. Es kennzeichnet die Handlungen in sozialen Systemen als politische Prozesse mit individuellen Interessenlagen. Man könnte diesen Ansatz als *Paradigma der Prozesshaftigkeit* (vgl. Böcher 1987, S. 28 ff) bezeichnen.

Nachdem dem Management über viele Jahrzehnte rationales Handeln unterstellt worden war, steht heute als Symbol für solche Organisationen das »Narrenschiff«. Nicht länger kann man die "... offenkundig begrenzte Rationalität menschlicher Individuen ..., die Vielfalt von Zielen und Interessen der Organisationsmitglieder ..., eine gewisse Anarchie organisationaler Entscheidungsprozesse, machtpolitische Beeinträchtigung der Effizienz von Problemlösungen, die Vielfalt kulturell bedingter Weltdeutungen und Wahrnehmungsweisen und - in gewisser Weise dadurch ausgelöst und dies alles zusammenfassend - die systemtheoretische Frage nach der Funktion von Zwecken in Organisationen und den Grenzen des Denkens in Kategorien von Zweck und Mittel überhaupt" ignorieren (vgl. Becker et al. 1992, zit. bei Heinzel 1996, S. 4 f).

Chaos-Forschung, Chaos-Management (Müri 1989) geraten ins Blickfeld und damit die Frage nach dem Umgang mit Unsicherheit in Situationen mangelnder Orientierung, wie zum Beispiel in Übergangssituationen, in denen Lösungen unvorhersehbar sind. Ein hoher Grad an Unsicherheit wird bewusst. Man erkennt, dass Fragen nach einfachen Problemlösungen angesichts der Komplexität und Vernetztheit unserer Welt nicht weiterführen, die Grenze zwischen Richtigem und Falschem unscharf wird, eindeutige Antworten zu falschen Lösungen führen, geringfügige Einflüsse massive Ungleichgewichte auslösen (Heitger 1991), dass das Unvorhergesehene und Unberechenbare die Entwicklung bestimmen.

Ein ebenfalls passendes Bild ist auch das »ungewöhnliche Fussballspiel«, bei dem das Spielfeld rund und abschüssig ist, die Tore wahllos übers Spielfeld verteilt sind, Leute nach Belieben mitspielen oder aufhören und Bälle ins Spiel werfen dürfen und jederzeit sagen können »Das ist mein Tor« und jeder so tut, als habe das Ganze einen Sinn (vgl. Heinzel 1996, S. 5); auch diese Betrachtung soll Chaos und Komplexität in Organisationen symbolisieren.

Das von der Chaosforschung untersuchte Dynamikmuster gleichgewichtsferner, hochkomplexer Strukturen lehrt, dass geringe Veränderungen disproportionale Entwicklungen auslösen können. So kann ein beliebig kleiner Einfluss unter Umständen entscheidend sein für einen psychischen Crash, politischen Umsturz oder wirtschaftlichen Zusammenbruch.

Das hat Auswirkungen auf die Unternehmung und das Management. Im Bereich der Organisation werden statt einseitig rationaler strategischer Kriterien bzw. einseitig auf Gewinn und Ertragsorientierung ausgerichteter Strategien eher ganzheitliche, qualitative Aspekte unter dem Begriff »Unternehmenskultur« bzw. »Corporate Identity« für die Unternehmungsführung wichtig. Das *eigenartige Fussballspiel* weist darauf hin, dass es in Organisationen immer auch um »Spiele« der Beteiligten, dass es also gleichzeitig um Sach- und Machtfragen geht, beide nur schwer voneinander zu trennen sind und dass alle Ziele, Strategien, Problemdefinitionen, Wahrnehmungen, Interpretationen umstritten sind: Nichts ist gegeben, alles ist Gegenstand politischer Auseinandersetzung.

Aus der Chaosforschung ist zu lernen, dass es für Wirtschaftsorganisationen sinnvoll ist, einen neuen Zugang zu Unklarheit, Widersprüchlichkeit und Unordnung zu bekommen. Aus Unordnung entsteht Kreativität, wenn schöpferische Menschen in Eigeninitiative Spielräume entdecken. Spielräume für Chancen müssen erkennbar und benutzbar sein, damit Innovation entsteht. Zum Funktionieren-Können einer Unternehmung müssen daher bürokratische Regeln und Festlegungen auf ein Minimum reduziert werden. So wird z.B. auf Stellenbeschreibungen im klassischen Sinn verzichtet, um die Mitarbeiter zu ermutigen, Strukturen zu hinterfragen bzw. neue auszuhandeln. Vorgesetzte sind nicht mehr Experten und Entscheidungsautoritäten, sondern Koordinatoren, Berater, Kommunikatoren. Informationsflüsse sind nicht mehr statusmäßig reguliert, sondern innerhalb der Organisation nach den realen Anforderungen ausgerichtet. Kurz: "Organisationen als Spiele zu sehen, heißt mehr als bisher, Steuerungsinstrumente der Selbstbestimmung, Netzwerkbildung und Verselbständigung zu aktivieren" (Neuberger 1992, S. 54). Vor dem Hintergrund, dass sich dissipative Systeme ständig im Fluss befinden, sind statische Betrachtungen der Systemstrukturen nur noch von untergeordnetem Interesse. Wichtig ist vielmehr die Gestaltung der wechselseitig vernetzten Prozesse, die für die dynamische Stabilität der Struktur dissipativer Systeme sorgen. Prigogine kennzeichnet mit seinem Buchtitel "Vom Sein zum Werden" (vgl. Prigogine 1992), dass das neue Paradigma auf das Werden gerichtet ist, so gesehen stellt die Struktur nur eine vorübergehende Ausprägung der zugrundeliegenden Prozesse dar.

5.2 Dissipative Systeme und Chaosforschung

Die Naturwissenschaften und hierbei besonders die Physik entfalteten seit jeher einen Einfluss auf die anderen Wissenschaften, welche deren Maßstäbe und Denkweisen zu übertragen versuchen; somit dürften Umwälzungen des naturwissenschaftlichen Weltbildes gerade auch die Betrachtungsperspektive in den Sozialwissenschaften geprägt haben.

Die Relativitätstheorie und die Quantenmechanik machen keine direkten Aussagen zu den eigentlichen Fragen des Managements bzw. der Lenkung von Unternehmungen. Die Theorien haben jedoch wesentlich zu neuen erkenntnistheoretischen Überlegungen beigetragen und ein vom Weltbild Newtons vollkommen abweichendes Verständnis der Welt, die nicht mehr deterministisch ist, geprägt. Die Vorstellung von mechanistischen, weitgehend einfach beherrschbaren Systemen weicht dem Bild einer unbestimmten, diskontinuierlichen Welt.

Ausgehend davon, dass nicht nur die Naturwissenschaften, sondern gleichfalls besonders auch die Betriebswirtschaftslehre wesentlich von der Sichtweise Newtons geprägt sind, müssen immerhin diese erkenntnistheoretischen Ansichten indirekt auch für betriebswirtschaftliche Probleme relevant sein. Über die primär erkenntnistheoretischen Fragestellungen hinaus rückt vor allem auch inhaltlich aus der Chaosphysik die Theorie der nichtlinearen Thermodynamik offener Systeme fern vom Gleichgewicht neue Vorstellungen von komplexen, sich dynamisch entwickelnden Systemen in den Blickpunkt, für welche sich die Übertragung des Systemkonzepts auf soziale, humane Systeme anbietet.

Im folgenden wird mithin das Ziel verfolgt, die Erkenntnisse der Chaosforschung für soziale Systeme und hierbei insbesondere für Unternehmungen zu untersuchen und Anwendungsmöglichkeiten für den betrieblichen Kontext aufzuzeigen.

Die Chaosforschung beschreibt Nichtlineare Dynamische Systeme. Nichtlinearität bedeutet, dass Ursache und Wirkung nicht über einen konstanten Faktor aneinander gekoppelt sind, sondern dass Ursache und Wirkung über-, unterproportional oder mittels weitaus komplizierterer Verknüpfungsfunktionen aneinander gekoppelt sind. Zudem bewirkt der Aspekt der Dynamik, dass sich diese Wirkungsbeziehungen im Laufe der Zeit ständig verändern. Bisherige Forschungsarbeiten der Sozialwissenschaften basierten in aller Regel auf der Annahme statischer Randbedingungen, d.h. es wurde die Annahme zugrunde gelegt, Ursache und Wirkung stünden in einem konstanten und über die Zeit hinweg stabil bleibendem Zusammenhang. Infolgedessen blieben fortlaufende und turbulente Veränderungsprozesse auf den Wissenschaftsfeldern der Betriebswirtschaftslehre, der Psychologie und der Soziologie stark vernachlässigt. Über die Chaosforschung wird nun ein Zugang zu dem Fragenkomplex der sich dynamisch verändernden sozialen Systeme im allgemeinen und der Unternehmungen im besonderen gesucht.

In der Nichtgleichgewichtsthermodynamik offener Systeme werden unterschieden Systeme nahe dem Gleichgewicht und solche fern vom Gleichgewicht. Die ersteren streben zum Gleichgewicht, sobald sie daran nicht gehindert werden. Es handelt sich um quasi-lineare Systemprozesse, so dass die Anfangsbedingungen für die Entwicklung dieser Systeme keine wesentliche Rolle spielen. Die Entwicklung bewegt sich in einem vorhersagbaren Rahmen und einem stabilen Muster.

Die Kinetik der Reaktionen für den Reaktionstyp im oder nahe dem Gleichgewicht lässt sich mathematisch durch eine lineare Differentialgleichung beschreiben.

Offene Systeme fern vom Gleichgewicht, für die von Prigogine die Bezeichnung "dissipative Systeme" geprägt wurde, sind durch nicht-lineare Systemprozesse gekennzeichnet, die zu dynamisch stabilen Systemzuständen führen.

Dissipative Systeme zeichnen sich dadurch aus (vgl. Scheurer 1997, S. 143 f), dass sie

- dauerhaft *fern vom Gleichgewicht* sich befinden,
- *offen* sind und sich ständig mit ihrer Umwelt im Austausch befinden; der Energie- und Stoffwechsel oder in komplizierten Systemen auch Information schafft die Voraussetzungen für eine dynamische Stabilität und hält zugleich das System fern vom Gleichgewicht, die Gleichgewichtsferne ist wiederum bestimmend dafür, dass das System nicht zum Stillstand kommt und die Austauschprozesse mit der Umwelt zustande kommen.
- äußerst *komplex* und zusammengesetzt sind aus einer Vielzahl von Untersystemen. Beim physikalischen Beispiel des Lasers sind systemische Elemente die am Strahlungsprozess beteiligten Atome, in biologischen Systemen sind es etwa die Zellen, welche die einzelnen Organe aufbauen. Für die ablaufenden Prozesse gilt, dass sie vernetzt, iterativ und nichtlinear ablaufen.
- *rekursiv* auf sich selber bezogen sind; die Rückkopplungen sind nicht nur negativ und somit die dynamische Systemstabilität erhaltend, positive Rückkopplungen können das System in eine neue Stabilität treiben.
- *sich selbst organisieren*, das heißt die Fähigkeit besitzen, entweder je nach »struktureller Öffnung« auch bei einem Störeinfluss das dynamisch stabile Gleichgewicht zu erhalten oder schon bei bereits kleinstem Störeinfluss eine extreme Zustandsveränderung zu erfahren, die zu einer neuen spontanen Ordnung führt. Die einzige Einschränkung der möglichen Systementwicklung ergibt sich aus den eigenen Ausgangsbedingungen des Systems selbst. In einem zyklischen Prozess ist somit jeder Systemzustand konstitutiv für den nächsten Systemzustand. Solche primär vom inneren Systemzustand determinierte Prozesse werden auch selbstreferentiell genannt. Zugleich ist aber die Entwicklung nicht mehr voraussagbar. Für den Prozessablauf können Randbedingungen zusätzlich eine Rolle spielen, sie determinieren ihn jedoch nicht. Im Normalfall überlagern sich in Ungleichgewichtssystemen stabile und instabile Muster, was zu einer Sichtweise führt, nach der Ordnung und Unordnung als zwei Pole eines ständigen Spannungsfeldes *gleichzeitig* produziert werden, sich gegenseitig bedingen und auf verschiedenen Ebenen koexistieren.
- *irreversibel* sind, indem sie im Zeitablauf in Richtung einer attraktiven Menge von dynamisch stabilen Systemzuständen streben. Das »Werden und Vergehen«, das heißt der Verlauf eines Systems erscheint wichtiger als das Sein, als die momentane Systemexistenz. Sichtbare »explizite« Ordnungsmuster entfalten sich laufend in Prozessen (»unfolding«), entstehen spontan (»emerging«) und deuten somit auf eine Ordnung tieferer Art hin (»implizite Ordnung« oder »Prozessstruktur«). Zahlreiche Systeme bewegen sich - einmal in Gang gekommen - aus sich selbst heraus und prinzipiell ohne weitere externe Einwirkung weiter und produzieren bzw. reproduzieren dadurch ein für sie charakteristisches Dynamikmuster (»eigendynamische Ordnungen«) (vgl. Mayntz/Nedelmann 1987, S. 648 f).

Seit den sechziger Jahren sind eine ganze Reihe von alternativen Modellvorstellungen entstanden, die sich explizit mit der Ordnung dynamischer Phänomene befassen und sich dabei mit so schwierig zu erfassenden Problemen wie permanentem Wandel, ständigen Ungleichgewichten, graduellen Übergängen in neue Ordnungsformen, Emergenz neuartiger Eigenschaften, Brüche in bisherigen Entwicklungsverläufen usw. auseinandersetzen. Derartige alternative theoretische Ansätze, welche sich am besten unter den Sammelbegriff der *»Selbstorganisations- und Chaosforschung«* subsumieren lassen (für eine informative und übersichtliche Darstellung solcher neuer Ordnungsformen insbesondere in der Natur vgl. Davies 1989, sowie auch zur Entwicklung der Selbstorganisationsforschung Probst 1987, Kapitel 2), liegen vor außer in der nicht-linearen Thermodynamik von Prigogine z.B. in der *Synergetik* von Haken, in der hierzu eher mathematischen Variante der *Chaostheorie*, der biochemischen Evolutionstheorie von Eigen, der Theorie autopoietischer Systeme sowie einer Reihe von Ansätzen selbstorganisierender Systeme mit spezifisch human-sozialem Bezug (z.B. Theorie komplexer und spontaner Phänomene, soziale Selbstorganisationstheorien, selbstreferentielle soziale Systeme, individuelle und soziale Lerntheorien, soziale Netzwerktheorie, organisationale Paradoxien usw.).

Nicht-lineare Systeme (»far-from-equilibrium systems«) sind grundsätzlich *nicht vorhersagbar*. Selbst einfachste nicht-lineare Systeme, welche fixierte Ausgangsbedingungen aufweisen, können eine derart unübersichtliche Verhaltensvielfalt aufweisen, dass ihr konkreter Verhaltenspfad bzw. spezifische Ereigniseintritte unvorhersagbar sind: "... It is as though such systems have a »will of their own« " (Davies 1989, S. 72). Diese Situation wird chaotisch genannt, im wissenschaftlichen Sprachgebrauch genauer »deterministisch chaotisch«, was soviel wie »gesetzlich chaotisch« heißt. Dieser Zusatz soll verdeutlichen, dass bezüglich der einwirkenden Kräfte auf die Elemente eines nicht-linearen Systems deterministische Gesetze weiterhin gelten. »Deterministisches« Chaos bezeichnet Zustände nichtlinearer dynamischer Systeme im Bereich zwischen Determinismus (Erstarrung) und Unordnung (Chaos) und umschreibt zugleich, dass selbst Systeme, deren Elemente deterministischen Gesetzen gehorchen, ein nicht vorhersagbares, chaotisches Systemverhalten hervorbringen.

Ein Beispiel ist die Bewegung eines Doppelpendels, also eines Pendels, an das ein zweites gehängt wird. Dieses Doppelpendel unterliegt den deterministischen naturgesetzlichen Einflüssen der Gravitation und der Reibung, die Naturgesetze sind nicht außer Kraft, sie helfen nur nicht weiter, wenn es um die Prognose des Gesamtsystemverhaltens geht. Bei leichtem und sehr starkem Anstoß ergeben sich periodische und quasi-periodische, also regelmäßige Bahnen, welche einen dynamischen Stabilitätszustand darstellen, der durch spontane Ordnungen im Rahmen von Selbstorganisationsprozessen zustande kommt. Hierbei handelt es sich um selbstreferenzielle Prozesse, mit anderen Worten also um Prozesse, die von den Anfangsbedingungen des Systems determiniert werden. Bei mittelkräftigem Anstoß des Doppelpendels, ab einem gewissen Schwellenwert zeigen sich chaotische Bewegungen.

Die besondere Aufmerksamkeit der neueren wissenschaftlichen Ansätze, die sich mit diesen Systemen befassen, gelten ihren Entwicklungsprozessen, vor allem der Frage, wie diese Systeme selbstorganisierend aus instabilen Systemphasen zu Ordnungszuständen übergehen können und umgekehrt. Die Chaosforschung gewährt einen rational-logischen Zugang zu der Problematik der Struktur- und Musterbildung.

Ausgangspunkt für Entwicklungsprozesse sind Zustände, bei denen das System seine Stabilität verliert, die durch Fluktuationen ausgelöst werden. Fluktuationen sind Veränderungen, die aus positiven Rückkopplungen im System selber entstehen oder aus der Systemumwelt kommen. Mit der durch eine Fluktuation entstandenen Instabilität wird das System in die Lage versetzt, sich intern zu differenzieren, um entweder zu seinem zunächst dominant wirkenden Anfangszustand oder einem qualitativ vollständig neuen stabilen Zustand zu gelangen. Die Weichenstellung wird von dem Ausmaß der Fluktuationen bestimmt: unterhalb einer gewissen Schwelle dämpft das System die Fluktuationen, so dass das System im Rahmen seiner rekursiven Prozesse wieder auf seinen ursprünglichen Ausgangszustand zurückkommt, wird die Schwelle jedoch überschritten, führt dies zu qualitativ vollständig neuen Systemstrukturen (vgl. Jantsch 1992, S. 77 ff). Bei *kontinuierlicher* Veränderung äußerer Parameter, das heißt äußerer Einwirkungen auf das System, ändert sich mithin das Verhalten des Systems bei bestimmten Parameterwerten *diskontinuierlich*.

Nahe diesem kritischen Punkt können kleine Änderungen der Anfangsbedingungen infolge der Rekursivität der Systemprozesse und der Nichtlinearität der Systembeziehungen zu vollkommen neuen Ordnungszuständen führen. Die sensitive Abhängigkeit von den Anfangsbedingungen ist auch als »Schmetterlingseffekt« bekannt, wobei dem Bild gefolgt wird, dass z.B. der Flügelschlag eines Schmetterlings in Bulgarien, welcher eine minimale Änderung der Randbedingungen des hydrostatischen Gleichgewichts bedeutet, aufgrund der globalen Vernetztheit und von Rückkopplungsprozessen einen Tornado in Texas verursachen könnte.

Übertragen auf einen wirtschaftswissenschaftlichen Kontext konnte diese Unverhältnismäßigkeit von Ursache und Wirkung an der Börse beobachtet werden. Beim Börsencrash von 1929 an der New Yorker Wertpapierbörse, der eine bis 1931 andauernde Weltwirtschaftskrise auslöste, kam es zu einer an sich irrationalen, für alle Beteiligten negativen Kursentwicklung, die plötzlich und von niemandem vorhergesehen eintrat. Der letzte gewaltige weltweite Kurssturz 1987 löste zwar keine erneute Weltwirtschaftskrise aus, dennoch traf er auch die erfahrensten Börsianer völlig überraschend. Vermutlich hat ein Selbstverstärkungsprozess durch computergesteuerte Aktienlimits den Kurssturz hervorgerufen.

Will man Komplexität, Nicht-Linearität und Rekursivität mathematisch erfassen, ist dies nicht mehr mit herkömmlichen Differentialgleichungen möglich, sondern mit der Methode der Iteration. Das Verhalten nicht-linearer Systeme fern vom Gleichgewicht lässt sich eindrucksvoll mit Hilfe der berühmten logistischen Gleichung untersuchen:

$$y_{n+1} = a \cdot y_n (1 - y_n).$$

Der Faktor *a* steht für die Günstigkeit der Existenzbedingungen eines Systems, z.B. einer Population. y_n bezeichnet die Größe der Population im Jahre n der Beobachtung; dieser Wert wird allerdings nicht in absoluten Zahlen angegeben, sondern zum besseren Vergleich etwa mit anderen Populationen mit einem Prozentsatz zur maximal möglichen Population, er liegt mithin immer zwischen Null und Eins. Die Iteration geschieht in der Weise, dass beim ersten Rechendurchgang der Wert für y_n frei gewählt wird, beim zweiten und jedem weiteren Rechenschritt jedoch das jeweils zuvor errechnete Ergebnis eingesetzt wird. Ausgehend von einem Wert für y_o von 0,3 zeigt die Gleichung für verschiedene Werte von *a* drei Reaktionstypen:

Bis zu $a = 2,9$ pendeln sich nach mehreren Iterationen die Werte für y_n allesamt auf *feste Werte* ein (vgl. ausführlich Nürnberger 1993, S. 44 ff).

Eine Erhöhung des Wertes von *a* auf 3,0 beendet plötzlich den Bereich der Stabilität, das System wird doppelt periodisch, die Ergebnisse schwanken zwischen zwei Zahlen hin und her, was man noch als verlässlich ansehen kann. Ändern sich somit im Laufe der rekursiven Prozesse die Anfangsbedingungen eines dissipativen Systems über einen bestimmten Grenzwert hinaus, beginnt das System zwischen zwei verschiedenen Attraktoren hin und her zu schwingen. Somit existieren in dieser Phase des Entwicklungsprozesses zwei dynamisch stabile Ordnungszustände. Die Gründe für Änderungen der Anfangsbedingungen können sowohl in den nichtlinearen Wechselwirkungen innerhalb des Systems, also z.B. in positiven Rückkopplungen, als auch in Fluktuationen aus der Umwelt des Systems liegen. Weitere Erhöhungen des Faktors *a* schränken diese Verlässlichkeit indessen zunehmend ein, indem die Ergebnisse in immer kürzeren Abständen zwischen immer mehr Zahlen zu schwanken beginnen, was einen *Übergang von der Stabilität zur Instabilität* repräsentiert: bei $a = 3,44865$ spalten sich die Ergebnisse zu vier Fixpunkten, die dann wiederum beim Wert von $a = 3,5441$ sich zu acht Fixpunkten verzweigen. Die Abstände des Verzweigens werden immer kürzer, die bisherige Ordnung löst sich auf.

Der Weg ins Chaos verläuft bei nahezu allen nichtlinearen, dynamischen Systemen nach dem universellen Prinzip der Periodenverdopplung. Im Rahmen dieser Periodenverdopplung stellt sich ein generell gültiges Muster ein. Beginnend von der ersten Schwingung des Systems zwischen zwei verschiedenen dynamischen Ordnungszuständen verdoppelt das System in zeitlich immer kürzer aufeinanderfolgenden Abständen die Schwingungen zwischen der Anzahl weiterer Ordnungszustände solange, bis es im Chaos landet. Der Abstand zwischen zwei Verzweigungspunkten verkürzt sich stets um den Faktor 4,6692. Diese von M. Feigenbaum berechnete Zahl wird seitdem »Feigenbaumzahl« genannt.

Mit zunehmender Änderung der Anfangsbedingungen springt das System zwischen einer immer größer werdenden Anzahl von Attraktoren hin und her, bis schließlich keine Ordnung mehr auszumachen ist (vgl. Briggs/Peat 1990, S. 80 ff). Ab einem bestimmten Wert, genau bei $a = 3,56994$ verliert sich die fortgesetzte Periodenverdopplung, y_n geht in regelloses Schwanken über, das *Chaos* hat begonnen. In diesem Bereich zeigt sich die sensitive Abhängigkeit von den Anfangsbedingungen: ändert man die Anfangsbedingung minimal, zum Beispiel indem der Anfangswert y_0 von 0,3 auf $y_0 = 0,300002$ erhöht wird, ergibt sich ein völlig anderer Entwicklungsverlauf. Im weiteren Verlauf der Dynamikzustände des Systems zeigen sich wieder Bereiche der Ordnung, in denen das System vorhersagbar wird. Danach geschieht mit einer neuen Periodenverdopplung wiederum ein Abgleiten ins Chaos.

Die nachstehende Abbildung zeigt das sog. »Feigenbaumdiagramm«, das den Übergang eines dissipativen Systems auf dem Weg über Bifurkationen ins Chaos veranschaulicht.

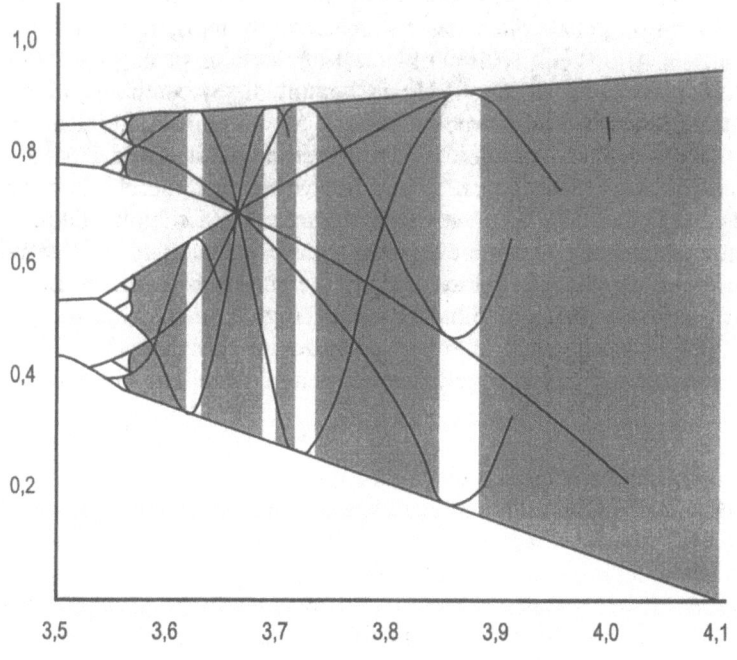

Abb. 23: Feigenbaum-Diagramm: Zustände eines dissipativen Systems

Nach Haken lässt sich das Verhalten eines Systems durch Kontrollparameter und Ordnungsparameter beschreiben. Die Kontrollparameter quantifizieren die Systembedingungen und geben Auskunft über die Entfernung eines Systems vom Gleichgewicht. Die Ordnungsparameter charakterisieren den makroskopischen Ordnungszustand des Systems und bestimmen, bei welchen Werten des Kontrollparameters eine Instabilitätsschwelle vorliegt. Entfernt man das System durch Erhöhung des Kontrollparameters vom Gleichgewichtszustand, so wird es an einem bestimmten Punkt instabil. Dieser Punkt ist der Bifurkationspunkt (Verzweigungspunkt), da bei einer weiteren Erhöhung des Kontrollparameters die Reaktion des Systems nicht eindeutig ist und für ein und denselben Wert mehrere Ordnungsparameter als Lösungen existieren können.

An diesem Punkt kommt den Fluktuationen im wahrsten Sinn des Wortes eine »entscheidende« Bedeutung für die Fortentwicklung des Systems zu. Die Entstehung neuer Strukturen wird bewirkt durch eine, wie Haken sagt, »Versklavung« der Systemparameter durch Ordnungsparameter. In der Nähe von Instabilitätspunkten, an die das System durch Fluktuationen getrieben wird, wird die neu entstehende spontane dynamische Ordnung durch wenige Ordnungsparameter bestimmt (vgl. Haken 1988, S. 13 f). Jenseits eines Bifurkationspunktes tritt dann eine enorme Reduktion der Freiheitsgrade des Gesamtsystems ein.

Wenn es wie vorliegend um die fitnessorientierte Entwicklung der Unternehmung geht, kann von vornherein keine Systemvorstellung in Frage kommen, die nur sehr eingeschränkte Entwicklungsmöglichkeiten des betrachteten Systems, nämlich zum Gleichgewicht hin, zulässt. Dies heißt: eine wirkliche Entwicklung ist nur von Systemen fern vom Gleichgewicht zu erwarten. Hinzu kommt die wesentlich größere Komplexität dieses Systemtyps und damit die berechtigte Vermutung, Analogien zur Dynamik von Unternehmungen vorzufinden. Die Skizzierung dissipativer Systeme macht durchaus erkennbar, Unternehmungen als dissipative Systeme beschreiben zu können. Dies hätte dann erhebliche Konsequenzen für Aussagen zur Lenkung und Entwicklung von Unternehmungen. Insbesondere wäre die Berücksichtigung von Selbstorganisationsprozessen unumgänglich. Damit zeigen sich bereits nach dieser Betrachtung physikalischer Erkenntnisse erste inhaltliche Parallelen zu den Ansätzen des St. Galler Management-Konzepts und der Führungskonzeption der Münchner Schule, auch wenn sich diese Managementansätze teilweise mehr auf biologische Grundlagen stützen.

Fitnessorientierte Systeme zeichnen sich durch ihre Wandlungsfähigkeit aus. Die positiv aktivierte, reformatorische und revolutionäre Energie des Chaos wird zur systemischen Notwendigkeit. Allerdings würde das reine Chaos ein System untergehen lassen, denn absoluter Wandel impliziert ein nicht handhabbares Ausmaß an Unsicherheit (vgl. Luhmann 1993, S. 417). Deshalb bedürfen auch dynamische soziale Systeme eines Ordnungselements, einer Struktur. Diese allerdings muss den Umgang mit der Unsicherheit gewährleisten. Es wird eine Ordnungsform gesucht, welche das Chaos quasi scheibchenweise als Quelle der Veränderung und Entwicklung zugänglich macht.

5.3 Organismische Systemkonzeptionen

Die von den physikalischen Erkenntnissen bereits vorgezeichnete Sicht der Welt wurde zunächst von der Biologie nicht angenommen, die mechanistische Deutung der Phänomene wurde jahrzehntelang beibehalten. Inzwischen hat auch die Biologie im Zuge neuerer Erkenntnisse in mehreren Bereichen wie der mit Gehirnforschung befassten Neuro-Biologie, die Verbindung mikrobiologischer mit quantenphysikalischen Betrachtungen, vor allem aber in der Evolutionsbiologie den von der Physik ausgehenden Deutungsrahmen übernommen. Die Biologie wurde dadurch neben der Physik zum Schöpfer des Weltbildes unserer modernen Welt.

Eine Betrachtung des organismischen Systembegriffs zeigt, dass dieser im Grunde mit dem Systembegriff des dissipativen Systems übereinstimmt. Weiterhin bringt die Biologie über eine detaillierte Analyse des Evolutionsprozesses eine vertiefte Sicht der Entwicklungsdynamik dieser Welt.

5.3.1 Allgemeine und erweiterte Theorie offener Systeme

Zur Charakterisierung organismischer Systeme entwickelte der Biologe v. Bertalanffy eine Theorie zur Selbstregulierungsfähigkeit offener biologischer Systeme (Bertalanffy 1950). Durch die Verallgemeinerung seines theoretischen Ansatzes strebte er eine *Allgemeine Systemtheorie* an, die zu einer vereinten Wissenschaft beitragen sollte (Bertalanffy 1951).

Die Sichtweise als *offene* Systeme weicht grundlegend von der bisherigen Betrachtung biologischer Systeme als geschlossene Systeme ab. Ein offenes System befindet sich in einem ständigen Energieaustausch mit der Umwelt. Die Systemerhaltung geschieht durch die Herstellung eines dynamischen Fließgleichgewichtes, womit sich das System durch stabilisierende Rückkopplungen auf veränderte Umweltbedingungen einstellen kann. Kennzeichen lebender Systeme ist ihr hierarchischer Aufbau, der durch fortlaufende Differenzierung entstanden ist und der Erhaltung des Systems dient und womit zunehmend komplexere Systemstrukturen entstehen. Die Systementwicklung beruht nicht nur auf Anpassungsleistungen des Systems, ".. Gesetze auf organismischer Ebene ..." (Bertalanffy 1970, S. 89) spielen eine zusätzliche Rolle. Lebende Systeme besitzen Informationsträger, welche zugrundeliegende Baupläne oder mit anderen Worten den genetischen Code weitergeben können.

Die Konzeption von Bertalanffy enthält bereits viele Elemente eines dissipativen Systems. Jedoch wird die zentrale Rolle der Selbstorganisationsprozesse für diese Systeme noch zu wenig beachtet, und es wird offensichtlich von linearen Systemen ausgegangen. Erst unter dem Eindruck der Erkenntnisse zur nichtlinearen Thermodynamik offener Systeme fern vom Gleichgewicht berücksichtigen erweiterte Konzepte die wirkliche Rolle der Selbstorganisationsprozesse.

Organismische Systeme werden in der neueren Literatur vor allem mit folgenden Merkmalen charakterisiert (vgl. Bosshard 1985, S. 133; Hasenfuss 1987, S. 327; Jantsch 1992, S. 99; Schuster 1987, S. 53; zit. bei Scheurer 1997, S. 171):

- Lebende Systeme sind offene Systeme fern vom Gleichgewicht. Mit ihrer Umgebung sind sie durch einen Energie- und Materieaustausch verbunden.

- Lebende Systeme sind in einem Zustand des dynamischen Fließgleichgewichtes. Dieses Fließgleichgewicht entsteht nicht nur durch negative Rückkopplungsmechanismen, sondern auch durch spontane Selbstorganisationsprozesse, die nur fern vom Gleichgewicht entstehen können.

- Infolge der Selbstorganisationsprozesse kommt es zu spontanen Ordnungsbildungen und damit zur Ausbildung von zeitlich stabilen Systemzuständen. Unter dem Eindruck von Umweltveränderungen oder Fluktuationen können jedoch qualitativ vollständig neue Strukturen entstehen. Die so entstehenden Systemstrukturen dienen der Erhaltung des Systems und fördern sein Überleben. Diese Fähigkeit zur selbstorganisierenden, kreativen Strukturbildung verleiht dem System auch in Fällen äußerer oder innerer Störungen eine relative Stabilität.

- Organismische Systeme sind durch rekursive, wechselseitig verbundene, nichtlineare Ursache-Wirkungsnetze und damit durch eine hohe Komplexität gekennzeichnet (vgl. Roth 1986, S. 152).

- Lebende Systeme besitzen einen Informationsspeicher und sind dazu in der Lage, im Zuge der Fortpflanzung Informationen weiterzugeben (vgl. Schuster 1987, S. 53). Diese Informationen beinhalten den durch die gesamte Systemgeschichte erworbenen genetischen Bauplan des Organismus und sind die Grundlage der Selbstorganisationsprozesse.

Diese Charakterisierung organismischer Systeme verwendet nach wie vor die Vorstellungen von Bertalanffy. Sie wird aber ergänzt die neueren Erkenntnisse aus der nichtlinearen Thermodynamik offener Systeme fern vom Gleichgewicht. Mit dieser Entwicklung des biologischen Systemverständnisses war der Weg frei zu weiteren theoretischen Ansätzen, die auf diesem Systembegriff aufbauend vor allem die Rolle der Selbstorganisationsprozesse hervorheben. Insbesondere sind hier die Autopoiesistheorie von Maturana/Varela und die »Systemtheorie der Evolution« von Riedl zu nennen. Deshalb werden im folgenden die Systemkonzeptionen dieser zwei theoretischen Ansätze und die mit ihnen verbundenen Vorstellungen hinsichtlich der Selbstorganisation näher betrachtet.

5.3.2 Autopoiese-Ansatz für Systeme

Die Theorie autopoietischer Systeme ist eng mit den Namen der beiden chilenischen Kognitionsbiologen H. Maturana und F. Varela verbunden. Dieses Theoriekonzept will in einer »Biologie der Kognition« die biologischen Grundlagen des Erkennens darstellen; dies setzt notwendigerweise ein *Verständnis organismischer Systeme und ihrer Entwicklung* voraus und umfasst mithin eine »Theorie der lebendigen Organisation«. Mit dieser Absicht wurden lebende Systeme als autopoietische Systeme beschrieben.

Die spezifischen Besonderheiten des Systembegriffs aus der biologischen Theorie autopoietischer Systeme sollen im folgenden skizziert werden, um sodann die Eignung des Systembegriffs auf andere Phänomene und insbesondere seine Anwendung auf soziale Systeme bzw. Organisationen zu erörtern.

Die Theorie der Autopoiese (griech. autos = selbst; poiein = machen) ist, wie gesagt, zunächst einmal eine Theorie der lebendigen Organisation (vgl. zum folgenden Knyphausen 1988, S. 224 ff.). Lebewesen sollen gerade nicht als von außen gemacht und in Gang gehalten, sondern als Einheiten verstanden werden, die sich gleichsam »von innen heraus« produzieren und reproduzieren. Mit einem etwas längeren Zitat:

"Die autopoietische Organisation wird als eine Einheit definiert durch ein Netzwerk der Produktion von Bestandteilen, die 1.) rekursiv an demselben Netzwerk der Produktion von Bestandteilen mitwirken, das auch diese Bestandteile produziert, und die 2.) das Netzwerk der Produktion als eine Einheit in dem Raum verwirklichen, in dem die Bestandteile sich befinden. Man betrachte z.B. den Fall einer Zelle: Eine Zelle ist ein Netzwerk chemischer Reaktionen, die Moleküle derart erzeugen, dass sie 1.) durch ihre Interaktionen genau das Netzwerk an Reaktionen erzeugen bzw. an ihm rekursiv mitwirken, welches sie selbst erzeugte, und die 2.) die Zelle als eine materielle Einheit verwirklichen. Die Zelle bleibt daher als natürliche Einheit, die topographisch und operational von ihrer Umgebung abtrennbar ist, nur so lange erhalten, als ihre Organisation durch fortwährenden Umsatz von Materie beständig verwirklicht wird, unabhängig von den Veränderungen ihrer Form oder der Spezifität der sie konstituierenden chemischen Reaktionen" (Maturana/Varela/Uribe 1982, S. 158).

Die Komponenten eines lebendigen Systems sind also, das zeigt dieses Zitat, in einem kontinuierlichen Netzwerk von Wechselwirkungen zirkulär und *temporalisiert* miteinander verknüpft; für diesen Prozess gibt es keinen Anfang und kein Ende, solange der Kreis geschlossen bleibt, geht das Leben auch weiter. Das Netzwerk von Relationen, das zwischen den Bestandteilen des Systems existiert, wird als »Organisation« bezeichnet. Die spezifische *Arbeitsweise* der autopoietischen Organisation ist *selbstreferentiell*, sie zeichnet sich dadurch aus, dass die zyklisch miteinander interagierenden Komponenten an der Erzeugung weiterer Komponenten konstitutiv teilhaben. Die Einheit eines Systems kann nur aufrecht erhalten werden, sofern es in diesem Sinne »arbeitet« (vgl. Varela 1989, S. 122). Den Prozess der Generierung von Komponenten kann man sich als auto- und crosskatalytischen Prozess vorstellen. Das System entsteht innerhalb eines durch Anfangs- und Randbedingungen definierten Bereichs durch Selbstorganisation spontan aus der Interaktion der ansonsten unabhängigen am Prozess beteiligten Komponenten (Selbstherstellung).

Autopoietische Systeme sind mithin *autonom* gegenüber ihrer Umwelt, das System wird nicht von außen determiniert, sondern determiniert zunächst einmal sich selbst (vgl. ebda.) und spezifiziert damit eine eigene Systemidentität. Die für ein lebendes System charakteristische Dynamik der Prozesse im System läuft nach eigenen Systemgesetzlichkeiten ab, sie wird bestimmt von den geschichtlich gewordenen, aber momentan aktuellen Prozesskonstellationen, also zum einen von der aktuellen Systemstruktur, zum anderen aber auch von der Notwendigkeit der Aufrechterhaltung der autopoietischen Prozesse. Die *Struktur* eines Systems beschreibt einen statischen Aspekt, einen Zustand; sie ist eine Momentaufnahme zu einem bestimmten Zeitpunkt. Insbesondere hängt von diesen Zuständen natürlich ab, wie das System mit Einflüssen seiner Umwelt umgeht. Die Umwelt stellt für das System erst einmal ein »Rauschen«

dar, aus dem Ordnung in je spezifischer Weise noch hergestellt werden muss (vgl. von Foerster 1985). Für einen Außenbeobachter ist es entsprechend nicht möglich, die Interaktionen zwischen System und Umwelt nach einem Input/Output-Modell zu beschreiben.

Ein autopoietisches System ist somit in erster Linie strukturdeterminiert und weist eine operationale Geschlossenheit auf (vgl. Varela 1989, S. 120 ff). Die systemcharakterisierende *operationale Schließung* bedeutet, dass die Komponenten eines Systems zyklisch nur mit sich selbst interagieren, um weitere Komponenten zu erzeugen, und nicht etwa in unmittelbarer Weise mit Elementen außerhalb des Systems. Aufgrund der operationalen Geschlossenheit sind Einflüsse aus der Umwelt nicht bestimmend für die Systemstruktur eines autopoietischen Systems. Das System bleibt abhängig von der Umwelt, aber es wird durch diese Umwelt nicht definiert. Alle Informationen, die zur Erhaltung der selbstreferentiellen Organisation notwendig sind, liegen in der Organisation selbst.

Komponenten eines autopoietischen Systems sind nicht elementar, sie werden erst im Kontext der Interaktionen innerhalb eines Systems erzeugt und können dann an weiteren Interaktionen von Komponenten teilhaben, sie sind zudem spezifisch für bestimmte Systeme und korrespondieren damit zur Art eines Systems. Für biologische Zellen konstitu-ieren etwa Biomoleküle die Komponenten. Die *Temporalisierung* der Komponenten bedeutet, dass diese zeitabhängig sind, also nur für eine bestimmte Dauer existieren. In biologischen Zellen etwa werden die entsprechenden molekularen Bestandteile aus niedermolekularen Bestandteilen synthetisiert, zu einem späteren Zeitpunkt aber auch wieder abgebaut und über die Zellmembran ausgeschieden.

Der operationalen Geschlossenheit lebender Systeme steht gegenüber, dass sie *gleichzeitig* materiell und energetisch *offen* sind (vgl. etwa Schmidt 1987, S. 22). Es gilt für sie die Theorie der Thermodynamik offener, gleichgewichtsferner Systeme. Die konstitutiven Komponenten des Systems existieren zwar nur endlich, das System insgesamt überdauert diese Lebensdauer seiner Komponenten jedoch dadurch, dass alle konstitutiven Komponenten des Systems zu jeder Zeit an den Anfangsbedingungen der später existierenden Komponenten partizipieren. Das System ist somit durch die selbstreferentiell stattfindende Ersetzung der zerfallenen Komponenten prinzipiell unendlich lebensfähig (Selbsterhaltung). Die mit der Geschlossenheit des Systems erreichte Autonomie kann nur durch die materiell-energetische Offenheit des Systems aufrecht erhalten werden.

Welche Vorgehensweisen zur »Anwendung« in der Managementlehre und Organisationstheorie bietet das autopoietische Systemkonzept?

Die Frage nach der grundsätzlichen Übertragbarkeit der autopoietischen Systemkonzeption auf soziale Systeme und insbesondere Organisationen eröffnet zunächst zwei Forschungsstrategien (vgl. Hejl 1987, S. 59; ähnlich Lipp 1987, S. 453 f.). Man kann entweder die Theorie autopoietischer Systeme in »biologistischer« Weise anwenden und dann danach fragen, wie auf einer solchen Grundlage die Phänomene konstruiert werden können, die aus organisationstheoretischer Sicht interessieren. Oder man konzipiert die Theorie autopoietischer Systeme von vornherein auf der Ebene einer allgemeinen Systemtheorie, die dann als Spezialfälle eine Theorie des Organismus ebenso enthält wie beispielsweise eine Theorie sozialer Systeme, die sich dann ihrerseits etwa auf Interaktionen, Organisationen und Gesellschaften bezieht (vgl. Luhmann 1987, S. 15 f.). Im ersten Fall bleibt es eine offene Frage, ob soziale Systeme und insbesondere auch Unternehmungen als autopoietische Systeme begriffen werden können; im zweiten Fall ist dies aufgrund der Konstruktion des Bezugsrahmens ex definitione der Fall.

Beide der hier angesprochenen Wege sind beschritten worden.

Zunächst soll sinnvollerweise die »biologistische« Anwendungsstrategie untersucht werden, wobei in unmittelbarem Anschluss an ihr Theoriekonzept die Meinung von Maturana und Varela in Bezug genommen wird.

Obwohl sich anbietet, die Systemkonzeption auch zur Beschreibung anderer Phänomene zu verwenden, ist dennoch eine Anwendung für soziale Systeme oder gar Organisationen skeptisch zu sehen. Maturana bezeichnet diese allenfalls als autopoietische Systeme zweiter Ordnung. In enger Anlehnung an den ursprünglichen Kontext des lebenden Systems sind dies autopoietische Systeme, die ihrerseits wiederum aus autopoietischen Einheiten bestehen; ein Beispiel hierfür sind Organismen, die wiederum aus Zellen gebildet werden. Autopoietische Systeme dritter Ordnung, also Systeme, die selbst keine lebenden Systeme sind, sich aber aus lebenden Systemen konstituieren, zieht Maturana nicht in Betracht. Um genau ein solches System handelt es sich aber im Fall eines sozialen Systems und mithin auch einer Unternehmung. Maturana wendet sich ausdrücklich gegen die Beschreibung eines sozialen Systems als autopoietisches System. Dies wäre eine *irreführende* Charakterisierung sozialer Systeme, weil ein soziales System "als Netzwerk der menschlichen Koordination von Handlungen, und nicht als ein Netzwerk der Produktion von Menschen konstituiert ist" (vgl. Maturana in: Krüll et al. 1987, S. 11 f., Zitat S. 11). Ein soziales System konstituiert sich primär über die individuellen, die soziale Dynamik prägenden menschlichen Eigenschaften, die in das System eingebracht und dort koordiniert werden (vgl. Maturana 1990, S. 33), nicht jedoch über eine spezifische autopoietische Organisation. Im übrigen verweist Maturana darauf, dass die Klasse der dissipativen Systeme wesentlich größer ist als die Klasse der autopoietischen Systeme (vgl. ebda., S. 41).

Intensiver mit den Konsequenzen des Autopoiese-Konzepts für eine Theorie sozialer Systeme haben sich G. Roth (1986) und P. Hejl (1987, 1992) auseinandergesetzt. Roth ist durchaus bereit, sozialen Systemen einen selbstreferentiellen Charakter zuzusprechen, sie sind als operational geschlossene Systeme nicht von außen lenkbar, höchstens beeinflussbar. Unmittelbare Versuche, das Konzept auf *Unternehmungen* anzuwenden (Hejl 1983, Roth 1986) erbrachten jedoch ein negatives Ergebnis. Sowohl Hejl als auch Roth weisen allerdings darauf hin, dass neben der bislang betrachteten engen Anlehnung an die ursprüngliche Systemkonzeption von Maturana/Varela eine weitere Möglichkeit zur Übertragung der Autopoiesekonzeption auf den Bereich der sozialen Systeme besteht. Da die Übertragungsversuche im bisherigen Sinne sowohl bei Roth als auch bei Hejl am Kriterium der Selbsterhaltung gescheitert sind, müssen weitere Übertragungsversuche genau an diesem Punkt anknüpfen. Mit anderen Worten: die konstitutiven Komponenten sozialer Systeme müssen anders beschrieben werden (vgl. hierzu 5.5.1).

5.3.3 Systemtheorie der Evolution

Wenn die Unternehmung als entwicklungsfähiges System gesehen wird, ist zunächst neben einer Untersuchung der Eignung organismischer Systemmodelle ein Verständnis des Entwicklungsprozesses die Voraussetzung zur Beurteilung von analogen Möglichkeiten des Managements von Dynamik und Wandel der Unternehmung. Auch hierzu könnte die Biologie über eine detaillierte Betrachtung des Evolutionsprozesses vertiefte Einsichten in die Entwicklungsdynamik der Welt bieten. Organismische Systeme sind Grundlage und Produkt des Evolutionsprozesses. Deshalb soll zunächst auf den Ablauf der Evolution zum Verständnis des biologischen Organismus aus der Sicht der Systemtheorie der Evolution eingegangen werden.

Die Anpassung der Organismen und damit die Evolution der Arten wurden bisher einzig über den Selektionsmechanismus erklärt. Anpassung in diesem Sinne verstanden geschieht über eine mechanistische, rein *passive Auslese durch Selektion*, die Umwelt gibt die Problemstellungen vor, die Organismen passen sich in Struktur und Funktion diesen Umweltforderungen an. Darwin beschreibt diese Anpassung derart, dass die Individuen, die durch ihre erblichen Variationen am besten für den Kampf ums Dasein gerüstet sind, überleben und langsam aber sicher die weniger gut gerüsteten Artgenossen verdrängen. Mit der durch Mendel begründeten Genetik konnte die Selektionstheorie Darwins weiter ausgebaut und erhellt werden. Mendel hatte herausgefunden, dass die Vererbung über eine neue Kombination eigenständiger Erbfaktoren, die Gene, abläuft. Darüber hinaus wurde mit der *Mutation als Zufallselement* einer sprunghaften Veränderung im Erbgefüge ein weiterer Evolutionsfaktor gefunden, der zusätzlich die Bandbreite der genetischen Vielfalt erhöht. Weiterführend wurden der Selektionsmechanismus auf der Grundlage populationsgenetischer Überlegungen präzisiert und eine Reihe weiterer ergänzender Evolutionsmechanismen einbezogen.

Die Systemtheorie der Evolution (vgl. Riedl 1987) setzt an dennoch bestehenden Erklärungsdefiziten der bisherigen Theorien der Evolution an (vgl. zum folgenden Scheurer 1997, S. 165 ff). Die existierende Harmonie und Ordnung lebender Systeme lässt vor allem die Frage aufkommen, ob neben der nur passiv formulierten Anpassung auch eine aktive Anpassung an die Umwelt denkbar ist und ob möglicherweise der Organismus auch durch ihm inhärente Evolutionsmechanismen beeinflusst wird.

Riedl führt schon in seinem Buch »Die Ordnung des Lebendigen« (Riedl 1975) die wechselseitige Bedeutung von vier Ordnungsmustern auf: Norm und Hierarchie, Interdependenz und Tradierung. Aus dem Wirken dieser Ordnungsmuster ergibt sich der Ablauf der Evolution.

Die Systemtheorie der Evolution sieht abweichend von den bisherigen Vorstellungen Lebewesen nicht nur als passiv von ihrer Umwelt gesteuert, sie greifen auch aktiv in ihre Umwelt ein und verändern diese. Aber selbst eine reine Anpassung an die Umwelt setzt ein bestimmtes Ordnungspotenzial voraus, das bereits in den genetischen Bauplänen der Lebewesen vorhanden sein muss. Diese Baupläne, bestehend aus wechselseitig durch eine *Hierarchie* verknüpften *Normbausteinen*, werden nicht nur durch die Umwelt bestimmt, sondern sind nachgewiesenerMassen teilweise bereits prädisponiert, d.h. das betreffende Lebewesen ist bereits im Vorfeld auf möglicherweise eintretende Umweltveränderungen eingestellt. Der genetische Bauplan schränkt mithin die Möglichkeiten der Evolution auf einen bestimmten Rahmen ein. Dieser Rahmen wird durch das genetische Material eines jeden Lebewesens bestimmt, das die symbolisch verkürzten Informationen als *Tradierung* der gesamten Entstehungsgeschichte dieses Lebewesens enthält. Es kommt quasi zu entwicklungsgeschichtlich bedingten, ontogenetischen Evolutionszwängen, die durch die gesamten Konstruktions- und Funktionspläne der jeweiligen Ahnenreihe festgelegt werden. Riedl zeigt mit wahrscheinlichkeitstheoretischen Methoden, wie diese Konstruktions- und Funktionspläne, in denen die bereits genannten vier grundlegenden Ordnungsmuster der Evolution zum Ausdruck kommen, bei jedem Evolutionsschritt die möglichen zukünftigen Evolutionsrichtungen sukzessive einschränken. Dass die so tradierten Konstruktions- und Funktionspläne über den Selektionsmechanismus auch durch die ehemals vorhandenen historischen Umweltbedingungen geprägt sind, ist ein äußerst wesentlicher Zusammenhang. Dies bedeutet eine *Interdependenz* derart, dass die Auswirkungen eines bestimmten genetischen Bauplanes zugleich wieder auf den Bauplan selber zurückwirken. Die Feststellung, dass der Evolutionsprozess durch rekursive, wechselseitig vernetzte Prozesse kanalisiert wird, die innerhalb des Organismus ablaufen, macht deutlich, dass der interne Selektionsmechanismus durch Selbstorganisationsprozesse zustandekommt.

Auf der Grundlage der Vorstellung Riedls vom Aufbau der Welt, die sich an den beschriebenen vier Ordnungsmustern der Evolution orientiert, soll nun das organismische System im Verständnis der Systemtheorie der Evolution konzipiert werden (vgl. hierzu Scheurer 1997, S. 175 ff). Die Welt ist in hierarchischen Schichten aufgebaut, wobei die Schichten wechselseitig miteinander vernetzt sind. Jede Schicht erklärt sich aus zwei Aspekten: einerseits aus den Entwicklungskräften und Entwicklungsmaterialien der untergeordneten Schichten, andererseits aus den Selektionsbedingungen, welche nur bestimmte funktionsadäquate Kombinationen von Entwicklungskräften und -materialien zulassen. Jede weitere Differenzierung in dieser Welt entsteht durch Einschübe zwischen untergeordneten Teilen und einem jeweils übergeordneten Ganzen (vgl. Riedl 1985, S. 77). Riedl spricht von den Materialbedingungen der untergeordneten und von den Formbedingungen der übergeordneten Schichten (vgl. ebda, S. 71). Dieses grundsätzliche von einer wechselseitigen Kausalität bestimmte Aufbaumuster realer Strukturen findet sich auf allen Ebenen der Realität und gilt somit auch für die Betrachtung eines organismischen Systems.

Der Organismus ist mithin aufgebaut aus hierarchisch angeordneten Bauelementen. Diese Subsysteme oder Organe stehen in wechselseitigen Austauschverhältnissen und sollen die Gesamtfunktion des Lebewesens aufrechterhalten. Durch die wechselseitigen Relationen üben sie zugleich aufeinander eine Kontrolle der jeweiligen Funktion und der funktionsadäquaten Verknüpfung im Rahmen des Gesamtsystems aus. So betrachtet können die einzelnen Subsysteme oder Organe des Organismus' wechselseitig zueinander auch als Umwelt betrachtet werden. Die bisher nur für die äußere Umwelt gültige Sichtweise wird damit auf intraorganismische Relationen übertragen und damit so erweitert, dass die begriffliche Trennung von Umwelt und Organismus aufgehoben wird.

Der Organismus selbst ist wiederum ein Subsystem einer Population bzw. der gesamten Biosphäre. Damit können die intraorganismischen Relationen als eine Verlängerung der Relationen zwischen dem Organismus und seinem Supersystem angesehen werden. Daraus ergibt sich, dass der Selektionsmechanismus nicht nur für die Beziehungen des Organismus mit seiner Umwelt wirksam ist, sondern auch für die intraorganismischen Relationen gültig sein muss. Die Konstruktions- und Funktionsbedingungen des Organismus repräsentieren selber einen Selektionsfaktor. Indem die einzelnen Struktur- und Funktionsglieder des Lebewesens aufeinander bezogen sind, füreinander Umwelten bilden und sich gegenseitig kontrollieren, wirken sie bereits selektiv, noch bevor externe Faktoren für eine weitere Selektion bedeutsam werden. Die Eigendynamik des Organismus und die damit verbundene aktive Prägung der Evolution bilden einen entscheidend wichtigen Evolutionsfaktor. Das organismische System erweist sich durch die Selbstregulationsmöglichkeiten für eine dynamische Stabilität als dissipatives System (vgl. Scheurer 1997, S. 177). Selbstorganisationsprozesse wirken zum einen als negative selbstreferentielle Rückkopplung zur Kanalisierung der Evolution, zum anderen kommt der kreativ wirkenden positiven Rückkopplung eine wesentliche Rolle bei der Bildung neuer organismischer Systeme und mithin für den weiteren Evolutionsprozess zu.

Die organismische Systemkonzeption Riedls unterscheidet sich deutlich von der Systemvorstellung von Maturana/Varela, die das autopoietische System vor allem als selbstreferentiell und als operational geschlossen charakterisieren. Im Hinblick auf die zwingende Aufrechterhaltung der autopoietischen Organisation wird die einflussdämpfende und mithin negative selbstreferentielle Rückkopplung betont, während die im Rahmen der Selbstorganisation ebenso mögliche positive Rückkopplung eher als bedrohlich für die Systemstabilität und damit die Existenz des organismischen Systems gesehen wird (vgl. ebenda).

Maturana/Varela erklären durch ihre Vorstellung der homöostatischen Aufrechterhaltung der autopoietischen Organisation sowie der operationalen Schließung die Evolution nahezu ausschließlich über den konstruktiven Akt der Selbstorganisation. Zweifellos spielt ein konstruktives Element keine unwesentliche Rolle für den Evolutionsprozess. Das Selbstorganisationsmodell (Autopoiese) bleibt jedoch beschränkt auf die Erklärung der Dynamik der Reproduktion von schon organisierten (lebenden) Systemen im stationären Fließgleichgewicht. Der Ursprung der Selbstorganisation (bzw. Autopoiese) selbst kann dabei jedoch nicht erklärt werden, d.h. letztlich wird ein bereits organisiertes System vorausgesetzt und entsprechend wird die Erklärung darauf fokussiert, die Selbstreproduktion der Organisation zu erklären (vgl. Fischer 1990, S. 173). Die Systemkonzeption von Riedl mit einer Erklärung der Evolution, die sich auf eine Verbindung der konstruktiven Rolle der Selbstorganisation mit der Kontrolle des dabei entstandenen Produktes durch die äußere Selektion stützt, lehnt sich stark an das Modell des dissipativen Systems an. Diese Vorstellung vom Ablauf des Evolutionsprozesses liegt auch den weiteren Ausführungen zugrunde.

5.4 Evolutionsbiologische Mechanismen des Wandels von Systemen

Die Fitness der Unternehmung ist die Absicht entwicklungsorienterter Dynamik- und Veränderungsprozesse. Deshalb soll im folgenden der Evolutionsprozess lebender Systeme als Ausgangspunkt einer möglichen Übertragung auf soziale Systeme genauer untersucht werden. Mit der Sichtweise der Systemtheorie der Evolution soll herausgearbeitet werden, wie der so verstandene Evolutionsprozess zu charakterisieren ist und welche Eigenschaften er aufweist.

Die grundlegende Methodik der Evolution beruht auf einem Versuchs-Irrtums-Prozess. Auslöser eines möglichen Evolutionsprozesses ist eine Mutation, die in einer genetischen Rekombination bzw. einer vom bisherigen Bauplan des Organismus abweichenden Reproduktion besteht. Das durch diesen Versuch gebildete Grundmaterial wird im Rahmen des weiteren Evolutionsprozesses auf seine Vorteilhaftigkeit im Sinne der Überlebensfähigkeit geprüft. Der Selektionsvorgang verläuft in zwei stufenweise gestaffelten Schritten (vgl. Riedl 1992, S. 23 f):

Erste Selektionsstufe: Kohärenz mit den inneren Organisationsbedingungen

Innere Organisationsbedingungen sind die historisch gewachsenen Baupläne. Diese begrenzen als die Materialbedingungen des Organisrnus die zukünftig möglichen Evolutionsschritte. Neue evolutionäre Kombinationen werden auf mögliche Irrtümer im Hinblick auf ihre Passung zu den historischen Konstruktions- und Funktionsbedingungen des Organismus hin überprüft. Die innere Abgestimmtheit der wechselseitig abhängigen Funktionen muss zur Erhaltung der Gesamtfunktion des Organismus bestehen bleiben. Einmal festgefügte und in Bauplänen etablierte Zusammenhänge sind nur noch im Rahmen von Funktionserweiterungen änderbar und auch dies lediglich beschränkt durch die bereits vorhandenen Funktionen. Liegt ein solcher Irrtum vor, wird bereits hier diese evolutionäre Kombinationsmöglichkeit von der Realisation ausgeschlossen. Daraus ergibt sich, dass mit zunehmend etablierten Zusammenhängen und deren funktioneller Interdependenz die Freiheitsgrade für die Entwicklung des gesamten Systems sukzessive eingeschränkt werden. Die bereits etablierten Kohärenzen der inneren Baupläne wirken somit kanalisierend für die weitere Systementwicklung. Sie sind das Ergebnis selbstkonstruierter Zusammenhänge oder anders formuliert der Selbstorganisation des Systems. Zu beachten ist hierfür, dass die Stimmigkeit ausschließlich durch wechselseitig aufeinander bezogene *innere* Zusammenhänge zustandekommt. Erst in einem zweiten Schritt spielt das *äußere* Milieu eine Rolle.

Zweite Selektionsstufe: Anpassung an das äußere Milieu

Die durch die inneren Organisationsbedingungen selektierte Tauglichkeit der Evolution muss sich nun auch an ihrem Vorteil messen lassen, den sie für die Erhaltung des gesamten Systems unter den Bedingungen des Außenmilieus erbringt. Diese äußeren Bedingungen sind durch das System kaum beeinflussbar und unterliegen zudem noch einem zufallsbestimmten Wechsel. Somit bleibt dem System nichts anderes übrig, als den Versuch zu unternehmen, sich auf die Launen und Anforderungen der Umgebung einzurichten. Evolutionäre Irrtümer, also Kombinationen, die sich als wenig vorteilhaft im Sinne der Überlebensfähigkeit zeigen, werden ausgeschieden. Die Baupläne der Kombinationen, die sich jedoch als überlebensfähig erwiesen haben, werden beibehalten und bilden den Ausgangspunkt für erneute evolutionäre Versuche. Der äußere Selektionsmechanismus ist zwar eine notwendige Begründungsvariante für die Erklärung der Evolution, jedoch noch keine hinreichende; die hinreichende Begründung wird erst von der ersten Stufe des Evolutionsmechanismus durch die hier ablaufenden Selbstorganisationsprozesse geliefert.

Die Evolution kann damit als eine sequentielle Methode betrachtet werden, deren Schritte auf den Erfahrungen der vergangenen Schritte aufbauen und deren Folgeschritte immer durch kleine zufällige Änderungen gekennzeichnet sind. Bestand haben allerdings nur die Neuerungen, die im gerade relevanten Umfeld eine Verbesserung im Vergleich zur vorherigen Evolutionsstufe bedeuten. Damit handelt es sich im Grunde um eine Versuchs-Irrtums-Methode mit einem eingebauten Lernschritt, der die genetischen Informationen speichert, die sich für den Überlebenserfolg als vorteilhaft erweisen. Die Effizienz dieser Evolutionsstrategie ergibt sich durch den Lernschritt, wobei eben der Schritt, der eine Verbesserung gebracht hat, wieder als Ausgangspunkt der nächsten Evolutionsschritte fortgeschrieben wird.

Der Effizienzvorteil einer solchen Versuchs-Irrtums-Methodik mit eingebautem Lernschritt lässt sich quantifizieren. Für das Shakespeare Zitat: "To be or not to be: that is the question" wurde ermittelt, dass eine Evolutionsstrategie cirka 200 Schrittfolgen benötigt, um dieses Zitat ausgehend von einer willkürlichen Buchstabenfolge mit 31 Buchstaben und Zeichen zu erstellen. Mit zufallsgesteuerten Schritten zur Problemlösung nach der Monte-Carlo-Methode, wobei, statt wie im Rahmen einer Evolutionsstrategie aus den vorgelagerten Schritten zu lernen, mit jedem neuen Schritt versucht wird, hiermit sofort zum Ziel zu kommen, sind nach 180129 Schritten erst neun Buchstaben oder Zeichen an der richtigen Stelle (vgl. Ablay 1990, S. 74 f, zit. bei Scheurer 1997, S. 180 f).

Der evolutionäre Prozess erweist sich weder als rein zufallsmäßig bedingt, noch ist er an einer Notwendigkeit orientiert, er schwankt zwischen Zufall und Notwendigkeit. Grundsätzlich nehmen mit höherer Entwicklungsstufe, also mit höherem Komplexitätsgrad die während der eigenen Entwicklungsgeschichte festgelegten Strukturen zu, woraus sich dann als Rahmenbedingungen für zukünftige Entwicklungen zunehmend Einschränkungen ergeben. Mit zunehmendem Entwicklungsstand wird somit die vorgelagerte innere Selektion im Rahmen der Selbstorganisationsvorgänge im Verhältnis zur äußeren Selektion immer wichtiger. Die Rolle des Zufalls und damit die Möglichkeit von extremen Strukturänderungen wird immer stärker zugunsten der aus der bereits vorhandenen Struktur resultierenden Notwendigkeit eingeschränkt (vgl. Wuketits 1984, S. 37). Zugleich jedoch bietet eine neue Evolutionsstufe auch neue zukünftige Entfaltungsmöglichkeiten, die bislang nicht vorhanden waren; diese zukünftigen Entfaltungsmöglichkeiten sind jedoch nicht vorausbestimmt, sie ergeben sich wiederum zufallsbedingt.

Evolution ist in der Erfahrung der Wissenschaft ein fortlaufendes und zunehmendes Wachstum von Mustern. Evolution hat also eine erkennbare, stets gleichbleibende Richtung: sie bewegt sich zu immer weiter vernetzten und komplexeren Zuständen der Materie dieser Welt. Die Bildung einer komplexen strukturellen und funktionellen Organisation dient dem Organismus dazu, trotz auftretender Störungen von innen und von außen weiter zu überleben (vgl. Markl 1990, S. 207), also der Arterhaltung. Die so eindeutige Ausrichtung des Evolutionsprozesses ist dennoch erstaunlich, da ja dem Evolutionsprozess kein von außen bestimmtes Ziel vorgegeben ist. Die Erklärung ergibt sich aus der Funktionsweise der Evolutionsmechanismen. Mit den zufallsbeeinflussten Mutationsschritten werden Ziele vorgeschlagen, die durch die inneren und die äußeren Selektionsbedingungen sortiert werden. Die erste, innere Selektion erfolgt über die Gesetze, die sich die Evolution selbst über die Ausbildung von bestimmten Strukturen geschaffen hat. Der zweite Selektionsschritt erfolgt über die Anpassung an die äußeren Umweltbedingungen. Die Richtung des Evolutionsprozesses ergibt sich somit nicht aus einem übergeordneten Naturzweck, sondern sie entsteht als Folge der Evolution, zunächst zufällig und später aus Notwendigkeit (vgl. Riedl 1984, S. 163). "Die Evolution zielt nicht. Sie verlangt nur die Einhaltung des Möglichen. Damit entsteht mit dem Möglichen die Richtung ... Ziele sind keine Voraussetzungen dieser Genesis, sie sind ihre Folge" (ebenda).

Der den Evolutionsmechanismen zugrundeliegende Selbstorganisationsprozess lässt die Vorstellung einer übergeordneten Zielsetzung als untauglich erscheinen. Das Ziel wird durch das Wechselspiel zwischen Mutation und Selektion selbst erzeugt. Somit handelt es sich um eine zielgerichtete Vorgehensweise ohne Kenntnis eines fest umrissenen Endzieles, es handelt sich um "... ein Spiel unter den jeweiligen Gegebenheiten" (Wuketits 1984, S. 56).

5.5 Die Unternehmung in der Perspektive der neuen Systemansätze

5.5.1 Systemansatz der »neueren« Soziologie

Der bekannteste Vertreter einer Theoriestrategie, nach der das Autopoiese-Konzept aus der Biologie herausgeholt und zu einer allgemeinen Theorie sozialer Systeme erweitert wird, ist N. Luhmann (vgl. zum folgenden Kirsch/Knyphausen 1991, S. 78 ff). Luhmann verallgemeinert die Theorie der Autopoiese zu einer Theorie selbstreferentieller autopoietischer Systeme, indem er alle Wirkungsmechanismen der ursprünglich biologischen Theorie übernimmt, aber je nach Erklärungsgegenstand die konstituierenden Komponenten des Systems wechselt. Die Komponenten oder Elemente sind nämlich, so Luhmann, nicht schon vorgängig vorhanden, sondern werden im autopoietischen Prozess erst *konstituiert*. Dies ist vergleichbar der Anwendung eines mathematischen Algorithmus (vgl. Hejl 1987, S. 72), mit dem nun alle möglichen Systeme als autopoietische Systeme betrachtet werden können, unter anderem auch soziale Systeme. Luhmann selbst beansprucht mit dieser Vorgehensweise eine facheinheitliche Theorie für die Soziologie zu schaffen. Die Grundaussagen der Luhmannschen Theorie sozialer Systeme sollen nachstehend kurz skizziert werden.

Systeme konstituieren sich durch Abgrenzung von einer komplexen Umwelt, indem sie eine System-Umwelt-Differenz mit der Folge eines Komplexitätsgefälles schaffen. Die Komplexität innerhalb des Systems ist geringer als außerhalb. Der Zweck der Systembildung liegt damit in der Komplexitätsreduktion. Damit verbunden sind Selektionsakte, die zwingend zu Kontingenz führen; Kontingenz bezeichnet das "auch anders möglich sein", mithin die generelle Unbestimmtheit und die damit verbundene Möglichkeit enttäuschter Erwartungen.

Die Elemente, die im Zuge der Autopoiesis sozialer Systeme konstituiert werden, sind allgemein gesprochen *Kommunikationen* (vgl. vor allem Luhmann 1993, S. 191 ff). Die Differenz von System und Umwelt wird speziell über kommunikatives Handeln im System operativ vollzogen. Im Hinblick auf Organisationen bedarf das freilich noch einer Spezifizierung, die man in dem knappen Satz zusammenfassen kann, dass "organisierte Sozialsysteme begriffen werden [können] als Systeme, die aus Entscheidungen bestehen und die Entscheidungen, aus denen sie bestehen, selbst anfertigen" (Luhmann 1986, S. 166). Die Deutung des Grundbegriffs der *Entscheidung* entspricht durchaus einer betriebswirtschaftlich etablierten Sichtweise (vgl. z.B. Kirsch 1988). Trotzdem ergeben sich hieraus zunächst noch wenig Anhaltspunkte, um die autopoietische Grundstruktur von Organisation und Entscheidung plausibel zu machen. Das gelingt erst, wenn man sich vergegenwärtigt, dass Entscheidungen wie alle Kommunikationen zeitpunktgebundene Ereignisse sind, die in dem Moment, in dem sie entstehen, auch schon wieder verschwinden. *Nur unter dieser Voraussetz*ung können sie als Elemente fungieren, die immer schon mit anderen Elementen in einem wechselseitigen Verweisungszusammenhang stehen; es gibt, weil es sie gibt, immer auch ein Vorher und ein Nachher; und im Jetzt leisten sie eine »Transformation von Kontingenz«: "*Vor der Entscheidung* gibt es mehrere mögliche Entscheidungen, also einen begrenzten Raum von offenen Möglichkeiten. *Nach der Entscheidung* gibt es dieselbe Kontingenz in fixierter Form: die Entscheidung wäre anders möglich gewesen, sie ist jetzt selbst kontingent" (Luhmann 1986, S. 170). Gerade deshalb können dann weitere Entscheidungen anschließen, zumal die wiederum vorhandene Kontingenz die Erwartung (Luhmann 1988, S. 278) bewirkt, dass man auf Transformation geradezu »wartet«.

Vor dem Hintergrund dieses Vorschlages sieht es also aus der Perspektive einer jeder Entscheidung gesehen so aus, als wenn das System nur aus Entscheidungen bestünde, und das genügt für die Konstitution einer Ebene, auf der sich das System als ein autopoietischer, organisationell-geschlossener Entscheidungszusammenhang darstellt. Schon der Zugang zum System muss dann als eine Entscheidung gedeutet werden: als eine *Teilnahme-* bzw. Aufnahmeentscheidung. Was sich nicht in die Form einer Entscheidung bringen lässt, gehört auch nicht zur Organisation - jedenfalls nicht in jenem konstitutiven Sinne, in dem man mit dem Autopoiese-Konzept die Einheit der Organisation bestimmen kann.

Kommunikationsakte werden sinnhaft miteinander verknüpft. Sinn ist aber selbstreferentiell und kann immer nur auf sich selbst verweisen. Ein sinnhaftes Operieren von Kommunikationen zeigt damit, dass Kommunikation immer nur an Kommunikation anschließen kann. Es liegt also eine typisch autopoietische Systemorganisation vor. Allerdings schließt eine Kommunikationseinheit nicht willkürlich an eine andere Kommunikationseinheit an, sondern sinnhaft. Sinnhaft bedeutet in diesem Sinne jedoch die selektive Einschränkung auf bestimmte Verweisungen. Dadurch bildet sich selbstorgani-sierend eine bestimmte Struktur des Systems aus den zum Anschluss zugelassenen Strukturen (vgl. Luhmann 1993, S. 384). Soziale Systeme sind so gesehen nichts anderes als abgegrenzte Einheiten von Sinnbeziehungen, die aus Kommunikation bestehen (vgl. das Siemens-Beispiel bei Neuberger 1995, S. 55 f). Sinn wird dabei zum Bestandteil und zur Notwendigkeit der prozessierten Informationen, er selektiert zwischen Gegebenem und Möglichem. Diese Sinnbeziehungen geben dem System seine Identität und halten zugleich die Innen-Außen-Differenz aufrecht.

Autopoietische Systeme sind keine umweltlosen Systeme und sie wirken auch auf ihre Umwelt ein. Die Umwelt wird für das System jedoch erst dann sinnvoll, wenn sie auf die Entscheidungszusammenhänge des Systems bezogen werden kann (vgl. Luhmann 1988, S. 173). Dies gilt sowohl für die äußere wie auch für die zur inneren Umwelt zählenden Mitarbeiter einer Unternehmung. Exner veranschaulicht dies: "Zwar gibt es ohne Personen keine sozialen Systeme, ohne derartige Systeme kein Zusammenwirken von Personen; von den Mitgliedern gehören aber nur ihre der Organisation zuzurechnenden Handlungsweisen zur Organisation: die Anfrage des Verkaufsleiters in der EDV-Abteilung, seine Erwartungen an die unterstellten Mitarbeiter usw., nicht aber z.B. seine psychischen Dispositionen oder seine außerorganisatorischen Interessen und Verpflichtungen, die mit betriebsspezifischen Änderungen konkurrieren" (Exner et al. 1992, S. 207).

Die bisherigen Betrachtungen des Luhmann'schen Konzepts bestätigen, dass sowohl die operationale Schließung über die Sinnhaftigkeit des Prozessierens als auch die autopoietische Organisation über den Anschluss von Kommunikation an Kommunikation gewahrt sind. Soziale Systeme lassen sich mithin als autopoietische Systeme beschreiben.

Für die Anliegen eines entwicklungsorientierten Managements von Unternehmungen seien drei Vorteile der neueren Systemtheorie herausgegriffen, die unterstreichen, warum dieser systemtheoretische Zugang geeignet erscheint:

- Das Soziale bildet bei Luhmann einen eigenständigen Realitätsbereich, eine emergente Ordnung, die sich nicht auf irgendwelche biologischen und psychischen Systeme rückführen lässt (vgl. Willke 1993, S. 148, 150). Gerade die radikale Trennung zwischen psychischen und sozialen Systemen, die Luhmann vornahm - soziale Systeme sind bei Luhmann keine Ansammlung von Menschen, sondern bestehen aus dem Prozessieren von Kommunikationen -, ist geeignet, deren Besonderheiten und Eigengesetzlichkeiten zu fassen und das System nicht nur zur blossen Aggregation verkommen zu lassen.

- Soziale Systeme bilden sich auf der Grundlage von Kommunikation. Für ihre Kontinuität ist fortlaufende Kommunikation unerlässlich. Das macht verständlich, warum das Einwirken auf Personen nicht ausreicht, um Veränderungen in sozialen Systemen zu bewirken. Dazu ist es vielmehr vonnöten, die systemische Operationsweise des jeweiligen sozialen Systems selbst zu beeinflussen. Das hängt damit zusammen, dass sich ein emergentes System nicht auf den einen oder anderen Baustein zurückführen bzw. zerlegen lässt, sondern etwas Eigenständiges ist. Dies bedeutet aber in der Konsequenz, dass mit herkömmlichen Mitteln einer Handlungstheorie die Fülle bestehender praktischer Probleme in komplexen Systemen nicht in den Griff zu bekommen ist. Auch die Systemtheorie wird diese Lage nicht schlagartig verändern. Aber sie hat den Vorteil, dass sie analytisch auf einer Stufe von Komplexität arbeitet, die die Komplexität praktischer Probleme zu fassen imstande ist. Die Systemtheorie stellt nicht die Frage nach der Steuerung von Einzelhandlungen, sondern nach der Lenkung ganzer Sozialsysteme (vgl. Willke 1993, S. 189).

- Nur dann, wenn eine Beobachtung im System operativ wirksam wird - das kann in sozialen Systemen nur über Kommunikation und nach den Spielregeln des betroffenen sozialen Systems geschehen -, wird sie Teil des Sozialsystems, nicht der Beobachter selbst. Diese Kommunikation kann erst dann zur »Selbstbeobachtung des Systems« werden, wenn sie das System aufgreift, auf sie reagiert. Beobachtungen, die nicht kommuniziert werden, sind für das System unwesentlich. Insoweit wird das spezifische Eigenleben eines sozialen Systems deutlich, das System nimmt sich wahr und verändert sich in seiner spezifisch eigenen Weise.

Die Frage bleibt jedoch und ist auch Kern der geäußerten Kritik, ob ein soziales System angemessen charakterisiert werden kann, wenn ein soziales System ohne den Menschen und die ihm innenwohnende Dynamik definiert ist.

Mit der Definition der Kommunikation als Elementareinheit und damit Grundlage aller Operationen sozialer Systeme wird zugleich das Individuum aus dem »sozialen« Geschehen ausgeschlossen und in die »innere« Umwelt des Systems verwiesen. Wird jedoch der Mensch aus der Betrachtung herausgenommen, dann lässt sich nicht mehr sinnvoll von der Beschäftigung mit einem sozialen System sprechen (vgl. Scheurer 1997, S. 289 m. weit. Nachw.). Sinn zum Beispiel wird dadurch allein dem System zugerechnet und von den sinnmachenden Aktivitäten der Individuen abgekoppelt. Kommunikation wird ja direkt nicht durch Kommunikation hervorgebracht, sondern indirekt über Individuen. Damit ist ein solches System nur noch selbstreferentiell, jedoch nicht mehr selbsterhaltend.

Nur in einem sehr abstrakten Sinne können soziale Systeme in einer logisch geschlossenen Form zutreffend als autopoietische Systeme bezeichnet werden. Die Theorie erweist sich auch als empirisch unzulänglich. Dies ergibt sich schon aus den abstrakten Begrifflichkeiten, mit denen die »Supertheorie« arbeitet, und die für eine empirische Überprüfung kaum konkretisierbar sind.

Luhmanns Interesse gilt primär den Erhaltungsbedingungen der Systeme, was seinen Systembegriff zur Beschreibung einer Unternehmung ungeeignet macht. Gerade zur Lenkung und Entwicklung einer gesteigerten »Fitness« der Unternehmung interessieren weniger die autopoietischen Erhaltungsbedingungen, sondern vielmehr die Wandlungs- und Veränderungsprozesse. Diese spielen jedoch in Luhmanns Theorie kaum eine Rolle. Es erscheint somit wenig sinnvoll, Fragen des entwicklungsorientierten Managements an einer sozialen Systemkonzeption zu thematisieren, welche die Entwicklung sozialer Systeme nahezu unbeachtet lässt (vgl. Scheurer 1997, S. 292).

5.5.2 Dissipative Systemkonzeption für die Unternehmung

Zur Frage der Lenkung und Entwicklung komplexer Systeme sind umfangreiche Einsichten sowohl im Bereich der Physik als auch in der Biologie zu Tage getreten. Teile der evolutionsbiologischen Erkenntnisse wurden bereits von den Ansätzen der St. Galler und der Münchner Schule aufgegriffen und für die Problemlösungsmethodik und zum Konzept des geplanten Wandels berücksichtigt. Das Interesse für Wirkungsmechanismen und Tatbestände aus dem Bereich der Biologie hat dazu geführt, dass biologische Erkenntnisse verstärkt als Analogien oder Metaphern in die sozialwissenschaftliche Theorienbildung eingeflossen sind und teilweise als normatives Paradigma für die Gestaltung der Welt Verwendung gefunden haben. Gerade im Zuge des Aufkommens der Systemtheorie hat die *Analogie zum natürlichen Organismus* auch in den Sozialwissenschaften nachhaltige Verbreitung gefunden (vgl. Beer 1981). Weniger beachtet wurden in der Managementliteratur hingegen die physikalischen Erkenntnisse zur Systemdynamik dissipativer Systeme. Wenn die physikalischen und evolutionsbiologischen Aussagen näher miteinander verglichen werden, lassen sich jedoch eine ganze Reihe inhaltlicher Entsprechungen feststellen.

Ein verallgemeinerter Systembegriff passend zu physikalischen (dissipativen) und biologischen (organismischen) Konzepten sowie eine verallgemeinerte Systemdynamik könnten eine neue Grundlage zur Beschreibung des sozialen Systems »Unternehmung« und seiner Dynamik legen und geeignete Möglichkeiten zur fitnessbezogenen Lenkung und Entwicklung aufzeigen.

Das Dynamikverständnis der Biologie orientiert sich zunächst in erster Linie am Gleichgewichtsprinzip der *Homöostase*, neben der Eigenschaft der Systemoffenheit war vor allem der Gedanke des Fließgleichgewichts typisch für diesen Systembegriff. Beide Hauptmerkmale werden vom physikalischen Systembegriff im Rahmen der Nichtlinearen Thermodynamik unter dem Begriff des dissipativen Systems wieder aufgegriffen und weiter präzisiert. Zum einen werden die nichtlinearen, rekursiven

Wirkungsbeziehungen des Systems herausgestellt, der Gedanke des dynamischen Fließgleichgewichts wird in die Vorstellung von einer dynamischen Stabilität überführt, wobei diese eng mit einer spontanen Musterbildung einhergeht.

Im Normalfall überlagern sich in Ungleichgewichtssystemen stabile und instabile Muster, was zu einer Sichtweise führt, nach der Ordnung und Unordnung als zwei Pole eines ständigen Spannungsfeldes *gleichzeitig* produziert werden, sich gegenseitig bedingen und auf verschiedenen Ebenen koexistieren (»dissipative Strukturen«). Nach der Nichtlinearen Thermodynamik sind für die Entwicklungsgeschichte eines dissipativen Systems Fluktuationen entscheidend. Fluktuationen sind nichts anderes als vorübergehende Instabilitäten. Solche Instabilitäten können jedoch nur bei offenen, gleichgewichtsfernen Systemen auftreten. Damit sind auch nur diese Systeme dazu in der Lage, sich im Rahmen rekursiver Prozesse iterativ an veränderte Rahmenbedingungen anzupassen und eine kreative Entwicklung zu vollziehen. Insbesondere durch die positive Verstärkung bereits kleinster Fluktuationen kann es bekanntlich zu qualitativ vollständig neuen Systemzuständen und damit zu einer wirklichen *Evolution* des Systems kommen. Genau diese kreative Anpassungsfähigkeit dissipativer Systeme spielt auch eine wesentliche Rolle für die Beschreibung des biologischen Evolutionsprozesses. Diese Entsprechung wird deshalb sowohl von Fachvertretern aus der Physik wie auch der Evolutionsbiologie thematisiert. Stellvertretend werden hier Nicolis und Prigogine genannt, die Fluktuationen den biologischen Mutationen gleichsetzen und die Stabilisierung eines Systemzustandes mit dem biologischen Selektionsvorgang vergleichen (vgl. Nicolis/Prigogine 1987, S. 110). Damit ist aber der dissipative Systembegriff prinzipiell nicht mehr vom organismischen Systembegriff zu trennen.

Generell kann somit festgestellt werden, dass beide Fachwissenschaften, sowohl die Physik als auch die Evolutionsbiologie, bei der Beschreibung komplexer Systeme im Grunde vom gleichen Systemtypus, nämlich vom dissipativen System, ausgehen. Offensichtlich liegt mit dem dissipativen System ein verallgemeinerungsfähiger Systembegriff vor, der beide Fachgebiete miteinander verbindet.

Auch das rezipierte autopoietische System steht nur scheinbar im Widerspruch zum dissipativen Systembegriff, sowohl die Vorstellung eines offenen Systems als auch die Vorstellung spontaner Ordnungsbildung im Rahmen von Selbstorganisationsprozessen stimmen mit dem Systembegriff des dissipativen Systems überein. Abweichungen sind nur in der konstruktivistischen Systemauffassung sowie in der zwingenden Aufrechterhaltung der autopoietischen Organisation zu sehen, insoweit lässt sich das autopoietische System als ein »etwas variiertes dissipatives System« betrachten. Gleichwohl hat die weitere sozialwissenschaftliche Diskussion gezeigt, dass soziale Systeme nicht als autopoietische Systeme beschrieben werden sollten. Die Kritik orientiert sich dabei jedoch lediglich an der autopoietischen Organisation, also an der Tatsache der Selbsterhaltung dieser Systeme, nicht jedoch am selbstreferentiellen und selbstorganisierenden Charakter sozialer Systeme. Soziale Systeme können somit als selbstreferentielle und selbstorganisierende Systemen angesehen werden. Mit dieser Charakterisierung sind jedoch genau die wesentlichen Systemmerkmale dissipativer Systeme angesprochen.

Eine verallgemeinerte *Systemdynamik* für komplexe Systeme ergibt sich, wenn sich erweist, dass der biologische Selbstorganisationsprozess und die spontane Ordnungsbildung nach den gleichen Prinzipien funktionieren. Scheurer hat anhand einer tabellarischen Gegenüberstellung die Ordnung durch Fluktuation und die Evolutionsdynamik miteinander verglichen und festgestellt, dass es sich im Grunde um die gleiche Systemdynamik handelt (vgl. Scheurer 1997, S. 218 f).

Spontane Ordnungsbildung durch Fluktuation	Evolutionsdynamik
Dissipative Systeme, die entfernt genug vom Gleichgewicht sind, können spontane Ordnungszustände bilden. Voraussetzung für jegliche Systemdynamik sind Fluktuationen. Diese Fluktuationen können aus der Umwelt des Systems oder aus den systemeigenen Prozessen stammen. Sind die Fluktuationen aus der Umwelt stark genug oder aber durch positive Rückkopplungsprozesse im System ausreichend verstärkt, entfernt sich das System immer weiter vom Gleichgewicht bis es schließlich an einen Bifurkationspunkt gelangt.	Auslöser der biologischen Evolution sind Änderungen des Milieus. Diese Änderungen können entweder aus der Umwelt kommen oder aus dem Binnenmilieu, also aus Verschiebungen der inneren Funktionszusammenhänge, des organismischen Systems. Auf jeden Fall müssen diese Änderungen stark genug sein oder durch systeminterne positive Rückkopplung ausreichend verstärkt werden, dass für das organismische System Adaptionserfordernisse eintreten.
Am Bifurkationspunkt vollzieht das System einen Phasenübergang. Es hat die Wahl zwischen verschiedenen neuen Ordnungszuständen. Allerdings ist diese Auswahl auf solche Ordnungszustände begrenzt, die zu dem vorhergehenden Ordnungszustand passen. Jeder zukünftige Ordnungszustand ist somit immer von der Folge aller bereits im Vorfeld schon einmal realisierter Ordnungszustände, also von der gesamten Systemgeschichte abhängig. Grundsätzlich stellt diese Wahlmöglichkeit ein einmaliges irreversibles und zufällig zustande gekommenes Ereignis dar. Genau hier spielen die kreative Wirkung des Zufalles sowie die Systemgesetzlichkeiten eine Rolle.	Das organismische System hat im Rahmen einer evolutionären Anpassung keine Auswahl zwischen unendlich vielen Anpassungsmöglichkeiten. Zwar kommt es im Rahmen der Evolution zu einer zufallsabhängigen Mutation und Rekombination von Erbinformationen. Dieser Zufall ist jedoch durch den Ausgangszustand des organismischen Systems bereits eingeschränkt. Es sind nur noch solche evolutionären Neuentwicklungen möglich, die eine Passung mit diesem Ausgangszustand und damit mit der gesamten bisherigen Systemgeschichte aufweisen. An dieser Stelle wird deutlich, wie sich die Evolution zwischen Zufall und Notwendigkeit bewegt.
Die neuen Ordnungszustände, die aus der Fluktuation nach dieser einschränkenden Bedingung noch entstehen können, unterliegen einer Überprüfung durch die Umwelt. Dabei kommt es solange zu weiteren Bifurkationen, bis bestimmte Ordnungszustände als »umweltgeeignet« erkannt und deshalb aufgewertet werden. Aufgrund der autokatalytischen Prozesse des dissipativen Systems kommt es zur Reproduktion der bewährten Ordnungszustände und so zu einer spontanen Kanalisierung des gesamten Systems oder mit anderen Worten zur »Versklavung« des Systems. Diese Versklavung führt zu einer dynamischen Stabilisierung des Systems und damit zu einem neuen Systemzustand. Ändert sich die Umwelt, kann es im Rahmen der dadurch ausgelösten Fluktuationen entsprechend der neuen Überlebens- oder Selektionsbedingungen zur Durchsetzung einer neuen spontanen Ordnung kommen.	Die Vielzahl der verbleibenden evolutionären Varianten werden nun vom Milieu auf ihre Überlebenseignung in diesem Milieu hin geprüft. Hierbei kommt es im Rahmen dieses Selektionsvorganges zur Bevorzugung bestimmter Systemordnungen. Diese werden sich im Laufe der Zeit als die neue, im Rahmen dieses Milieus geeignete evolutionäre Variante durchsetzen. Bei weiteren Änderungen von innerem oder äußerem Milieu kann es jederzeit wieder zur Bildung neuer evolutionärer Varianten kommen.

Tabelle 3: Vergleich zwischen Ordnungsbildung durch Fluktuation und Evolutionsdynamik
(Quelle: Scheurer 1997, S. 218 f.)

Die Spalten können nun entweder durchgängig gelesen werden, um den jeweiligen Gesamtprozess im Zusammenhang zu sehen, oder Abschnitt für Abschnitt parallel, um den unmittelbaren Vergleich zwischen der spontanen Ordnungsbildung und der Evolutionsdynamik herzustellen. Egal von welcher Seite diese Systemdynamik betrachtet wird, es handelt sich um eine allgemeine, für beide Fachdisziplinen gültige Selbstorganisationsdynamik, die exakt nach den gleichen Prinzipien abläuft.

Über dieses hier abgeleitete Ergebnis geht Riedl noch hinaus, indem er die These vertritt, dass sich diese Selbstorganisationsdynamik nicht nur in den Fachgebieten der Physik und Biologie findet, sondern durchgängig in allen Schichten der komplexen Welt, beginnend von physikalischen Systemen bis hin zu kulturellen Systemen (vgl. Riedl 1987a, S. 113). Diese Behauptung lässt sich anhand der bislang dargestellten physikalischen und evolutionsbiologischen Erkenntnisse ohne weiteres nachvollziehen. Es lässt sich offensichtlich eine allgemeine Selbstorganisationsdynamik herauskristallisieren, die über die betrachteten Systeme hinaus gültig ist. Insbesondere ist natürlich die Erkenntnis zur Gültigkeit der Selbstorganisationsdynamik auch im Bereich kultureller Systeme von großer Bedeutung. Wenn nämlich eine Unternehmung, also ein kulturell entstandenes System, als dissipatives System beschrieben werden kann, muss auch davon ausgegangen werden, dass diese Selbstorganisationsdynamik für das Management der Unternehmung und insbesondere für die Entwicklungsdynamik eine wesentliche Rolle spielt.

5.5.3 Beschreibung der Unternehmung als »soziales« dissipatives System

Die Bezeichnung der Unternehmung als »soziales dissipatives System« soll ausdrücken, dass wesentliche Charakterzüge dissipativer Systeme auch Unternehmungen zugeschrieben werden, gleichzeitig will jedoch der Zusatz »soziales« deutlich machen, dass neben diesen dissipativen Merkmalen auch die Besonderheiten des Zweckbezuges und der Sinnhaftigkeit von Unternehmungen zu beachten sind. Der Zweckbezug einer Unternehmung und damit die Betrachtung der Möglichkeiten einer intendierten Ausrichtung der Unternehmung durch Managementhandlungen steht natürlich im Mittelpunkt des Interesses (vgl. zum folgenden Scheurer 1997, S. 312 ff).

Genau zu dieser Fragestellung lassen sich jedoch offenbar keine generellen Aussagen machen. Vielmehr hängen Aussagen zu den Lenkungs- und Entwicklungsmöglichkeiten der Unternehmung im wesentlichen von ihrem Systemzustand ab. Es genügt also nicht, die Unternehmung im folgenden als »das« soziale dissipative System darzustellen, sondern es müssen Typologien von Unternehmungszuständen betrachtet werden, welche das Funktionieren-Können des Systems bestimmen und somit dem Management auch unterschiedliche Möglichkeiten zum Funktionieren-lassen der Unternehmung bieten.

Um eine Vorstellung davon zu erhalten, was eigentlich mit »verschiedenen Unternehmungszuständen« gemeint ist, soll ein soziales dissipatives System zunächst in einem kleinen Exkurs mit einem Film verglichen werden. Bei einem Film können dem Betrachter durch die Vorführung von mindestens 25 Bildern pro Sekunde verschiedene Eindrücke suggeriert werden. Es kann der Eindruck eines unveränderlichen Zustandes, einer langsamen Bewegung oder eines Bruches in der Bewegung erweckt werden.

Übertragen auf ein soziales dissipatives System bedeutet dies folgendes:

- Werden dem Betrachter 25 Bilder in der Sekunde mit dem ständig gleichen Bild gezeigt, suggeriert dies einen scheinbar unveränderten Systemzustand, also eine feststehende Unternehmungsstruktur. Tatsächlich passiert in der Realität jedoch eine ständige Bewegung, die jedoch immer wieder dasselbe Ergebnis zeigt. Diesen Systemzustand kann man keineswegs als statisch bezeichnen, vielmehr als dynamisch stabil. Ganz genau betrachtet handelt es sich gar nicht um einen Zustand, sondern um einen Prozess. Je länger die gleichen Bilder sich wiederholen, desto intensiver wird der Eindruck, einen völlig unveränderten Systemzustand vor sich zu sehen.

- Kommen zu den unveränderten Bildern zusätzliche geringfügig veränderte Bilder, wird der Eindruck einer Entwicklung vermittelt. Da die Veränderungen jeweils nur gering sind, wird dieser Eindruck als eine gleichmäßig, gut vorhersehbar ablaufende Entwicklung der Unternehmung wahrgenommen.

- Werden nunmehr den unveränderten Bildern solche mit großen Veränderungen hinzugefügt, dann entsteht der Eindruck eines Bruchs im Film. In Analogie heißt dies das Erleben von Diskontinuitäten in der Entwicklung der Unternehmung. Die weiteren Unternehmungszustände sind kaum vorhersehbar.

Als Fazit aus dieser Betrachtung seien als Erkenntnisse festgehalten:

1. Die Unternehmung wird prinzipiell immer durch dieselben zugrundeliegenden Prozesse konstituiert. Je nach der Ausgestaltung dieser Unternehmensprozesse ergeben sich für die Unternehmung jedoch völlig unterschiedliche Zustände bzw. Strukturen und Handlungsmuster.
2. Ein Unternehmungszustand als Struktur ist somit nichts anderes als ein vorübergehend gültiges, zeitlich kondensiertes prozessuales Muster.
3. Die Entwicklung einer Unternehmung ist gleichzusetzen mit der Ausbildung neuer Unternehmungsstrukturen.

Unternehmungszustände ergeben sich also aus der Summe der ablaufenden Unternehmungsprozesse. Dabei können grundsätzlich zwei Prozesstypen unterschieden werden: *Gleichgewichtsprozesse und Ungleichgewichtsprozesse.*

Im Prozessablauf eines sozialen dissipativen Systems sind stets beide Prozesstypen beteiligt, obzwar nicht immer im gleichen Verhältnis. Je nachdem welcher Prozesstypus überwiegt, ergibt sich der jeweilige Systemzustand. Mit der Vielzahl der grundsätzlich möglichen Kombinationen von Gleichgewichts- und Ungleichgewichtsprozessen zu einem Gesamtsystemprozess ergibt sich das Problem jeweils dazu passender und wirksamer Managementmöglichkeiten. Eine zielgenaue Ableitung von Variablen und Faktoren für die erfolgreiche Lenkung und Entwicklung der Unternehmung müsste, um eine genaue Passung zu den jeweiligen Unternehmenszuständen herzustellen, im Grunde ebenso differenziert abgestuft sein. Eine praktikable Analyse muss jedoch das in Wirklichkeit existierende Kontinuum möglicher Systemzustände sozialer dissipativer Systeme auflösen: es werden nur noch die jeweiligen Extreme des Kontinuums thematisiert und einander gegenübergestellt, damit werden nur noch zwei Zustandstypen des gleichen Betrachtungsobjekts »Unternehmung« erfasst.

Zur Beschreibung der Unternehmung in ihrem jeweiligen Systemzustand dürfte somit auch eine einzige Modellvorstellung nicht ausreichen. Die Analyse extrem verschiedener Zustandstypen muss deshalb von unterschiedlichen Systemmodellen ausgehen. Dabei werden keineswegs verschiedene Systeme betrachtet, vielmehr geht es stets um das gleiche dissipative System, dessen Zustand sich aber immer irgendwo zwischen den beiden genannten Extremen bewegt. Eine Unternehmung kann sich in der Nähe des Gleichgewichtes befinden, durch irgendwelche Einflüsse externer oder interner Art von diesem Systemzustand relativer dynamischer Stabilität wegdriften und dann in einen durch Fluktuationen und Bifurkationen gekennzeichneten Systemzustand gelangen. Umgekehrt kann eine Unternehmung irgendwann aus einem solchen gleichgewichtsfernen Bereich durch die Bildung einer neuen spontanen Ordnung wiederum in einen gleichgewichtsnahen Zustand kommen. Das soziale dissipative System bewegt sich also auf einem Kontinuum zwischen möglichen Gleichgewichts- und Ungleichgewichtszuständen hin und her.

Eine Unternehmung im Gleichgewichtszustand ist gekennzeichnet durch einen dynamisch stabilen Systemzustand, der es ihr ermöglicht, mit intern oder extern auftretenden Störungen umzugehen, ohne diesen Stabilitätszustand zu verlieren. Die Selbstregulation des Systems vollzieht sich als relativ konstanter Reproduktionsprozess, "der - trotz einer sich verändernden Materialbasis und trotz sich laufend verändernder Umwelt- und interner Systembedingungen - nach gleichbleibenden Grundregeln abläuft bzw. nach einer gegebenen Architektonik sich weiterspinnt" (Bühl 1990, S. 58). In einem gleichgewichtsnahen Bereich befindet sich die Unternehmung somit in einem dynamisch stabilen Zustand, der eine weitgehend adäquate Abstimmung zwischen den internen Strukturbedingungen der Unternehmung einerseits und den Umweltbedingungen andererseits charakterisiert. In diesem Gleichgewichtsbegriff ist auch die Möglichkeit enthalten, dass es aufgrund starker interner oder externer Störungen zur Ausbildung eines neuen, den geänderten Bedingungen besser entsprechenden Stabilitätszustandes kommt. Gleichgewicht in diesem Sinne ist also nicht statisch gemeint, der Gleichgewichtsbegriff umfasst vielmehr auch die Möglichkeit einer Unternehmungsentwicklung.

Der Verlust der Gleichgewichtsnähe bedeutet den vorübergehenden Verlust einer erreichten Passung zwischen den internen Strukturbedingungen der Unternehmung und den Umweltbedingungen. Diese gleichgewichtsferne Prozessphase ist jedoch als notwendige Bedingung zu sehen für die Erreichung einer Abstimmung auf einer qualitativ neuen Ebene.

Die Konzeption der Unternehmung als soziales dissipatives System zwischen gleichgewichtsnahen und gleichgewichtsfernen Bereichen entspricht im Grunde den evolutionären Mechanismen des Wandels von Systemen, die jeglicher Unternehmungsentwicklung zugrundeliegen. Damit befindet sich dieser Ansatz in direkter Nachfolge anderer Konzeptionen, die sich ebenfalls aufgrund ihrer Orientierung an evolutionärem oder lerntheoretischem Gedankengut für eine mehrdimensionale Beschreibung der Unternehmung aussprechen. Stellvertretend für einen lerntheoretischen Ansatz sei hier Reber genannt, der mit Bezug auf das organisationale Lernen es für notwendig hält, eine Organisation einerseits als Routineorganisation und andererseits als Innovationsorganisation zu beschreiben (vgl. Reber 1992, Sp. 1250 f). Ein evolutionstheoretisches Beispiel ist der Ansatz von Kirsch, der im Zusammenhang mit der Unternehmungsentwicklung von Phasen der Schließung und Öffnung spricht. Die Öffnungsphasen nennt Kirsch »Verflüssigung«, in diesen Phasen haben Selbstorganisationsprozesse eine zentrale Bedeutung (vgl. Kirsch 1992, S. 273). Aus der Sicht unterschiedlicher Komplexitätszustände lässt sich die Entwicklung einer Unternehmung als alternierende Folge aus Ruhe- und Übergangsphasen zwischen Zuständen niedrigerer zu solchen höherer und dann wiederum niedrigerer Komplexität begreifen.

Ein Vergleich der beiden Zustandstypen des gleichgewichtsnahen und gleichgewichtsfernen Systemzustands sozialer dissipativer Systeme mit ihren zugehörigen Zustandsmerkmalen lässt deutlich werden, dass sich Unternehmungen nahe dem Gleichgewicht als »alte Bekannte« entpuppen, bemüht sich doch der überwiegende Teil der gesamten Managementlehre bis heute primär um diesen Unternehmungstypus. Demgegenüber gibt es nur vereinzelt Managementliteratur, die sich um den zweiten Unternehmungstypus fern vom Gleichgewicht bemüht. Dies zeigt sich besonders klar, wenn man nach der Führbarkeit auf der Grundlage des Funktionieren-Könnens in den extremen Zuständen der Unternehmung fragt.

Unternehmungen fern vom Gleichgewicht bieten vergleichsweise zu Systemen nahe dem Gleichgewicht einen wesentlich größeren Entwicklungsrahmen und sind deshalb unter Gesichtspunkten des Managements von Dynamik und Wandel von vorrangigem Interesse. Das weitere Augenmerk muss deshalb auf die Systeme fern vom Gleichgewicht gerichtet werden.

Teil III: Entwicklungsorientiertes Management als Prozess des Umlernens auf der Grundlage eines ganzheitlichen Denkens

Der weitaus größte Teil der Organisations- und Managementlehre ist auf die Erfassung und Gestaltung des Stabilen, Dauerhaften und Harmonischen einer Unternehmung resp. Organisation ausgerichtet. Organisationen werden grundsätzlich mit bleibendem Charakter entworfen und in ihnen ist kaum vorgesehen, sich wieder zu verändern, zu evolvieren, zu lernen und sich zu entwickeln; das Hauptaugenmerk der betriebswirtschaftlichen Theorienbildung liegt denn auch auf der Untersuchung interner Mechanismen der Bewahrung sowie auf der Gestaltung prinzipiell unveränderlicher funktionaler Komponenten (vgl. Probst 1987, S. 87). Unter dem Eindruck immer dynamischerer (»turbulenter«) Gesellschaftsverhältnisse sowie im Zuge eines sich rapide verändernden wissenschaftlichen Weltbildes (vernetzt-dynamisches Paradigma) wird jedoch offensichtlich, dass reale Organisationen keineswegs derart quasi-statische Entitäten darstellen und auch nicht mehr ausschließlich vor einem solchen Hintergrund analysiert bzw. konzipiert werden können. Vielmehr laufen in und zwischen Organisationen ständig Prozesse aller Art ab; Organisationen befinden sich mithin permanent in Bewegung, entstehen und vergehen, wachsen und schrumpfen, durchlaufen Perioden der Stabilisierung, der Veränderung und des Wandels. Dabei verschieben sie Ressourcen, modifizieren ihre Funktionsweise, wechseln Aktivitätsfelder und verändern zuweilen sogar ihren grundlegenden Charakter.

Im Teil III der Arbeit sollen neuere theoretische Perspektiven als Leitlinien untersucht werden, die zur Darstellung der dynamischen Qualitäten von Organisationen geeignet erscheinen und aus denen sich zunächst methodische Zugänge für entwicklungsbezogene Veränderungen und weitergehend umfassende Vorstellungen sowie Gestaltungsempfehlungen für ein dynamisches Unternehmungs-(Organisations-)modell ableiten lassen.

6. Erklärungsansätze organisationalen Wandels

6.1 Entwicklungsfähigkeit sozialer Systeme und Aktionspotenzial für entwicklungsorientiertes Management

Ausgehend von den betrachteten Ordnungsebenen sozialer Systeme (vgl. Punkte 2.2.4 und 2.2.5) liegen die Ansatzpunkte für ein entwicklungsorientiertes Management im Bereich materiell-technisch-ökonomischer Prozesse (mechanistisches Modell), für die funktionelle Ebene in einer politisch-behavioristischen Arena (organismisches Modell) oder in der Sinn-Ebene mit kulturell-kognitiven Interventionen. Es ist davon auszugehen, dass die Ansatzpunkte auf unterschiedlichen »Schichten« der Organisation angesiedelt sind, wobei Oberflächenschichten jeweils in tiefcrliegende Schichten eingebettet sind und diesen eigentlich zugrunde liegen. In Analogie zum schichtförmigen Aufbau einer Zwiebel lassen sich deshalb einzelne Wandeldimensionen als aufeinander aufbauende, hierarchisch verwobene Schichten begreifen, die einen die Organisationsidentität charakterisierenden Kern umschließen. Damit gelangen wir zu einem »Zwiebelmodell« der Organisation.

Abb. 24: Das »Zwiebelmodell« der Organisation
(in Anlehnung an Perich 1993, S. 151)

Zweifellos kann man die einzelnen »Schichten« in der Realität nicht trennscharf unterscheiden; die eigentliche Bedeutung des Zwiebelmodells liegt denn auch weniger in der abschließenden Erfassung einzelner Schichten des Organisationsphänomens, als vielmehr im Hinweis auf das Vorhandensein unterschiedlicher Einflüsse sowie hierarchischer Abhängigkeiten verschiedener Wandelansatzpunkte. Das Zwiebelmodell verdeutlicht, wie sich organisationaler Wandel je nach der Ordnungsschicht, die den Gegenstand bzw. Hauptansatzpunkt der Veränderung bildet, *typisieren* lässt (vgl. Perich 1993, S. 154 f):

- *Restrukturierung* (»restructuring«): beinhaltet Veränderungen der auf das ziel*erreichungs*orientierte Funktionieren-lassen der Unternehmung gerichteten Strukturen (Aufbau- und Ablaufstruktur) und Systeme (Planungs- und Kontrollsysteme, Informationssysteme, Dispositionssysteme, Qualifikations- und Anreizsysteme) sowie technisch-ökonomischer Potenziale wie Mitarbeiterbestand, Fertigungstechnik, Finanzmittel usw. --> Prozess der Veränderung wesentlicher Elemente der Formalstruktur, z.B. durch den Übergang von einer funktionalen zu einer dynamischen Struktur.

- *Repositionierung* (»repositioning«; »reorientation«): umfasst Veränderungen zur *Ausgestaltung* der Ziele und der Beziehungen zwischen Unternehmung und Umwelt; diese Strategiedimension berührt explizite Aussagen zu Zwecken und

Zielen und zur und Politik der Unternehmung sowie politisch ausgehandelter Aktionsprogramme --> Prozess der Veränderung der Marktposition, z.B. durch einen Wechsel der Aktivitätsfelder bzw. die Einführung neuer Produkte.

- *Revitalisierung* (»revitalizing«; »renewal«): umfasst Veränderungen der grundlegenden, ziel*bildungs*orientierten sozialen Verhaltensweisen, --> Prozess der Veränderung des Verhaltensstils in einer Unternehmung, z.B. Einräumung größerer Handlungsspielräume, Enthierarchisierung, Änderung der expliziten Kultur (Kommunikationsverhalten, politische Umgangsformen, Statussymbole, Führungsstil, bedeutungsvolle Gewohnheiten, Gebräuche und Normen, Mythen, Riten und Zeremonien, Einfluss- und Gefühlsbeziehungen wie Macht, Sympathie, Freundschaft).

- *Rekreation* (»recreation«; »paradigmatic shift«): beinhaltet einen Prozess der Veränderung organisationaler Prädispositionen bzw. impliziter Kulturmerkmale (grundsätzliche Wertvorstellungen, Weltbilder, Interpretationsschemata, mit denen die organisationale Realität »gefiltert« und mit Sinn versehen wird, z.B. Entwicklung eines Konzeptes der lernfähigen Organisation. Mit einer solchen normativen Erneuerung wird der Charakter und das Gefüge der Organisation fundamental verändert, was quasi zu deren Neuschöpfung führt.

Neuere Theorien zum organisationalen Wandel gehen zumeist davon aus, dass sich tiefgreifende organisationale Veränderungen in der Form eigentlicher *Gestaltwandlungen* vollziehen, d.h. dass sich nicht lediglich einzelne Organisationselemente gesondert verändern, sondern dass Veränderungen des einen Elementes (z.B. der Strategie) auch Wandelprozesse bei anderen Elementen (z.B. der Struktur, dem technisch-ökonomischen Potenzial, den Verhaltensweisen und Wertvorstellungen usw.) induzieren.

Mit dem Zwiebelmodell wird der Zusammenhang zwischen »harten« und »weichen« Organisationsfaktoren konkretisiert und spezifiziert. Insbesondere wird herausgestrichen, dass von tiefer liegenden Ordnungsschichten ein weit nachhaltigerer Einfluss auf die Organisation bzw. deren Grundgehalt (»Identität«) ausgeht als von oberflächlichen (formalen) Ordnungsschichten. Eine gut funktionierende Organisation setzt demnach voraus, dass eine Ordnung nicht nur auf einer materiellen (formalen) Ebene entsteht, sondern dass diese auch auf einer immateriellen Ebene verhaltensmäßig, emotional und verstandesmäßig nachvollzogen, interpretiert, erklärt und begründet werden kann (vgl. Ulrich 1984, S. 122 ff.; Probst 1987, S. 91). Probst bezeichnet aus der Perspektive eines *umfassenden Ordnungsmanagements* diese beiden grundlegenden und interdependenten Arten des Organisierens (im funktionalen Sinne) als »substanzielles« und »symbolisches« Organisieren (vgl. Probst 1987, Kap. 7). Während *»substanzielles Organisieren«* auf das materielle Gestalten der Organisations»oberfläche« zur effizienten Leistungserstellung abzielt, geht es beim *»symbolischen Organisieren«* mehr um die Gestaltung geistig-sinnhafter, kulturgeprägter und kulturprägender Ordnungsprozesse, um ein Klima für konstruktive Konflikte und gegenseitige unterstützende Kooperation zu schaffen. Allerdings muss man berücksichtigen, dass tieferliegende

Ordnungsschichten sich zunehmend einer direkten Gestaltbarkeit durch das Management entziehen.

Das Zwiebelmodell verdeutlicht, dass jede Schicht von Organisationsphänomenen in eine tieferliegende und dieser logisch übergeordnete Schicht eingebettet ist und durch die wiederum ihr übergelagerte Schicht(en) maßgeblich beeinflusst wird (= Prinzip der hierarchischen Verknüpfung). Daraus ergibt sich beispielsweise, dass Veränderungen der Ziele und des Verhaltensstils auch Änderungen der formalen Strukturen und technisch-ökonomischen Potenziale der Organisation bedingen bzw. nach sich ziehen, aber z.B. nicht notwendigerweise eine Abkehr von verankerten kulturell-kognitiven Prädispositionen erfordert. Unternehmungskulturelle oder politische Faktoren zum Beispiel fördern oder blockieren formale Veränderungsprozesse bei Strukturen und Systemen, eine »starke« Kultur kann so den Bedarf an formaler Strukturierung erheblich reduzieren und mithin teilweise substituieren. Veränderungen in höherliegenden Schichten können hingegen, müssen aber nicht Veränderungen in tieferliegenden Schichten bewirken. Daraus ergibt sich, dass eine Organisation Phasen der rapiden Expansion durchlaufen kann, ohne dass sich ihre Zwecke, Ziele und Wertvorstellungen grundlegend wandeln und sich lediglich technisch-ökonomische Potenziale sowie eventuell die formale Struktur verändern (vgl. Perich 1993, S. 156).

6.2 »Auslöser« für entwicklungsbezogenes Management

Wenngleich »Entwicklung« die ständige Aufgabe des Managements sein soll, sind doch verschiedene spezifische Ereignisse bzw. Situationen für die Entfaltung von Dynamik und Wandel feststellbar. Sie erklären als zentrale Bestimmungsgründe eine organisationale Entwicklung, indem sie als »Motoren« der Veränderung wirken.

So weist Kirsch auf »Auslöser« bzw. Auslöseinformationen hin, die auf sogenannte *Diskrepanzen* bzw. »Misfits« (Auseinanderklaffen von Erwartungen und realen Geschehnissen), *prominente Ereignisse* (Überschreiten von Indifferenzschwellen) oder auch *Initiativkonzepte* (grundlegende Impulse) zurückgeführt werden können (vgl. Kirsch 1988, S. 183). Reorganisationsprozesse können grundsätzlich über alle drei Determinantengruppen eingeleitet werden. Für den Wandel von Strategien sind die mit dem Überschreiten von Indifferenzschwellen verbundenen prominenten Ereignisse von besonderer Relevanz. "Sie können definiert werden als Indikatoren oder Geschehnisse, die eine ... Situation aktuell so verändern oder verändert haben, dass einschneidende Auswirkungen auf das Leben, die Geschäftsabwicklung oder die Erwartungsstruktur einer Organisation unumgänglich sind" (Kirsch, ebenda). Prominente Ereignisse als Anlässe von Strategieänderungen sind primär (aufgaben-) umweltbedingter Natur, wobei unternehmungsinterne Wandlungsanlässe (Diskrepanzen bzw. Initiativkonzepte) oftmals vorgelagerte Ursachen haben, die durch die Umwelt bedingt sind. So können beispielsweise prominente Ereignisse zur Erzeugung von Diskrepanzen führen. Die Wahrnehmung von prominenten Ereignissen regt oftmals innovative entwicklungsbezogene Problemlösungsprozesse an.

Eine Übersicht möglicher Erklärungsfaktoren für organisationalen Wandel differenziert im folgenden nach den auslösenden Wandlungsanlässen in Umweltfaktoren, organisationale Faktoren und Managementfaktoren (nach Perich 1993, S. 159):

Umweltfaktoren
- untergliedert nach formalen Gesichtspunkten (hoher Turbulenzgrad)
  - Unsicherheit (Informationsaspekt)
  - Austausch und Abhängigkeit
    . von Ressourcen (»resource dependence«)
    . von politischer Legitimität (»power dependence«)
- untergliedert nach institutionalen Gesichtspunkten (divergierende »stakeholder«-Ansprüche)
- untergliedert nach funktionalen Gesichtspunkten (Umweltsphären)
  - Marktliche Veränderungen (Wettbewerbskräfte, neue Produkte, neue Märkte, neue Wettbewerber, neue Technologien)
  - Volkswirtschaftliche Veränderungen (Konjunkturzyklen, Wirtschaftsordnung, Strukturwandel)
  - Politische Veränderungen (Neue Gesetze, Wettbewerbspolitik, gemeinsame Märkte, Deregulierung, Verschiebungen des politischen Kräfteverhältnisses)
- Demographische Veränderungen (Bevölkerungswachstum, Überalterung, Qualifikationsverschiebungen)
- Kulturelle Veränderungen (Wertewandel, interkulturelle Differenzen, Modeeffekte)

Organisationale Faktoren
- Sinkende Leistung (»lower performance«)
  - Effektivität (schrumpfende strategische Wettbewerbsvorteile bzw. Nutzenpotenziale)
  - Effizienz (eingefahrene Verluste, Cash-flow-Probleme, Liquiditätsengpässe)
- zunehmende Größe
- zunehmende Komplexität
- zunehmendes Alter
  - Art der Gründung
  - Geschichte und Traditionen
  - Lebenszyklusphase
- eingesetzte Technologie (»core technology«)
- Eigentumsverhältnisse und Rechtsform
- Impulse der Realisationspotenziale
  - quantitativ (Anzahl der Mitarbeiter, Sachmittel, Anlagen, Finanzmittel [z.B. volle "Kriegskasse" für M&A-Aktivitäten])
  - qualitativ (verfügbare Ressourcen [»slack potential«], Fähigkeitskapital, humane Kreativität und Innovationsfreude)
- politische Prozesse in der Organisation
  - Artikulation neuer Ziele und Bedürfnisse
  - Austragung von Interessens- und Macht-Konflikten
- änderungsfreudiger organisationaler Charakter
  - Einstellungen (z.B. Risikofreudigkeit, Innovationsorientierung)
  - Änderungskultur

Managementfaktoren (als spezieller Teil der Organisationsfaktoren)
- Managementkapazität
  - quantitativ: Anzahl und Zusammensetzung
  - qualitativ: Persönlichkeitsmerkmale, Perzeptionen und Präferenzen
- Managementverhalten
- strategische Wahl
- Führungsstil
- Managementwechsel

Die Unternehmung als *offenes dynamisches System* verändert sich also unter dem Wirkungseinfluss interner und externer Kräfte. Die Ableitung grundlegender Mechanismen des organisationalen Wandels dreht sich um die Frage, ob Wandlungsprozesse v.a. aufgrund *externer Kräfte* (d.h. von der Organisationsumwelt her) oder *interner Kräfte* (d.h. aufgrund der Zusammensetzung bzw. der Eigenschaften und Verhaltensweisen der Organisation und ihrer Mitglieder) erklärt werden müssen. Die Fragestellung bezieht sich somit auf das *Verhältnis* zwischen Organisationsdynamik und Umweltdynamik. Dabei lassen sich drei Grundmechanismen des organisationalen Wandels typologisieren: *Entwicklungsmodelle* erklären Wandel aufgrund endogener human-sozialer oder sytembezogener Mechanismen, *Selektionsmodelle* betonen die Dominanz exogener Kräfte, *Adaptationsmodelle* betrachten interaktive Formen von Änderungskräften (vgl. Perich 1993, S. 160 ff.; Türk 1989, S. 55 ff.).

In der Kategorie der *Entwicklungsmodelle* stellen die human-sozialen Entwicklungstheorien die *human-soziale Rolle* der Mitglieder der Organisation für Wandlungsprozesse heraus; Aspekte wie die Gestaltungskraft, die Zusammensetzung und das Zusammenwirken der Organisationsmitglieder bzw. einzelner Gruppen, bestimmen den Wandel. Die *managementzentrierte*, insbesondere von der Führungselite ausgelöste Gestaltung des Wandels geht von rationalen Entscheidungen und Handlungen aus. Dieser Theorietradition des »geplanten« Wandels entstammen drei gewichtige Ansätze:

- Der verhaltenswissenschaftlich geprägte Ansatz der Organisationsentwicklung (OE) versucht über zeitweilig eingesetzte Fachberater als »change agents« mit spezifischen sozialpsychologischen Interventionen das Verhalten von Individuen und Gruppen der Organisation leistungs- und fähigkeitssteigernd zu modifizieren.

- Der strukturorientierte Reorganisationsansatz (Organisationsplanung) will durch umfassende formale Regeln und Regelsysteme eine mehr sach-rationale Problemlösungs- und Vorgehensmethodik erreichen.

- Beim entscheidungsorientierten Planungsansatz (strategische Planung) geht es um die Wahl von Handlungsalternativen auf der Grundlage des Vergleichs von Zukunftsprojektionen (»Wird«) mit Zielvorstellungen des Managements (»Soll«) und der jetzigen Ausgangssituation (»Ist«).

Ebenfalls human-sozial orientiert ist der Ansatz des *»Intrapreneuring«*, der in der Kreativität und Innovation und einem notwendigerweise zu verankernden »unternehmerischen« Handeln die Quelle für organisationalen Wandel sieht, ein weiterer Ansatz betont die Relevanz intraorganisationaler dynamischer *politischer Prozesse* und den Charakter einer Organisation als »politische Arena«.

In *systembezogenen* Entwicklungstheorien sind organisationsimmanente Prädispositionen (Ziele, Bedürfnisse, Zwänge) die Auslöser, welche das organisationale Verhalten leiten und die Organisation zu einer mehr oder weniger vorbestimmten Entfaltung treiben. Nicht Personen oder Gruppen und auch nicht das Management werden als wandlungsbestimmend angesehen, vielmehr sind dies demographische

Merkmale der Organisation (Größe, Alter, strukturelle Komplexität). Für die Verlaufsform von Veränderungsprozessen wird häufig eine entwicklungsgesetzliche Regelmäßigkeit unterstellt. Beispiele hierfür sind die Wachstumstheorien, welche einen kontinuierlichen Expansionskurs aufgrund eines konsequent verfolgten Wachstumsziels darauf zurückführen, dass aus dem Wachstumsprozess heraus immer wieder die die Expansion vorantreibenden Bedingungen geschaffen werden, sowie Lebenszyklustheorien, die in Analogie zum biologischen Entwicklungsprozess für Organisationen einen irreversiblen, graduell verlaufenden Zyklus mit den Grobphasen Geburt, Wachstum, Reife, Degeneration und Auflösung annehmen.

Selektionsmodelle erklären den Wandel von Organisationen im Zusammenhang umweltbedingter Bewährungs- und Aussonderungsprozesse, wobei immer nur diejenigen Organisationen bzw. Organisationsformen erhalten bleiben, die den jeweiligen Umweltcharakteristiken am ehesten zu genügen vermögen (»survival of the fittest«). Weil der Fokus nicht auf individuelle Systeme gerichtet ist, sondern auf Populationen von Organisationen, werden sie auch häufig als populationsökologische Ansätze bezeichnet. Allen Selektionsmodellen liegt dasselbe dreigliedrige formale Schema von Variation - Selektion - Retention zugrunde. Die Umwelt wird als derart »mächtig« und »unumstößlich« betrachtet, dass Organisationen nur Erfolg haben können, wenn sie den Selektionskriterien der Umwelt genügen; sie haben dabei weder die Möglichkeit, ihre bestehende Umwelt nachhaltig zu beeinflussen, noch sie gegen ein anderes Umweltsegment auszutauschen. In einer weiteren zentralen Annahme wird postuliert, dass Organisationen normalerweise gar nicht die nötige Anpassungsfähigkeit und Flexibilität besitzen, um auf Umweltdruck angemessen reagieren zu können. Diese »Beharrungstendenz«, welche sie schwerfällig, träge und »konservativ« macht, erklärt, warum »die Umwelt selektiert«, wieso also Selektionsmechanismen der Umwelt greifen können.

Adaptationsmodelle als verbreitetste Vorstellung zur Auslösung von Dynamik und Wandel begründen solche Aktionen damit, dass Organisationen grundsätzlich über die notwendige transformative Kapazität verfügen, um variierende Umweltverhältnisse durch organisationale Veränderungen, z.B. der Struktur oder der Strategie, aufzufangen. Der Prozess der Adaptation wird hier als gangbare Alternative gesehen, um einer Selektion durch die Umwelt entgegenzutreten. Die Logik des Adaptationsmechanismus ist bestimmt durch Konsistenzannahmen, wonach sowohl zwischen der Organisation und ihrer relevanten Umwelt als auch zwischen den Subsystemen einer Organisation und der Organisation als Ganzem ein »harmonisches Entsprechungsverhältnis« bestehen muss (»fit«-Problematik). Die Herstellung und Aufrechterhaltung einer effektiven Balance zwischen Organisation und Umwelt (externer fit) beinhaltet gleichzeitig immer auch die laufend notwendige Integration (Ulrich 1984) organisationsinterner Interdependenzen (interner fit). Je nach angenommener Rigidität des Abhängigkeitsverhältnisses von Organisation und Umwelt lassen sich verschiedene Kategorien von Adaptationsmodellen unterscheiden.

Von einer einseitigen Abhängigkeit der Organisation gegenüber ihrer Umwelt geht das passiv-reaktive Adaptationsmodell aus. Diese kontingenztheoretische Variante fragt, welche Strukturen, Strategien oder Gesamtkonfigurationen der Organisation für welche Umweltbedingungen am erfolgreichsten sind. Die zentrale These hierbei lautet, dass in statischen Umwelten mechanistisch-bürokratische Organisationsformen effizienter sind, in dynamischen Umwelten hingegen organisch-flexible Organisationsformen (vgl. Burns/Stalker 1961). In einer dynamischen Perspektive charakterisiert der Kontingenzansatz die Organisation als rationales und hochadaptatives homöostatisches System, welches aufgrund von Feedbackmechanismen laufend bzw. mit gewissen Verzögerungen interne Anpassungen an Umweltvariationen vornimmt und sich damit über lange Zeit erhalten kann. Organisationaler Wandel wird als *rationaler Prozess* konzeptualisiert, der nach dem »Stimulus-Response«-Schema verläuft. Dabei fungiert insbesondere die Erwartung bzw. das Eintreten von *organisationalem Misserfolg* als Auslöser für Wandlungsprozesse (vgl. Freeman 1984, S. 338, zit. bei Perich 1993, S. 175).

Modifizierte Versionen des Adaptationsmodells betonen verstärkt proaktive und an den Fähigkeiten der Organisation orientierte Elemente (Konzept der strategischen Wahl, organisationales Lernen, kognitive Schemen) als Auslösefaktoren für organisationalen Wandel. Damit wenden sich diese Ansätze verstärkt einer Sichtweise zu, welche die Organisation als *aktive* (d.h. Umsystemparameter gezielt beeinflussende), *mobile* (d.h. in ihrem Umsystem bewegungsfähige) und *intelligente* (d.h. in ihrer Leistungsfähigkeit maßgeblich durch systemsubjektive Fähigkeiten und Kompetenzen bestimmte) Handlungseinheit interpretiert. Im Vordergrund der Überlegungen steht die Problematik einer laufenden Ressourcenanziehung aus der Umwelt und deren effiziente Verteilung innerhalb der Organisation; intendiertem Handeln, aktiven Problemlösungsprozessen sowie Wahrnehmungs- und Bewusstseinsprozessen der Organisationsmitglieder wird hierbei ein maßgeblicher Stellenwert eingeräumt.

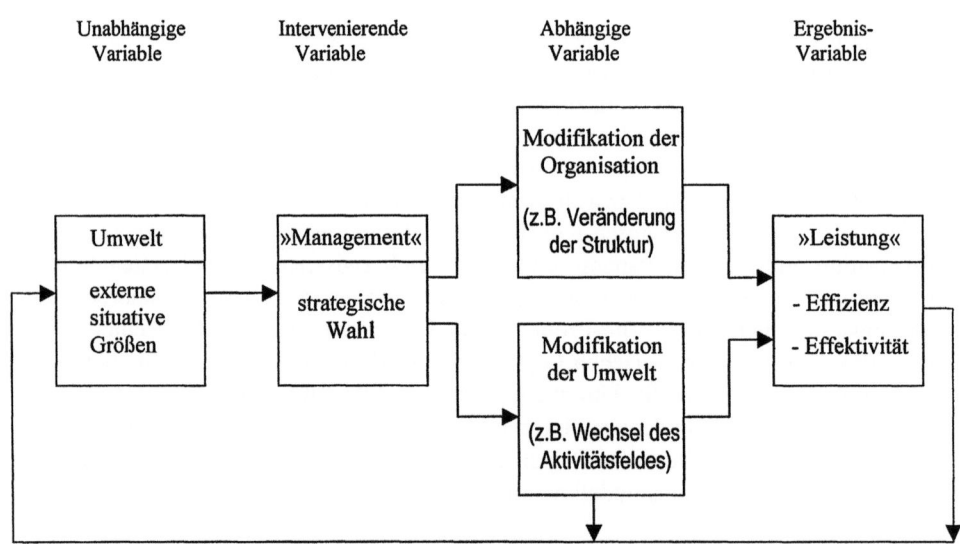

Abb. 25: Das Grundmodell der »strategischen Wahl«
(Quelle: Perich 1993, S. 178)

Ein vielbeachteter Versuch zum Aufbrechen des engen Entsprechungsverhältnisses von Organisationsform und Umwelteigenschaften bildet das auf John Child zurückgehende Konzept der *strategischen Wahl* (»strategic choice«) (vgl. Child 1972; Breilmann 1990). Es betont die Spielräume, die sich für die Organisation bzw. deren maßgebliche Entscheidungsträger (»dominant coalition«) bei der Strukturgestaltung dadurch ergeben, dass die Effizienzwirkungen von Organisationsstrukturen aufgrund unterschiedlicher Grade der Umweltabhängigkeit nicht eindeutig bestimmt werden können und dass über die strategische Ausrichtung der Organisation Einwirkungsmöglichkeiten auf die Umwelt resultieren. Im Ansatz der strategischen Wahl wird für den Einbezug der *politischen Entscheidungsprozesse* plädiert, die zwischen den Umweltverhältnissen und der Ausgestaltung der Organisation stehen. Den kritischen Erklärungsfaktor für organisationalen Wandel bilden somit derartige strategische Wahlmöglichkeiten des Managements und nicht die Umwelt selbst. Der Ansatz der strategischen Wahl behauptet nicht, dass es keine Umweltkontingenzen gebe, sondern vielmehr, dass eine ganze Anzahl möglicher Kontingenzbeziehungen besteht (multiple Umweltkontingenzen), unter denen die gegenwärtig herrschende Elite der Organisation aber aufgrund der Wahl des organisationalen Aktivitätsfeldes (»activity domain«) auswählen könne, welcher dieser Kontingenzen sie die Organisation aussetzen wolle. Wandel aufgrund von strategischen Wahlakten beinhaltet also im wesentlichen eine Wahl der Bedingungen und Spielregeln, denen man sich unterwerfen will.

Noch ausgeprägter kommt der organisationssubjektive Charakter von Wandlungsprozessen in *Lernmodellen* der Organisation zur Geltung (»organizational learning theories«) (vgl. Argyris/Schon 1978; Duncan/Weiss 1979). Während »Adaptation« zu-

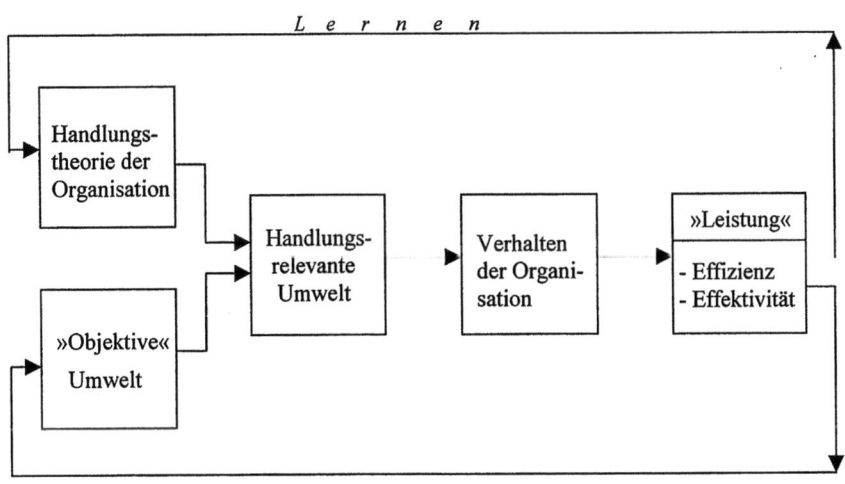

Abb. 26: Das Grundmodell des »organisationalen Lernens«
(Quelle: Perich 1993, S. 180)

nächst nichts anderes bedeutet als »Minimierung des Reibungswiderstandes« hinsichtlich kontingenter (Umwelt-)Bedingungen und grundsätzlich kein Verständnis der dabei involvierten kausalen Beziehungen voraussetzt, wird »Lernen« auf einer qualitativ höheren, »verstehenden« und selbst-reflexiven Bewusstseinsstufe angesiedelt (vgl. Hedberg 1981, S. 3; Türk 1989, S. 102). Organisationen werden als kollektive Agenten begriffen, deren Verhalten durch alltagsweltliche Handlungstheorien (»theories of action«) strukturiert werden.

Organisationaler Wandel ist demnach ein Lernprozess, der sowohl von den Umweltbedingungen als auch von den jeweiligen Handlungstheorien der Organisationsmitglieder beeinflusst wird. Die Grundannahme ist diejenige, dass (auf Erfahrung aufbauendes) Lernen zu verbesserter Leistungsfähigkeit in der Zukunft führt. Die Entwicklung von *Einsichten, Wissen* und *kausalen Zusammenhängen* zwischen vergangenen Handlungen, deren Effektivität und zukünftigen Handlungen bildet den Kernaspekt organisationaler Lernprozesse und dokumentiert den Stand des jeweils »besten« verfügbaren Wissens und Könnens *(»organisationale Kompetenz«).*

Phänomenologische Ansätze gehen nicht wie die Ansätze des organisationalen Lernens davon aus, dass Lernprozesse effektiven Handlungen jeweils vorausgehen, sie betonen *kognitive Schemen* und mithin die aktive Rolle von manageriellen Wahrnehmungs- und Bewusstseinsprozessen im Zuge organisationalen Handelns zur Definition der jeweiligen organisationalen Wirklichkeit. Die Grundlage für organisationale Entscheidungen bildet immer eine konstruierte und mit Bedeutung gefüllte, sinnvolle Welt (vgl. Berger/Luckmann 1966; Watzlawick 1988). Reale Probleme können erst angegangen werden, nachdem sie »konstruiert«, d.h. als solche identifiziert worden sind.

Organisationaler Wandel wird dadurch eingeleitet, dass organisationsinterne Schlüsselakteure in der Umwelt - tatsächliche oder vermeintliche - Veränderungen wahrnehmen und daraufhin einen organisationsweiten Bewusstseinswandel initiieren und daraufhin Veränderungen ingangsgesetzt werden. Die phänomenologische Perspektive geht also davon aus, dass Veränderungen der Organisationsstrukturen vor allem Prozesse der kritischen Reflexion *(»reframing«)* und eine Veränderung des kognitiven Bezugsrahmens bedingen.

Eine zusammenfassende Beurteilung der verschiedenen Grundmechanismen zur Erklärung organisationalen Wandels verdeutlicht, dass einzelne Ansätze auf unterschiedliche Tiefenschichten der Organisation eingehen, sich dabei nicht selten spezifischer theoretischer Konstrukte bedienen und zum Teil recht spezifische Fragestellungen verfolgen. Die Varianz im Stellenwert, den die einzelnen Erklärungsansätze internen bzw. externen wandelinduzierenden Kräften zuweisen, begründet sich aber in erster Linie aus unterschiedlich optimistischen Annahmen bezüglich der dynamischen Kapazität der Organisation bzw. der Umwelt.

6.3 Beitrag des Managements zur Erklärung organisationalen Wandels

Theorien zum entwicklungsorientierten Wandel der Unternehmung erweisen sich als ein typisches Phänomen zwischen Organisationslehre und Managementlehre. Während zur Erklärung von Veränderungsprozessen im Rahmen der Organisationsperspektive allgemein der dynamische Aspekt der Bildung und Auflösung von *Ordnungsmustern* in den Vordergrund gerückt wird und dabei vor allem das Verhältnis von organisationalen Kräften (»innen«) versus Umweltkräften (»außen«) thematisiert wird, betrachtet die Managementperspektive in erster Linie die *Führungskräfte* als Organisationsgestalter und diskutiert die Frage nach deren *Manövrierspielraum* in Wandelsituationen.

In der Perspektive eines Managements des organisationalen Wandels lautet die zentrale Frage: Kann organisationaler Wandel überhaupt durch Manager bewusst initiiert, geplant und kontrolliert werden? Oder noch allgemeiner formuliert: Welcher Stellenwert kommt dem Faktor »Management«, insbesondere den maßgeblichen Akteuren, als Bestimmungsgröße zur Erklärung organisationalen Wandels zu?

Die Beantwortung dieser Frage kann auf *zwei* gegensätzliche philosophische Grundpositionen zurückgeführt werden und muss hierbei untersuchen, inwieweit die Handlungsfreiheit von manipulierbaren Kräften (»Voluntarismus«) versus unbeeinflussbaren Kräften (»Determinismus«) bestimmt wird. Drei Grundmodelle für den Einfluss veränderungswilliger Akteure lassen sich unterscheiden: zwischen Formen eines relativ rigiden Voluntarismus, die einen maximalen Handlungsspielraum des Managements annehmen sowie ausgeprägt deterministischen Formen, die kontextuelle und situative Begrenzungen in den Vordergrund stellen und einem Management praktisch keinerlei selbständigen Einfluss zubilligen, erstreckt sich eine differenzierte Zwischenzone, in der sich Managementaktivitäten mit anderen Wirkungsgrößen vermischen und im Rahmen eines interaktiven, sich entfaltenden Prozesses jeweils nicht immer intendierte Resultate »produzieren« (vgl. Perich 1993, S. 184 ff).

Der reine *Voluntarismus* geht von der Beherrschbarkeit des Wandels aus. Unbeschränkte Machbarkeit von Seiten des Managements ist letztlich Ausdruck von Willkür und Unterdrückung. Die Organisation erscheint im Extremfall als reines Herrschaftsinstrument der Organisationsleitung und wird in erster Linie zur Durchsetzung persönlicher, egoistischer (Gewinn-, Macht- oder Karriere-)Interessen missbraucht; die herrschende Elite scheut sich nicht davor, ihre Ideologie auch mit unmoralischen oder illegalen Mitteln durchzusetzen und trachtet danach, in Führungspositionen ausschließlich Gleichgesinnte nachrücken zu lassen. Dieses krasse Bild eines »puren« Managementvoluntarismus ist z.B. zu Beginn der Industrialisierung für den Unternehmer als Tyrann und Ausbeuter gezeichnet worden und hat seinen Niederschlag in gesellschaftskritischen Theorien überwiegend marxistischer Prägung gefunden.

Ebenfalls einen ausgeprägt voluntaristischen Grundtenor weisen *Persönlichkeitstheorien* des Managements auf (sog. »great man theories«). Basierend auf Sichtweisen wie die von einem »charismatischen Führer«, dem »entrepreneur«, dem »genius« oder dem »cultural hero« wird das Bild von Ausnahmepersönlichkeiten gezeichnet, die aufgrund ihres speziellen Verhältnisses zur Organisation (z.B. Gründerpersönlichkeit) bzw. ihrer überragenden Ausstrahlung und professionellen Führungsqualitäten (»leadership«) einen hohen Grad an Gefolgschaft erzeugen können und die Organisation weitgehend nach ihrem persönlichen Gepräge zu gestalten und zu verändern vermögen (vgl. Weinert 1987, S. 429, 454; Bennis/Nanus 1987, S. 3). Die Organisation erscheint als ein Schiff in der Hand eines »einsamen Steuermannes«; zwar kann ein einzelner Top-Manager eine große und etablierte Organisation nicht von heute auf morgen nach freiem Belieben umkrempeln, doch als Krisenmanager vermag er »das Steuer herumzureißen« und durch Vision und Tatkraft einen neuen Kurs für die Organisation zu verankern bzw. beharrlich auf dessen Verfolgung zu drängen.

Während Persönlichkeitstheorien den voluntaristischen Einfluss von Managern mehr von deren Charakterkonstellation bzw. deren Fähigkeitspotenzial her begründen, beruhen *Theorien des geplanten Wandels* verstärkt auf zielorientierten und rationalen Überlegungen. Im Vordergrund steht die funktionale Aufgabenstellung des Managements, einen Veränderungsbedarf der Organisation zu diagnostizieren und einzuleiten. Sowohl aufgrund der offiziellen Kompetenzen als auch wegen des faktischen Informationsvorsprungs (Zusammenlaufen des Informationsflusses an der Organisationsspitze) verfügt die Organisationsleitung über die notwendige Positionsmacht (vgl. Staehle 1990, S. 372 ff) zur laufenden Sanktionierung von Verhaltensweisen der Organisationsmitglieder sowie zur gezielten Einflussnahme auf Planungs- und Entscheidungsprozesse wie z.B. durch Regelung der Beteiligung an Entscheidungsgremien, Vorgabe der relevanten Diskussionsthemen (»agenda-setting«), Ausübung der letztlichen Entscheidungsbefugnis.

In *deterministischen Ansätzen* erscheint das Verhalten von Organisationen unabhängig von Managementeingriffen, d.h. nach einem fremdbestimmten Muster ablaufend bzw. als das Produkt zufälliger Resultate. Einzelne Organisationsgestalter besitzen demnach keinerlei eigenen Handlungsspielraum zur Organisationsgestaltung. Das Verhaltensrepertoire von Managern beschränkt sich bestenfalls auf die Rolle eines Analytikers und Umsetzers, der jeweils vorgezeichnete und notwendige, nicht aber im eigentlichen Sinne wählbare Handlungen vornimmt. Von der Umwelt determiniert wären Wandelprozesse zu betrachten, bei denen die Unternehmung weitgehend willenlos und reaktiv der jeweiligen Umweltentwicklung mehr oder weniger ausgeliefert ist und sozusagen »hinterherhinkt«. Innendeterminiert wären solche Ansätze, bei denen von einer Machtlosigkeit von Managern gegenüber interner Selbstorganisation, eigendynamischen sozialen Beziehungsgeflechten sowie historisch bedingten Sachzwängen ausgegangen wird. Eine rigide Form des Innendeterminismus kommt auch im Zusammenhang mit biologistischen Vorstellungen zum Ausdruck, die mit einer »embryologischen Metapher« operieren (z.B. Wachstumsmodelle, Lebenszyklustheorie) und daraus klar strukturierte und fixe Entwicklungsphasen ableiten.

Der sogenannte *gemäßigte Voluntarismus* vertritt die Auffassung, dass sowohl voluntaristische als auch deterministische Kräfte - häufig in kaum zu trennender Weise - in den Prozess organisationalen Wandels involviert sind. Hierbei wird unterstellt, dass soziale Systeme grundsätzlich durch Managementhandlungen veränderbar sind (vgl.

Kirsch/Esser/Gabele 1979, S. 232 f.). Manager sind jedoch nicht völlig frei, zum einen können sie nur begrenzt Informationen verarbeiten, zum anderen sind sie ihren Wertvorstellungen und Verhaltensroutinen verhaftet sowie subjektiv bestimmten kognitiven Konstruktionen der Wirklichkeit. Hinzu kommen Begrenzungen aus der organisationalen Eigendynamik und aus der Dynamik der Organisationsumwelt (wissenschaftlich-technologische Innovationen, Ansprüche externer »stakeholders«, Image in der Öffentlichkeit usw.). Eine proaktive Handlungsweise setzt ein Konzept zur Handhabung von Chancen und Risiken voraus, um dem Wandel in wirkungsvoller Weise begegnen zu können bzw. selbst Wandel zu induzieren.

Im vorigen Abschnitt (Pkt. 6.2) wurden vor allem drei theoretischen Ansätze behandelt, welche der Zwischenform einer voluntaristischen und deterministischen Sichtweise zuzuordnen sind; es handelt sich ausnahmslos um Prozesstheorien, die ihr wesentliches Augenmerk auf unterschiedliche Teilaspekte organisationaler Entscheidungsprozesse legen und dabei jeweils den Einfluss des Managements im Zusammenspiel mit weiteren Inwelt- sowie Umweltkräften untersuchen:

- Der Ansatz der strategischen Wahl fokussiert auf Entscheidungs- und Wahlakte des Managements hinsichtlich der technisch-ökonomischen Ausgestaltung der Organisation und definiert das strategische Verhältnis zur Umwelt.

- Im Rahmen politischer Prozesstheorien wird die Organisation als politisch-behavioristische Arena betrachtet und die Rolle des Managements zur Konfliktlösung und zur Generierung konsensorientierter Entscheidungen untersucht.

- Lernorientierte bzw. phänomenologische Ansätze beleuchten die kognitiv-kulturelle Seite organisationaler Entscheidungsprozesse und legen dabei das Augenmerk vor allem auf Wahrnehmungs- und Bewusstseinsprozesse des Managements.

Die interaktionistische Sichtweise des »gemäßigten Voluntarismus« erkennt vor allem den grundsätzlich selbstreferentiellen Charakter von Organisationen an und folgert, dass Umweltreize immer zuerst in die Sprache des Systems »übersetzt« werden müssen, um in irgendeiner Form verhaltenswirksam zu werden. Zugleich wird die Bedeutung von Schlüsselpersonen - Managern - für die Auslösung und Durchführung von Wandelprozessen hervorgehoben.

Allerdings wird auch eingeräumt, dass nicht jeder willentliche Versuch seitens des Managements, den Wandel einer Organisation zu steuern, auch automatisch greift bzw. gelingt. Vielmehr wird herausgestellt, dass das Gesamtverhalten einer Organisation prinzipiell nicht auf die Intentionen und Aktionen einer kleinen Managementgruppe reduzierbar ist, sondern eine Dynamik eigener Art aufweist; das Management ist somit »bloß« als eine, wenn auch zentrale Kraft eines umfassenden Sets organisationsinterner und -externer Kräfte anzusehen.

7. Leitlinien für entwicklungsorientiertes Management

Das Anliegen des entwicklungsorientierten Managements soll nunmehr konzeptionell vertieft werden. Dazu wird zunächst ein Referenzrahmen entworfen, der eine Erklärungsskizze sein und zu einem besseren Verständnis von Zusammenhängen führen soll.

7.1 Referenzrahmen zur Auswahl von Leitkonzepten für entwicklungsorientiertes Management

Auf Basis des nachfolgend zu entwickelnden Referenzrahmens sollen Leitvorstellungen zum entwicklungsorientierten Management gewonnen werden. Zu diesem Zweck sind zunächst einige wichtige Kriterien herauszuarbeiten, die eine Auswahl themenrelevanter Leitkonzepte und methodischer Ansätze ermöglichen. Die grundlegenden Kriterien zur Auswahl dieser Konzepte und methodischer Zugänge ergeben sich aus der Dualität der Zielsetzung dieser Arbeit:

(1) *Theoriebezug:* Managementzentrierte Aussagen zu Konstrukten wie »Fitness«, »komplexe Phänomene«, »Dynamik« und »Holismus« (vgl. Teil I).

(2) *Anwendungsorientierung:* Gewinnung von Erkenntnissen mit geistig-denkhaften, psychologischen und organisatorischen Aspekten zu Aktionsfeldern für die Gestaltung des Wandels von Unternehmungen. Dabei ist zu beachten, dass praktische Handlungsempfehlungen stets »theoriegeladen« sein und deshalb auf spezifischen Theorie-Konzepten beruhen sollten (Checkland 1987, S. 119, der sich hierzu auf J. M. Keynes bezieht).

Demnach ist einerseits ein theoretisches Grundgerüst für ein auf »Fitness der Unternehmung« zielendes entwicklungsorientiertes Management zu generieren, um auf dessen Basis denkleitende Theorie-Konzepte, geeignete methodische Zugänge und Aktionsfelder herauszuarbeiten, die erste konkrete Umsetzungshinweise zur entwicklungsorientierten Gestaltung enthalten. Zudem wird diskutiert und konkret dargelegt, wie eine solche Gestaltung als Aufgabe der persönlichen Selbstentwicklung von Akteuren der Unternehmungsentwicklung umzusetzen ist.

Neben der betriebswirtschaftlich orientierten Managementlehre bieten insbesondere auch verhaltenswissenschaftliche Teildisziplinen wie z.B. die Psychologie als integrativer Bestandteil von Managementkonzepten (vgl. Staehle 1990) einen nützlichen Beitrag zur Schaffung des Referenzrahmens. Neben der Einbeziehung soziologischer und psychologischer Aspekte der Wahrnehmung und des Lernens wird allerdings von besonderem Interesse die erkenntnisabhängige Umsetzung der Möglichkeiten einer fitnessorientierten Unternehmungsentwicklung sein (siehe hierzu Kap. 10, 11).

Bei einer Auswahl von Konzepten, Methoden, Aktionsfeldern und Instrumenten des entwicklungsorientierten Managements muss in diesem Zusammenhang berücksichtigt werden, dass eine Entwicklung der Unternehmung i.d.R. mehrere Betrachtungsebenen der Unternehmung tangiert. In systemischer Perspektive lassen sich unterschiedliche Abstraktionsebenen identifizieren, denen Aussagen zu einem entwicklungsorientierten Konzept inhärent sind: Ein größeres Ganzes, die Unternehmung, eine Abteilung, eine Gruppe usw., kann so beispielsweise potenzielle Eigendynamik aktivieren und *individuell wie kollektiv* im Bewusstsein, Verständnis, in der Sinnfindung usw. evolvieren (vgl. Probst 1987a, Sp. 732). Bei der Betrachtung geeigneter strategischer Prozesse zur fitnessorientierten Unternehmungsentwicklung kann die Betrachtung nach folgenden Ebenen differenziert werden (vgl. Schwaninger 1989a, S. 208):

(1) Individuum,
(2) bereichsbezogene und -übergreifende (Planungs-)Kreise,
(3) Gesamtunternehmung.

Weitgehend orientiert an dieser ebenenbezogenen Systematik widmen sich die Darlegungen entsprechender Konzepte vor allem im Abschnitt 9 dieser Arbeit der Referenzebene Unternehmung und ergänzen die Betrachtung in Abschnitt 10 für die Referenzebene Individuum bzw. Gruppe.

Zunächst wird das »Entwicklungsobjekt« - soziale Systeme also – definiert und dabei als handlungsfähige Einheit betrachtet, in dem individuelle zu kollektiven Handlungen transformiert werden. Der im zweiten Schritt thematisierte Entwicklungsbegriff wählt die Perspektive der »lernenden Organisation«, betrachtet Entwicklung als niveaubezogene Größe und zieht hierzu vorwiegend psychologische und soziologische Konzepte zu Rate. Aus den Überlegungen zu diesem - systemischen - Entwicklungsbegriff lassen sich drei konzeptionelle Bausteine (vgl. Klimecki/Probst/Eberl 1994, S. 51 ff) eines entwicklungsorientierten Managements herauskristallisieren: so beschreibt die organisationale Konstruktion von Wirklichkeiten den kognitiven (inhaltlichen) Aspekt der Veränderung. Organisationales Lernen bezieht sich auf den Prozess des Übergangs von einer Entwicklungsstufe zur nächsten (höheren). Selbstorganisation betont die Funktionsweise und das Lenkungsprinzip von Entwicklungsprozessen.

7.2 Soziale Systeme als handlungsfähige Einheiten

Ein soziales System wird zur handlungsfähigen Einheit, wenn individuelle zu kollektiven Handlungen transformiert werden. Entwicklung bedeutet eine Verbesserung des kollektiven Problemlösungspotenzials. Dies erfordert die Erzeugung *kollektiver Handlungen*, welche ein solches Problemlösungspotenzial aktivieren. Das Potenzial besteht aus verfügbarem Handlungswissen (kognitiven Strukturen) für neue Problemlösungen.

Kollektive Handlungen sind ohne individuelle Handlungen nicht möglich. Als kollektive Handlungen interpretierbar sind Handlungen von Individuen, die vor dem Hintergrund ihrer Zugehörigkeit zu einem sozialen System stellvertretend für die Institution ausgeführt werden. Insofern also Individuen »im Auftrag« des Systems handeln, stellt »das System« eine handlungsfähige Einheit dar. Diese Einheit entsteht dadurch, dass die Handlungen einzelner Akteure aufeinander bezogen sind. Diese *Selbstreferenz der Handlungen* bewirkt die Identität des Systems. Jede Handlung im sozialen System wirkt jeweils auf die Akteure zurück und ist Ausgangspunkt für weitere Handlungen. Daraus entsteht eine Handlungsdynamik, die zwar aus der Situation erklärbar, allerdings nicht durch sie determiniert ist.

Kollektives Handeln lässt sich in Anlehnung an Willke (1991, S. 129) als "systemisch koordiniertes" Handeln bezeichnen. Dies erfordert kollektive Entscheidungsprozesse, die als emergente Leistungen des sozialen Systems zu betrachten sind, weil sie selbst bei vollkommener Partizipation der Systemmitglieder nicht mit der Summe ihrer individuellen Präferenzen übereinstimmen. Die Handlungsfähigkeit eines Kollektivs setzt deshalb die Organisiertheit des Handelns voraus. Diese manifestiert sich in Rollenbeziehungen, die soziale Handlungsfelder definieren.

Die Rollen sind wiederum verhandlungsfähig. Somit ist die Organisation von Handlungen Ergebnis und Ausdruck von Machtbeziehungen. Diese sind dynamisch, sie stellen »Spiele« dar, die für die einzelnen Akteure Gewinn- und Verlustmöglichkeiten beinhalten. Die Motivation, Handlungen systemisch zu koordinieren, sich zu organisieren und Machtstrukturen zu akzeptieren, kann jedoch nicht ohne weiteres vorausgesetzt werden. Es muss deshalb Vorteile auf individueller Ebene für diejenigen geben, welche sich dem System anschließen, im Unterschied zu denen, die dies nicht tun. Ungewissheiten bei der Lösung von Problemen oder »Unsicherheitszonen« gerade bei fundamentalen Veränderungsprozessen eröffnen zugleich *Chancen,* die individuelle »Position« zu verbessern bzw. eigene Interessen durchzusetzen.

7.3 Die lernende Organisation als Entwicklungsperspektive

Entwicklung bedeutet eine Erhöhung des Problemlösungspotenzials und der Handlungsmöglichkeiten von sozialen Systemen durch einen Prozess des institutionalen Lernens. Entwicklung betont die Qualität der Veränderung und die Auswahlmöglichkeit zwischen unterschiedlichen Handlungsalternativen.

Die Fähigkeit eines sozialen Systems, sich zu entwickeln, zu lernen, zu reflektieren und zu wählen, erlangt aus dieser Perspektive heraus zentrale Bedeutung. Die Veränderung sozialer Systeme wird damit nicht als evolutionärer Versuchs-Irrtums-Prozess, der eine passiv-reaktive Anpassung an eine objektiv gegebene Umwelt erreichen will, oder als blosser Wandel oder quantitatives Wachstum eines sozialen Systems begriffen, sondern als aktiver Entwicklungsprozess, der aus der inneren Dynamik des Systems entsteht.

Wachstum ist für/mit Entwicklung weder identisch, hinreichend noch notwendig. Entwicklung in und von sozialen Systemen bedeutet wertfundierte Wahlakte und die Kreation neuer Eigenschaften, Fähigkeiten und Beziehungen. Auch das Erreichen von Zielen bedeutet nicht zwangsläufig Entwicklung, wenn diese Ziele für ihre Umwelt unerwünschte oder zerstörerische (Neben-)Wirkungen hervorrufen. Entwicklung in sozialen Systemen bedeutet, neue Problemlösungspotenziale und Handlungsmöglichkeiten zu lernen und diese verantwortungsbewusst zu nutzen. Die aktive Gestaltung und Lenkung ist dabei ein wesentlicher Teil.

In einem vorausschauenden und konstruktivistischen Sinne aktiv zu sein, heißt in erster Linie Verantwortung übernehmen. Mechanische und biologische Konzepte, die eine deterministische, nicht selbstbestimmte Anpassung durch das Überlebensziel des Systems rechtfertigen, überwälzen damit zugleich diese Verantwortung auf eine - gegebene - Umweltsituation. Diese »Sachzwang-Ethik« erscheint nicht angemessen. Entwicklung als bewusst und aktiv gestaltete Verbesserung des Problemlösungspotenzials muss immer auch einschließen, das Wirkungsgefüge zu verstehen und Sinnhaftigkeit und ethische Verantwortbarkeit eben dieser Verbesserung zu bedenken (vgl. Klimecki/Probst/Eberl 1994, S. 45 f).

Wenn also von Entwicklung die Rede ist, dann ist damit nicht etwas gemeint, was abgehoben von den Menschen in einem sozialen System vonstatten geht, vielmehr ist *Entwicklung immer »Selbst«-Entwicklung,* d.h. sowohl individuelle als auch institutionelle Entwicklung kann nicht durch andere, sondern nur »selbst« vollzogen werden. Dabei ist die Entwicklung des Systems als Ganzes nicht die Summe der individuellen Entwicklungsprozesse im System. Systementwicklung entsteht aus den Interaktionen. Sie besitzt eine eigene Qualität und Identität und entsteht aus einem aktiven, selbstorganisierenden Prozess. Sie kann nicht »gemacht« bzw. angeordnet werden. Sie ist zwar umweltabhängig, aber nicht kausal determiniert.

Soziale Systeme verändern sich »grundsätzlich«. Sie besitzen eine relativ autonome Eigendynamik, d.h. sie können sich selbst so verändern, dass sie ausgewählte Funktionen und Werte erfüllen. Entwicklung ist damit mehr als eine Auswahl von Verhaltensmöglichkeiten aus einem bestehenden Verhaltensrepertoire. Sie umfasst vielmehr ein bewusstes oder unbewusstes Erweitern des Verhaltenspotenzials und eine Neugestaltung oder Wahl von Zielen und Zwecken. Entwicklung ist somit eine spezifisch humane Fähigkeit. Während technische Systeme sich zwar an Störungen anpassen können, wenn die entsprechenden Verhaltensweisen vorprogrammiert sind und biologische Systeme zwar ihre Umwelt in beschränktem Maße auswählen (z.B. durch das Suchen einer Nische) und so eventuell leichter überleben können, so besitzen beide Systeme dennoch nicht die Fähigkeit, ihre Verhaltensmöglichkeiten im Hinblick auf sinnvolle, wünschenswerte Komponenten zu erweitern oder zu erhöhen. Dies hängt wohl in erster Linie mit der spezifisch menschlichen Fähigkeit der Reflexion zusammen. *Reflexion* ist nach Maturana/Varela "ein Prozess, in dem wir erkennen, wie wir erkennen, das heißt eine Handlung, bei der wir auf uns selbst zurückgreifen. Sie ist die einzige Gelegenheit, bei der es uns möglich ist, unsere Blindheiten zu entdecken und anzuerkennen, dass die Gewissheiten und die Erkenntnisse der anderen ebenso überwältigend und ebenso unsicher sind wie unsere eigenen" (1992, S. 29). Reflexion ist somit die kritische Auseinandersetzung mit uns selbst und unseren eigenen Handlungen. Aufgrund unseres Bewusstseins und unserer menschlichen Sprache können wir uns selbstabstrahieren und selbstbeobachten. Entwicklung ist deshalb kein passiv-reaktiver Anpassungsprozess, sondern sie ist gerichtet, reflektierend und von ihren

Gestaltern zu verantworten, indem diese sich mit ihren eigenen Handlungen, ihren Werten, Zielen und Zwecken auseinandersetzen.

Die *Idee einer lernenden Organisation* zielt auf die notwendige Fortschrittsfähigkeit, die eine Unternehmung zur Sicherung des Überlebens in einer oft »feindlichen« Umwelt bzw. um aktiv und erfolgreich auch am zukünftigen Wirtschaftsprozess beteiligt zu sein, permanent unter Beweis stellen muss. Die hierzu unverzichtbare Lernfähigkeit des einzelnen und der Organisation als Ganzes ist kaum durch einseitige rationale und

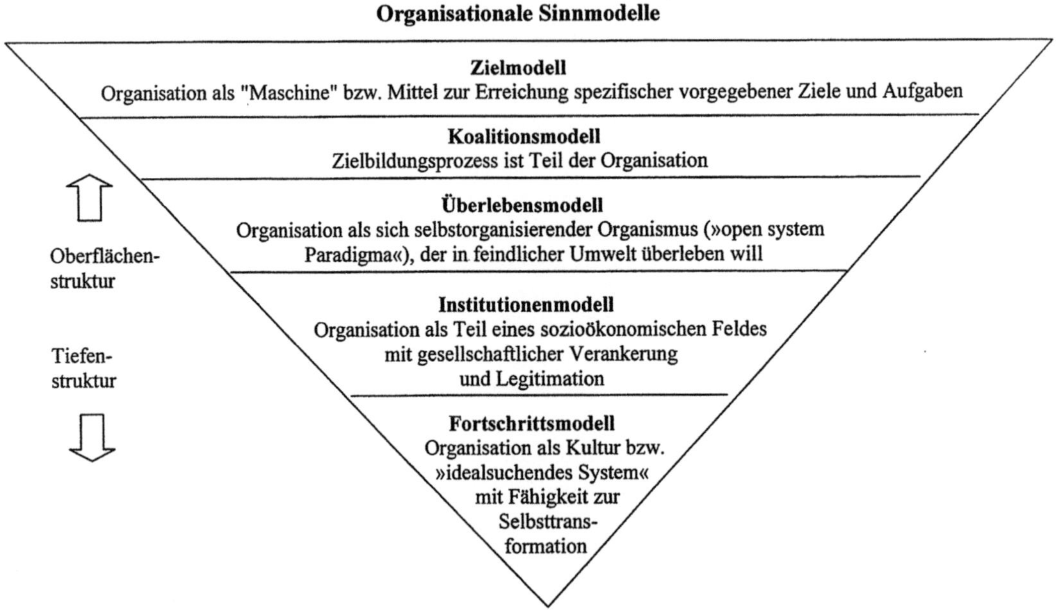

Organisationale Sinnmodelle

Zielmodell
Organisation als "Maschine" bzw. Mittel zur Erreichung spezifischer vorgegebener Ziele und Aufgaben

Koalitionsmodell
Zielbildungsprozess ist Teil der Organisation

Überlebensmodell
Organisation als sich selbstorganisierender Organismus (»open system Paradigma«), der in feindlicher Umwelt überleben will

Oberflächenstruktur

Institutionenmodell
Organisation als Teil eines sozioökonomischen Feldes mit gesellschaftlicher Verankerung und Legitimation

Tiefenstruktur

Fortschrittsmodell
Organisation als Kultur bzw. »idealsuchendes System« mit Fähigkeit zur Selbsttransformation

Abb. 27: Organisationale Sinnmodelle
(Quelle: Sattelberger 1991, S. 13, in Anlehnung an Pautzke 1989, S. 179 f.)

traditionelle Formen der Personalentwicklung und des Lernens herstellbar. Sattelberger fordert eine verstärkte Auseinandersetzung mit Entwicklungsprozessen, die sich wenig fassbar und natürlich, scheinbar chaotisch vollziehen (vgl. Sattelberger 1991, S. 7). Er plädiert für eine »lernende Organisation« und versteht darunter ein Fortschrittsmodell, in dem das soziale System Unternehmung sowohl durch gesteuerte Sozialisationsprozesse als auch mittels individueller und natürlicher Persönlichkeitsentwicklung der Mitarbeiter in einem fortlaufenden Wandlungsprozess den Umgang mit Unbekanntem erlernt (vgl. Sattelberger 1991, S. 13 f.).

Die lernende Organisation als entwicklungsorientiertes Fortschrittsmodell kann als eine Weiterentwicklung eines sich selbst organisierenden, gesellschaftlich legitimierten sozialen Systems betrachtet werden. Nicht nur die reine Überlebensfähigkeit und die Einordnung der Unternehmung in das übergeordnete System Gesellschaft, sondern auch die aktive Mitgestaltung von Entwicklungs- und Wandlungsprozessen soll zum Ziel einer lernenden Organisation werden (vgl. Abb. 27).

Drei Schlüsselfähigkeiten sollen dem sozialen System helfen, diese Mitgestaltung zu erreichen (vgl. Pautzke 1989, S. 179 f.):

1) *Responsiveness:* das ist die Reaktionsfähigkeit der Unternehmung gegenüber den Bedürfnissen von Beteiligten und deren Einbeziehung in den betrieblichen Entscheidungsprozess (Mitarbeiter, Kunden, Öffentlichkeit, Lieferanten, u.a.);

2) *Lernfähigkeit:* das heißt der Erwerb von relevantem Wissen über sich und die Umwelt;

3) *Handlungsfähigkeit:* das bedeutet die Voraussetzungen für die Befriedigung der bestehenden Bedürfnisse.

Die lernende Organisation passt sich in einem ständigen Transformationsprozess an geänderte Strukturen und Kulturen an und versucht, diese gleichzeitig über verstärkte Markt-, Kunden- und Umweltbeziehungen mitzugestalten (vgl. Sattelberger 1991, S. 13 f.).

Die Idee der lernenden Organisation betont also die aktive und zielorientierte Auseinandersetzung mit Veränderungsprozessen und will Entwicklung durch qualitative und innovative organisationale Lernprozesse etablieren. Diese sollen dazu tauglich sein, das Problemlösungspotenzial und die Handlungsmöglichkeiten eines sozialen Systems zu erhöhen.

7.4   Theorie-Konzepte für entwicklungsorientiertes Management

7.4.1 Konstruieren von Wirklichkeiten

Die konstruktivistische Erkenntnistheorie geht von subjektiv konstruierten Wirklichkeiten aus. Im Rahmen eines solchen *Konzepts der konstruierten Wirklichkeiten* verliert die Suche nach der absoluten Wahrheit ihren Sinn. An ihre Stelle tritt eine Welt relativer Wahrheiten, die wir selbst erzeugen und deren Unterschiedlichkeit wir tolerieren lernen müssen. Ein absoluter Wahrheitsanspruch, der den jeweils relevanten kulturellen und individuellen Kontext der Wahrnehmung ignoriert, führt demgegenüber zur Polarisierung. Der Andersdenkende, der eben »seine« Wirklichkeit anders konstruiert, wird zum Gegner, den es von der Richtigkeit der eigenen Positionen zu überzeugen gilt.

Erkenntnis über die Wirklichkeit unserer Umwelt ist somit nicht möglich, es existieren vielmehr unzählige subjektive Wirklichkeitskonstruktionen. Dies bedeutet auch, dass die Problemwahrnehmung und ihre Interpretation ebenfalls eine subjektive Wirklichkeit darstellen muss.

"Alle Modelle, die wir entwerfen, um soziale Systeme und deren Veränderung zu erklären, sind somit auch Konstruktionen von Wirklichkeit." (Klimecki/Probst/Eberl 1991, S. 120 f.)

Inwieweit Handlungsmöglichkeiten wahr- und angenommen werden, hängt also davon ab, wie die Organisationsmitglieder ihre Wirklichkeiten konstruieren. Diese Konstruktionen bestimmen, wie Managementmaßnahmen interpretiert und Möglichkeiten des eigenen Handelns bewertet werden.

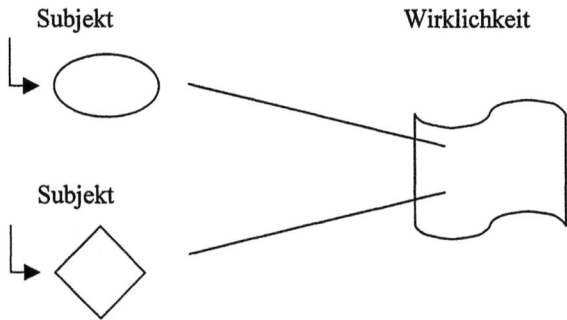

Abb. 28: Subjektive Wirklichkeiten

Das theoretische Konzept für eine solche Erklärung der Veränderung sozialer Systeme ist der *Radikale Konstruktivismus*. Die Begründer dieses Ansatzes vertreten die Auffassung, dass es keine objektive Erkenntnis gibt, sondern dass wir alle in konstruierten Wirklichkeiten leben. Jede Wirklichkeit ist demnach die subjektive Konstruktion derer, die diese Wirklichkeit zu entdecken und zu erforschen glauben, oder wie Watzlawick es ausdrückt:

"Das vermeintlich Gefundene ist ein Erfundenes, dessen Erfinder sich des Aktes seiner Erfindung nicht bewusst ist, sondern sie als etwas von ihm Unabhängiges zu entdecken vermeint und zur Grundlage seines 'Wissens' und daher auch seines Handelns macht" (Watzlawick 1988a, S. 9 f).

Entscheidende Impulse erhielt diese konstruktivistische Erkenntnistheorie -, die Abschied nimmt von absoluten Wahrheits- und Wirklichkeitsbegriffen, indem sie Objektivität in Intersubjektivität transformiert, - von neurophysiologischen Forschungen, bei denen die Frage, wie sich der Erkenntnisvorgang vollzieht, im Vordergrund steht. So kommt die neuere Gehirnforschung zu dem Ergebnis, dass das Gehirn kein umweltoffenes Reflexsystem ist, sondern ein funktional geschlossenes System, das nur seine »eigene Sprache« versteht. Wahrnehmung ist demnach Bedeutungszuweisung im Sinne einer selbstreferentiellen Interpretation und individuellen Konstruktion der Wirklichkeit. Diesen Zusammenhang formuliert S. Schmidt pointiert so:

"Es gibt keine Trennung von Wahrnehmung und Interpretation. Der Akt des Wahrnehmens ist der Akt der Interpretation. Welt ist Welt, wie wir sie sehen, sie ist Erfahrungswirklichkeit" (Schmidt 1987, S. 18).

Für ein entwicklungsorientiertes Management kann deshalb nicht das Finden der »objektiven« Wirklichkeit die Aufgabenstellung sein, sondern es müssen jene Konstruktionen und Problemlösungen gefunden werden, die sinnvoll sind und zur Lösung des entsprechenden Problems beitragen (vgl. Klimecki/Probst/Eberl 1991, S. 121).

Hierbei spielen die intersubjektiv geteilten Interpretationen von Wirklichkeiten in sozialen Systemen eine grundlegende Rolle. Wer erkannt hat, dass seine Welt seine eigene Erfindung ist, muss die Welten Anderer tolerieren (vgl. Servatius 1992, S. 95). Weil Andersdenkende »ihre« Wirklichkeiten anders konstruieren, treten an die Stelle der absoluten Wahrheit - z.B. es gibt nur eine »richtige« Führungsmethode oder Sichtweise einer Problemstellung - viele von uns selbst erzeugte relative Wahrheiten. Dieser ganzheitliche Ansatz bedeutet, dass verschiedene Betrachtungsweisen der gleichen Situation bzw. Problemstellung zugelassen und sogar gefördert werden müssen, vor allem indem mehr Kommunikation in Organisationen und zwischen verschiedenen Kulturen stattfindet, um die Entwicklungsmöglichkeiten eines sozialen Systems zu steigern.

Jedes soziale System braucht gemeinsam geteilte Wirklichkeitskonstruktionen, die als Basis für das Zusammenleben oder Arbeiten dienen. Sie ermöglichen es, Sinn und Identität des Systems zu erkennen und zur Bezugsgröße von Handlungen zu machen. Eine Unternehmung wächst, sie entwickelt z.B. eine Kultur, gemeinsame Werte und Handlungstheorien, um neue Erfahrungen beurteilen zu können und mit einem Sinn zu versehen (vgl. Klimecki/Probst/Eberl 1991, S. 121). Diese im Zeitablauf zum Allgemeingut der Organisation gewordenen »geistigen Modelle« werden zu institutionellen Wirklichkeitskonstrukten durch die Weitergabe an eine neue Generation von Systemmitgliedern. Sie werden durch die Organisation »objektiviert«, d.h. die vorher subjektive Wirklichkeit wird zur objektiv gegebenen institutionellen Wirklichkeit für die Organisationsmitglieder (vgl. Klimecki/Probst/Eberl 1991, S. 122).

Wenn jedes Individuum seine eigene Wirklichkeit konstruiert, so wächst ihm auch die Verantwortung dafür zu. Der Mensch schafft durch sein Denken, Wissen und sein daraus resultierendes Tun selbst die Welt, in der er lebt. Klimecki/Probst/Eberl schließen daraus, dass jeder Mensch als Teil einer Organisation auch für das Gesamtverhalten des Systems verantwortlich ist (vgl. 1991, S. 124).

Ein entwicklungsorientierter Ansatz für das Management versucht, demnach eine Vielfalt an Wirklichkeitskonstruktionen und die damit verbundenen Entwicklungsmöglichkeiten zu fördern und für die Organisation nutzbar zu machen.

7.4.2 Organisationales Lernen

Der Übergang von einer Entwicklungsstufe zur nächst höheren erfolgt durch einen Prozess des - organisationalen - Lernens. Lernen stellt die *Prozesskomponente der Entwicklung* dar. Unter organisationalem Lernen soll verstanden werden eine *Weiterentwicklung* des organisationalen Wissens in moralischer, sozialer und technischer Hinsicht, das durch dialogische Aushandlungsprozesse zustande gekommen ist. Organisationales Lernen ist mit der Summe individueller Lernprozesse nicht gleichzusetzen. Allerdings sind individuelle und auch kollektive Lernprozesse notwendig, um organisationales Lernen zu ermöglichen.

Individuelles Lernen

Die »klassischen« Stimulus-Response-Theorien definieren Lernen als "Veränderung im Verhalten oder im Verhaltenspotenzial (...) hinsichtlich einer bestimmten Situation, die auf wiederholte Erfahrungen (...) in dieser Situation zurückgeht, vorausgesetzt dass diese Verhaltensänderung nicht auf angeborene Reaktionstendenzen, Reifung oder vorübergehende Zustände (wie etwa Müdigkeit, Trunkenheit, Triebzustände usw.) zurückgeführt werden kann" (Bower/Hilgard 1983, S. 31). Lernen manifestiert sich nach dieser *behavioristischen Lerntheorie* in einer Veränderung des beobachteten Verhaltens. Der Lernbegriff greift jedoch zu kurz, da die internen Vorgänge im lernenden Subjekt ausgeklammert werden.

Kognitive Lerntheorien sind »erkärungsmächtiger«, da sie den Menschen nicht als »black-box« betrachten, sondern die kognitiven Vorgänge im Individuum in den Mittelpunkt des Interesses rücken. Alle kognitiven Theorien gehen von der Grundannahme aus, dass zwischen Stimulus und Reaktion ein Prozess der *geistigen Codierung* stattfindet. Jegliches Handeln wird entscheidend von diesen Denkvorgängen bestimmt und weniger durch Umweltereignisse oder durch die Verstärkung erfolgreicher Handlungsweisen. Innerhalb dieses Ansatzes kommt selbstorganisierenden Prozessen eine vorrangige Bedeutung zu. Der Mensch steht in einem reflexiven Austausch mit seiner Umwelt. Lernen ist der individuelle Prozess der Auseinandersetzung mit der Umwelt auf der Grundlage bereits erworbener kognitiver Strukturen, die zugleich Möglichkeitsstrukturen weiteren Lernens sind (vgl. Zimmer 1987, S.52 f). Damit werden zum einen die Handlungsmöglichkeiten des Individuums und zum anderen die Veränderung tieferliegender kognitiver Strukturen berücksichtigt.

Lernen ist allerdings kein Prozess, der sich außerhalb eines sozialen Umfelds abspielt, denn wenn Lernen nicht auf blosse biologische Reifung reduziert werden soll, ist das Individuum immer auf Sozialpartner angewiesen, mit denen und von denen es etwas lernen kann. So hat vor allem Bandura auf das *Lernen durch Beobachtung* hingewiesen. Das Individuum muss nicht direkt am Objekt lernen, sondern kann sein Verhalten auch indirekt durch die Beobachtung anderer Personen, die mit dem Lernobjekt umgehen, verbessern. Prinzipiell ist alles, was sich durch direkte Erfahrung erlernen lässt, auch durch Beobachtung (modeling) erlernbar, zumindest was die kognitiven Fähigkeiten anbelangt. Die Fähigkeit, durch Beobachtung zu lernen, ermöglicht es, den Versuchs- und Irrtumsprozess abzukürzen und Fehler zu vermeiden. Je gravierender die Folgen von Fehlern sein können, desto mehr sind die Individuen auf Beobachtungslernen angewiesen (vgl. Bandura 1986, S. 18 ff, zit. bei Klimecki et al. 1994, S. 63). *Lernen am Modell* ist nicht gleichzusetzen mit der Imitation eines beobachteten Verhaltens. Das Individuum ist in der Lage, das Beobachtete von der konkreten Situation zu abstrahieren (abstract modeling) und innovative Synthesen aus verschiedenen Beobachtungen (creative modeling) durchzuführen. Dadurch entsteht die Fähigkeit zu »höherstufigem« Lernen (vgl. Bandura 1986, S. 100 ff).

Darüber hinaus spielen nach Bandura (vgl. 1986, S. 18 ff) jedoch noch weitere Fähigkeiten in Lernprozessen eine entscheidende Rolle. So können Individuen die *Konsequenzen* ihrer Handlungen *voraussehen*. Sie reagieren nicht einfach auf eine momentane Umweltsituation oder lassen sich ausschließlich durch vergangene Erfahrungen leiten. Sie sind in der Lage, zukünftige Ereignisse gedanklich zu antizipieren. Ein weiterer entscheidender Faktor ist die Fähigkeit zur *Selbstregulierung*. Individuen beurteilen den Erfolg ihrer Handlungen im wesentlichen an internen Standards.

Von zentraler Bedeutung ist auch die Fähigkeit zur *Selbstreflexion*, ohne die »höherstufiges« Lernen nicht möglich wäre. Reflexion ermöglicht es, eigene Erfahrungen und den eigenen Denkprozess zu analysieren und damit ein besseres Verständnis der eigenen Person zu erreichen. Selbstwahrnehmung und Selbsteinschätzung müssen mit Fremdbeurteilungen nicht übereinstimmen, doch sind diese maßgeblich für die Initiierung von Lernprozessen verantwortlich.

Kollektives Lernen

Es ist davon auszugehen dass »Lernen eines Kollektivs« notwendigerweise Lernen im Kollektiv voraussetzt. Das Lernen im Kollektiv besitzt jedoch eine andere Qualität als individuelles Lernen (vgl. Miller 1986, S. 209 ff, zit. bei Klimecki et al. 1994, S. 63 f). Dem Lernen im Kollektiv liegen soziale Interaktionsformen (wie z.B. der argumentative Dialog) zugrunde, die sich ein Individuum nur in sozialen Beziehungen aneignen kann. *Dialog* ist die zentrale Voraussetzung kollektiver Lernprozesse. Die »argumentative Auseinandersetzung« stellt die spezifische Form des kollektiven Lernens dar. Individuelle Erfahrungszusammenhänge werden im Dialog kommunikativ vermittelt und damit intersubjektiv. Ein solcher Diskurs muss nicht immer zu einem Konsens führen, jede Gemeinschaft benötigt deshalb kollektiv verbindliche Entscheidungsverfahren, die eine normative Ordnung auch ohne eine argumentative Einigung (etwa durch Mehrheitsentscheidungen) herstellen können (vgl. Eder 1985, S. 47 ff. und 1982, S. 123).

Kollektive Lernprozesse beruhen somit auf den Mechanismen der kommunikativen Auseinandersetzung und dem Entscheidungsverfahren, welches selbst Resultat einer kommunikativen Auseinandersetzung ist. Lernen findet dann statt, wenn »neue Ebenen« der Kommunikation erreicht werden: es entstehen neue moralische Ordnungsvorstellungen, die komplexer und abstrakter sind. Zwar wird zugleich auch die Konsensfindung schwieriger wird, aber je »besser« inhaltlich und dialogisch kommuniziert wird, desto höher ist die kollektive Lernfähigkeit.

Organisationales Lernen

In der Forschung besteht ein breiter Konsens, dass organisationale Lernprozesse eine eigenständige, soziale Qualität besitzen. Die Organisation ist kein lernendes Subjekt; sie besitzt keine Einstellungen, ist nicht motiviert, fühlt, erkennt, denkt und lernt somit auch nicht. Es sind Individuen, welche lernen, jedoch als Angehörige der Organisation, wobei sie zudem als Katalysator für das kollektive Lernen wirken können. Somit stellen die Organisationsmitglieder einen zentralen Bezugsrahmen für das organisationale Lernen dar (vgl. Probst/Büchel 1994, S. 17 f). Dieser Bezugsrahmen wird durch die Interaktionen der Menschen im System gebildet. Sie lernen im Austausch mit der Organisation. Konsequenterweise sind für das Verständnis des organisationalen Lernens auch die Wechselwirkungen zwischen Individuum und sozialem System wesentlich (Probst/Büchel, ebda.)

Die Lernfähigkeit einer Organisation resultiert also einmal aus den individuellen Lernfähigkeiten ihrer Mitglieder sowie aus der Art und Weise ihrer organisationalen Verknüpfung. Sie hat ihre Grundlagen im Vorrat des quantitativen und qualitativen Wissens und den Möglichkeiten einer wirkungsvollen Aktivierung dieses Wissens. Zur Nutzbarmachung des Wissens muss es sozial zugänglich sein (vgl. Reber 1992, S. 1247; ders. 1989, S. 965), und dies heißt, es muss

a) *kommunizierbar sein:* um Wissen zwischen Organisationsmitgliedern auszutauschen, muss es verständlich abgefasst werden;
b) *konsensfähig sein:* damit Wissen akzeptiert wird, muss es von den Organisationsmitgliedern als nützlich und gültig erkannt werden;
c) *integrierbar sein:* das Gesamtwissen muss in verknüpften Aussagen über seine Verwendungsmöglichkeiten darstellbar sein.

Der Prozess der Gewinnung von neuem institutionalem Wissen wird als das eigentliche Organisations-Lernen bezeichnet. Alles neue Wissen wird individuell von einem Organisationsmitglied erlernt, und dennoch ist es nicht gleich dem institutionalen Wissen. Dieses zeichnet sich nämlich, so Duncan und Weiss, durch seinen öffentlichen Charakter aus, d.h. seine Relevanz, Gültigkeit und seiner ständigen Zugänglichkeit für die Organisationsmitglieder (vgl. Rüegg 1989, S. 378).

Nach Probst/Büchel (1994, S. 17) sei organisationales Lernen wie folgt definiert:

Organisations-Lernen ist der Prozess der Erhöhung und Veränderung der organisationalen Wert- und Wissensbasis, die Verbesserung der Problemlösungs- und Handlungskompetenz sowie die Veränderung des gemeinsamen Bezugsrahmens von und für Mitglieder innerhalb der Organisation.

Der organisationale Lernprozess

Wie organisationales Lernen zustandekommt, wird unterschiedlich gesehen. Organisationen bestehen aus Individuen, und Organisationen sind ein besonderes, nämlich formalisiertes Kollektiv. Argyris und Schön vertreten den Standpunkt, dass der Begriff des Organisations-Lernens als Metapher für die Verbindung von individuellem Wissen zu organisationalem Wissen und institutionellen Handlungsmöglichkeiten verstanden werden könnte (vgl. Argyris/Schön 1978, S. 11 ff).

Individuelles Lernen ist im wesentlichen definiert als eine Änderung im Verhalten oder Verhaltenspotenzial eines Individuums. Diese Änderung kann begründet sein auf einer wiederholt gemachten Erfahrung in einer bestimmten Situation, auf einer kognitiven Lernleistung in Form einer Bestätigung von Umweltannahmen entsprechend der individuell gebildeten »Landkarte« sowie durch stellvertretendes Lernen an einem Modell. Hinzu kommen die Interessen und Werthaltungen einer Sache gegenüber als auch der Schwierigkeitsgrad des Lerngegenstandes.

Für den spezifisch organisationalen Kontext definiert Geißler individuelles Lernen als "... eine (...) anhaltende Änderung des Steuerungspotenzials, über das das Individuum bezüglich seines Verhaltens in denjenigen organisationsspezifischen Kontexten, in die es involviert ist, verfügt" (Geissler 1991, S. 83 f). Dieses Lenkungspotenzial bestehe dabei aus einem Pool von individuellem kognitivem Wissen, praktischem Können, motivationalem Wollen sowie aus einem komplexen Regelsystem, das diese verschiedenen Elemente untereinander in Beziehung setzt und so dem Steuerungspotenzial eine identitätsstiftende Einheitlichkeit gibt.

Im Gegensatz dazu ist Organisations-Lernen durch *kollektive* Rationalität und den *kollektiven* Bezugsrahmen gekennzeichnet, d.h. es stehen nicht individuelle Motive, Bedürfnisse oder Wertvorstellungen im Vordergrund, sondern überpersönliche Erfahrungswelten, kollektiv verbindliche Entscheidungsverfahren, eine normative Ordnung, die eine Einigung in Mehrheitsentscheidungen herbeiführt.

Das Verständnis organisationalen Lernens lässt sich nach drei Hauptströmungen gliedern (vgl. Shrivastava 1983, S. 9 ff; Daft/Huber 1987, S. 3 f, zit. bei Klimecki et al. 1994, S. 65):

Organisationales Lernen als »adaptive learning«;
Institutionen passen sich Veränderungen in der Umwelt durch eine Neugestaltung ihrer Ziele, Aufmerksamkeitsregeln und Problemlösungsverfahren an. Lernen beschreibt den inkrementalen Prozess, der zu Verhaltensveränderung der Institution aufgrund von Erfahrungen mit der Umwelt führt.

Organisationales Lernen als »assumption sharing«;
die Organisationsmitglieder reagieren auf Veränderungen der internen oder externen Umwelt durch eine Veränderung der kollektiv geteilten Handlungstheorien (theories-in-use), die aus den »kultivierten« Grundüberzeugungen und Werten entstanden sind.

Lernen bedeutet damit eine Veränderung dieser Handlungstheorien. Die wichtigsten Vertreter dieses Ansatzes sind Argyris/Schön (1978).

Organisationales Lernen als »development of knowledge base«;
Lernen wird als ein Prozess beschrieben, der das organisationale Wissen über die Beziehungen zwischen Organisationshandeln und den daraus resultierenden Ergebnissen erweitert. Diese Richtung wird vor allem von Duncan/Weiss (1979) und in der neueren deutschen Literatur (vgl. z.B. Pautzke 1989) vertreten. Dieser Lernbegriff geht über die vornehmliche Betrachtung beobachtbarer neuer Verhaltensweisen und die Beschreibung des Lernens als Anpassungsprozess hinaus.

Die zuletzt genannten Ansätze in der Typologie von Shrivastava »learning as assumption sharing« und »learning as developement of knowledge base« betrachten Lernen als den Prozess der *Veränderung bzw. Ausdifferenzierung kognitiver Strukturen* in einem sozialen System. Beide sind für ein Konzept des organisationalen Lernens wichtig und integrationsbedürftig.

Konstitutiv für organisationales Lernen ist, dass es weder in qualitativer noch quantitativer Hinsicht mit der Summe individuellen Lernens identisch ist, ihr Zusammenhang ist vielmehr durch eine besondere Eigentümlichkeit charakterisiert: Einerseits kann organisationales Lernen weniger, andererseits mehr als individuelles sein. Ersteres ist der Fall, wenn z.B. individuelle Lernergebnisse nicht innerhalb der Organisation kommuniziert werden, letzteres ergibt sich, wenn die Institution beispielsweise ein in den einzelnen Individuen nicht mehr vorhandenes Wissen in ihrem »organisationalen Gedächtnis« speichert (vgl. Prange et al. 1996, S. 12).

Mit Argyris/Schön (1978, S. 10 f) wird hier von der Grundannahme ausgegangen, dass organisationale Handlungen ein *Handlungswissen* (eine »Handlungstheorie«) reflektieren. Organisationen besitzen also ein Speichersystem - die Wissensbasis oder *»organizational memory«* -, das in Form von kognitiven und affektiven Landkarten, Gedächtnissen, Mythen und Ideologien analog zum menschlichen Gehirn über Hypothesen von internen und externen Zusammenhängen, über Grundsätze, Leitlinien sowie Werthaltungen verfügt und auf diese Weise z.B. Arbeitsabläufe und Führungsgrundsätze festhält (vgl. Probst/Büchel 1994, S. 18). Der Speicher enthält somit das gesamte handlungsrelevante Wissen (d.h. Werte, Normen, Strukturen und Regeln).

"Organizations do not have brains, but they have cognitive systems and memories. As individuals develop their personalities, personal habits, and beliefs over time, organizations develop world views and ideologies. Members come and go, and leadership changes, but organizations' memories preserve certain behaviors, mental maps, norms and values over time." (Hedberg 1981, S. 6).

Es muss zwar nicht »im Kopf aller Mitarbeiter« existieren, sondern prinzipiell für alle zugänglich sein, wenn es als »organisational« bezeichnet werden soll. Es ist distributiv verteilt, aber dennoch öffentlich. Da dieses Wissen einen überindividuellen Tatbestand darstellt, bildet es eine sogenannte »emergente« Eigenschaft des Systems (vgl. Raub/ Büchel 1996, S.28).

Der im vorigen Abschnitt beschriebene Prozess, wie es zu geteilten Wirklichkeitsinterpretationen in einem sozialen System kommt, kann auch als institutioneller Lernprozess verstanden werden, da mit der Herausbildung geteilter Wirklichkeitskonstruktionen Werte, Normen, Leitbilder und Führungsgrundsätze durch den Prozess der traditionellen Verankerung in den kognitiven Strukturen eines sozialen Systems abgebildet werden. Organisationales Wissen ist damit mit den verdichteten, organisational akzeptierten Wirklichkeitskonstruktionen gleichzusetzen, die den Organisationsmitgliedern als »objektiv« erscheinen.

Strukturiert man diese Wissensbasis, so können im Anschluss an Klimecki/Probst/ Eberl (1994, S. 67) drei Ebenen unterschieden werden:

Technisch-instrumentelles Wissen
Dieses Wissen bezieht sich auf Fragen des *»how to do the job«*. Es beinhaltet z.B. Kenntnisse, wie man eine Marktanalyse durchführt, wie ein neues Produkt auf dem Markt zu platzieren ist, wie man die Qualität der Produktion sichern kann oder wie Mitarbeiter beurteilt und geführt werden. Es wird für die »technische« Lösung konkreter Probleme benötigt. Bewährte Lösungen werden dabei als »Rezeptwissen« gespeichert.

Soziales Wissen
Dieses Wissen gibt Auskunft über die verschiedenen *sozialen Rollen* in einer Organisation. Dabei geht es sowohl um die durch Arbeitsteilung festgelegten formalen Rollen als auch um die durch soziale Beziehungen festgelegten informalen Rollen. Gerade das Wissen um informale Rollen ist für die Organisationsmitglieder entscheidend. Zum Tragen kommt soziales Wissen vor allem dann, wenn es gilt, individuelle oder kollektive Strategien umzusetzen.

Moralisches Wissen
In diesem Wissen werden die organisational geltenden *Wert- und Normvorstellungen* reflektiert. Es ist insbesondere dann von Relevanz, wenn es um die Verantwortbarkeit organisationalen Handelns geht. Es beinhaltet zum Beispiel Kenntnisse über menschengerechte Arbeitsbedingungen, gerechte Lohnverteilung, faire Geschäftspraktiken oder Fürsorgepflichten gegenüber den Mitarbeitern.

Veränderte kognitive Strukturen bzw. erweitertes Handlungswissen können sich in einer *beobachtbaren Veränderung des Verhaltens* ausdrücken, *dies ist aber nicht zwangsläufig*. Organisationales Lernen ist mithin schwer zu identifizieren. So stellt z.B. eine Erweiterung des technisch-instrumentellen Wissens Lernen dar. Die Transformation dieses Wissens in neue Verhaltensweisen hängt aber davon ab, ob die Rollenverteilung in einer Organisation dies zulässt (soziales Wissen) und ob die Organisation diese Handlung verantworten will (moralisches Wissen).

Des weiteren ist es schwer zu erkennen, welches Handlungswissen faktisch auch Verwendung findet. So unterscheiden Argyris/Schön (1978, S. 15) zwischen *»espoused theories«* und *»theories-in-use«*. »Espoused theories« (Bekenntnistheorien) sind »offiziell vereinbarte« Handlungsmuster, die in den Leitlinien, Führungsgrundsätzen und Stellenbeschreibungen der Institution formal verankert sind. »Theories-in-use« (Gebrauchstheorien) stellen hingegen die praktizierten Handlungskonzepte dar. Beides stimmt wohl nur selten überein. »Theories-in-use« liegen deshalb meist im Verborgenen. Dies hat folgende Gründe: zum einen dürfen sie nicht öffentlich diskutiert werden (man müsste ja eingestehen, sich nicht an die organisationsinternen Leitideen zu halten), zum anderen sind die »theories-in-use« den Mitgliedern eines sozialen Systems oft nicht bewusst. Die »theories-in-use« institutionalisieren sich als inoffizielle »Hinterkopftheorien« infolge kollektiv geteilter Erwartungen über Funktionszusammenhänge von Zielen, Situationen, Techniken und »erfolgreichen« Handlungen und bilden kollektive Handlungsmuster. Diese dienen auch zur Wahrnehmung der Umwelt und »erklären« den Zusammenhang von Aktion und Handlungsergebnis. Um eine »theory-in-use« zu erkennen, ist es notwendig, ihre Anwendung (also das Verhalten der Mitglieder einer Organisation) zu beobachten. Organisationales Lernen findet dann statt, wenn die kollektiv geteilten Vorstellungen über die Handlungserwartungen nicht mit den Handlungsergebnissen übereinstimmen und eine Korrektur der Erwartungen (und damit der »theory-in-use«) vorgenommen wird.

"When there is a mismatch of outcome to expectation (error), members may respond by modifying their images, maps and activities so as to bring expectations and outcomes back into line. They detect an error in organizational theory-in-use, and they correct it. This fundamental learning loop is one in which individuals act from organizational theory-in-use, which leads to match or mismatch of expectations with outcome, and thence to confirmation or disconfirmation of organizational theory-in-use" (Argyris/Schön 1978, S. 18).

Ein bedeutsamer Aspekt des organisatorischen Speichersystems ist darin zu sehen, dass durch seine Existenz Handlungsroutinen in Form von Mustererkennungsmethoden, Problemlösungs- und Kommunikationsmustern bereitgestellt werden, die zu einer Entlastung der Systemkomplexität führen, da Verhaltensvarietät reduziert wird. Werden allerdings durch häufige Nutzung dieser Entlastungsmöglichkeit die Veränderungen der Wissensbasis immer seltener, kann dies zu einem generellen Abbau der organisationalen Lernfähigkeit führen, weil das Wissen aufgrund des raschen Wandels interner und externer Prämissen schnell veraltet. Es sind daher bewusste Maßnahmen zu ergreifen, um eine Veränderung der Lernspeicher durch Aufnahme neuer Lerntatbestände sowie ihre Integration in bestehende Muster genau vorzusehen, besonders wenn die Löschung irrelevanter Speicherinhalte zum Problem wird (vgl. Bleicher 1995, S. 279).

Organisationales Lernen zielt allerdings nicht nur auf eine qualitative Veränderung der organisationalen Wissensbasis, sondern umfasst auch eine *Verbesserung der Rahmenbedingungen* für das Zustandekommen dieses Wissens. Lernen zeigt sich darin, wie kollektives Handeln zustandekommt. Nach der oben skizzierten These von Miller ist

»Lernen eines Kollektivs« notwendigerweise an das »Lernen im Kollektiv« gekoppelt. Organisationale *Lernprozesse* mit einer Veränderung des kollektiven Wissens entstehen *aus der argumentativen Auseinandersetzung* zwischen allen Gruppen und Mitgliedern eines sozialen Systems. Daraus folgt eine duale Lernkonzeption: Organisationales Lernen befasst sich nicht nur mit dem »was« der Veränderung des Handlungswissens, sondern auch damit, »wie« diese Veränderung zustandekommt.

In wissensbasierten Systemen erfolgt der *Prozess des organisationalen Lernens* im wesentlichen in drei Schritten (vgl. Güldenberg/Eschenbach 1996, S. 7 f):

1. Interpretiert das Individuum Umweltereignisse, die aus seinen Handlungen innerhalb der Organisation resultieren, so führt dies zu Veränderungen in seiner Wissensstruktur. Neue Erfahrungen werden dabei mit der bestehenden Wissensstruktur verglichen und ergeben so die Möglichkeit zu individuellem Lernen, das potenziell veränderte individuelle Fähigkeiten und Verhaltensweisen ermöglicht. Stellt das Individuum sein neues Wissen der organisatorischen Wissensbasis zur Verfügung, so liegt neben dem individuellen auch ein organisationaler Lernprozess vor. Allerdings kann nicht ohne weiteres davon ausgegangen werden, dass das gesamte individuelle Wissen eines Organisationsmitglieds der Institution zur Verfügung gestellt wird. Auch geht individuelles Wissen, welches für alle Angehörigen des Systems kurzfristig erreichbar ist und somit der organisatorischen Wissensbasis angehört, verloren, wenn der entsprechende Wissensträger die Organisation verlässt.

2. Lernprozesse auf der Team- bzw. Gruppenebene umfassen die Synthetisierung individueller Wissensstrukturen mittels Kommunikation und sozialer Interaktion in eine kollektive Wissensstruktur. Hierbei entsteht eine neue, intersubjektive Wissensstruktur, die mehr ist als die reine Aufaddierung der individuellen Wissensstrukturen. Aufgrund der kommunikativen Austauschprozesse ist das generierte neue Wissen bei jedem der beteiligten Team-Mitglieder gespeichert. Das vermindert nicht nur das Verlustrisiko dieses Wissens, sondern löst auch neue individuelle Handlungen und Lernprozesse bei allen Team-Mitgliedern aus.

3. Die Verlustgefahr wird zwar minimiert, nicht aber völlig ausgeschlossen. Das zentrale Element von Lernen auf der Organisationsebene ist deshalb die Speicherung der kollektiven Wissensstruktur. Hierbei wird das Wissen in Form von Handlungswissen, d.h. automatisierte Handlungsmuster bzw. -routinen, für jedes Mitglied der Institution in einfacher und zugänglicher Form aufbereitet, was einen wichtigen Bestandteil des organisatorischen Lernprozesses darstellt.

Nach Durchlaufen der zuvor dargestellten Schritte entsteht die organisatorische Wissensbasis (vgl. auch Rüegg 1989, S. 364; Shrivastava 1983, S. 12), Organisations-Lernen hat stattgefunden. Die nachfolgende Abbildung macht diesen Prozess nochmals deutlich:

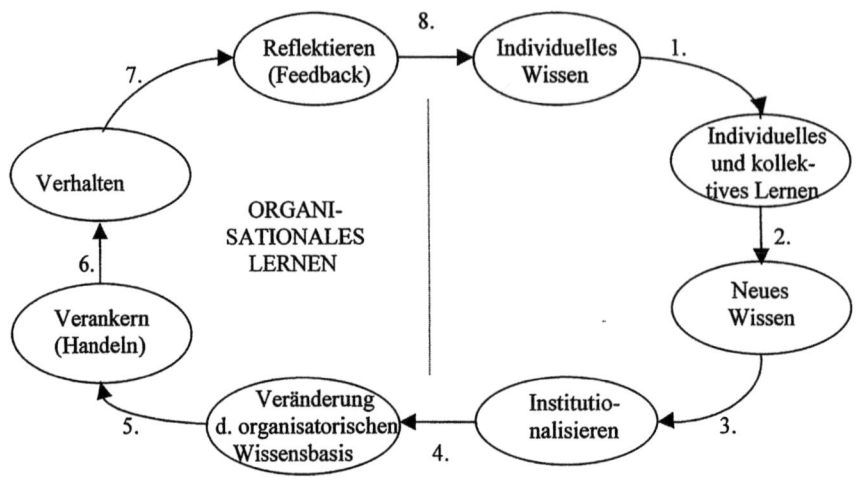

Abb. 29: Der Prozess des Organisations-Lernens in wissensbasierten Systemen
(nach Guldenberg /Eschenbach 1996, S. 8)

Lernniveaus; Organisationale Lernebenen

Ähnlich den theoretischen Ansätzen für das Lernen von Individuen lassen sich Ansätze organisationalen Lernens in zwei Hauptrichtungen unterscheiden: Pawlowsky vergleicht die mehr reaktiven, behavioristischen Lernmechanismen mit den eher absichtsvollen kognitiven Lernansätzen, indem er eine unterschiedlich ausgeprägte Aktivität der Organisation beim Lernen unterstreicht (vgl. Pawlowsky 1992, S. 205). Daraus ergeben sich drei organisationale Lerntypen die sich unterschiedlich mit Umweltveränderungen und Entwicklungsprozessen auseinandersetzen. Sie werden als »mechanistisches Lernen«, »Evolutions-Lernen« und »Entwicklungs-Lernen« bezeichnet (vgl. ebenda).

Diese Lerntypen sind vergleichbar den von Argyris und Schön unterschiedenen drei Lernniveaus des institutionalen Lernens (vgl. Argyris/Schön 1978, 18 ff.):

(a) Single-Loop-Learning
Bei auftauchenden Problemen in der Organisation werden diese von der Gemeinschaft durch begrenztes Verändern von Handlungsstrategien zwar beseitigt, jedoch bleibt die zugrundeliegende Handlungstheorie der Organisation unverändert. Diese das Verhalten der Organisation steuernden Hintergrundüberzeugungen (z.B. Wertvorstellungen, Normen, die organisatorische Wirklichkeitskonstruktion etc.) sind beispielsweise dafür verantwortlich, dass man sich in Krisenzeiten häufig nur mit Symptomen eines Problems befasst. Eine tiefergehende Analyse und anschließende Veränderung veralteter Strukturen, ein konsequenter Einbezug der Umfeldentwicklungen, eine Weiterent-

wicklung des sozialen Systems Unternehmung unterbleiben. Beispiele für solche Lernprozesse sind die Verbesserung bereits angewendeter Problemlösungsmethoden (effizientere Produktionstechnik, Ausbau des Vertriebsnetzes etc.)

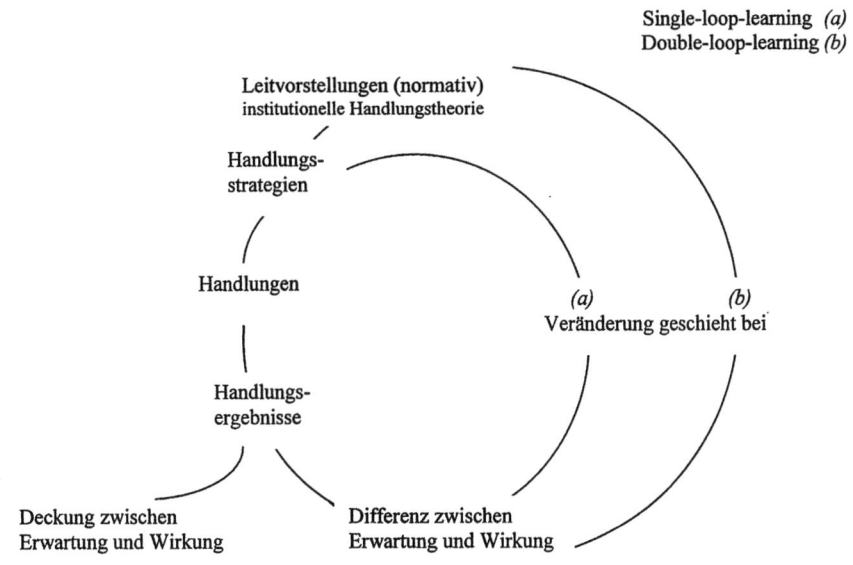

Abb. 30: Lernniveaus: Single-Loop- und Double-Loop-Learning
(in Anlehnung an Ruegg 1989, S. 366)

(b) Double-Loop-Learning
Im Prozess des »Double-loop-learning« werden Veränderungen der externen Umwelt und der inneren Umwelt (Beziehungen zwischen Individuum, Gruppe und Organisation) beachtet und mit der gemeinsamen Handlungstheorie verglichen. Diese globale Betrachtungsweise der externen und internen Veränderungen bewirkt einen doppelten Lernprozess, der nicht nur zu Problemlösungsstrategien führt, sondern auch übergeordnete Leitvorstellungen überprüft. Wichtig ist hierbei die Fähigkeit der Organisation, alte Handlungstheorien zu »verlernen« (vgl. Pawlowsky 1992, S. 208). Eine Unternehmung, in der zweischleifige (Double-loop-)Lernprozesse stattfinden, verfügt über eine wesentlich höhere Wahrnehmungs- und Lernfähigkeit.

Ein drittes Lernniveau, in dem das Lernen selbst zum Objekt des Lernens wird, bezeichnen Argyris und Schön als

(c) Deutero-Learning
Die Organisation lernt zu lernen, um die organisationalen Fähigkeiten für die oben genannten »Single-« und »Double-loop-learning«-Prozesse zu steigern (vgl. Klimecki/Probst/Eberl 1991, S. 132 f). Dieses von Senge (vgl. 1990, S. 14) für die »lernende Or-

ganisation« als »generative learning« (»fruchtbares« Lernen) bezeichnete Lernen geht über die Anpassungs- und Überlebensstrategie der anderen Lerntypen weit hinaus und unterstreicht den Entwicklungsbegriff von Klimecki, Probst und Eberl.

Die Autoren beschreiben ja den Begriff der Entwicklung als "eine Erhöhung des Problemlösungspotenzials und der Handlungsmöglichkeiten von sozialen Systemen durch einen Prozess des institutionalen Lernens" (1991, S. 115). Der Anspruch einer lernenden Organisation ist, eine aktive und zielorientierte Auseinandersetzung mit Veränderungsprozessen zu etablieren. Hierzu könnten *Diskussionsforen* geschaffen werden, die Lernhindernisse abbauen und das Reflexionsvermögen der Systemmitglieder verbessern. Entwicklung geschieht dann durch eine fundamentale Veränderung des kognitiven Bezugsrahmens, indem weitgehend selbstorganisierend durch organisationales Lernen qualitativ höherwertige Problemlösungsfähigkeiten zustandekommen. Durch die individuelle Konstruktion von Wirklichkeiten wird zusätzlich das Prinzip der ethischen Verantwortbarkeit und Sinnhaftigkeit zu einem Bestimmungsfaktor für die aktive Gestaltung und Lenkung der Entwicklung in sozialen Systemen (vgl. Klimecki/Probst/Eberl 1991, S. 115 f). Für den entwicklungsbezogenen Ansatz der lernenden Organisation sind die Lerntypen bzw. -ebenen des »Double-loop-« und des »Deutero-Lernens« besonders zu fördern. Nur Lernprozesse, die sich aus einer Veränderung des moralischen Wissens und einer verbesserten Dialogfähigkeit (deutero-learning) ergeben, führen zu einer erhöhten Problemlösungsfähigkeit sozialer Systeme (Klimecki/Probst/Eberl 1994, S. 70 f).

Entwicklung ist immer »Selbst«-Entwicklung, die durch die Menschen innerhalb des sozialen Systems in einem aktiven und selbstorganisierenden Prozess erfolgen muss. Daraus ergibt sich für das Management-Development die Bedeutung der geförderten personalen Selbstqualifizierung in der lernenden Organisation.

7.4.3 Selbst-Organisation und fraktale Struktur

Selbstorganisation ist ein fundamentales Prinzip der Chaosforschung. Eine interdisziplinär arbeitende Forschungsrichtung, die sich insbesondere dem Verständnis der spontanen Entstehung von Strukturen durch Prozesse der Selbstorganisation widmet, ist die als Synergetik bezeichnete »Lehre vom Zusammenwirken« (vgl. Haken 1990, insbes. S. 33 ff). Im Mittelpunkt dieser Forschungen steht die Frage "... wie generell Ordnung aus Unordnung (Chaos) entsteht, d.h. wie natürliche (und kulturelle) Systeme sich selbst organisieren" (Paslack 1991, S. 100). Selbstorganisation zeigt sich in vielfältigen Phänomenen, wie z.B. bei Wolkenformationen, Pflanzen, Erwärmung einer Flüssigkeitsschicht, der Erzeugung kohärenten Lichts wie beim Laser oder in den Bewegungsformen eines Pferdes im Schritt, Trab, Galopp, wobei man hochgeordnete Strukturen entdeckt. Der vielfach vorkommenden Selbstorganisation ist gemeinsam, dass sie nicht von außen her dem System aufgezwungen wird, sondern spontan entsteht und durch das System selbst erzeugt wird. Die zentrale Problemstellung bezieht sich auf das Verständnis der durch Selbstorganisation entstehenden Musterbildung und die Mustererkennung. Das Selbstorganisationsprinzip zeigt sich als das aus der Chaosforschung abgeleitete Kernprinzip zur Bewältigung dynamischer Entwicklungen.

Die Entwicklung der Unternehmung ist ebenfalls Resultat eines selbstorganisierenden Prozesses. Sie entsteht aus dem System selbst heraus und kann nicht »gemacht« und aufgezwungen werden. Selbstorganisation beschreibt den Funktionsmechanismus der Entwicklung. Es geht um das grundlegende *Lenkungsprinzip*, das hinter den Prozessen des »Konstruierens« und »Lernens« steht. So entstehen im Zuge der Entwicklung neue Wirklichkeitskonstruktionen, die durch einen autonomen und eigendynamischen Prozess zustande kommen. Wirklichkeiten können einem System nicht von außen vorgegeben werden, sondern sind auf Prozesse der Selbstorganisation zurückzuführen. Eine Fremdsteuerung des Konstruktionsprozesses ist nicht möglich, jedoch können »von außen« *Impulse* gesetzt werden, die im System selbstlenkend verarbeitet werden. Das gleiche gilt für organisationale Lernprozesse, die ebenfalls einen Handlungsspielraum für die jeweiligen Akteure voraussetzen. Aus dieser Perspektive entstehen die Ordnungsmuster der Wirklichkeitskonstruktionen und des Lernens nicht nur durch bewusste Gestaltungsaktivitäten, sondern synthetisch aus den Interaktionen aller Beteiligten (vgl. Probst 1987, S. 242 und S. 245). Strukturen und Verhaltensweisen manifestieren sich dabei sowohl auf einer materiellen als auch auf einer geistigen oder symbolischen Ebene.

Betrachtet man Selbstorganisation als gegensätzlich bzw. konkurrierend zur Fremdorganisation, könnte man daraus ableiten, es käme automatisch zur Selbstorganisation, indem man die Fremdorganisation reduziert. In der Unternehmungspraxis jedoch, so stellt Kieser fest, "...geht es nicht um Fremdorganisation *versus* Selbstorganisation, sondern um Fremdorganisation von Selbst*koordination* und Selbst*strukturierung*" (Kieser 1994, S. 220). Einzelne Gruppen oder Individuen völlig autonom agieren zu lassen, würde bei einer »totalen Selbstorganisation« leicht ins Chaos führen, die Orientierung ginge verloren. Das praktische Selbstorganisationsverständnis stellt die Notwendigkeit eines Aktes der Fremdorganisation als Initialimpuls für Selbstorganisation heraus und betrachtet deshalb Fremd- und Selbstorganisation nicht als voneinander unabhängig, sondern betont die Komplementarität. Es geht somit um das Finden der richtigen Balance zwischen formal vorgegebener Orientierung einerseits und Autonomie und individueller Verantwortung andererseits. Servatius spricht in diesem Zusammenhang von einer gelenkten Selbstorganisation (vgl. Servatius 1991, S. 177 ff).

Die Variante der Selbstkoordination will über eine höhere Flexibilität eine gesteigerte Arbeitseffizienz erreichen. Selbstkoordination eröffnet z.B einer Arbeitsgruppe Autonomieräume innerhalb vorgegebener Grenzen. Innerhalb der Grenzen dürfen Methoden und Prozesse selbständig gestaltet werden. Die maßgebliche Orientierung könnte ein mit der Gruppe vereinbarter Zielkatalog sein. Auf welche Weise die Gruppe dann diese Ziele erreicht, liegt in ihrer eigenen Verantwortung.

Die Selbststrukturierung geht über die arbeitsablauforientierte Selbstkoordination hinaus. Wenn Organisationsmitglieder die Möglichkeit zur Selbstorganisation formaler Organisationsstrukturen haben, so geschieht diese Reorganisation mit Festlegung neuer Regeln zumeist getrennt vom Arbeitsprozess. Der Strukturveränderung ist mithin eine planerische Aktivität vorgeschaltet, wobei nicht nur die veränderungsbereite Gruppe oder einzelne ihrer Mitglieder beteiligt sind, sondern auch die von den Anpassungsmaßnahmen betroffenen Interaktionspartner.

Das Basiskonzept der Selbstorganisation hebt die mechanistische Vorstellung von Management als zielgenaues Eingreifen und Lenken auf. Soziale Ordnungsmuster sind nicht auf das absichtsvolle menschliche Planen, Entscheiden oder Organisieren Einzelner zurückzuführen. Diese können meist auch nicht mehr eruiert werden, da die Gestaltung und Lenkung einer Ordnungsentstehung und -aufrechterhaltung nicht eindeutig lokalisierbar, sondern über das System verteilt ist (vgl. Probst 1987, S. 244). Dennoch sind entstehende Ordnungsmuster als Resultat der Interaktionen im System zu betrachten. Sie sind zwar das Resultat menschlichen Handelns, aber nicht menschlicher Absicht. Gestaltungsaktivitäten müssen sich deshalb lediglich auf das Bereitstellen eines entsprechenden »Konstruktions- bzw. Lernkontextes« beschränken. Lernen und Konstruieren kann das System als kollektiver Akteur nur selbst. Die Frage ist nun, wie soziale Systeme sich »selbstorganisieren« können.

Eine in der Chaosforschung entdeckte Ordnung, welche die Selbstorganisation sich entfalten lässt, ist das Orientierungsmuster der Fraktale. Mit dem Begriff des Fraktals werden unregelmäßige Muster zum Betrachtungsgegenstand der Wissenschaften erhoben statt einer regelmäßigen und dadurch abgrenzbaren und berechenbaren Ordnung, die in der Sprache der Geometrie durch eine Gerade idealisiert wird. Die reale Welt dynamischer Systeme ließ sich durch das bisherige Vokabular nur unzweckmäßig beschreiben, daher bezeichnete B. Mandelbrot die Beschaffenheit komplexer geometrischer Gebilde und dynamischer Prozesse als fraktal, einer neuen Benennung lateinischen Ursprungs mit der Bedeutung »in Stücke gebrochen«.

Mandelbrot illustrierte den Fraktalbegriff anhand der Frage, wie lang die Küste Englands sei, mit der überraschenden Antwort, dies hänge von der Wahl des Maßstabes ab, das heißt welchen Zollstock man nehme. Mit grobem Maßstab ergibt sich eine andere Küstenlänge als mit feinerem Maßstab, und mit einer weiter verfeinerten Messmethode kann sie letztlich als unendlich angesehen werden (vgl. Mandelbrot 1991, S. 37 ff). Die fraktale Dimension ist ein Komplexitätsmaß für geometrische Gebilde, ein Ausdruck für die Gezacktheit der betrachteten Oberfläche.

Ein Wesensmerkmal der fraktalen Geometrie ist die maßstabübergreifende *Selbstähnlichkeit* der Strukturen. Diese ist auf Rückkopplungen und Iterationen zurückzuführen. Durch fortlaufende Rückkopplungen wird von einer Ausgangsabbildung eine exakte, nur im Maßstab verkleinerte Kopie der Ausgangsabbildung erzeugt, welche wiederum zur neuen Ausgangsabbildung wird usw. Die *Iteration* von komplexen Zahlen lässt sich computergraphisch als sogenannte Mandelbrotmenge darstellen; eine fortlaufende Vergrößerung des Randes der nach ihrem Aussehen auch als Apfelmännchen benannten Struktur führt zu einer filigranen bis ins Unendliche erweiterbaren selbstähnlichen Schönheit der Computergraphik. Zur Erzeugung eines Fraktals bedarf es charakteristischerweise nur sehr *einfacher Grundmuster*, welche durch Rückkopplung und Iteration entstehen und völlig ausreichend sind, hochkomplexe Strukturen zu erzeugen.

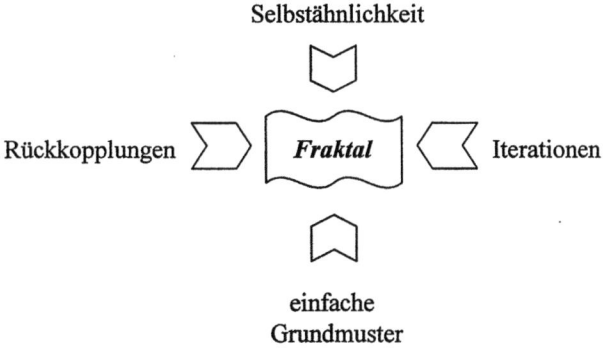

Abb. 31: *Charakteristika fraktaler Strukturen*

Die Vorteilhaftigkeit des fraktalen Aufbaus zeigt sich an biologischen Beispielen, etwa der Lunge, die eine sehr große Oberfläche bei kleinem Volumen besitzt, oder am Gehirn, das bei einem Gewicht von rund 1.500 Gramm aus 30 Milliarden Nervenzellen besteht und wobei jede Nervenzelle mit bis zu 10.000 anderen Nervenzellen vernetzt ist. Die Welt erscheint deshalb fraktal zu sein, weil dadurch komplexe Aufgaben offenbar äußerst effektiv und flexibel zu bewältigen sind.

Für soziale Systeme wie Unternehmungen geht es vor allem um die Nutzung von Informationen. In Analogie zu den biologischen Beispielen bietet die fraktale Struktur die beste Art der Informationsverarbeitung. Diese Organisationsform stellt mithin für Unternehmungen ein erfolgversprechendes Strukturierungsmuster in einem turbulenten Umfeld in Aussicht (vgl. Deser 1997, S. 82). Der fraktale Strukturaufbau ist eine hervorragende Voraussetzung für die Selbst-Organisation. Ordnung bedeutet Gesetzmäßigkeit, die es gestattet, Fehlendes zu erkennen und zu ergänzen, Fehlerhaftes zu definieren und Teile zusammenzufügen. Durch eine Ordnung wird die Selbst-Organisation »sinn«-voll, gewährleistet Sicherheit, gibt Vertrautheit und erlaubt, die Aufgaben, Kompetenzen und Verantwortlichkeiten einzuordnen. Die Vorteilhaftigkeit der fraktalen Konstruktionsweise liegt vor allem in ihrer Flexibilität, "...weil sie jederzeit durch Zellteilung oder Zellverschmelzung - ohne die Gesamtstruktur zu verändern - sich selbst verändern kann und damit sich dem Umfeld anpasst" (Turnheim 1991, S. 29).

Fraktale Systeme sind dadurch gekennzeichnet, dass sich ihre Strukturen auf allen Systemebenen immer wiederholen und sich damit auch auf allen Ebenen selbstähnliche Verhaltensmuster ergeben. Der methodische Zugang zu fraktalen Strukturen sind geeignete Organisationsprinzipien (siehe Punkt 8.3.2). Dadurch entsteht einerseits ein dezentrales, weitgehend autonomes und flexibles Handlungspotenzial, das jeweils selbstorganisierend die lokalen Auswirkungen einer von der Entwicklungsdynamik des Gesamtsystems geprägten nichtlinearen Prozessdynamik verarbeitet, andererseits liefert dieses Handeln genau die Voraussetzungen für den Ablauf musterbildender und kreativer Selbstorganisationsprozesse auch auf der Gesamtunternehmungsebene.

Die Schaffung einer Balance zwischen fremdbestimmter Orientierung und selbstorganisierendem Handeln bedarf eines integrativen Konzeptes.

8. Methodische Zugänge für entwicklungsbezogene Veränderungen

8.1 Entwicklung als strategisches Problem

Das strategische Denken der heutigen Managementlehre beinhaltet eine spezifische Denkmethodik für die Erarbeitung geistiger Erkenntnisse in Bezug auf das zukünftige Verhalten einer Unternehmung oder eines Teilbereiches. Immer geht es um die langfristige Existenzsicherung eines produktiven sozialen Systems in einem von Diskontinuitäten gekennzeichneten Umfeld. Eingegrenzt von bekannten, aber unscharfen Restriktionen soll die Unternehmung auf einem ständig aktualisierten Kurs ein unscharfes Ziel in der Zukunft ansteuern. Ziel des strategischen Denkens ist es somit, eine bestandserhaltende und »fitness«-orientierte Unternehmungsentwicklung zu steuern und sicherzustellen, zukünftige Ertragspotenziale zu erkennen und aufzubauen, Handlungsspielräume, Alternativen und Optionen zu generieren sowie zukünftige Tätigkeiten umwelt-, wettbewerbs-, risiko-, technologie- und ressourcenorientiert auszubalancieren (vgl. Wüthrich 1991, S. 48). Eine neuere Konzeption des strategischen Managements basiert ja auf der Leitidee der fortschrittsfähigen bzw. innovativen Organisation (vgl. Kirsch 1990, S. 323 ff) und wird, indem sich Veränderungen in einer Folge überschaubarer, kleiner Schritte vollziehen, zum Management der Evolution (vgl. Staehle 1990, S. 571).

8.1.1 Strategie als dynamischer Problemlösungspfad

Eine allgemeingültige Definition des Strategiebegriffes bringt mit den Metaphern »Weg« bzw. »Pfad« das Wesen einer Strategie zum Ausdruck (vgl. Hinterhuber 1990a, S. 46 ff). Strategien sind in diesem Kontext als »globale Wege« zur Erreichung von Zielen aufzufassen.

Unterschiedlichen Definitionen des strategischen Managements, auch die Zurechnung eines Aufgabenkomplexes mit geringerer Tragweite wie im St. Galler Management-Konzept (vgl. Bleicher 1991, S. 52 ff), ist die Grundauffassung gemeinsam, dass ein an Normen und Strategien orientiertes Management in erster Linie dem »pathfinding« dient. Mit der Identifikation und Adaption einer »Wegeskizze«, der konzeptionellen Gesamtsicht der Unternehmenspolitik bzw. der »Stoßrichtung« ist ein vielschichtiger

Prozess der Entscheidungsfindung verbunden, der für die Gesamtunternehmung und deren Teilbereiche von hoher Relevanz ist.

Strategien als globale Vorgehensweisen können unterschiedliche Ebenen betreffen, z.B. die Ebene der Gesamtorganisation, die Geschäftsfeld- oder die Projektebene. Dabei kommt den Projekten eine wesentliche instrumentelle Bedeutung zu, weil für Strategien höherer Ebenen, wie z.B. einer entwicklungsorientierten Unternehmensstrategie, die Projekte in einem sinnvollen Zusammenhang der übergeordneten Zielerreichung stehen und eine wichtige Brückenfunktion aufweisen. Entwicklungsbezogene Projekte können z.B. Leitbilder als Unternehmens- bzw. Führungsgrundsätze sein, Organisationsmodelle, Methoden des Personalmanagements, Führungsweisen, Methoden der Organisationsentwicklung usw. Im Grunde beruht wohl jede Planung und Verwirklichung von Strategien auf einem »Management by Projects« (vgl. Gareis 1992) mit einer größeren Anzahl von Projekten, jedoch bewirken Fluktuation und Turbulenzen immer öfter, dass strategische Projekte in kürzeren Zeitabständen angepasst werden müssen oder sogar obsolet werden, bevor eine Gesamtstrategie realisiert wurde. Ein wichtiger Grund für Positionsänderungen kommt neben umweltinduzierten Einflüssen aus der Dynamik der kontextbezogenen, mentalen Orientierungsbasis in bezug auf eine Strategie. Mit anderen Worten: Veränderungen von Zielvorstellungen der Unternehmungsmitglieder, Machtkonstellationen, Risikofaktoren und Fähigkeiten sowie Bedürfnisse von Strategiebetroffenen (»stakeholders«) vollziehen sich in einer komplexen Umwelt mit hoher Geschwindigkeit. Insbesondere die Einflussnahme von Betroffenen einer Entwicklungsstrategie kann erhebliche Auswirkungen auf die Konstanz einer (Projekt-) Strategie haben. Prozesse der Strategieformulierung und -ände-

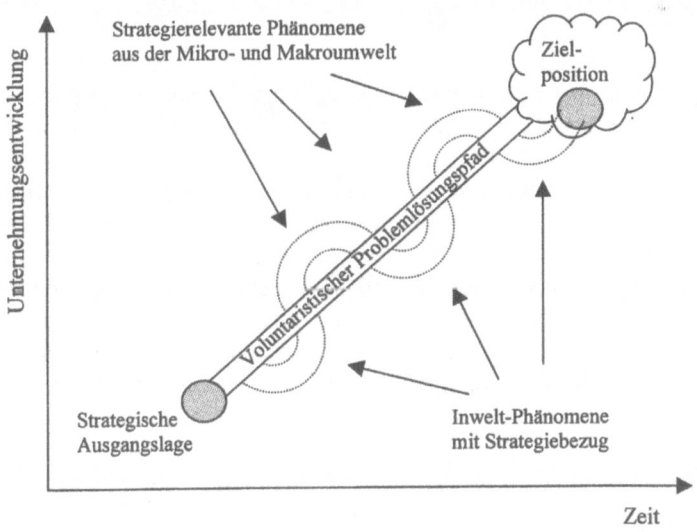

Abb. 32: Strategie als dynamischer Problemlösungspfad
(Quelle: Eggers 1994, S. 35)

rung sind demnach stets politischer Natur. Entwicklungsprozeduren sind demnach multilokale und multipersonale Prozesse, "... die eine Vielzahl von Strategen im Sinne aktiver Beteiligung am Strategieprozess kennen" (Schreyögg 1991, S. 115). Solche Prozesse werden auch als »*strategische Konversation*« bezeichnet, bei denen das obere Management eine Katalysator-Funktion sowie eine Meta-Steuerung übernimmt und Linienmanager gemeinsam mit Experten Prozesse moderieren (vgl. Schreyögg 1991, S. 118).

Strategische Entscheidungen, deren primärer Zweck in der Sicherung der Lebensfähigkeit bzw. Zukunftssicherung besteht, sind auf die Herstellung eines Fließgleichgewichts gerichtet. Die Strategie als dynamischer "... Problemfindungs- und -lösungspfad in turbulenten und komplexen Situationen ..." (Hinterhuber 1990a, S. 50) ist in hohem Maße wandlungsbedingt und wandlungsbedingend zugleich.

Ein Management der Dynamik und Veränderung bedarf einer neuen »Wegebaukunst«, die z.B. darauf gerichtet ist, Planer, Linienmanager und Berater gemeinsam in den Prozess des »Pathfinding« und »Problemsolving« einzubinden, um zu ausgewogenen strategischen Projektideen bzw. Plänen zu gelangen. Dabei ist ein Denken in Eventualitäten, ein Antizipieren potenzieller Gefahren und Störereignisse sowie Chancen und Gelegenheiten von außerordentlicher Bedeutung. Auslösefaktoren sind bestimmte unterschiedliche Anlässe (siehe hierzu Pkt. 6.2).

8.1.2 Tücken strategischer Interventionen in komplexe Realitäten

Die Weiterentwicklung der »Fitness« der Unternehmung ist zweifellos ein komplexes Phänomen. Die Gewinnung von Strategien stößt auf das Problem der unzureichenden Information über das Phänomen, das dadurch nur oberflächlich erfahr- und beschreibbar ist. Dies gilt natürlich auch für Strategien in Bezug auf das »Oberflächenphänomen« der Steigerung der Fitness der Unternehmung. Hayek sieht die Hauptschwierigkeit bei der Analyse komplexer Phänomene in der Ermittlung aller Informationen über Faktoren, die ein Phänomen determinieren (vgl. Hayek 1972, S. 15, 25). Eine exakte Einschätzung der Umweltentwicklung ist ja ohnehin unmöglich, weil ihre Entwicklung durch Instabilitäten und Diskontinuität geprägt ist (vgl. Prigogine 1992, insbes. S. 117 ff. sowie zur Chaosforschung Stewart 1990). Deshalb kann lediglich eine »hinreichende« Informationsbasis geschaffen werden, die keinen Anspruch auf Vollständigkeit erheben kann. Aus einer dynamischen Sicht heraus sind zudem immer neue Faktoren und neue Verknüpfungen zu berücksichtigen, wobei sich die Funktionen der Teile in den Interaktionen ständig verändern (vgl. Ulrich/Probst 1991, Probst/Gomez 1991, Dörner 1991).

Komplexe Phänomene, die aus sehr unterschiedlichen Strukturelementen zusammengesetzt sind, können auch deshalb nicht vollständig erfasst werden, weil unser »Wahrnehmungs- und Erkenntnisapparat« diesen Erscheinungen nicht gewachsen ist (vgl. hierzu ausführlicher Punkte 10.1.3 und 10.1.4). Viele Menschen können z. B. nicht mit phänomenologischen Aspekten wie Nebenwirkungen, Schwellenwerten, Umkippeffekten oder exponentiellen Entwicklungen umgehen.

Das Verhalten komplexer Systeme ist nach J. Forrester intuitionswidrig (vgl. Pkt. 1.2.2), Ursache und Wirkung fallen in der Regel zeitlich und räumlich auseinander und die Wahrscheinlichkeit, dass mit Hilfe herkömmlicher, deterministischer Prognoseverfahren Strategiealternativen abgeschätzt bzw. das Verhalten komplexer Systeme richtig prognostiziert werden können, sinkt mit steigendem Komplexitätsgrad.

Eine grundlegende und eindrucksvolle Untersuchung über die Schwierigkeiten im Umgang mit komplexen Systemen führte der Psychologe Dietrich Dörner durch. Mit Hilfe von Simulationsmodellen zum einen über ein fiktives Entwicklungsland, zum anderen über Probleme einer Stadtverwaltung, konnten verschiedene Personengruppen die Zukunft beider Systeme mit Hilfe des Computers gestalten. Dörner sieht den Einsatz von Simulationsmodellen als sehr geeignet, weil relativ wenig zeitaufwendig in einer simulierten Realität psychische Prozesse recht genau und mit einer Vielzahl von Menschen analysiert werden können (vgl. Dörner 1991, S. 308). Die Ergebnisse dieser Untersuchung waren jedoch mehr als niederschmetternd. Trotz des »guten Willens« aller Beteiligten, Strategien zu entwickeln, die die Lage der Menschen verbessern sollten, endete die Simulation fast immer ziemlich misslich.

Auf der Basis der durchgeführten Simulationsexperimente arbeitete Dörner eine ganze Reihe von *Ursachen für Strategiefehler in komplexen Situationen* heraus. Als solche werden die wichtigsten nachfolgend genannt (vgl. Dörner 1991, S. 74 ff):

(1) Mangelnde Zielerkennung und Berücksichtigung langfristiger Entwicklungen

Die meisten Versuchspersonen waren nicht in der Lage, die wesentlichen Zusammenhänge und zeitlichen Entwicklungen von relevanten Größen der komplexen Sachverhalte zu erfassen. Wird ein Missstand gefunden, so wird sofort versucht, diesen zu beseitigen, um anschließend zum nächsten Engpass zu springen. Die Auswirkungen der ständigen Eingriffe auf die Gesamtzielsetzung werden in der Regel nicht berücksichtigt und die Planung lässt keine konsequente Linie erkennen.

(2) Nebenwirkungen werden ignoriert bzw. nicht erkannt

Nur die vermeintlichen 'Hauptwirkungen' von Entscheidungen werden berücksichtigt, 'Nebeneffekte' werden nicht erkannt bzw. ignoriert. Man denkt in linearen Ursache-Wirkungs-Ketten und nicht in kausalen Netzwerken, wie dies in komplexen Situationen eigentlich erforderlich wäre.

(3) Tendenz zum Übersteuern

Oft wird zunächst sehr zurückhaltend und vorsichtig agiert. Zeigen sich nicht sogleich entsprechende Wirkungen, so wird durch eine Verstärkung der Maßnahmen versucht, ein gewünschtes Systemverhalten herbeizuführen. Treten Schwierigkeiten auf, werden die einmal getroffenen Entscheidungen wieder rückgängig gemacht und es wird versucht, mit ähnlich einschneidenden Maßnahmen das Systemverhalten wieder umzukehren. Ein "Übersteuern" des Systemverhaltens ist die Folge.

(4) Mangelnde Konsequenz bei der Strategiedurchsetzung

Anfänglich gemachte Pläne werden im Verlauf eines Durchgangs schnell wieder aufgegeben. Es wird von einer Strategie zur nächsten gesprungen. Dabei werden die einzelnen Punkte meist nur oberflächlich behandelt und teilweise mehrmals aufgegriffen ohne jedoch eine Strategie bis zum Ende durchzuhalten. Treten schließlich Schwierigkeiten auf, werden Entscheidungen immer missmutiger getroffen und eine steigende Tendenz, die Verantwortung für das Systemverhalten abzulehnen, ist zu beobachten.

(5) Mangelnde Fähigkeiten, das Gesamtsystem zu betrachten

Eine weitere Ursache für Strategiefehler in komplexen Systemen ist die zu beobachtende Tendenz zur Konzentration auf scheinbar einfache, aber meist unwichtige Teilaspekte. Mit diesen Teilgebieten beschäftigen sich die Versuchspersonen dann ungemein ausführlich und enorme Datenmengen werden über diese Detailaspekte gesammelt. Zusammenhänge und schwerwiegende Auswirkungen auf das Gesamtsystem bleiben unbeachtet.

(6) Diktatorverhalten

Die Absicht, die vorhandene reale Situation zu ändern, führt bei einigen Personen dazu, dass sie, ohne die Zusammenhänge zu kennen, das System beharrlich nach ihrem Willen zu gestalten versuchen, also tendenziell die Situation augenscheinlich »um jeden Preis« in den Griff zu bekommen. Bei komplexen Systemen ist diese Verhaltensweise jedoch wenig erfolgversprechend und führt meist zu immer schnelleren Turbulenzen.

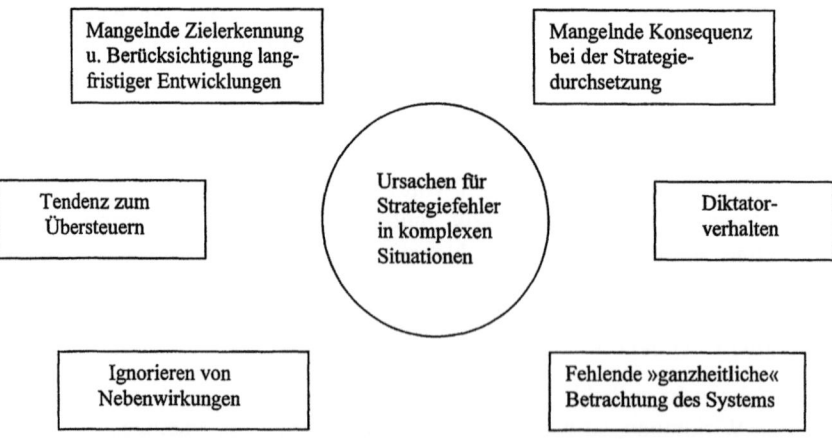

Abb. 33: Häufige Ursachen für Strategiefehler in komplexen Situationen

Die Ergebnisse dieser Studie belegen recht eindrucksvoll, dass sowohl Laien wie auch Experten bei der Strategieplanung in komplexen Systemen nicht selten gravierende Fehler begehen. Nach Ansicht Dörners verfügen die meisten Personen noch nicht über adäquate »Denkwerkzeuge«, um in komplexen Situationen bestehen zu können. Insbesondere die Fähigkeiten zum Abschätzen von Wahrscheinlichkeiten und vor allem zum Kombinieren von zwei oder mehr Alternativen und ihren zeitlichen Konsequenzen sind äußerst gering entwickelt.

Im Umgang mit komplexen Realitäten müssen wir daher akzeptieren, dass unser Wissen und unsere kognitiven Fähigkeiten nicht ausreichend entwickelt sind und dass folglich nicht alles detailliert erklärt werden kann. Darüber hinaus besteht die *Gefahr einer Fehlinterpretation* phänomenologischer Wirkungen aufgrund differenter Betrachtungsperspektiven: Ein und dasselbe Phänomen kann vollkommen unterschiedlich interpretiert und in das Bewusstsein aufgenommen werden (wie etwa die bekannten Vexierbilder, mit denen dies - schon für sehr einfache Phänomene - belegt ist, vgl. Probst 1987, S. 27).

Dörner hat in seinen Simulationsstudien primär individuelles Problemlösen untersucht; dies bedeutet, dass bei kollektivem Problemlösen zusätzliche Komplexitätsstufen wirksam werden.

Als Tücken im Umgang mit komplexen Problemsituationen werden in ähnlicher Weise wie von Dörner die »7 Denkfehler« und ihre Bewältigung von Probst/Gomez diskutiert (vgl. 1991, S. 16 ff).

Eine längere Liste pragmatischer Ratschläge zur Gestaltung selbstorganisierender Systeme findet sich bei Probst (vgl. 1987, S. 114 - 116):

Behandle das System mit Respekt;
Lerne mit Mehrdeutigkeit, Unbestimmtheit und Unsicherheit umzugehen;
Erhalte und schaffe Möglichkeiten;
Erhöhe Autonomie und Integration; usw.

Von der Biokybernetik beeinflusst sind Anregungen, wie biologische Erkenntnisse in die Management-Praxis übertragen werden können. Vor allem F. Vester (vgl. 1988a, 1988), aber auch Probst/Gomez schlagen für sehr heterogene drängende gesellschaftliche und wirtschaftliche Fragen bzw. auch für den Managementbereich die praktische Anwendung biokybernetischer Prinzipien vor. Vor allem Vester rät zur Beachtung der »8 kybernetischen Grundregeln«.

Einen möglichen Weg aus dem Dilemma zur Erklärung komplexer Phänomene zeigt Hayek auf. Er weist trotz aller Beschränkungen einer Beschreibung komplexer Phänomene auf die Notwendigkeit zur Entwicklung von Techniken hin, um *Muster oder Ordnungen* dieser Art von Erscheinungen *aufzeigen* zu können (vgl. Hayek 1972, S. 34). Es reicht also nicht mehr aus, eine gegebene Umweltsituation und ihre Vergangenheit zu analysieren, sondern es gilt, die zukünftigen Entwicklungsmöglichkeiten der Umwelt durch Mustervoraussagen zu antizipieren. Bei Mustervoraussagen geht es nicht um die Analyse einzelner Teile im Detail, sondern um das Erkennen der Beziehungen zwischen den Teilen. Für eine Mustererkennung ist somit nicht eine genaue Kenntnis der Teile notwendig, diese können getrost »unscharf« sein, wichtig ist, wie die Teile zusammenhängen und eine Ganzheit bilden (vgl. dazu Vester 1983, S. 35; Probst/Gomez 1991, S. 11). Im Hinblick auf die Vorbereitung entwicklungsorientierter strategischer Entscheidungen ist dabei ein besonderes Augenmerk auf »Lenkungsphänomene« zu richten, die eine (pro-)aktive Handlungsorientierung anzeigen.

Der strategieorientierte Umgang mit komplexen Phänomenen setzt die Erzeugung einer (gedanklichen) *Eigenkomplexität* voraus. Diese ist auf die (Re-)Konstruktion phänomenologischer Wirkungsgefüge zu richten. Allerdings ist zu bemerken, dass auf diese Weise *konstruierte »Ersatzwelten«* kaum der Wirklichkeit gleichkommen können. Die Erzeugung gedanklicher Eigenkomplexität kann jedoch durchaus dazu führen, dass eine »Ersatzwelt« ziemlich der Wirklichkeit entspricht, so dass das Management von Strategiethemen auf realistischen Annahmen beruhen kann. Es verbleibt immerhin eine Erkenntnisproblematik.

8.1.3 Zielausrichtung von Strategien bei niedriger und hoher Unternehmensdynamik

Möglichkeiten der Zielausrichtung der Unternehmung spielen bei der Untersuchung des methodischen Zugangs für entwicklungsbezogene Veränderungen eine grundlegende Rolle (vgl. Scheurer 1997, S. 336 ff). Die Frage der grundsätzlichen Möglichkeit der Zielausrichtung der Unternehmung wird von weiten Teilen der Literatur nicht mehr thematisiert, da dies im Zuge der weitgehend einseitigen Planungsausrichtung eines strategischen Managements ohnehin als selbstverständlich möglich angesehen wird. Die auf evolutionäre Vorstellungen zurückgreifenden ganzheitlichen Management-Konzepte (siehe Kap. 4) stellen allerdings diese als selbstverständlich geltende Möglichkeit einer Zielausrichtung in Frage. Im Sinne der Fitness der Unternehmung heißt für Kirsch Richtungsgebung nicht, dass diese ausschließlich von außen vorgegeben wird, sondern eher, die Unternehmung so zu beeinflussen, dass sie ihre Richtung findet. Indirekte Eingriffe könnten mithin auf selbstorganisierende Prozesse einwirken, dass sie die Richtung »Finden einer Richtung« verfolgen, zumindest dass eine Diskussion über die Richtung aufrechterhalten bleibt (vgl. Kirsch 1990, S. 307). Auch Mintzberg bemerkt, dass eine letztlich realisierte Strategie sich aus einer intendierten Strategie (strategy as a plan) und einer emergenten Strategie der Musterbildung (strategy as a pattern) zusammensetzt (vgl. Mintzberg 1994, S. 23 ff),

Weil somit die Annahmen des planungsorientierten Ansatzes sich offensichtlich nicht so einfach aufrechterhalten lassen, stellt sich die Frage nach der grundsätzlichen Möglichkeit der Zielausrichtung der Unternehmung ganz neu, und zwar dahingehend, ob ein Entwicklungsprozess der Unternehmung überhaupt zielorientiert ausgerichtet werden kann. Von der Beantwortung dieser Fragestellung hängen letztlich alle weiteren Konzepte und Methoden zur entwicklungsbezogenen Veränderung ab.

Eine genauere Betrachtung des strategischen Planungsansatzes macht deutlich, dass strategische Planung nichts anderes darstellt als die Ableitung und Umsetzung explizit gemachter strategischer Zielvorgaben. Im Rahmen der Umsetzung wird versucht, Abweichungen von den vorgenommenen Zieldefinitionen zu vermeiden bzw. durch Korrekturmaßnahmen weitestgehend einzudämmen. Werden die Zielabweichungen so groß, dass sich die formulierten Ziele nachhaltig nicht erreichen lassen, werden neue Ziele definiert (vgl. ausführlich Steinmann/Schreyögg 1990, S. 200 ff). Der reine Planungsansatz geht offensichtlich von der Vorstellung einer »punktuellen Zielfestlegung« mit anschließender Zielverfolgung aus. Alle Zielabweichungen werden als kritisch oder mindestens unerwünscht gesehen und sind durch eine Kontrollfunktion zu erfassen und zu korrigieren. Auch wenn die angestrebten Ziele sich als nicht erreichbar erweisen, wird an der eingeschlagenen Vorgehensweise festgehalten, indem sie mit einer Modifikation der Ziele einfach festgeschrieben wird.

Damit sieht es zunächst so aus, als wären Evolution und Strategie im Sinne einer strategischen Planung unvereinbar, insbesondere dann, wenn auf die Aussagen zur Zielorientierung der Evolution zurückgegriffen wird (siehe Punkt 5.4). Dort wurde die Ausrichtung der Evolution als teleonom bezeichnet. Die evolutionäre Entwicklung richtet sich an der unmittelbaren Erhaltung des Systems aus. Diese Systemerhaltung läuft über die spontane Bildung komplexer Muster, die dafür sorgen, dass die dynamische Stabilität auch bei auftretenden internen oder externen Störungen aufrechterhalten bleibt. Die Musterbildung ist wiederum stark vom Ausgangszustand des Systems und der bisherigen Systemgeschichte abhängig. Evolution ist also nicht an einem übergeordneten, von außen vorgegebenen Ziel orientiert, sondern sie macht über die spontane Musterbildung »sich ihre Ziele selbst«. Auf der einen Seite steht somit rein intentionales, zweckorientiertes Handeln, auf der anderen Seite selbstorganisierende evolutionäre Musterbildung zwischen Zufall und Notwendigkeit.

Damit wird erkennbar: weder kann eine Unternehmung rein plandeterminiert verstanden werden (vgl. Steinmann/Schreyögg 1990), noch kann sie rein evolutionär gesehen werden, denn wäre dies der Fall, müsste jedes Management des aktiven Wandels einer Unternehmung von vornherein als aussichtslos abgelehnt werden. Die Konzeption der Unternehmung als dissipatives System entspricht dieser Sichtweise.

Durch den dissipativen Systemcharakter wird einerseits die Selbstorganisationsseite der spontanen Musterbildung betont, durch die Bezeichnung als soziales System wird andererseits die Möglichkeit eines zielgerichteten Managements eingeräumt. Eine zweckorientierte Lenkung der Unternehmungsentwicklung erscheint mithin möglich, sinnvoll möglich ist sie jedoch nur dann, wenn von der Vorstellung der absoluten Beeinflussbarkeit abgerückt wird. Intendierte Entwicklung findet vielmehr immer vor dem Hintergrund von Evolutionsprozessen statt, die zusätzlich zu den intendierten Lenkungseffekten mit einer emergenten Eigendynamik zur Gesamtentwicklung der Unternehmung beitragen.

Mit der Klassifizierung von zwei Unternehmungsdimensionen wurden für dissipative Systeme die zugrundeliegenden Entwicklungsprozesse in eine gleichgewichtsnahe und eine gleichgewichtsferne Prozessphase unterteilt. Für diese Prozessphasen mit unterschiedlicher Unternehmensdynamik dürfte zu erwarten sein, dass unterschiedliche strategische Lenkungsmöglichkeiten bestehen.

Für die gleichgewichtsnahen Prozessphasen ist eine relativ stabile Gestaltbildung, bestehend aus den Unternehmungs- und Umweltvariablen, anzunehmen. Da in einer solch mäßig dynamischen Situation sowohl die Ausprägungen der Unternehmungs- als auch der Urnweltvariablen relativ gut erfassbar sind, kann auch davon ausgegangen werden, dass eine weitgehende inhaltliche Präzisierung von Zielvorstellungen möglich ist. Jedes inhaltlich präzisierte Ziel stellt aber letztlich nur eine Konstruktion dar, die zwar etwas über die Absicht des Entscheidungsträgers aussagt, jedoch nur sehr bedingt als Maßstab für eine »Punkterreichung« im Rahmen eines zufalls- und selbstorganisationsabhängigen Entwicklungsprozesses angesehen werden kann.

In einer gleichgewichtsfernen Prozessphase, in der sich die weitgehend bekannte Unternehmungs-Umwelt-Gestalt aufgelöst hat und die Ausprägungen der verschiedenen Unternehmungs- und Umweltvariablen aufgrund der selbstorganisierenden Prozessdynamik nicht mehr erfassbar sind, ist ein positiver Beschreibungsversuch eines inhaltlichen Zielzustandes unangebracht. Vielmehr ist es hier sinnvoll, sich auf einen Entwicklungsweg zu begeben, der zum einen durch die bisherige Unternehmungsgeschichte bereits einige Einschränkungen aufweist, der zum anderen immerhin über weitere negative Abgrenzungen kanalisierbar ist. Mit anderen Worten: Wohin der Entwicklungsweg einer Unternehmung in diesem Falle genau führen wird, ist nicht von vornherein festgelegt, eher schon, wohin er auf keinen Fall führen soll. Die Zielvorstellung verschiebt sich somit weg von inhaltlich festgelegten Zielzuständen hin zum Prozess selbst. Nicht mehr irgendwelche anzustrebenden Zustände sind das Ziel, der Weg selbst ist das Ziel. Dies bedeutet eine Veränderung der Denkweise weg von einem zustandsorientierten hin zu einem prozessorientierten Denken. Dabei wird akzeptiert, dass es eine Fülle von nicht bekannten möglichen Wegen gibt, die im Rahmen einer evolutionären Entwicklung verfolgt werden können. Entscheidend ist nur eines: die Aufrechterhaltung des Entwicklungsprozesses, was zur Schaffung neuer dynamisch stabiler Zustände gleichbedeutend ist mit der Aufrechterhaltung der Selbstorganisations- und damit der Selbstlenkungsfähigkeit der Unternehmung.

Entwicklungsorientiertes Management setzt offensichtlich vor einem evolutionären Hintergrund ein teleonomes Zielverständnis voraus. Zielbezogenheit bedeutet weder die eindeutige Beschreibung eines fixen Zielzustandes, da ein solches »Endziel« eines Prozesses von vornherein überhaupt nicht bekannt sein kann, noch das bedingungslose Einhalten eines fest vorgezeichneten Weges. Bestimmte Eigenschaften eines anzustrebenden Unternehmungszustandes sind wohl vorhersehbar, da sich die Unternehmungsentwicklung vor dem Hintergrund innerer Regeln vollzieht, die sich aus der Unternehmungsgeschichte ergeben, der Weg der Entwicklung selbst ist aber im voraus nicht festgelegt. Auch Zufallsereignisse auf dem Weg bedeuten nicht den Verlust der Zielgerichtetheit.

8.2 Methodische Konzepte zur Unternehmensdynamik und Unternehmungsentwicklung

Konzepte, Methoden und Instrumente zur Gestaltung eines entwicklungsorientierten Wandels müssen an den Unternehmungsdimensionen dissipativer Systeme anknüpfen, die durch eine hohe oder niedrige Unternehmensdynamik gekennzeichnet sind. Nach einer kurzen Beschreibung des planerischen Ansatzes für den gleichgewichtsnahen Systemzustand werden im folgenden methodische Zugänge für entwicklungsorientiertes Management bei hoher Systemdynamik vorgestellt.

8.2.1 Anwendbarkeit der strategischen Planung

Im gleichgewichtsnahen Bereich ist die Systemdynamik vor allem durch primär negativ rückkoppelnde Prozessmechanismen bestimmt, was die gesamte Prozessdynamik bereits auf bestimmte überschaubare Grenzen einschränkt. Zudem ist davon auszugehen, dass nahe dem Gleichgewicht quasi-lineare, in der Regel jedoch nicht eindimensionale Ursache-Wirkungs-Beziehungen gelten. In jedem Fall sind die für strategische Interventionen wichtigen Umwelt- und Unternehmungsvariablen methodisch durch eine strategische Analyse inhaltlich weitgehend bestimmbar und in ihren Ausprägungen relativ zuverlässig erfassbar. Ausgangspunkt für eine weitere Entwicklung und die grundlegende Möglichkeit direkter Regulierungseingriffe durch das Management ist eine dynamisch stabile Unternehmungs-Umwelt-Gestalt, die auch unter »normalen« Störeinflüssen ihren grundlegenden Charakter beibehält.

Eine gleichgewichtsnahe Prozessphase liegt zum Beispiel vor, wenn etwa die Branche erkennbar rückläufig ist, sowie die wesentlichen an den Markt gelieferten Produkte kaum absehbaren Neuerungen unterworfen sein werden. Man kann in einer gleichgewichtsnahen Prozessphase durchaus von einer gewissen Prognostizierbarkeit der zukünftigen Unternehmungsentwicklung ausgehen. Damit werden auch die Zielsetzungen für zukünftige Entwicklungen inhaltlich weitgehend konkretisierbar, dies macht direkte und zweckorientierte regulierende Maßnahmen im Rahmen der vorhandenen dynamischen Stabilitäten möglich.

Als generelles Ziel der Managementaktivitäten werden in der Literatur die Steuerung und Regelung des Tagesgeschäfts sowie die Sicherung der Unternehmenseffektivität betont. Die auf die Zukunft gerichtete Unternehmungsentwicklung wird durch den Aufbau und die Sicherung von zukünftigen Erfolgspotenzialen erreicht. In gleichgewichtsnahen Prozessphasen, in denen von einer relativ stabilen Unternehmungs-Umwelt-Gestalt ausgegangen wird, ist es durchaus sinnvoll, diese Erfolgspotenziale inhaltlich weiter in Form von strategischen Erfolgsfaktoren zu konkretisieren (vgl. Bea/Haas 1995, S. 98). Dadurch kann in einem weiteren Schritt durch einen unternehmungsübergreifenden Vergleich dieser strategischen Erfolgsfaktoren auch die relative Wettbewerbsstärke der eigenen Unternehmung im Verhältnis zur Konkurrenz bestimmt werden. Als Beispiel sei betrachtet ein unbefriedigendes gegenwärtiges und zukünftiges Ertragspotenzial. Als Konsequenz könnte deshalb vom Management eine inhaltlich genau definierte Defensivstrategie der Bildung von strategischen Allianzen im Tätigkeitsfeld der Unternehmung verfolgt werden. Zudem könnten bestimmte strategische Erfolgsfaktoren wie die Produktion und die Technologie gestärkt werden, über eine Verbesserung der Kostenposition wäre eine Steigerung der Wettbewerbsfähigkeit zu erreichen. Eine gleichfalls inhaltlich genau definierte Strategie könnte auch in ein Joint Venture mit dem bisherigen Konkurrenten einmünden. Die Beispiele verdeutlichen die vorausgesetzte gleichgewichtsnahe Evolutionsdynamik als notwendige Bedingung für die Verwirklichung einer Strategie im Sinne eines Planes oder im Sinne der Setzung von Produkt-Markt-Kombinationen.

Mit den bisherigen Überlegungen zeigt sich, dass nahezu die gesamte Literatur zur strategischen Planung und vor allem auch die Literatur, die Normstrategievorschläge unterbreitet, sich allein mit dem gleichgewichtsnahen Bereich der Unternehmensdynamik auseinandersetzt. Die durchaus in beinahe jeder Publikation zur strategischen Planung aufgegriffenen Aspekte einer turbulenten Umwelt, von Diskontinuitäten und Komplexität werden vor diesem Hintergrund jedoch eher als »Planungsschwierigkeiten« angesehen und in den Planungskonzepten in unterschiedlichster Form verarbeitet, statt sie als vorhersehbare »normale« Wechsel in der Prozessdynamik hin zu einem gleichgewichtsfernen Bereich zu betrachten. Diskontinuierliche Entwicklungen müssen dann natürlich als Gefahr für den Planungsansatz aufgefasst werden, die es möglichst entweder zu vermeiden oder auf irgendeine Art zu kanalisieren gilt. Eben dies zeigt, dass sich diese Autoren im Grunde fest auf dem Boden der gleichgewichtsnahen Vorstellungen befinden. Turbulenzen und Diskontinuitäten werden als störende Dynamiken behandelt, die »nicht ins Konzept« passen. Genau dies muss zwangsläufig der Fall sein, wenn daran festgehalten wird, dass die generelle Ausrichtung der Unternehmung planbar ist.

Interessant sind in diesem Zusammenhang Ansätze im Grenzbereich der strategischen Planung wie vor allem Ansoffs Konzept der schwachen Signale und auch die gesamte darauf aufbauende Folgeliteratur der Frühwarnkonzepte (vgl. z.B. Krystek/Müller-Stewens 1990). Die Autoren beschäftigen sich zwar wohl mit der gleichgewichtsfernen Systemdynamik, allerdings genau betrachtet auch für solche Situationen mit dem Ziel, durch die frühzeitige Erfassung gleichgewichtsferner Entwicklungen die Anwendbarkeit der strategischen Planung trotz ihrer Unzulänglichkeiten beim Umgang mit gleichgewichtsfernen Phänomenen etwas auszuweiten und damit zu erhalten. Gleichwohl gelingt es hierdurch nicht, den Geltungsbereich fundamental zu verändern oder gar bis in den gleichgewichtsfernen Bereich zu verschieben (vgl. Scheurer 1997, S. 348).

Mit dem Wechsel der Unternehmensdynamik in einen gleichgewichtsfernen Bereich ist ein fundamentaler Wechsel des Funktionieren-Könnens der Unternehmung und der Entwicklungsmöglichkeiten verbunden. Wenn eine strategische Planung versucht, anstatt den Wandel aktiv zu begleiten, die bekannten und relativ überschaubaren Unternehmungszustände weitgehend zu stabilisieren, kann es zu »Prozessstauungen« kommen, die letztlich die Prozessdynamik in einen gleichgewichtsfernen Bereich umschlagen lassen. Je stärker dabei versucht wird, einen bestimmten Unternehmungszustand zu halten, desto unsicherer wird dessen dynamische Stabilität. Die Unternehmungsentwicklung kann so in eine ungewollte Abfolge von eruptiven Fluktuationen mit offenen Bifurkationen umschlagen, was ein fortgesetztes »Krisenmanagement« erfordert.

Besonders nachteilig bei der Vorstellung einer generellen Gültigkeit der strategischen Planung für alle strategischen Lenkungsbereiche ist, dass mit dem strategischen Planungsansatz kaum kreative und neue Prozesse für die Entwicklung der Unternehmung eingeleitet werden können. Genau dies ist jedoch die Problemstellung eines entwicklungsorientierten Managements. Es geht um die Schaffung qualitativ neuer Unternehmungszustände, die zukünftige Erfolgspotenziale und höhere Fitness für die Unternehmung eröffnen. Hierzu muss jedoch einem kreativen Wandel im Rahmen der strategischen Lenkung ein größerer Raum eingeräumt werden. Komplexität muss bejaht werden. Statt am strategischen Planungsansatz festzuhalten oder ihn gar eher auszuweiten, muss offensichtlich zu einer anderen, zu einer adäquateren Form der strategischen Lenkung der Unternehmungsentwicklung übergegangen werden, wobei die Kenntnisse der fluktuierenden Systemdynamik, der evolutionären Prozesshaftigkeit der Unternehmungsentwicklung sowie der Abläufe an den Bifurkationspunkten Verwendung finden.

Damit wird der strategischen Planung eine neue Rolle zugewiesen. Eine zielorientierte strategische Lenkung der Unternehmungsentwicklung umgesetzt im Rahmen einer strategischen Planung wird durchaus als möglich angesehen, sofern gleichgewichtsnahe Systemdynamiken vorliegen. Diese Systemdynamiken sind aber nur in einem extremen Grenzbereich der gesamten Evolutionsdynamik zu erwarten. Dies schmälert den Anspruch der strategischen Planung auf eine generelle Anwendbarkeit ganz wesentlich. Zudem bewegen sich die gleichgewichtsnahen Systemdynamiken und damit auch die Möglichkeiten der strategischen Planung immer innerhalb relativ enger Bahnen. So gesehen ist die strategische Planung bei genauer Betrachtung sogar eine eher stabilisierende denn eine verändernde Lenkungsfunktion (vgl. auch Mintzberg 1994, S. 188). Wirkliche Entwicklungen der Unternehmung finden eben nicht in den stabilen Bereichen, sondern in gleichgewichtsfernen Bereichen statt, in denen es zur Auflösung der alten Unternehmungs-Umwelt-Gestalt kommt. Gerade für die strategische Lenkung in solchen Bereichen ist jedoch offensichtlich eine formale strategische Planung nicht geeignet (vgl. Mintzberg 1994, S. 238).

8.2.2 Erfolgsfaktoren und intervenierende Förderung eines hochdynamischen Systemwandels

Wenn der strategische Planungsansatz sinnvoll nur eingegrenzt auf die gleichgewichtsnahen Prozessdynamiken verwendet werden kann, wird deutlich, dass mögliche fitnessorientierte Veränderungen erst umfassend mit der nun folgenden Darstellung der gestaltenden Beeinflussung in den gleichgewichtsfernen Bereichen betrachtet werden können. Allerdings sei hierzu bemerkt, dass eine Abgrenzung der gleichgewichtsfernen und der gleichgewichtsnahen Phase eindeutig nicht möglich ist. Vielmehr handelt es sich um einen fließenden Übergang, der immer dann stattfindet, wenn interne oder externe Störeinflüsse so stark sind, dass die Unternehmung ihren bisherigen dynamischen Gleichgewichtszustand nicht mehr aufrechterhalten kann. Durch positive Rückkopplungen kommt es aufgrund von Fluktuationen zu immer stärkeren zyklischen Ausprägungen der Unternehmungsprozesse bis hin zur Asymmetrie und schließlich Auflösung des dynamisch stabilen Unternehmungszustandes. Je weiter sich die Unternehmung vom bisherigen Gleichgewichtszustand weg entwickelt, desto stärker wirken auch kleinste Einflüsse auf die Prozessdynamik.

Mit der Auflösung des bisherigen Unternehmungszustandes wird der Entwicklungsprozess der Unternehmung »verflüssigt«, neue Ordnungsparameter können greifen, die selbstorganisierend neue Ordnungszustände kanalisieren. Hinter diesem Prozess steckt keine Organisationsleistung nach einem zentralen Plan oder einer systematischen Kontrolle. Vielmehr besteht in der Fluktuationsphase eine kreative Offenheit für neue Entwicklungen der Unternehmung. Welche Entwicklung dabei eingeschlagen wird, ist einerseits zufallsabhängig, andererseits jedoch von dem bereits bekannten doppelten Selektionsprozess. Ein neuer spontaner Ordnungszustand wird nur dann entstehen, wenn er zur Geschichte und bisherigen Strukturen der Unternehmung und zugleich auch zur veränderten Umwelt passt.

Fluktuationen sind also keinesfalls pathologisch, sondern als eine völlig normale Form der Unternehmungsentwicklung in der gleichgewichtsfernen Prozessphase aufzufassen. Gerade für eine fitnessorientierte Entwicklung sind Fluktuationen positiv zu bewerten. Offensichtlich sind sie kennzeichnend für eine ohnehin kritische Situation der Unternehmung, indem sie unter dem Eindruck stark veränderter Umwelt- oder Unternehmungsvariablen eine Phase der »Verflüssigung« einleiten, die im Grunde nur den bisherigen, in Zukunft ohnehin nicht mehr haltbaren dynamisch stabilen Zustand auflöst. Natürlich ist bei einer solchen Auflösung der dynamischen Stabilität kaum noch ein zielgerichtetes Management möglich. In Situationen einer äußerst hohen Prozessdynamik dürfte dies jedoch besser sein, als »um jeden Preis« am alten, inzwischen sicherlich inadäquat gewordenen Unternehmungszustand festzuhalten und in Kauf zu nehmen, dass es durch die Aufstauung der Entwicklungsdynamik zu einem abrupten Umbruch des Unternehmungzustandes mit dann ohnehin nicht mehr vorhandenen Lenkungsmöglichkeiten kommt.

Fluktuationen sind somit als wesentlicher Bestandteil kreativer Veränderungsphasen im Entwicklungsprozess einer Unternehmung zu interpretieren, die geradezu notwendig sind, um sich flexibel an neu entstandene Bedingungen anzupassen. Letztlich führen Fluktuationen über Bifurkationen zu einem unter den veränderten Bedingungen vorteilhaften neuen dynamisch stabilen Unternehmungszustand. Genau dies korrespondiert jedoch mit der beabsichtigten Fitness der Unternehmung, nämlich dass sich die Unternehmung – von selbst – so entwickelt, dass Problemlösungspotenziale entstehen. Unsinnig wäre es allerdings, eine Unternehmung immer in der gleichgewichtsfernen Entwicklungsphase »zu halten«, da eine so weitreichende Auflösung der alten dynamischen Stabilität nur als Voraussetzung dafür dient, dass auf dem Wege der spontanen, selbstorganisierenden Ordnungsbildung wirklich neue Unternehmungszustände erreichbar werden. Die »Verflüssigung« zwischen zwei unterschiedlichen dynamisch stabilen Unternehmenszuständen soll es mit sich bringen, dass Gleichgewichtsphasen und Ungleichgewichtsphasen sich abwechseln.

Vor dem Hintergrund dieser vollkommen offenen Prozessdynamik wird jedoch die Frage relevant, inwieweit entwicklungsorientierte Dynamik und fitnessorientierter Wandel intentional durch das Management beeinflusst werden und inhaltlich ausgerichtet werden kann.

*a) Verankerung eines Sinn- und Werterahmens
zur entwicklungsprägenden Musterbildung*

In hoch-dynamischen Entwicklungsphasen der Unternehmung ist stets davon auszugehen, dass unabhängig von eigenen Absichten immer auch Prozesse spontaner Musterbildung ablaufen. Diese geschieht durch eine selbstorganisierende Verstärkung bestimmter Ordnungsparameter, die mit der Zeit sämtliche Unternehmungsprozesse in das von ihnen vorgegebene Ordnungsmuster zwingen. Soweit dadurch eine bessere Anpassungsfähigkeit an veränderte Umwelt- und Unternehmungsvariablen erwartet werden kann, ist diese Ordnungsbildung im Sinne der Fitness der Unternehmung. Überdies kann versucht werden, sich an die Spitze der vorhandenen Muster zu setzen, um sich so die ablaufenden Selbstorganisationsprozesse zunutze zu machen. Um die eigenen Intentionen eines entwicklungsorientierten Managements abschätzen zu können, ist mithin zunächst ein Verständnis der nichtintendierten Muster vonnöten. Bevor eine strategische Intervention in gleichgewichtsfernen Prozessphasen ins Auge gefasst wird, muss zuerst einmal den vorhandenen Mustern Zeit eingeräumt werden, sich zu entwickeln, und auch um die grundlegenden Muster zu erfassen. Strategische Lenkung ist folglich zunächst weniger Musterbildung als vielmehr Musterfindung (vgl. ähnlich auch Mintzberg 1994, S. 363).

Damit wird zugleich deutlich, dass ein Management der Veränderung und des Wandels offensichtlich vollkommen abweichend von den Vorstellungen der strategischen Planung gesehen werden muss. Muster entstehen nicht aus zentral ausgearbeiteten und zweckorientierten Vorgaben, sondern aus einer Vielzahl von kleinsten Einzelprozessen und ihrer Abstimmung untereinander. Keine zentrale Stelle, weder eine Planungs- noch eine Managementstelle, kann ein so umfassendes Wissen haben, das zu einer intendierten Musterbildung notwendig wäre. Muster können sich aus dem »Lärm« fehlgeschlagener Experimente entwickeln, aus scheinbar zufälligen Prozessen und aus ungelenktem Herumlernen (vgl. Scheurer 1997, S. 362). Entscheidende Chancen für eine Steigerung der Fitness der Unternehmung können somit bereits in den unternehmungseigenen Prozessen stecken. Damit ist der Fokus des entwicklungsorientierten Managements weit mehr auf den potenziellen strategischen Wert der in der Unternehmung ablaufenden Prozesse und die daraus gemachten Erfahrungen zu richten.

Aus der Sichtweise eines intervenierenden Managements kann versucht werden, dem vorhandenen Muster neue Ordnungsparameter zu überlagern, die schließlich ebenfalls über die ablaufenden Selbstorganisationsprozesse zu einer neuen Musterbildung führen; das entstehende Muster muss dabei nicht zwingend den Lenkungsabsichten entsprechen. Eine konkrete strategische Lenkung der Unternehmungsentwicklung in gleichgewichtsfernen Prozessphasen ist somit im Hinblick auf den angestrebten Lenkungserfolg nur recht bedingt möglich.

Fitness der Unternehmung in gleichgewichtsfernen Prozessphasen bedeutet und fordert ein möglichst umfassendes Einbeziehen aller Unternehmungsdimensionen und Hierarchieebenen. Anstatt einer zentralen Planungsstelle werden damit eher »Vor-Ort-Katalysatoren« gebraucht, die dazu beitragen, dass das für geeignete Strategien der Unternehmung erforderliche Muster immer wieder verstärkt wird, die also für eine positive Rückkopplung sorgen, um so eine Diffusion des Musters und damit eine entsprechende Breitenwirkung in der Unternehmung zu erzielen. Jeder einzelne soll durch seine Handlung einen neuen oder einen bestehenden Ordnungsparameter über einen kritischen Schwellenwert hinaus so verstärken können, dass es zu einer Musterbildung kommt. Das Management und insbesondere Strategiebildung soll folglich nicht die Sache einer hoch spezialisierten Planungsebene oder einer hierarchisch hoch angesiedelten Managementebene sein, sondern letztlich die Sache aller. Ein musterbildender Handlungsrahmen muss an den Ordnungsparametern des Selbstorganisationsprozesses anknüpfen, da sie offensichtlich die Rolle einer zusammenfassenden und richtunggebenden Komponente für die Summe der durch die gesamte Unternehmung verstreuten musterbildenden Handlungen einnehmen.

Hiermit stellt sich natürlich die Frage, wie eine solche entwicklungsprägende, sich selbst organisierende Musterbildung gefördert werden kann. Hayek gibt mit seiner Definition abstrakter Regeln einen Anhaltspunkt dafür, was musterbildende Ordnungsparameter sein könnten. Diese Ordnungsparameter werden von Hayek als eine allgemeine Regel für eine unbekannte Zahl von Fällen und für unbekannte Handlungsträger bezeichnet (vgl. Hayek 1969, S. 211). Es handelt sich also nicht um positiv formulierte Aufgabenzuweisungen, wie sie im Rahmen der strategischen Planung üblich sind. Vielmehr sollten diese Regeln zwar eine eindeutig negative Abgrenzung nicht erwünschter Handlungen vornehmen, zugleich jedoch so abstrakt sein, dass dem einzelnen Handlungsträger die Möglichkeit verbleibt, sich selbst seine Position in dem spontan entstehenden Gesamtmuster zu schaffen. Wenn Hayeks Vorstellungen hinsichtlich des Charakters der musterbildenden Ordnungsparameter genauer betrachtet werden, fällt auf, dass es sich bei einer Unternehmungskultur im Grunde genau um ein solch abstraktes Regelwerk handelt, von dem Hayek spricht. Die Unternehmungskultur liefert keine unmittelbar inhaltlich konkretisierbaren Handlungsanweisungen, aber sie bietet einen Sinn- und Werterahmen, an dem sich die einzelnen Handlungen orientieren können.

Die gleichgewichtsferne Prozessphase bringt es mit sich, dass solche wie bei der strategischen Planung konkretisierbaren Erfolgsfaktoren in einer hochdynamischen Situation inhaltlich kaum fassbar sind. Dies ist die Konsequenz daraus, dass sich die dynamisch stabile Unternehmungs-Umwelt-Gestalt aufgrund der hochkomplexen Entwicklungsdynamik der Umwelt- und Unternehmensvariablen aufgelöst hat. Diesem Umstand tragen Bea/Haas dadurch Rechnung, dass sie wegen der hohen Dynamik in gleichgewichtsfernen Entwicklungen von veränderten strategischen Erfolgsfaktoren ausgehen, welche die Fitness der Unternehmung bestimmen. Um den Übergang dieser Autoren von inhaltlich genau präzisierten Erfolgsfaktoren zu den unter den veränderten Bedingungen relevant gewordenen strategischen Erfolgsfaktoren aufzuzeigen, sind in Tabelle 4 die von Bea/Haas genannten Erfolgsfaktoren bei jeweils »normaler« bzw. bei »hoher« Umweltdynamik dargestellt (vgl. Bea/Haas 1997, S. 98 ff und S. 372 f).

Erfolgsfaktoren bei »normaler« Umweltdynamik	Erfolgsfaktoren bei »hoher« Umweltdynamik
Leistungspotenziale Beschaffung Produktion Absatz Personal Kapital Technologie *Führungspotenziale* Information (Ziele setzen, Planen, Entscheiden, Kontrollieren) Organisation Unternehmungskultur (Menschen führen, Kommunizieren)	Flexibilität Innovationskraft Finanzkraft Synergien Marktnähe Kooperationsfähigkeit und -bereitschaft Offenheit und Transparenz Koordination und Integration

Tabelle 4: Vergleich der Erfolgsfaktoren bei verschiedenen Komplexitätszuständen der Unternehmung (modifiziert nach Bea/Haas 1997, S. 98 ff.)

Aus der Sicht des Funktionieren-Könnens der Unternehmung wird bei »normaler« Umweltdynamik - gleichzusetzen mit gleichgewichtsnahen Prozessphasen - die Führbarkeit und Fitness der Unternehmung von anderen Erfolgspotenzialen bestimmt als bei »hoher« Umweltdynamik - als Ausdruck gleichgewichtsferner Prozessphasen. Offensichtlich handelt es sich um »Metaerfolgsfaktoren« (vgl. Scheurer 1997, S. 366). Diese sind nicht mehr inhaltlich an den Leistungspotenzialen betriebswirtschaftlicher Funktionsbereiche und operationalen Management-Funktionen konkretisierbar, sondern liegen auf einer umfassenderen Metaebene.

Die Führbarkeit der Unternehmung wird somit von den durch die Systemdynamik bestimmten Prozessmechanismen geprägt. Je nach dem Dynamikzustand ist das Management gehalten, das Handeln an den jeweils passenden Erfolgsfaktoren auszurichten. Die Management-Funktionen im Tagesgeschäft mit überschaubarer Komplexität sind andere als die aus den Erfolgsfaktoren für hochkomplexe Situationen ableitbaren Aktionsfelder für das Management der Unternehmungszukunft. Bei genauerer Betrachtung handelt es sich bei den Erfolgsfaktoren für den Aufbau und die Sicherung zukünftiger Unternehmungseffektivität um solche zur Förderung der Entwicklung der Unternehmung und zur Erreichung von mehr »Fitness« bei der Bewältigung turbulenter, dynamischer Zeiten. Dies kann insofern nicht verwundern, da in gleichgewichtsfernen Prozessphasen, die sich gerade durch eine besonders hohe Entwicklungsdynamik auszeichnen, die Entwicklungsfähigkeit der Unternehmung offensichtlich entscheidend für die Wettbewerbsfähigkeit ist. Auch dies ist erklärbar, weil die Entwicklungsfähigkeit im Grunde die wichtigste Fähigkeit ist, um mit Komplexität umzugehen.

Die an einem unsicher bleibenden Ziel ausgerichtete Förderung der Unternehmungsentwicklung, verknüpft mit direkter Einflussnahme, erweist sich als wenig sinnvoll. Als Konsequenz verbleibt in der gleichgewichtsfernen Prozessphase nur eine indirekte strategische Lenkung im Sinne der Gestaltung eines Sinn- und Werterahmens, der kanalisierend auf die Selbstorganisationsprozesse wirkt, und die Beachtung der »Metaerfolgsfaktoren«. Das grundlegende Ziel dieser indirekten Steuerung muss in der Erhaltung und Förderung der Entwicklungsfähigkeit der Unternehmung bestehen. Dies ist jedoch nur durch die Schaffung von Rahmenbedingungen erreichbar, die für einen ungestörten Ablauf oder sogar für eine Förderung der Selbstorganisationsprozesse und damit für eine spontane Musterbildung sorgen. Neben der Förderung eines entwicklungsfreundlichen Sinn- und Werterahmens sind offensichtlich vor allem die strukturellen Voraussetzungen der Selbstorganisation angesprochen. Somit ist die indirekte Steuerung in der Prozessphase fern dem Gleichgewicht primär eine strukturelle Lenkung.

b) Strukturelle Rahmenbedingungen für selbstorganisierende Musterbildung

Eine strukturelle Steuerung will geeignete strukturelle Voraussetzungen schaffen, um die ablaufenden Prozesse zu kanalisieren. Diese Steuerung ist kein direkter Eingriff, schon kleinste Eingriffe könnten völlig unbeabsichtigte Ergebnisse hervorbringen. Es geht vielmehr darum, die Unternehmungstrukturen so zu gestalten, dass den ablaufenden Unternehmungsprozessen genug kreative Offenheit für die Entwicklung neuer Erfolgspotenziale bleibt. Da die Selbstorganisationsprozesse eine doppelte Selektion durchlaufen und die erste dieser Stufen eng mit der Unternehmungsgeschichte und der strukturellen Ausgangslage zum Zeitpunkt des Prozessablaufes verknüpft ist, wirkt der strukturelle Rahmen eben gleichzeitig als Selektionsbedingung, welche zu einer Kanalisierung der Selbstorganisationsprozesse beiträgt, insoweit also indirekt auf die ablaufenden Prozesse einwirkt.

Eine Förderung der Unternehmungsentwicklung geschieht mithin dadurch, dass das kreative Potenzial der Selbstorganisationsprozesse für den Wandel nutzbar gemacht wird. Die Schaffung struktureller Rahmenbedingungen soll einerseits eine ausreichend stabile Grundlage für den Ablauf der Selbstorganisationsprozesse bieten, andererseits muss diese Struktur der Unternehmung zugleich genügend Spielraum für die aus den Selbstorganisationsprozessen resultierende Entwicklungsfähigkeit der Unternehmung lassen. Im Hinblick auf die hohe Prozessdynamik der Unternehmung fern vom Gleichgewicht empfehlen die in Analogie zur Chaosforschung argumentierenden Autoren für die strukturelle Steuerung die folgenden Organisationsprinzipien (vgl. Deser 1997, S. 88 ff, Bühl 1990, S. 37 ff):

1. *»Sanfte« Steuerung, gemeinsames Leitbild:*
Kulturelle Muster einer Organisation sind lokal selbstorganisierend entstandene abstrakte Regeln. Durch die Verbreitung der Regeln über die gesamte Unternehmung kann eine globale Musterbildung entstehen. Der Zentrale bzw. dem obersten Management fällt die Rolle zu, einerseits solche Regeln aufzufinden, andererseits sie u.a. für ein entwicklungsorientiertes Leitbild katalytisch zu verstärken und musterbildend zu verankern. Eine solche Form der »sanften« Steuerung ist im Vergleich zu der Setzung von Vorgaben weniger effizient, allerdings auch deutlich effektiver. Jede »Zelle« wird dadurch in die Lage versetzt, bereichsbezogene Aktivitäten und Entwicklungspfade so zu entscheiden, dass sie mit dem Ganzen harmonieren, auch wenn sie nicht im Detail über Tätigkeiten in anderen Teilen der Organisation informiert sein kann.

2. *Hohe Autonomie der Subsysteme:*
Selbstorganisierend können nur Ganzheiten sein, Einheiten, die ein Selbst, eine Identität haben. Autonomie ist dann gegeben, wenn die Beziehungen und Interaktionen, die eine Einheit definieren, nur das System selbst involvieren. Es bestimmt sich gewissermaßen selbst, gestaltet sich aus sich selbst heraus und besitzt eine lose Kopplung zu anderen Subsystemen. Autonome Subsysteme können schnell und flexibel agieren und reagieren. Aus der Sichtweise fraktaler Gestaltung sollte jedes Subsystem zugleich als Element des jeweiligen höheren Systems fungieren und insoweit in dieses eingebunden sein.

3. *Subsidiaritätsprinzip:*
Bei hierarchischen Gebilden bedeutet Subsidiarität eine möglichst hohe Eigenverantwortlichkeit und Selbstständigkeit der unteren Einheiten. Übergeordnete Hierarchieebenen befassen sich dann ausschließlich mit übergreifenden oder grundsätzlichen Aufgaben, welche rangniedriger nicht wirkungsvoll zu bewältigen sind. Es werden möglichst viele Funktionen und Fähigkeiten des Gestaltens und Lenkens in die Teile »organisiert« und damit *heterarchisch* über das System verteilt. Managementkompetenz ist nicht mehr auf einzelne Stellen reduzierbar, sondern Eigenschaft des Ganzen. Durch selbstreferentielle, *rekursive Interaktionen* innerhalb einer Einheit verändert diese ihr Ordnungsmuster. Auf der substantiellen Ebene werden durch Lernprozesse so immer wieder neue materielle Muster produziert, die erlauben, mit Störungen, Abweichungen oder einfach Umweltkomplexität besser umzugehen, auf geistiger Ebene sind sie Grundlage für Selbstbestimmung und Reflexion.

4. *Intensive laterale Kommunikation:*
Fraktale Strukturen der Unternehmung besitzen eine sehr große Oberfläche zu jeweils relevanten Umwelten bei relativ geringer Gesamtgröße. Dadurch wird ein immenses Informationspotenzial erschließbar. Die offene laterale Kommunikation und eine Förderung dezentraler Steuerungsinformationen führt zum rascheren Erkennen von Problemen.

5. Dezentralität und Redundanz:
Jeder Beteiligte, jeder Teil der Unternehmung ist potentieller Gestalter, Ordnung ist mithin das Resultat von Aktivitäten und Gestaltungsmaßnahmen, die über das System verteilt sind. Mehrere Teile haben gleiche oder ähnliche Fähigkeiten, die es erlauben, Entscheidungen dezentral zu treffen, weil die Fähigkeiten über das System verteilt sind und Information überall aufgenommen und verarbeitet werden kann. Aus dieser Sicht handeln prinzipiell jene Teile, die über die meiste/beste Information verfügen. Mit der Redundanz wird ein Potenzialüberschuss im Sinne nicht ausgeschöpfter und nicht gerichteter Leistungsreserven geschaffen, der es jedoch erlaubt, weil freie Kapazitäten und Mehrfachqualifikationen genutzt werden können, flexibel zu handeln und innovativ zu werden, parallele Überlegungen anzustellen sowie Kompetenzen gezielter und schneller zu nutzen. Redundanz erhöht die Unternehmungsflexibilität und stellt das Reservoir für Entwicklungschancen dar.

6. Förderung wechselnder Prozessdynamik und daraus resultierender Multistabilität:
Die Fitness einer Unternehmung zeigt sich in einem uneingeschränkt möglichen Wechsel zwischen unterschiedlichen Prozessdynamiken, womit vorhandene dynamische Stabilitäten entweder stabilisiert oder neue dynamische Stabilitäten selbstorganisierend entwickelt werden (vgl. Bühl 1990, S. 53). Eine momentane Leistungsfähigkeit durch die Stabilisierung des jetzigen Unternehmungszustandes bewahren zu wollen, bedeutet eine verminderte Anpassungsfähigkeit an veränderte Umwelt- oder Unternehmungsvariablen.

7. Einfache Grundstrukturen:
Fraktale Strukturen benötigen nur einfache Grundbausteine, um auch hochkomplexe Gebilde zu erzeugen. Dadurch bleiben selbst äußerst komplexe Organisationen überschaubar, verständlich und handhabbar, ohne die für das turbulente Umfeld erforderliche Problemlösungskompetenz zu beeinträchtigen.

8. Vorhaltung von strukturellem Potenzial:
Selbstorganisationsprozesse brauchen zu ihrer Aufrechtrechterhaltung einen ständigen Energiezufluss. In sozialen Systemen besteht der Energiedurchfluss aus physischer und geistiger Energie. Selbstorganisation gerät dann an Grenzen, wenn dieser Energiezufluss ausbleibt oder wenn durch zu wenig »organizational slack« die strukturellen Rahmenbedingungen zu eng werden (vgl. Bühl 1990, S. 177).

Die vorgenannten Organisationsprinzipien führen unter der Annahme ihrer jeweils idealen Ausprägungen zu dem Ideal einer fraktalen Unternehmung. Fraktale Systeme zeichnen sich dadurch aus, dass sich ihre Strukturen auf allen Systemebenen immer wiederholen und sich damit auch auf allen Ebenen selbstähnliche Verhaltensmuster ergeben. Der fraktale Strukturaufbau bietet die besten Voraussetzungen für die Selbst-Organisation. Ein dezentrales, weitgehend autonomes und flexibles Handeln, das einerseits jeweils selbstorganisierend die lokalen Auswirkungen einer von der Entwicklungsdynamik des Gesamtsystems geprägten nichtlinearen Prozessdynamik verarbeitet, wirkt andererseits zugleich als Voraussetzung für den Ablauf musterbildender und kreativer Selbstorganisationsprozesse auch auf der Gesamtunternehmungsebene.

8.2.3 Ganzheitliches Methoden-Konzept für entwicklungsbezogenes Management

Die verschiedenen Ansätze des methodischen Zugangs für verschiedene Prozessdynamiken der Unternehmungsentwicklung sollten nicht den Eindruck erweckt haben, es handele sich um gegensätzliche und miteinander nicht verträgliche, geschweige denn komplementäre Konzepte. Richtig ist allerdings, dass die Vorgehensweise des planerischen Konzeptes eher mit der gleichgewichtsnahen quasi-linearen Prozessdynamik korrespondiert, der Werterahmen setzende und strukturelle Ansatz hingegen für die gleichgewichtsferne nichtlineare Phase als geeignet befunden wurde. Der »reine« Zustand einer Unternehmung nahe dem Gleichgewicht oder fern dem Gleichgewicht ist jedoch nur höchst selten vorzufinden, wohl eher befindet sich der Unternehmungszustand irgendwo zwischen den beiden Extremen. Deshalb kann genausowenig, wie die quasi-linearen von den nichtlinearen Prozessphasen eindeutig trennbar sind, exakt abgegrenzt werden, wann der eine oder der andere intervenierende Ansatz zur Förderung der Unternehmungsentwicklung anzuwenden wäre. Auf der Grundlage des Evolutionsprozesses bewegt sich die Unternehmungsentwicklung in einem Wechsel zwischen quasi-linearen Stabilitätsphasen und Umbruchsphasen, in denen die alten dynamischen Stabilitäten aufgelöst werden (vgl. Scheurer 1997, S. 396 f).

Aus der Sicht des entwicklungsorientierten Managements ist somit ebenfalls mit einem Wechsel zwischen relativ stabilen Phasen in der Unternehmensentwicklung und mit umbruchsartigen Entwicklungsphasen der Unternehmung zu rechnen. Strategische Eingriffe müssen deshalb der jeweiligen Phase der Unternehmungsentwicklung angepasst werden. Insofern wird eben einmal mehr eine planerische Steuerung, einmal eher eine strukturelle und damit musterbildende Beeinflussung der Dynamik der Unternehmungsentwicklung entsprechen.

Eine direkte, planerische Steuerung in gleichgewichtsnahen Prozessphasen ist gut konkretisierbar, es ist möglich, zukünftige Erfolgspotenziale zum Beispiel über eine inhaltlich definierte Produkt-Markt-Kombination anzustreben. Einer Unternehmungsentwicklung sind jedoch durch die eingeschränkte Systemdynamik relativ enge Grenzen gesetzt.

Unternehmungsprozesse in der gleichgewichtsfernen, nichtlinearen Prozessphase sind höchst komplex und deshalb kaum mehr überschaubar und inhaltlich nicht konkretisierbar. Strategische Erfolgsfaktoren wie Lernfähigkeit, Flexibilität, Anpassungsfähigkeit, Kreativität sind eher einer Metaebene zuzurechnen. Für den Aufbau zukünftiger Erfolgspotenziale ist die Sicherstellung der spontanen Entwicklungsfähigkeit der Unternehmung entscheidend. Die Unternehmungsentwicklung hängt in der gleichgewichtsfernen Prozessphase wesentlich stärker vom Unternehmungszustand und der Eigendynamik der Unternehmensprozesse ab als von einer Lenkungsintention, allerdings dadurch kreativ vollkommen neue Unternehmungszustände entstehen. Die Beeinflussung der Entwicklungsfähigkeit der Unternehmung ist somit weitgehend nur noch über eine indirekte Kanalisierung der selbstorganisierenden Musterbildung im

Rahmen der Unternehmungsprozesse möglich, entweder über die Verankerung von abstrakten Regeln im Sinne eines Sinn- und Werterahmens oder über die Gestaltung der strukturellen Rahmenbedingungen.

Ein ganzheitliches strategisches Management der Unternehmungsentwicklung kann jedoch nur dann zustande kommen, wenn sowohl die direkten als auch die indirekten Lenkungsmöglichkeiten komplementär eingesetzt werden. Die planorientierte Unternehmungsentwicklung strebt eine direkte Beeinflussung fitnesserhöhender Entwicklungsprozesse an, während die musterbildende Förderung des Unternehmungswandels vor allem ein geeignetes strukturelles Potenzial zur indirekten Kanalisierung der nichtlinearen Selbstorganisationsprozesse schaffen will, und zwar im Sinne einer Vorstrukturierung. Die strukturelle Vorbereitung der Unternehmung muss nun nicht nur in gleichgewichtsfernen Phasen vorgenommen werden, sondern sie stellt eben gerade den gleichgewichtsfernen Entwicklungsprozessen vorlaufend eine fortwährende Managementleistung dar, die auch oder gerade in gleichgewichtsnahen Prozessphasen zu erbringen ist (vgl. Scheurer 1997, S. 398).

Die strukturelle Vorbereitung der Unternehmung auf unterschiedliche Entwicklungsdynamiken erfordert im Grunde die Praktizierung von zwei gegensätzlichen Strukturierungsprinzipien. Für einen planerischen Ansatz kommt eher eine das System schließende starke Zentralisierung der Unternehmung infrage, verbunden mit starken Kopplungen zwischen den verschiedenen Unternehmungsebenen. Durch eine zu starke Einschränkung der Selbstorganisationsprozesse führt dies in der Konsequenz zu einer »Übersteuerung« der Unternehmung und zu einer Einschränkung der kreativen Entwicklungsfähigkeit. Andererseits kann jedoch eine zu starke Betonung der Selbstorganisationsprozesse durch eine Öffnung und Auflösung der Unternehmungsstruktur zu einer »Untersteuerung« führen mit der Folge des Verlustes jeglicher Zielausrichtung der Unternehmung oder gar jeglicher Beeinflussbarkeit, sollte diese ins deterministische Chaos abstürzen (vgl. Bühl 1990, S. 195).

In Bezug auf das Attribut der Fitness der Unternehmung sieht sich ein methodisch ganzheitlich geprägtes Konzept der Unternehmungsentwicklung einem *Dilemma* gegenüber. Die strukturell für Selbstorganisationsprozesse relativ offene Unternehmung ist einerseits anfällig für gleichgewichtsferne Prozessdynamiken und Fluktuationen, durch die es auch zu Effizienzverlusten kommen dürfte, andererseits ergeben sich aber gerade aus diesen Fluktuationen auch kreative Chancen, in jedem Fall erhöht sich die Entwicklungsfähigkeit und damit die Wettbewerbsfähigkeit der Unternehmung. Eine hingegen strukturell relativ geschlossene Unternehmung setzt sich weniger stark gleichgewichtsfernen Prozessdynamiken aus, daraus ergibt sich zwar eine höhere Effizienz der Unternehmungsprozesse, aber gleichzeitig ist die Entwicklungsfähigkeit bzw. die fitnessorientierte Entwicklung der Unternehmung gefährdet.

Die Fitness der Unternehmung gründet sich stets jedenfalls auf die Wahrung einer effektiven Unternehmungsentwicklung. Hieraus lässt sich nur die Empfehlung ableiten, dass tendenziell eher eine »Untersteuerung« der Unternehmungsentwicklung denn eine »Übersteuerung« anzustreben ist. Bühl sieht deshalb sowohl ein einseitiges Festhalten an einem zu stark auf Stabilisierung als auch an einem zu stark an Dynamisierung orientierten Managementkonzept als kritisch an, da beides zu keiner brauchbaren Unternehmungsentwicklung führt. Auch ein zu starkes Pendeln zwischen den Varianten der stabilisierenden Planung und der musterbildenden Dynamisierung führt zu Reibungsverlusten. Stattdessen empfiehlt Bühl den Aufbau "... einer ausreichenden strukturellen Komplexität mit mehreren Potenzialen bzw. mit einer guten *Mixtur* von kräftigen Attraktoren und relativ leichten Phasenübergängen von Stabilität zu Flexibilität und umgekehrt" (Bühl 1990, S. 195, die Hervorhebung wurde vom Verf. übernommen, die Rechtschreibung geändert; vgl. auch Scheurer 1997, S. 399).

8.3 Managementtechniken zur Analyse von Veränderungschancen

Managementtechniken dienen der rationalen Gestaltung des Managementhandelns; sie sind rationale Hilfsmittel, Aussagen zur Unterstützung der Akteure in der Unternehmung bei der Handhabung von Phänomenen unter der Annahme rationalen Verhaltens. Für die Analyse von Veränderungschancen der Unternehmung werden im folgenden zwei methodische Vorgehensweisen vorgestellt, die im Denkmuster ähnlich, jedoch unterschiedlich präzise ausgearbeitet sind.

8.3.1 Prozess- und Strukturkontrolle

Das Management entwicklungsorientierter Dynamik- und Veränderungsprozesse muss die Eigendynamik der ablaufenden Unternehmungsprozesse und die strukturellen Rahmenbedingungen einer für den Wandel notwendigen Selbstorganisation beachten. In einer quasi-linearen Prozessphase nahe dem Gleichgewicht mag eine Veränderung nach Plan noch sinnvoll erscheinen, nicht jedoch in einer durch nichtlineare Wirkungsweisen geprägten Prozessphase. Die Wahrnehmung von Veränderungschancen in einer gleichgewichtsfernen Prozessphase kann niemals darin bestehen, Fluktuationen zu dämpfen oder gar zu versuchen, zufällige Unternehmungsentwicklungen zu verhindern. Diese Vorkommnisse sind vielmehr als natürliche Bestandteile der Prozessdynamik zu begreifen und deshalb für eine Erfassung entwicklungsbezogener Veränderungen zu berücksichtigen. Zunächst soll der reibungslose Ablauf des eigendynamisch ablaufenden Entwicklungsprozesses sichergestellt werden. Daneben kann aber versucht werden, die Entwicklungsprozesse »vor Ort« immer wieder in Richtung eines angestrebten Musters zu kanalisieren. Einen methodischen Zugang zu einer solchen Lenkung entwicklungsbezogener Veränderungen bieten eine Prozesskontrolle und eine strukturelle Kontrolle (vgl. Scheurer 1997, S. 382 ff).

Die Prozesskontrolle strebt ein Verständnis der Prozessdynamik an und will die bestehende Eigendynamik der Unternehmung erfassen und laufend auf Änderungen hin kontrollieren. Dabei gilt es zu identifizieren, ob sich die Prozessdynamik im gleichgewichtsnahen oder im gleichgewichtsfernen Bereich bewegt und inwieweit ein Wechsel der Prozessdynamik, harmonische Schwankungen, Zyklen, Fluktuationen sowie Fluktuationsausmaße bis hin zu Bifurkationsschwellen vorkommen. Eine vertiefte Untersuchung der Prozessdynamik identifiziert die Prozessvariablen und wie sie miteinder verknüpft sind, die prozessbestimmenden Variablen und ihre Verknüpfung sowie kritische Prozessvariable, die u.a. bei Überschreiten bestimmter Schwellenwerte zu Bifurkationen führen können.

Das Verständnis der Eigendynamik ist grundlegend für jeden Kanalisierungsversuch der ablaufenden Prozesse. Eine Ausrichtung der Prozessdynamik ist durch die Identifikation der Ordnungsparameter, die im Rahmen der Selbstorganisationsprozesse musterbildend wirken, und der sich aus dem musterbildenden Prozess ergebenden dynamisch stabilen Zustände abschätzbar. Einen spezifischen Ansatz für die Strategieerkennung bietet die Methodik des vernetzten Denkens (vgl. Punkt 8.3.2).

Die Strukturkontrolle bezieht sich auf die strukturellen Bedingungen für einen reibungslosen Ablauf der auf allen Unternehmungsebenen ablaufenden Selbstorganisationsprozesse. Diese sind die Voraussetzung, dass der kreative Entwicklungsprozess in der gesamten Unternehmung aufrechterhalten bleibt. Erst wenn die Selbstorganisationsprozesse gesichert sind, kann versucht werden, die Ordnungsparameter zu verstärken, um damit die Unternehmung in eine gewollte Richtung zu bewegen.

Die Förderung und Aufrechterhaltung der Selbstorganisation mündet zugleich in eine strategische Kontrollfunktion, die über die doppelte Selektion des Selbstorganisationsprozesses durch eine Prüfung aller alternativen Entwicklungsmöglichkeiten der Unternehmung zustandekommt. Hier werden alle potenziellen Entwicklungen der Unternehmung, die nicht mit der bisher im Laufe der Unternehmungsgeschichte entstandenen Unternehmungsstrukturen eine funktional sinnvolle Einheit bilden, genauso ausgesondert wie die Unternehmungsentwicklungen, die vor dem Hintergrund der Umweltentwicklungen inadäquat sind. Die Kontrolle geschieht dabei nicht zentral, sondern heterarchisch in vielen von den Selbstorganisationsprozessen geprägten Dimensionen. Bei diesem Kontrollkonzept geht es nicht um Zielvorgabe und Kontrolle der Vorgabenabweichung mit der Ableitung von Steuerungsmaßnahmen. Im Vordergrund steht die Förderung der kreativen Entwicklungsfähigkeit der Unternehmung durch Selbstorganisationsprozesse. Je mehr dies gelingt, desto stärker wird auch die Selbstkontrolle auf allen Ebenen der Unternehmung ausgeprägt.

8.3.2 Strategieerkennung durch Methodik des vernetzten Denkens

Welche Veränderungen überhaupt für ein soziales System gestaltbar sind, ist ein schwieriges strategisches Problem, welches das Erkennen komplexer Wirkungszusammenhänge notwendig macht. *Ursache-Wirkungsketten* sind unklar, und es lässt sich kaum feststellen, welche Effekte bestimmte Interventionen haben. Die Reduktion von Problemen auf lineare Kausalzusammenhänge ist daher für die Lösung der meisten strategischen Probleme nicht mehr angemessen.

Ein aktuelles Beispiel ist der Zusammenhang zwischen Investitionshöhe und Wirtschaftswachstum: sind geringe Investitionen der Unternehmungen Ursache für eine wirtschaftliche Rezession oder ist umgekehrt das geringe Wirtschaftswachstum Ursache für die mangelnde Investitionsbereitschaft? In der Diskussion zu dieser Problematik werden völlig unterschiedliche Handlungsstrategien offeriert, je nachdem welcher Ursache-Wirkungs-Zusammenhang zugrundegelegt wird: Während die eine Seite für mehr unternehmensbezogene Investitionsanreize plädiert, treten deren Gegner für eine nachfrageorientierte Strategie ein, die zur Erhöhung der Kaufkraft führt.

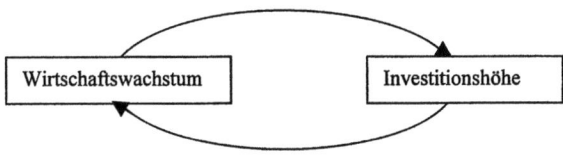

Abb. 34: Ursache oder Wirkung?

Dem beschriebenen Fall liegt eine Wirkungskette mit nur zwei Variablen zugrunde. Dennoch lassen sich daraus zwei widersprüchliche Handlungsstrategien ableiten. Wesentlich komplexer gestaltet sich das Problem dagegen bei einer Vielzahl von Variablen. Eine Möglichkeit, die Wirkungszusammenhänge zwischen einer Vielzahl von Variablen zu erfassen und entsprechende umfassende Handlungsstrategien zu entwerfen, bieten sogenannte »*Netzwerkmethoden*«. Dabei wird versucht, möglichst viele Aspekte eines Problems in ein Netzwerk zu integrieren, wobei die Wirkungszusammenhänge nicht linear, sondern kreisförmig erfasst werden (vgl. zur Veranschaulichung die Beispiele in Probst/Gomez 1989). Dabei lassen sich grundsätzlich zwei aus der Kybernetik stammende Wirkungskreisläufe unterscheiden: ein sich verstärkender Kreislauf (positive Rückkopplung) und ein sich abschwächender Kreislauf (negative Rückkopplung).

Abb. 35: Positive und negative Rückkopplung

Insbesondere *positive Rückkopplungsschleifen* sind dabei von hoher Bedeutung. Bereits kleinste Veränderungen einer Variable können dramatische Folgen haben. Dieses Phänomen, das in der Chaosforschung als »Schmetterlingseffekt« bezeichnet wird, - ein Schmetterlingsschlag in Australien kann einen Wirbelsturm in den USA auslösen -, beruht auf einer solchen Reihe von positiven Rückkopplungsschleifen. Positive Rückkopplungen sind äußerst schwer zu erfassen, da insbesondere exponentiell steigende Verläufe einer Variablen nur schlecht eingeschätzt werden können. Eine Welt, die nur aus positiven Rückkopplungsschleifen besteht, ist allerdings ebenfalls undenkbar. Sie würde ins Chaos stürzen. Positive Rückkopplungen sind meistens in übergeordnete *negative Rückkopplungsschleifen* eingebunden. Die Welt erscheint dadurch relativ stabil, und bestimmte Ereignismuster können mit einer gewissen Wahrscheinlichkeit erwartet werden. Zudem können positive Rückkopplungen abgeschwächt werden, indem entsprechende negative Schleifen eingebaut sowie bereits bestehende verstärkt werden.

Auf dieser Basis baut die Idee der Früherkennung von Wirkungen auf. Es wird dabei versucht, mögliche kritische Wirkungskreisläufe gedanklich vorwegzunehmen. Entscheidend ist hierbei jedoch die Identifikation der kritischen Variablen in einem Netzwerk. Dies sind solche Variablen, die über eine Kette von Wirkungszusammenhängen unerwünschte oder erwünschte signifikante Wirkungen erzielen. Darüber hinaus ist es wichtig, Variablen zu finden, die möglichst vielen anderen Variablen vorgelagert sind und somit als Indikatoren dienen können. Nur wenn Wirkungsketten frühzeitig erkannt werden, besteht die Möglichkeit einer erfolgreichen Gegenlenkung. Sowohl Netzwerke können hilfreiche Instrumentarien zur Früherkennung von Entwicklungsmustern und zur Beurteilung von Managementinterventionen sein. Erfolgsentscheidend ist allerdings, dass sie »nützliche« Abbildungen des Systems liefern und keine einflussstarken Variablen übersehen wurden. Da Netzwerke und ihre Wirkungszusammenhänge immer auch die Interpretationen der Systemmitglieder widerspiegeln, kommt deren Reflexionsvermögen eine entscheidende Bedeutung zu.

Ein weiteres Problem stellt die Komplexität und Dynamik von Phänomenen dar. Wirkungskreisläufe, die aufgrund vergangener Erfahrungen zustande kommen, lassen in solchen Situationen selten Extrapolationen zu. Ein Ansatz zur Entschärfung dieses Problems besteht darin, mehrere Netzwerkszenarien zu erstellen, um möglichst vielen unerwarteten Veränderungen aktiv begegnen zu können.

Es stellt sich nun die Frage, wie Interventionsprozesse im Rahmen eines ganzheitlich-entwicklungsorientierten Managements gestaltet werden können. Ulrich, Probst und Gomez schlagen hierzu die »Methodik des vernetzten Denkens« vor (vgl. Gomez/Probst 1995; Ulrich/Probst 1991). Bei diesem in Bild 36 dargestellten Konzept liegt ein Schwerpunkt in der Erfassung der Vernetztheit der relevanten Systeme und Systemelemente. Die fünf Schritte eines solchen iterativen Prozesses sind:

1. Probleme entdecken und identifizieren

2. Zusammenhänge und Spannungsfelder der Problemsituation verstehen

3. Gestaltungs- und Lenkungsmöglichkeiten erarbeiten

4. Mögliche Problemlösungen beurteilen

5. Problemlösungen umsetzen und verankern.

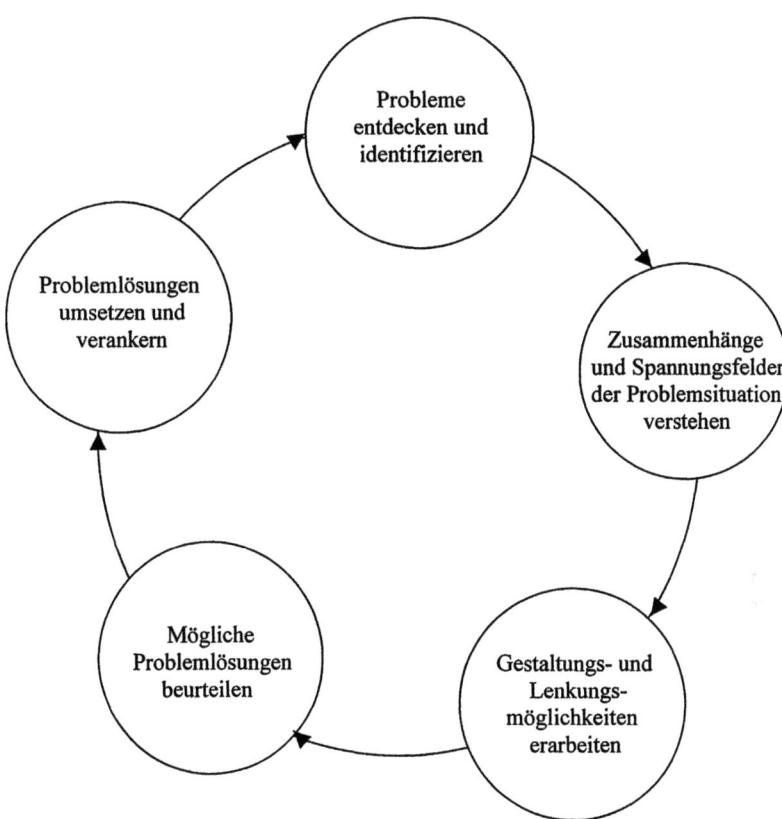

Abb. 36: Schritte der ganzheitlichen Problemlösungsmethodik

(1) Der erste Schritt im Rahmen der Methodik des vernetzten Denkens besteht in der Problementdeckung. Zur konkreteren »*Identifizierung des Problems*« strebt man bei einer anschließenden Modellierung der Problemsituation an, dieses aus der Sicht verschiedener Interessengruppen zu beschreiben, um so zu einer umfassenden Abgrenzung zu gelangen. Ein häufiger *Denkfehler* ist die Annahme, dass jedes *Problem die direkte Konsequenz einer Ursache* ist. Das Verhalten komplexen Systeme hängt jedoch von einem Netzwerk vermaschter Wirkungskreisläufe, sog. Feedback-Loops ab.

(2) Zum »*Verständnis der Zusammenhänge der Problemsituation*« schlagen Ulrich/ Probst die graphische Darstellung der Einflussgrößen und ihrer »Vernetztheit« mittels eines sog. Feedback-Diagramms vor. Das hieraus entstehende Diagramm enthält das Beziehungsgefüge zwischen den wesentlich scheinenden Faktoren der Problemsituation oder - systemisch ausgedrückt - die aus Elementen und Beziehungen bestehende Struktur des Systems (vgl. Ulrich/Probst 1991, S. 129).

Als Beispiel eines solchen Beeinflussungsmusters zeigt Abb. 37 das Zusammenspiel wirtschaftlicher und ökologischer Größen bei der Firma Ciba AG.

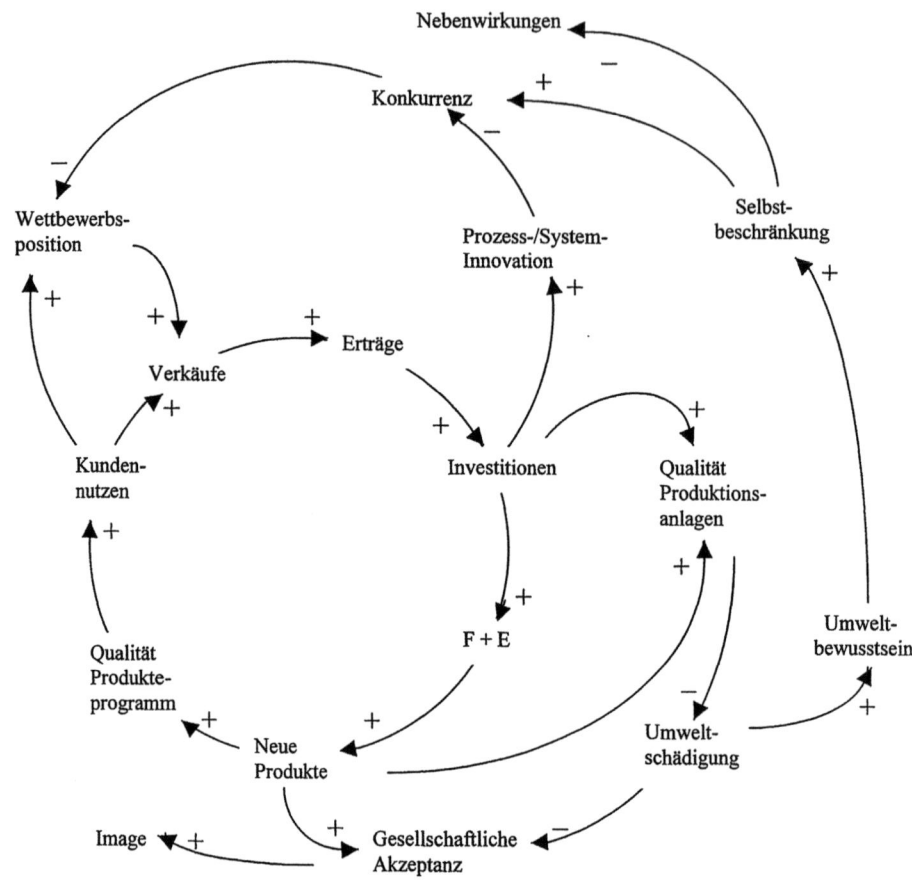

*Abb. 37: Netzwerkdarstellung - Zusammenspiel wirtschaftlicher
und ökologischer Größen bei der Firma CIBA AG*
(Quelle: Gomez/Probst 1995, S. 79)

Ein tieferes Verständnis des *Spannungsfelds der Problemsituation* schafft - zugleich vorbereitend zur Abklärung der Gestaltungs- und Lenkungsmöglichkeiten - eine *Analyse der Wirkungsverläufe* mit folgenden Fragen (vgl. Ulrich/Probst 1991, S. 135 ff):

(a) Um welche Art der Einflussnahme bzw. der Rückkoppelung handelt es sich?
(b) Wie stark wirken die Faktoren in der Problemsituation aufeinander ein?
    (Ermitteln der Einflussintensitäten)
(c) Wieviel Zeit benötigen die Wirkungen zwischen einzelnen Faktoren?
    (Ermitteln des Zeitverlaufs)

Unterscheiden lassen sich prinzipiell zwei Arten der Einflussnahme:

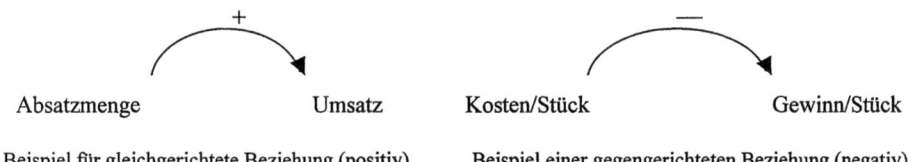

Abb. 38: *Prinzipielle Arten von Beziehungen*

Nach der Festlegung der Beziehungszusammenhänge zwischen einzelnen Größen werden die Wirkungskreisläufe auf ihre Verhaltens-Polarität hin untersucht. Die positive oder negative Polarität des Wirkungskreislaufs ergibt sich hierbei als Summe der einzelnen Wirkungsbeziehungen. In der *Netzwerkdarstellung* (siehe Abb. 37) veranschaulichen die Pfeile die Richtung einer Wirkung auf ein anderes Element, also eine verstärkende oder dämpfende Wirkung.

Die Bedeutung einer Analyse der Wirkungsverläufe liegt wohl darin, dass die Vernetztheit des Systems transparenter wird. Dies sollte jedoch nicht zu einem rational-analytischen Führungsverständnis verleiten, das möglicherweise die Illusion fördert, man könne durch Planungsmethoden die Komplexität letztlich doch »beherrschen«.

Die Wirkung eines Faktors auf die anderen wird mit Hilfe der *Einflussmatrix* untersucht, in der Intensitätskennziffern von 0 (kein Einfluss) bis 3 (sehr starke Intensität) vergeben werden. Die Zeilensumme ist somit ein Maß für die Einflussnahme und die Spaltensumme ein Maß für die Beeinflussbarkeit.

Einflussmatrix						
Wirkung ↘ *auf* von	A	B	C	D	E	Summe der Einflussnahme
A						
B						
C						
D						
E						
Summe Beeinflussbarkeit						

Abb. 39: *Wirkungsanalyse – Einflussmatrix*

Es ergeben sich die in Abb. 40 dargestellten *Intensitätseigenschaften* der Elemente (vgl. Probst/Gomez 1989, S. 11 f.):

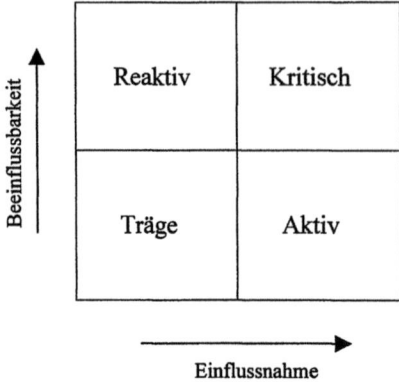

Abb. 40: Wirkungsanalyse - Intensitätseigenschaften

- Aktive Elemente beeinflussen andere stark und werden von anderen wenig beeinflusst,
- reaktive Elemente beeinflussen andere schwach, werden aber von anderen stark beeinflusst,
- träge Elemente beeinflussen andere schwach und werden auch nur schwach beeinflusst und
- kritische Elemente beeinflussen stark und werden selbst stark beeinflusst.

Dieses Konzept eines vernetzten Denkens, in dem die relevanten Einflussfaktoren ermittelt und die Beziehungen zwischen den Faktoren in einem Netzwerk dargestellt werden, ähnelt dem Kausaldiagramm in dem von J. Forrester zur Modellierung komplexer Systeme entwickelten System Dynamics-Ansatz (vgl. Forrester 1961) und der Biokybemetik, die insbesondere von F. Vester propagiert wird (Vester 1988). Die Biokybernetik strebt eine Synthese an zwischen der linearen Kausallogik und einer kreisförmigen kybernetischen Vernetzung. Dies ergibt in der Synthese das *Helix-Modell* als Symbol für ein ganzheitlich-entwicklungsorientiertes Denken, das in einem schrittweisen Prozess zu »höheren« Erkenntnisniveaus fortschreitet.

Zum Verständnis der Problemsituation gehört noch, die im Rahmen des Zeitverlaufs möglichen Veränderungsmöglichkeiten der Situation zu erfassen und zu interpretieren.

Als Grundlage für die in Schritt 3 folgende Erarbeitung erfolgversprechender Strategien müssen ausgehend von der entwickelten *Wirkungsanalyse* Prognosen über die Entwicklung der Problemsituation als Ganzes gemacht werden bzw., wie Komorek/ Zimmermann es ausdrücken, muss die Dynamik der Problemsituation erfasst werden (vgl. Komorek/Zimmermann 1990, S. 235). Oftmals wird hier der *Denkfehler* begangen, dass man unterstellt, dass, um eine komplexe Situation verstehen zu können, *die Abbildung des Ist-Zustandes genügt*. Der Zeitfaktor als Merkmal der Eigendynamik der Situation und als wichtige Größe für die Beurteilung der Wirkung von Lenkungseingriffen wird bei der Problemlösung regelmäßig unterschätzt. Deshalb müssen die zeitlichen Wechselwirkungen von positiven und negativen Rückkopplungsbeziehungen untersucht werden (vgl. ebenda). Die zahllosen Veränderungsmöglichkeiten komplexer Systeme sind hierbei natürlich nicht vollkommen prognostizierbar, mit Hilfe von Szenarien ist es allerdings möglich, Annahmen über alternative Umwelt- und Systemzustände zu machen und hieraus Handlungsmöglichkeiten unter verschiedenen Rahmenbedingungen abzuleiten. In diesem Schritt des ganzheitlichen Problemlösungsprozesses geht es also darum, die Eigendynamik der Problemsituation zu erfassen und zukunfts- und problemgerichtet zu analysieren (vgl. Ulrich/Probst 1991, S. 170).

(3) Die *»Gestaltungs- und Lenkungsmöglichkeiten«* für ein soziales System können nun auf der Grundlage der erkannten Einflussfaktoren, deren gegenseitiger Abhängigkeiten und der Entwicklungsmöglichkeiten der Problemsituation intensiv untersucht und erarbeitet werden. Ein *Denkfehler*, der hier häufig begangen wird ist, dass die vollständige *Beherrschung der Problemsituationen lediglich eine Frage des Aufwandes* ist. Richtig ist jedoch, dass komplexe Systeme nicht vollständig erfassbar und beherrschbar sind.

In diesem Problemlösungsschritt werden deshalb zuerst die unterschiedlichen Entscheidungs- bzw. Lenkungsebenen der Problemlöser identifiziert. Je nach Macht bzw. Kompetenz der am Problemlösungsprozess Beteiligten stellen sich unterschiedliche Eingriffsmöglichkeiten in die Problemsituation dar. Als »lenkbare« Faktoren werden hierbei die vom Entscheidungsträger beeinflussbaren Faktoren, als »nicht-lenkbare« die nicht bzw. nur unwesentlich beeinflussbaren Faktoren bezeichnet.

Neben der Unterscheidung in lenkbare und nicht-lenkbare Faktoren müssen in dem Netzwerk der kausalen Zusammenhänge der Problemsituation diejenigen Elemente identifiziert werden, die wesentliche Veränderungen frühzeitig anzeigen und somit als Indikatoren dienen können.

Um schließlich die Wirkung möglicher Eingriffe auf das gewünschte Systemverhalten analysieren zu können, reicht ein gedankliches Durchspielen der Wirkungszusammenhänge sehr schnell nicht mehr aus und weitergehende Analysen werden benötigt. Bei komplexen Problemstellungen müssen hier eine Vielzahl unterschiedlicher, die Wirkungen der getroffenen Maßnahmen verstärkende oder abschwächende Nebeneinflüsse, beachtet werden. Zudem genügt es nicht, die Konsequenzen von Lenkungseingriffen isoliert auf wenige Faktoren reduziert zu betrachten, vielmehr müssen die Auswirkungen von Eingriffen im Hinblick auf das Verhalten des Gesamtsystems analysiert werden. Ähnlich wie bereits im Problemlösungsschritt 2 muss auch hier eine Simulation des Systemverhaltens durchgeführt werden, wobei jedoch der Schwerpunkt nicht auf der simulationstechnischen Analyse des Systemverhaltens unter sich ändernden Umwelt- bzw. Rahmenbedingungen liegt, sondern die zeitlichen Konsequenzen von

Entscheidungen untersucht werden. Eine geeignete instrumentelle Unterstützung ist für das Gelingen dieser Aufgabe unabdingbar.

(4) In der vierten Phase will man »*mögliche Problemlösungen beurteilen*« und in einem kreativen Prozess die konkreten Eingriffsmaßnahmen festzulegen.

Alternative Strategien sind dabei vor dem Hintergrund der unterschiedlichen Szenarien sowie der zur Verfügung stehenden Mittel zu bewerten. Insbesondere ist hier die Frage zu klären, wie sich mehrere Strategien miteinander kombinieren lassen und in welcher Weise die Eigendynamik des Systems zur besseren Zielerreichung genutzt werden kann. Ein *Denkfehler* in dieser Situation ist häufig die Annahme, dass ein »Macher« *jede Problemlösung in der Praxis durchsetzen* kann. In komplexen Systemen mit ihrem vielfach intuitionswidrigen Verhalten besteht jedoch die Gefahr, dass erfolgversprechende Strategien im Zeitverlauf weitere Bewegungen in Gang setzen, die schließlich zu einem unerwünschten und absichtswidrigen Verhalten führen. Die Einführung einer Strategie und der punktuelle Eingriff in soziale Systeme lösen immer Eigenaktivitäten und Reaktionen des Systems aus. Eine Durchsetzung von Strategien gegen die Struktur des Systems wird auf Dauer keinen Erfolg haben, und sei der »Macher« noch so konsequent. Denn mit jeder Maßnahme, die das System beeinflusst, werden auch Wirkungsverläufe außerhalb des betrachteten Ausschnitts beeinflusst (vgl. Komorek/ Zimmermann, S. 239).

Um die Konsequenzen alternativer Strategien vor dem Hintergrund unterschiedlicher Umweltzustände und die Kombinationsmöglichkeiten mehrerer Strategien im Hinblick auf ihren Beitrag zur Zielerreichung beurteilen zu können, ist deshalb möglichst eine Unterstützung dieses Prozesses durch geignete Simulationsmodelle anzustreben.

(5) Der letzte Schritt ist auf die »*Umsetzung der entwickelten Problemlösung*« gerichtet. Hierbei ist neben dem Entwurf und der Einführung von Mechanismen zur Selbstlenkung und eines Kontrollinformationssystems erneut die Verbesserung von Lernprozessen in der Organisation von entscheidender Bedeutung (vgl. Ulrich/Probst 1991, S. 271 f). Der Problemlösungsprozess soll bewusst als Lernprozess konzipiert und auf die Verbesserung der organisationalen Lernfähigkeit ausgerichtet sein (vgl. ebenda, S. 218). Ein häufiger *Denkfehler* ist, dass mit der Einführung einer Problemlösung *das Problem endgültig erledigt* sei.

In komplexen, dynamischen Systemen werden immer wieder »Störungen« eintreten, die ein Umdenken bzw. eine Veränderung der einmal eingeschlagenen Strategie notwendig machen. Das starre Festhalten an einer in der Vergangenheit zweckmäßig erschienenen Problemlösung wird hier langfristig nicht zum Erfolg fahren. Vielmehr muss sichergestellt werden, dass die Lernfähigkeit der Organisation und somit ihre Fähigkeit, sich an neue Situationen rasch anzupassen, verbessert werden. Auch hierzu können das Feedback-Diagramm oder insbesondere Simulationsmodelle zu wichtigen Lerneffekten verhelfen.

9. Praxis der entwicklungsorientierten Gestaltung des Wandels in den Aktionsfeldern Strategie, Kultur, Struktur

Der Fortbestand einer Unternehmung steht prinzipiell zu jedem Zeitpunkt und von Neuem zur Disposition. Das Management sieht sich deshalb laufend vor die Aufgabe gestellt, die Voraussetzungen für eine weitere Entwicklung zu schaffen, sie in Gang zu setzen und in Bewegung zu halten und wenn nötig richtungweisend einzugreifen (vgl. Perich 1993, S. 309). »Management« in humanen sozialen Systemen verkörpert für diese Anschlusssuche somit ein Handeln mit - abstrakt betrachtet - zwei Entwicklungsoptionen: Reproduktion und Transformation (vgl. Luhmann 1993, S. 278).

- *Reproduktion* bezieht sich auf eine *Wiederholung* des Vorherigen und damit auf eine Bestätigung der Gültigkeit des Bestehenden. Sie beinhaltet Prozesse, welche die gegebene Form, Struktur bzw. den Zustand des Systems beizubehalten trachten. Bisherige Denk- und Handlungsmuster werden *verstärkt* und das Gefühl für Dauerhaftigkeit und Kohärenz wird vermittelt.

- *Transformation* bezieht sich auf eine *Veränderung* des Vorherigen und damit zugleich auf die Generierung von andersartigem »Neuem«. Sie umfasst diejenigen Prozesse, welche die gegebene Form, Struktur bzw. den Zustand des Systems wandeln. Bisherige Denk- und Handlungsmuster werden ungültig und *aufgelöst*.

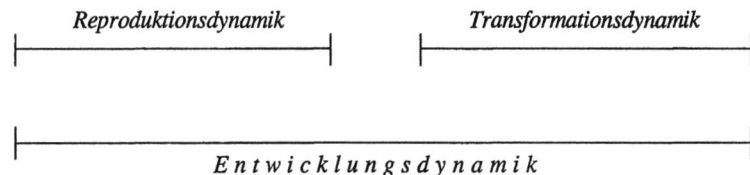

Abb. 41: *Grundelemente der Entwicklungsdynamik*

Die Unternehmung ist ein komplexes Handlungssystem, wodurch sich das Problem der Entwicklungsdynamik je nach Analyseebene unterschiedlich stellt. In einem vielschichtigen Geflecht von Unternehmungsprozessen wird die Entwicklungsdynamik in der Geschwindigkeit eines Wandels und seiner Richtung verschieden sein, wobei zwar alles im Fluss ist, einiges aber länger konstant bleibt, manches langsam und anderes schnell fließt. Die Managementfähigkeit, die Komplexität der Prozesse »unter Kontrolle« zu halten und die Dynamik tempo- und richtungbestimmend zu kanalisieren, macht die Fitness einer Unternehmung aus.

Die folgenden Gestaltungsperspektiven einer Entwicklungsdynamik sind orientiert an den dargestellten Theoriekonzepten für entwicklungsorientiertes Management (siehe unter Pkt. 7.4) und sollen Richtungen aufzeigen, wie in einzelnen Aktionsfeldern die »Fitness« der Unternehmung konditioniert werden kann.

Aus der Sicht konstruierter Wirklichkeiten geht es darum, *vitaler und mobiler* zu werden; im Vordergrund stehen die Entwicklung einer Vision, die entwicklungsorientiert auf das Überwinden der Vergangenheit abzielt, die Konzentration auf Kernkompetenzen mit der Absicht, das »Richtige« zu tun, die Prozessorientierung für rechtzeitigen und Zeitwettbewerb für schnellen Wandel sowie das ganzheitliche Konzept der Unternehmungsarchitektur. Flexibilität und Erneuerungsfähigkeit werden deshalb als erste Gestaltungsperspektive thematisiert.

Die zweite Gestaltungsperspektive richtet sich auf eine sinnhafte Förderung von Dynamik und Wandel durch ein kulturbewusstes Management. Die Entwicklung neuer sinnhafter Ordnungsmuster erfordert einen organisationalen Lernprozess. Ein innovatives Kulturbewusstsein hat ein sinnhaftes Grundverständnis zur Unternehmungsdynamik und trachtet danach, Wandel *intelligenter und besser* zu machen. Lernen erfordert Flexibilität sowohl auf der kognitiven als auch auf der materiellen Ebene.

Die Rahmenbedingungen zur Erhöhung der Flexibilität und des Sinnbezugs des Handelns können potenziell durch alle Mitarbeiter verbessert werden. Jeder Akteur erbringt Managementleistungen in einem selbstorganisierenden System. Um diese Managementpotenziale für innovative und kreative Wirklichkeitskonstruktionen ausschöpfen zu können, sind *variable Interaktionsspielräume* funktionsnotwendig. Die Einrichtung *fluider, heterarchischer Strukturen* kennzeichnet die dritte Gestaltungsperspektive.

Die genannten Perspektiven sind nicht isoliert zu betrachten, sondern verweisen aufeinander. Ihre *»konsistente« Gestaltung* ist deshalb von besonderer Bedeutung.

9.1 Vitaler und mobiler sein: Flexibilitäts- und Erneuerungs-Strategien

In einem dynamischen Umfeld werden zur Sicherung der Entwicklungsfähigkeit der Unternehmung im Zeitablauf strategische Überlegungen zu einer ständigen Managementaufgabe. Sie erfordert eine unternehmerische Konzeption, in der Flexibilität und Erneuerung die Bezugspunkte darstellen. Die von einem arbeitsteiligen, interdependenten System ausgehende Managementphilosophie betrachtet Manager als *eine* Kraft innerhalb eines Sets an unternehmungsinternen und -externen Einflüssen, die auf die Unternehmungsentwicklung einwirken und somit diese nur indirekt bestimmbar machen.

Unternehmungen sind permanent »in Bewegung«. Die Instabilität betrifft nicht nur die Unternehmung, in einer vernetzt-dynamischen Welt befinden sich alle Teile prinzipiell in ständiger Fluktuation. Unruhe, Unübersichtlichkeit und Vergänglichkeit sind die Regel. In dieser Welt des Wandels unterliegt die Unternehmung ständig der Gefahr, dass die Folgen ihrer Handlungen über längere Fristen hinweg wirksam bleiben als die Zwecke und Funktionen Geltung behalten, auf die das Handeln ursprünglich bezogen war (vgl. Lübbe 1989, S. 146). Der Zwang zum raschen Agieren auf neuartigem und instabilem Terrain bei gleichzeitig erschwerter Orientierung, Sinnsuche und Legitimierung in unübersichtlichen Verhältnissen erhöht die Anforderungen an die Fitness einer Unternehmung.

Unternehmungen können als soziale Systeme im Gegensatz zu Organismen mit der Wahl ihrer Geschäftsfelder prinzipiell ihre Umwelt aussuchen. Neben einer Strukturierung der Innenwelt, um sich wandelnden Umweltbedürfnissen anzupassen, kann die Unternehmung auch ihre Umwelt verändern. Durch diese strategischen Optionen produzieren Unternehmungen auch ihre Umweltdynamik stets mit und schaffen sich mithin je nach verfolgter Strategie auch unterschiedliche Umweltbedingungen. So müssen Unternehmungen, welche als globale Wettbewerber auftreten, sich jeweils mit den modernsten Informationstechnologien ausstatten, eine Politik der konglomeraten Diversifikation sowie der schnellen Gewinne verfolgen und sich dadurch selbst in ausgeprägt inhomogene und turbulente Umwelten hineinkatapultieren, mit einer grundsätzlich anderen Dynamik rechnen als Unternehmungen, welche in erster Linie nach stabilen Umweltsegmenten Ausschau halten und beispielsweise in einer »ökologischen Nische«, etwa als lokal etablierter Anbieter oder in einem staatlich subventionierten Geschäftsfeld, operieren. Die Aufgabe des Systems »Management« besteht somit allgemein darin, durch strategische Maßnahmen derart auf die Systeme »Unternehmung« bzw. »Umwelt« einzuwirken, dass sich die Unternehmung langfristig auf einem erwünschten und erfolgreichen Entwicklungspfad bewegt. Damit wird die Frage nach dem Manövrierspielraum des Managements, der sicherlich begrenzten freien Gestalt- und Lenkbarkeit des Prozesses der Unternehmungsentwicklung, relevant. Zum einen sind diese Begrenzungen selbst auferlegt und unmittelbar das Resultat der limitierten *Kapazität des Führungssystems,* zum anderen üben aber vor allem auch eine ganze Anzahl an *fremdbegrenzenden Wirkungsgrößen* einen einschränkenden Einfluss auf die Wirksamkeit von Managementhandlungen aus.

Für Betriebe, welche in einem turbulenten Umfeld die nötige Dynamik in der Fähigkeit bzw. Kapazität zur quantitativen und qualitativen Informationsverarbeitung pro Zeiteinheit sowie die Kompetenz zum sachlich angepassten und zeitgerechten Handeln vermissen lassen, resultiert häufig ein rapide ansteigender Anpassungsdruck, der zumeist mit einer erheblichen Abnahme des Handlungsspielraums einher geht. Führungsfehler haben den raschen Verlust an Wettbewerbsfähigkeit zur Folge: Zu langes Festhalten an einer einmal definierten Marschrichtung, Nichterkennen und/oder Falschbeurteilen veränderter Konstellationen sowie ein mangelhaftes Timing, insbesondere ein zu langsames und zögerliches Handeln, erweisen sich in diesem Zusammenhang als typische »strategische Misserfolgsfaktoren« einer Unternehmung. Konkret kann dies bedeuten, dass die Unternehmung der Marktentwicklung hinterherhinkt, für den Bedarf von gestern produziert und damit letztlich ihre gesellschaftliche Funktion nicht mehr befriedigend wahrnimmt.

Um auch unter turbulenten Bedingungen Fitness zu besitzen und erfolgreich zu handeln, muss das Schwergewicht der Unternehmungsführung primär auf *Strategien der Varietätserhöhung* gelegt werden, das heißt im wesentlichen auf die Bereitstellung inhaltlicher *Erneuerungspotenziale* sowie zeitlicher *Flexibilitätspotenziale.*

- *Erneuerungsfähigkeit* kennzeichnet die Fähigkeit der Unternehmung, *Innovationen* hervorzubringen. »Innovation« wird hier im umfassenden Sinne als die Entwicklung und Einführung von aus der Sicht der Unternehmung neuem Problemlösungswissen definiert. Nachdem es kaum noch möglich ist, weil dies ja eine gewisse zeitlich längere Konstanz der betrieblichen Leistungsprozesse voraussetzt, Effizienz (»doing the things right«) - etwa durch die Nutzung von Vorteilen aus der Erfahrungskurve - zu verfolgen, kommt es immer stärker darauf an, weil sich die Erfolgsbedingungen für Unternehmungen aufgrund der hohen Dynamik immer schneller wandeln, effektiv (»doing the right things«) zu handeln, was nicht selten auch radikale Richtungsänderungen, Innovationen, Umlernprozesse usw. erfordert. Mit »Innovation« ist nicht nur das Hervorbringen produkt- und verfahrenstechnischer Neuerungen angesprochen, sondern auch organisationale und soziale Innovationen wie neue strategische Konzepte und Managementtechniken, neue Strukturen und Verfahrensweisen, neue Finanzierungsinstrumente, neues Wissen und Können, neue Werte und Einstellungen usw. »Erneuerung« ist damit in erster Linie ein sachliches Maß für die Fähigkeit der Unternehmung, sich zu transformieren bzw. anzupassen und zielt primär auf die Fitness zum Wandel ab.

- *Flexibilität* kennzeichnet den Aspekt der *Schnelligkeit*, mit der infolge alternativer Planung, Entscheidungsfindung und Prozesssteuerung mit Handlungen reagiert werden kann. »Flexibilität« ist damit in erster Linie ein zeitliches Maß für die Elastizität, das heißt das Tempo und die Beweglichkeit der Unternehmung im Hinblick auf veränderte Konstellationen und zielt primär auf *Zeitstrategien* ab. Ein entwicklungsorientiertes Management widmet sich auch der Fähigkeit, die Unternehmung nicht nur für im bisher gekannten strategischen Planungshorizont liegende längerfristige Veränderungen, sondern auch für kurzfristige, rasche, unvermittelt sich bietende Chancen innerhalb eines strategischen Pfades fit zu machen. Dies bedeutet eine Abkehr vom Wettbewerbsstrategieansatz mit einer Philosophie der *Vorsteuerung* zugunsten des Dynamik-Ansatzes mit der Philosophie der *Flexibilität*.

Als strategische Ansätze eines »Fitness«-Managements sollen nachstehend die unternehmerische Vision, partizipatives Management by Objectives, die Konzentration auf Kernkompetenzen, die Prozessorientierung, Zeitwettbewerb und der umweltorientierte Ansatz der Unternehmungsarchitektur erörtert werden.

9.1.1 Visionäre Orientierung

Aufgrund des temporären Charakters der sich frei und spontan ausbildenden Interaktionsmuster kann eine in konkreten Handlungen sich manifestierende Interaktion alleine nicht leisten, eine dauerhafte Verbindung zwischen den Teilen und dem Ganzen einer Organisation herzustellen. Hierfür bedarf es eines starken, die Gesamtorganisation energetisierenden Ordners, welcher allen Systemmitgliedern gemeinsam Halt und Orientierung geben kann.

Erneuerung und Flexibilität bringen die Entwicklung einer Unternehmung nur voran, wenn sie in ihrer Richtung durch eine *Vision* gesteuert werden. In einer turbulenten Umwelt und in einem von unterschiedlichen unternehmenspolitischen Interessen geprägten Umfeld ist die Vision die generelle Leitidee für eine denkbare Situation, die in Zukunft eintreten oder herbeigeführt werden könnte. Die Vision ist das Bewusstwerden eines Wunschtraums einer Änderung (vgl. Hinterhuber 1989, S. 25). Sie ist ein »Leitstern« für Ideen zur Erzielung eines Nutzens für die Gesellschaft und die unternehmerische Entwicklung bzw. Unternehmungspolitik. Bleicher bezeichnet die Vision als normatives Erfolgspotenzial (vgl. Bleicher 1996, S. 334).

"Die Vision ist ein konkretes Zukunftsbild, nahe genug, dass wir die Realisierbarkeit noch sehen können, aber schon fern genug, um die Begeisterung für eine neue Wirklichkeit zu erwecken" (The Boston Consulting Group 1988, S. 7, zit. bei Bleicher 1996, S. 84). Die Vision ist das »Wow!!« der Unternehmung, die Spannung, unter der die Unternehmung steht, sie bewirkt ein hohes »Energieniveau« oder eine Art vibrierende, unbändige Vitalität (vgl. Bonsen 1992, S. 134). Sie wirkt auf das Denken, Fühlen und Handeln. Diese »Corporate Energy« ist spürbar als ein Gefühl von Dringlichkeit, als das intensive Verlangen, etwas Bestimmtes zu erreichen, und als eine Herausforderung, die bestanden werden will. Sie wirkt wie ein Sog zu gemeinsamen Zielen. Energie ist der Wunsch und die Lust, etwas zu tun - und zwar sofort jetzt. Eine Vision erzeugt Optimismus und Glaube an die Zukunft und eine lebendige, positive, gelöste Stimmung. Visionäre Energie schafft eine Atmosphäre, die von Humor und gelassener Heiterkeit erfüllt ist, obwohl dabei intensiv gearbeitet wird. Energie zeigt sich im Stolz und in der Freude, dabei zu sein, und sie führt spürbar zu einem ausgeprägten Teamgeist, einem Gefühl echter Gemeinschaft und Zusammengehörigkeit mit Einigkeit im Ziel und manchmal lebhaftem Streit um den Weg (vgl. ebenda). Die Vision gibt einer Unternehmung Fitness.

Dynamik und Wandel hängen offensichtlich von der Energie einer Unternehmung ab. Wenn ein Gefühl der Dringlichkeit und das Verlangen, eine Herausforderung zu bestehen, eine Unternehmung durchdringen, und wenn in ihr gleichzeitig gelassener Optimismus herrscht, wird sicherlich engagierter, schneller, intelligenter und bedachter gehandelt. Auch die beste Managementmethodik wird erst dann optimal funktionieren, wenn den Mitarbeitern, Projektteams und Führungskräften das genannte »Wow!!« gegenwärtig ist.

Die Vision erweist sich als *emotionale Energie* einer Unternehmungspolitik. Die Unternehmungspolitik wird getragen von einem »harten« Gestaltungsaspekt in Form der Unternehmungsverfassung und einem »weichen« Entwicklungsaspekt in Form der Unternehmungskultur; umgekehrt prägt die Unternehmungspolitik die Verfassung und die Kultur einer Unternehmung. Ein gemeinsames Unternehmungsleitbild könnte nach der Auffassung von Probst auch ein Bindeglied zwischen den Teilen und dem Ganzen sein (vgl. Probst 1992, S. 549). Auf diese Weise würde der sich im Unternehmungsleitbild manifestierende »Geist« der Unternehmung zu *dem* wesentlichen Kontrollparameter (Ordner) für die Unternehmung. Da eine zwangsweise herbeigeführte Ordnung den Prinzipien der Selbstorganisation widerspricht, muss dieser Ordner auf der kulturellen Ebene verankert werden.

Wirksam wird dabei einzig und alleine das gelebte Leitbild, dessen Schaffung und Erhalt maßgeblich von der Tradition der Unternehmung geprägt wird. Ist die Unternehmung durch eine mitreißende Vision voller Elan und positiv gestimmt, dann lebt man auch kulturelle produktive Werte und Verhaltensnormen, die Kunden werden besser behandelt, neue Ideen leichter aufgegriffen, den Äußerungen der Kollegen mehr Aufmerksamkeit geschenkt usw., das Streben nach Qualität, Lernbereitschaft, Aufgeschlossenheit, Verantwortungsbereitschaft, Mut, Hilfsbereitschaft, Geradlinigkeit, Natürlichkeit, Ehrlichkeit, Mitgefühl, Vertrauen, Zuverlässigkeit, Bescheidenheit, Einfachheit, Initiative werden zu wichtigen Idealen.

Für das Entstehen einer Vision sind folgende Aspekte bedeutsam (vgl. Bonsen 1992, S. 138 ff):

- Eine Vision ist ein Bild, das man geistig vor sich sieht.
- Während Ziele punktuell sind, sind Visionen holistisch und facettenreich.
- Eine Vision ist immer eine Vorstellung, die sehr emotional wirkt.
- Eine Vision enthält – edelste – persönliche Werte.
- Eine Vision beschreibt das erwünschte Ergebnis, nicht den Weg dorthin.

Zur Entwicklung gemeinsam getragener Visionen im Führungsteam einer Unternehmung erweist sich der Dialog in einem Visions-Workshop als geeignete Vorgehensweise. Der im Führungsteam entstehende Enthusiasmus vermag dann auch Mitarbeiter zu inspirieren.

9.1.2 Partizipatives MbO

Führung durch Zielvereinbarung ist die Grundlage für den Prozess der Konstruktion einer kollektiv geteilten Wirklichkeit. Um bei dieser Form der Führung Flexibilität und Erneuerung wirksam werden zu lassen, muss in erster Linie die Selbstorganisation gefördert werden. Diese Aufgabe betrifft zum einen die Fähigkeit zur Selbstorganisation im Innenverhältnis einer betrieblichen Leistungseinheit und zum anderen die Einflussnahme auf die Systemumwelt durch die Mitgestaltung der das Subsystem betreffenden Rahmenbedingungen.

Statt direkter Arbeitsanweisungen treten als indirekte Formen der Ordnungsfindung im Innenverhältnis Zielvereinbarungen, mittels derer das Subsystem bei einem möglichst hohen Autonomiegrad der einzelnen Akteure navigiert werden kann. Eine geeignete Methode der Zielvereinbarung ist die von Probst vorgeschlagene erweiterte Form des Management by Objectives (MbO). Die klassische Vorstellung von MbO geht von einem vertikalen Ansatz aus, bei dem das Management die Mitarbeiter gewissermaßen »dirigistisch« zu Zielvereinbarungen verpflichtet. Die neue Form der wechselseitigen Zielvereinbarung ist mit den Vorstellungen der Selbstorganisation kompatibel und wird wegen ihres partizipativen Charakters »partizipatives Management by Objektives« (pMbO) genannt (vgl. Probst 1992, S. 543-558). Dieser Führungsstil erlaubt es jeder Einheit, ausgehend von zuvor wohldefinierten und vereinbarten Zielen sich selbst zu organisieren. Für das Funktionieren der Selbstorganisation wird dabei vorausgesetzt, dass "jede Abteilung in Zusammenarbeit mit anderen Abteilungen die Art ihres Beitrages zur Erreichung der Unternehmensziele selbst bestimmen kann..." sowie dass jedes Individuum "seine Leistung selbst bewerten und die Mittel und Wege zur Erreichung eines Ziels selbst bestimmen kann..." (Probst 1992, S. 548 f).

Übertragen auf das Außenverhältnis ergibt sich als Managementaufgabe, auf die für das Subsystem relevanten Ordnungsparameter Einfluss zu nehmen und diese Ordner selbst mitzugestalten, nicht zuletzt mit dem Ziel, die Selbstorganisation des Subsystems fortdauernd zu erhalten. Eine konkrete Beeinflussung von Attraktoren im selbstorganisierenden System zielt vorrangig auf das Verstellen der Kontrollparameter, also der Bedingungen in der Umwelt des Systems. Die Mitgestaltung nach außen dient jedoch nicht alleine den Zwecken des Subsystems, sondern gleichzeitig auch dem Gesamtsystem. Denn erst durch die Interaktion zwischen verschiedenen Subsystemen und Systemebenen wird ein selbstorganisierter Lernprozess für die Gesamtorganisation möglich. Für das Beispiel der Methode des pMbO bedeutet dies, dass die angrenzenden Systemebenen informiert und folglich in den die gesamte Organisation umfassenden Lernprozess eingebunden werden. Sämtliche Akteure, welche im Kontakt mit anderen Subsystemen stehen, partizipieren an der Managementverantwortung.

9.1.3 Kernkompetenzen

Der Kernkompetenz-Ansatz stellt die unternehmungsspezifischen Fähigkeiten und Potenziale in den Mittelpunkt. Die Unternehmungsentwicklung auf Basis von *Kernkompetenzen* ist ein ressourcenorientierter Ansatz und steht im Gegensatz zu dem stärker markt- und wettbewerbsorientierten Ansatz der globalen Unternehmungsstrategie. Traditionelle Strategien basieren auf einer Analyse des Umfeldes, das sich für alle Wettbewerber ähnlich darstellt. In einem definierten Markt, bei vergleichbarem Managementwissen und bei sorgfältiger Analyse der Markt- und Wettbewerbsinformationen gelangen deshalb die einzelnen Wettbewerber oft zu ähnlichen Strategien. Der Risikoausgleich im Portfolio der Geschäftseinheiten, die in unterschiedlichen Märkten aktiv sind, wird dabei als wichtiger angesehen als das Potenzial der vorhandenen Ressourcen. Das Ergebnis ist vielfach nur eine kurzfristige Verbesserung der eigenen Marktposition bis zu dem Zeitpunkt, zu dem die Wettbewerber auf der Basis derselben Informationen und derselben Strategien die Wettbewerbsintensität weiter steigern.

Durch »Kernkompetenzen« werden solche Fähigkeiten definiert, die eine dominierende und dauerhafte Positionierung im Wettbewerb bewirken und die darüber hinaus in erkennbaren Kundennutzen umgesetzt werden können. Das Ergebnis des strategischen Handelns zur Entwicklung und Aktualisierung von Kernkompetenzen wird von Pümpin treffend als strategische Erfolgsposition bezeichnet (vgl. Pümpin 1986) und spiegelt die Effektivität des Aufbaus von Fitness wider. »Core Competencies« entstehen

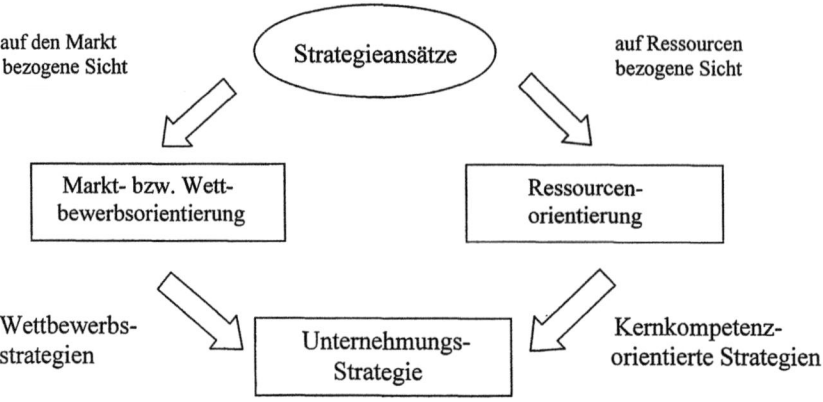

Abb. 42: Strategie-Ansätze zur Unternehmungsentwicklung
(Quelle: Arthur D. Little (Hrsg.) 1997, S. 163)

im wesentlichen durch eine Kombination von Management-Know-how und Technologien an bestimmten Punkten in der Wertschöpfungskette (vgl. Prahalad/Hamel 1990), weitergehend können sämtliche »Capabilities« entlang der gesamten Wertschöpfungskette (vgl. Stalk/Evans/Shulman 1992; Pümpin 1986) Kernkompetenzen sein. Mithin lässt sich zusammenfassen:

o Eine Kernkompetenz ist die Beherrschung einer herausragenden Fähigkeit in einem bestimmten Abschnitt der Wertschöpfungskette oder in marktbedeutsamen Leistungsprozessen.

Dem Portfolio strategischer Geschäftseinheiten steht damit unternehmungsintern ein Portfolio von Fähigkeiten und Kompetenzen gegenüber. Das Ziel ist, sich auf Kernkompetenzen zu konzentrieren, die eine verbindende Basis des Erfolgs mehrerer strategischer Geschäftseinheiten darstellen. Diesem Ansatz zufolge ist es die Aufgabe der Unternehmungsentwicklung, eine zur Unternehmung und zur aktuellen Umfeldsituation passende individuelle Strategie zu finden, die vorhandene spezifische Ressourcen optimal nutzt. Die Konzentration wird damit wichtiger als der Risikoausgleich durch eine Vielzahl möglichst unterschiedlicher Aktivitäten.

Die konsequente Umsetzung dieses Ansatzes bedeutet, dass sich jede Unternehmung auf ihre Kernkompetenzen fokussiert, während die darüber hinaus benötigten Leistungen von weiteren Unternehmungen bezogen werden, die sich ihrerseits auf ihre Kernkompetenzen konzentriert haben. Das Ergebnis ist ein Netzwerk voneinander wirtschaftlich abhängiger, aber rechtlich eigenständiger Unternehmungen, das sich für die Herstellung einer am Markt absetzbaren Leistung formiert.

9.1.4 Prozessorientierung

Für die Fitness und Entwicklungsfähigkeit der Unternehmung erweist sich im heutigen Kontext die *Prozessorientierung* als wesentlich, die auch mit der Wertschöpfungsorientierung gleichgesetzt werden kann, denn Prozesse sind das Bindeglied zwischen den Ressourcen als Input und dem Leistungsprogramm als Output.

Die Etablierung von *Geschäftsprozessen* orientiert sich an bereichsübergreifenden Leistungsströmen. Diese folgen eher der Ablauf- als der Aufbauorganisation. Geschäftsprozesse oder Business-Cycles können unter anderem sein:

- Produktinnovation mit Produktentwicklung, Serienreifmachung, Vertriebsaufbau;
- Verfahrensentwicklung und Anlagenaufbau;
- Materialbeschaffung, -bereitstellung und Logistik;
- Angebots- und Auftragsabwicklung;
- die Organisation der Personalressourcen hinsichtlich Auswahl, Förderung, usw.;
- die strategische Planung und Ressourcenzuweisung.

Die hier gewählten Geschäftsprozesse sind vertraut. Die Besonderheit besteht in ihrer Handhabung. Sie vereinen planerische und durchführende Dimensionen für den zugrundeliegenden Leistungsstrom. Damit sind die Geschäftsprozesse nicht nur Gegenstand einer Abteilung, sondern aller am Prozess Beteiligten. Dementsprechend wird auch für jeden Geschäftsprozess überlagernd zur Grundstruktur ein Management etabliert, was für seine Fortentwicklung verantwortlich zeichnet. Es rekrutiert sich aus den tangierten Bereichen, gibt sich eine »Geschäftsordnung«, hat einen Sprecher und berichtet an das obere Management. Die für die Durchführung erforderlichen Maßnahmen werden vom Geschäftsprozessmanagement mit den beteiligten Ressorts verhandelt. Bei Interessengegensätzen zwischen den Fachressorts und dem Geschäftsprozess ist ein eindeutiger Weg für die Konflikthandhabung vorzusehen.

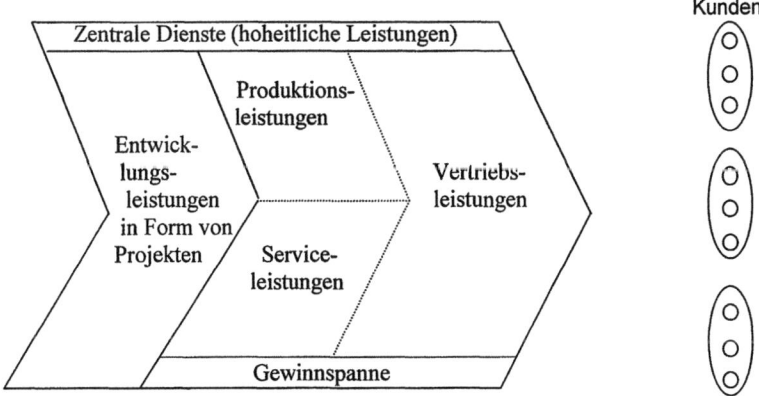

Abb. 43: Leistungskategorien
(in Anlehnung an Fuchs 1995, S. 97)

Die bislang bei einer Ab-»teilung« von Unternehmungsfunktionen betriebene isolierte Optimierung einzelner Fachressorts wie Konstruktion, Fertigung und Vertrieb führte zu einer Vielzahl von kostspieligen Schnittstellen bei einem geringen Bezug zum Kunden. Die Geschäftsprozessorientierung, die eine partielle Integration der Wertschöpfungsaktivitäten anstrebt, scheint aufgrund der geringen Schnittstellen erfolgversprechender. Auf diese Weise entsteht unabhängig von der Aufbaustruktur eine prozessorientierte Managementorganisation. Sie sorgt dafür, dass die Unternehmung flexibel bleibt, leistungsorientiert arbeitet und Dynamik entwickelt. Die Unternehmung bzw. jedes Geschäft der Unternehmung wird dabei als Wertschöpfungssystem betrachtet. In einem Wertschöpfungssystem verstehen sich alle als Teil eines integrierten Systems, als Glieder einer Kette von Abläufen und Entscheidungen, in welcher ständig Werte für die Kunden geschaffen werden. Voraussetzung allerdings ist, dass die an den Geschäftsprozessen beteiligten Manager derartige »Doppelrollen« leben können.

Anregungen für den Wandel und die Neuorientierung von Geschäftsprozessen ergeben sich vor allem bei ihrer strukturellen Ausrichtung nach dem Kunden-Fokus und durch die Zugrundelegung des Prinzips des Marktes für die Zuweisung von Unternehmungsressourcen (vgl. Punkt 9.3).

Der klassische Ansatz der Arbeitsteilung ist nicht obsolet. Er wird dort seine Vorteile haben, wo es auf schnelle Einweisungen von unerfahrenen Mitarbeitern ankommt oder wo Bearbeitungsschritte einer hohen Spezialisierung bedürfen. Die Tendenz weist allerdings auf das Zusammenwachsen der Arbeitsschritte hin. Anlass ist nicht nur der Geschwindigkeitsdruck, sondern auch der wachsende Bedarf an differenzierter Leistung. Besonders unterstützt wird die integrierte Arbeitsweise durch die neuen Informations- und Kommunikationstechnologien. Sie bringen Information an jeden Arbeitsplatz. Hinzu kommt eine größere Motivation der Mitarbeiter durch das ganzheitliche Erleben des Ergebnisses ihrer Arbeit. Im Zusammenspiel zwischen den normalen Routinen der Bereiche und den übergreifenden Funktionen der Geschäftsprozesse bildet sich eine direktere Kommunikation heraus; man kann schneller agieren und reagieren.

Im Rahmen der Prozessorientierung kann auch die Input-Seite der Wertschaffungskette als integrale Komponente in den Wertschöpfungsprozess einbezogen werden. Die Optimierung der Wertschöpfungskette ist davon abhängig, ob es gelingt, weniger Schnittstellen z.B. auch durch weniger Zulieferer zu erreichen. Ein vergleichsweise häufig implementiertes Konzept ist das des Systemlieferanten, bei dem die direkten Zulieferer in einem FuE-Projekt Systemführer für Komponenten sind einschließlich der Entwicklungsverantwortung. Entscheidend ist dabei, dass die Zusammenarbeit kontinuierlich und auf lange Sicht ausgelegt ist und in der Startphase des Projekts beginnt, so dass der Einfluss auf Funktion, Qualität, Kosten sowie Zeit maximal ist. Die Aufteilung der Wertschöpfungskette hat neben der Kostensenkung bei der Entwicklung unter der Voraussetzung einer vertrauensvollen Beziehung den Vorteil der gegenseitigen Sicherung der technologischen Systemkompetenz der Partner.

Prozessmanagement eignet sich als geeignetes Denkmuster für ganzheitliches Management. Die Prozessorientierung ist auch ein charakteristisches Merkmal sowie Methode und Element aktueller Management-Konzepte wie Business Reengineering, Total Quality Management und Lean Management (vgl. Gerhard 1997, S. 298; Bullinger 1995, S. 271 ff).

Geschäftsprozesse zu etablieren bietet auch die Chance zum »Speed«-Management, die Prozesse zu beschleunigen. Die gemeinsame Aufgabenstellung läuft dem Wunsch nach klarer Aufgabenabgrenzung zuwider. Die Leistungsströme unter das Primat der Zeit gestellt helfen, das »eins nach dem anderen« abzulösen. Ein »streckenweise« und sukzessives Durchlaufen diverser Abteilungen und diese bei Rückfragen oder Ergänzungen sogar mehrfach anzusteuern, wie etwa bei der Kreditbearbeitung im Bankgeschäft, ergibt eine »Streckung« des Prozesses. Dem Aspekt des Prozess*tempos* wird besser gerecht, die Aufgaben nach dem Prinzip der »Werkstatt« zu integrieren. Sie erlaubt Parallelarbeit und die Synchronisierung von Prozessen (Simultaneous Engineering, Just-in-time-Konzept), zeigt frühzeitig notwendigen Abstimmungsbedarf auf und macht spezifische Anpassungen leichter.

9.1.5 Zeitwettbewerb: Zeitflexibilität und Zeitvorsprünge erreichen

Dynamische Unternehmungen befinden sich permanent in Bewegung. Moderne Kommunikations-, Transport- und Produktionstechnologien bilden die Fundamente für eine Beschleunigung der Lebens- und Unternehmungsprozesse. Die »Geschwindigkeitskultur« führt zu einer schnelleren, durch die Loslösung von fixen Zeitschemata elastischeren sowie der sofort und jederzeit realisierbaren zeitlichen Verfügbarkeit von Produkten und Dienstleistungen. Andererseits bestehen in einer schnelllebigen Gesellschaft unendlich viele und vielfältige menschliche Bedürfnisse, die nie alle gleichzeitig realisiert werden können. Mithin bleibt die Zeit ein knappes Gut, über deren nutzenstiftenden Einsatz laufend Prioritätsentscheidungen zu treffen sind. Die Zeitsensibilität der Menschen hat sich erheblich erhöht. »Zeit« hat dadurch den Charakter eines exogenen Restriktionsfaktors verloren und bildet nunmehr eine wichtige zu steuernde Ressource bei der Schaffung von Wettbewerbsvorteilen.

Der erhöhten Bewegungsintensität angemessen Rechnung zu tragen, macht spezifische Vorgehensstrategien erforderlich. Akzeleration ist als prinzipielle Möglichkeit für entwicklungsbezogene Veränderungen von großer Relevanz. Das Zeitverhalten einer dynamischen Unternehmung ist charakterisiert durch ein frühzeitiges Erkennen von relevanten Handlungsanlässen, ein sorgfältiges Timing der wichtigsten Geschäftsaktivitäten sowie ein zügiges und wirkungsvolles Realisieren von Tätigkeiten. Dementsprechend besteht die Aufgabe eines entwicklungsorientierten Managements darin, anhand einer funktionsübergreifenden Strategie des »Zeitwettbewerbs« die Unternehmung in ein »Quick response«-System zu verwandeln und dadurch deren *zeitliche Flexibilität* des Handelns zu erhöhen.

Das Zeitverhalten der Unternehmung, das bislang als »Push«-System auf den internen Handlungsrahmen ausgerichtet war (»Verkaufe dem Kunden, was wir haben«) erweist sich als zu langsam und unflexibel und verlangt eine nachfrageorientierte Ausrichtung des Zeitrahmens, der durch ein »Pull«-System (»Verkaufe dem Kunden, was er will«) möglichst im Gleichschritt mit der Artikulation eines Kundenbedürfnisses bestimmt wird (vgl. hierzu auch Punkt 9.3.3 c). Produktlebenszyklen, Patentlaufzeiten, Marktausschöpfungsdauern usw. werden kürzer und verlangen von der Unternehmung eine effektive Ausschöpfung solcher begrenzter Zeiträume. Ein zeitlich inadäquates - insbesondere ein *zu langsames* Handeln - kann in diesem Umfeld für die Unternehmung dieselben fatalen Folgen aufweisen wie ein sachlich falsches Handeln. Während traditionell orientierte Betriebe sich noch vorwiegend um Kosten und Menge kümmern, bezieht die mit Fitness agierende, dynamische Unternehmung ihre Konkurrenzvorteile in erster Linie daraus, dass sie die »Zeit« als *gestaltbare Ressource* behandelt (»*economies of speed*«).

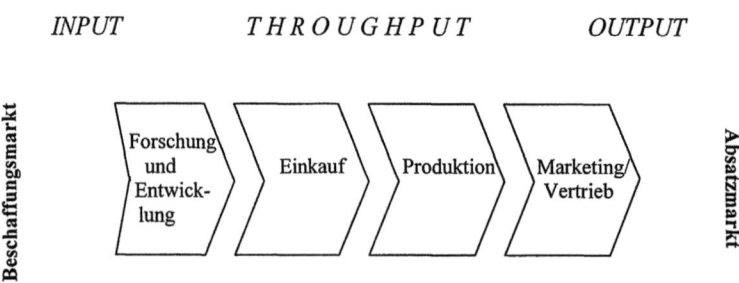

Abb. 44: Konzept des Wertschöpfungssystems
(Quelle: Perich 1993, S. 424)

Ein Konzept für »Zeitwettbewerb« zur Erhöhung der Zeiteffizienz von Unternehmungen bedarf eines ganzheitlichen Ansatzes, der sich nicht lediglich um eine einzelne Unternehmungsfunktion, etwa den Fertigungsbereich im Falle des »Computer Integrated Manufacturing« unter Anwendung der »Just-in-time«-Philosophie (vgl. Wildemann 1987) herum gruppiert, sondern der dem Zusammenspiel der Funktionen bei der Erstellung und Vermarktung eines Produktes oder einer Dienstleistung Rechnung trägt. Die Unternehmung bzw. jedes Geschäft der Unternehmung wird dabei als Wertschöpfungskette betrachtet. In einer Wertschöpfungskette verstehen sich alle Glieder als Teil eines integrierten Systems von Abläufen und Entscheidungen, wobei laufend Werte für die Kunden geschaffen werden und in welcher der Faktor »Zeit« das verbindende Glied zwischen den einzelnen Teilen darstellt (vgl. Bower/Hout 1989, S. 69).

Die Zeitwettbewerbsstrategie zielt auf eine *Erhöhung* der Wertschöpfungszeit, wobei die Durchlaufzeit (»Throughput-Zeit«) durch das Wertschöpfungssystem die jeweils kritische Mess- und Steuergröße darstellt. Die Durchlaufzeit kann sich dabei auf zwei unterschiedliche Subzyklen beziehen, den Innovationszyklus und den Herstellungs- bzw. Leistungszyklus (vgl. Perich 1993, S. 424 ff). Die Dauer des Innovationszyklus wird bestimmt durch die Innovationsgeschwindigkeit (»Development time«) und bezieht sich auf das Hervorbringen von *neuen* Produkten. Die Länge des Herstellungszyklus' ist abhängig von der Produktions- und Distributionsgeschwindigkeit (»Order-to-finished-goods time«) und macht eine Aussage über die Verfügbarkeit von *bestehenden* Produkten.

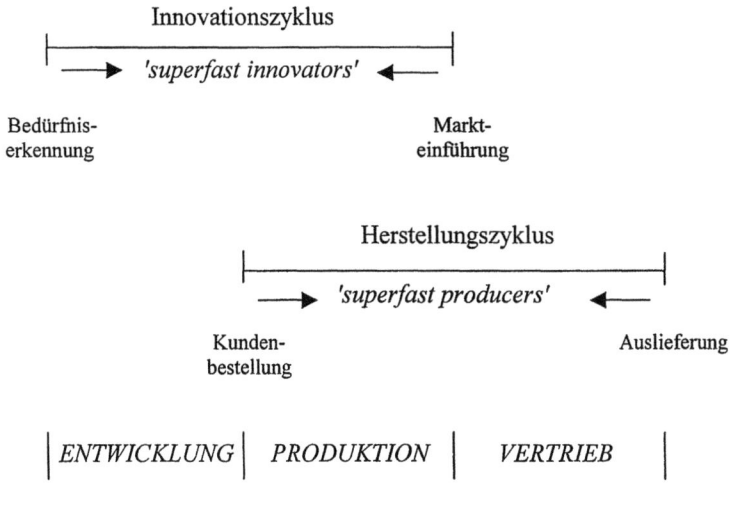

Abb. 45: *Subzyklen des Durchlaufzeitkonzeptes*
(Quelle: Perich 1993, S. 425)

Diese Betrachtung gilt entsprechend auch für viele Dienstleistungen. So lässt sich etwa das Prinzip des »same-day-production-and-delivery« auch auf das Beantworten von Kundenanfragen oder das Bearbeiten von Kundenreklamationen anwenden. Je nach Branche und Bereich bemisst sich die minimale »response time« dabei in Minuten und Stunden (z.B. bei Dienstleistungen), in Tagen (z.B. bei Konsumgütern) oder auch in Wochen und Monaten (bei Investitionsgütern).

Eine minimale Durchlaufzeit wird dadurch erreicht, dass ein Produkt beim Durchlaufen der Wertschöpfungskette *ständig in Bewegung gehalten* wird. Aufgrund des ununterbrochenen Durchlaufes erhöht sich die Wertschöpfungszeit, damit nimmt der produktiv genutzte, werte-generierende Zeitanteil am gesamten verfügbaren Zeitbudget zu; Wartezeiten des Produkts im System würden hingegen die Wertschöpfungszeit negativ beeinflussen. Die Beseitigung aller ungewollten bzw. unnötigen Verzögerungen (»lags«) zwischen »Input-Zeit« und »Output-Zeit« erfordert grundsätzlich für *jeden* Prozessschritt eine *bedarfsgerechte, nachfragesynchrone Leistungsbereitstellung* (Just-in-time Philosophie). Just-in-time ist nicht nur auf Lieferung und Produktion beschränkt, »Just-in-time-design« und »Just-in-time-distribution« sind weitere Möglichkeiten, mit denen parallel zu den laufenden Operationen neue Produkte zur Marktreife befördert, integrierte Systeme mit entsprechend kostengünstigen Fertigungsverfahren entwickelt und die Märkte auf das Erscheinen von Neuerungen vorbereitet werden (vgl. Koblitz 1989, zit. bei Perich 1993, S. 426).

Empirische Untersuchungen besagen, dass der Wert eines Produktes in einer Industrieunternehmung normalerweise nur während etwa 0,5% bis 5% der Zeit, die es *im System* verbringt, gesteigert wird und das Produkt die übrige Zeit in unproduktiven Wartezuständen verbringt. Aufgrund dessen lässt sich erahnen, wieviele Potenziale in den meisten Unternehmungen hinsichtlich einer Zeitoptimierung bestehen (Stalk/Hout 1990, S. 96 f). Zeitverzögerungen können an vielen Stellen der Wertschöpfungskette auftreten, und zwar sowohl innerhalb der Unternehmungsgrenzen als auch außerhalb im Bereich der Lieferkette zwischen Lieferant und Unternehmung bzw. zwischen Unternehmung und Händlern. Innerhalb einer Unternehmung sind häufig die Prozesse der Entscheidungsfindung und Informationsverarbeitung wesentliche »Zeitfresser«: komplizierte Entscheidungswege (viele Entscheidungspunkte, weitverteilte Kompetenzen, langwierige Instanzenwege), ein politisch blockiertes Klima (opponierende Fraktionen im oberen Management, Spannungen unter den Sozialpartnern, auf vollen Konsens ausgerichtete Entscheidungsrituale) sowie ein hinderlicher Informationsverarbeitungsstil (»Analyse-Paralyse«-Syndrom, fehlende bzw. mangelhaft aufbereitete Informationen, Fehlen effizienter Kommunikationsmedien) bewirken einen Entscheidungsstau und blockieren den Beginn bzw. den Fortgang von Prozessen auf der Handlungsebene. Zeitfriktionen ergeben sich ebenfalls aus schlecht strukturierten *administrativen* Bearbeitungsvorgängen (vgl. Stalk/Hout 1990, S. 102), beispielsweise aufgrund eines hohen Abstimmungsbedarfs bzw. Suchaufwandes (starke Spezialisierung, isolierte Bearbeitungszentren, uneinheitliche Datenerfassung, nicht standardisierte/unvollständig ausgefüllte Formulare), der Vielzahl spezialisierter Bearbeitungsschritte und/oder einer ungeschickten Bearbeitungsreihenfolge. Weiterhin sind jegliche *Liegezeiten* (Lagerung, Pendenzenberge) Wartezustände und hemmen damit den Wertschöpfungsfluss. Hinzu kommen physische *Transportzeiten*, etwa wenn Produkte während des Herstellungsprozesses zu weit auseinanderliegenden Betriebsstandorten zu verbringen sind (vgl. Perich 1993, S. 426 f).

Die Fähigkeit der Unternehmung, die Durchlaufzeiten zu straffen, hat erhebliche *strategische Bedeutung*. Reduzierte Zykluslängen bringen es mit sich, dass das gesamte Leistungsspektrum häufiger produziert und rascher umgeschlagen werden kann und somit die *Produktivität steigt*. Eine schnellere Lieferbereitschaft erhöht nicht nur die Verfügbarkeit der Leistungen, sondern steigert auch die Attraktivität für den Kunden, die kann zu *Marktanteilsgewinnen* führen. Nicht selten lässt sich zudem aufgrund der gegenüber der Konkurrenz schnelleren Befriedigung des Kundenbedürfnisses eine »Zeitprämie« in Form eines höheren Preises realisieren. Dank der Kürze der jeweiligen Zykluslänge schrumpft auch der planungsdeterminierte Zeithorizont, was mit einer erheblichen Zunahme an *Flexibilität* verbunden ist, z.B. indem rascher und vielfältiger auf Marktveränderungen mit Änderungen bzw. Neuerungen reagiert werden kann. Zeitwettbewerber entfalten damit im Markt die Handlungsinitiative und können zuweilen die *Spielregeln* des Marktes erheblich *zu ihren Gunsten* umgestalten. Die späte Reaktion der Konkurrenten erlaubt dem Zeitwettbewerber oft eine strategische Erfolgsposition aufzubauen, die schwer zu überwinden oder zumindest nur mit großen Anstrengungen und Kosten aufzuholen ist (vgl. Stalk/Hout 1990, S. 101). Zeitökonomisches Vorgehen zielt keineswegs auf einen absolut minimierten Zeitaufwand, sondern dass der Zeitverbrauch relativ zur Konkurrenz günstiger ausfällt.

Die Strategie des Zeitwettbewerbs verlangt die sorgsame Berücksichtigung von zusätzlichen Risiken und Anforderungen. Die enge Koppelung der Teilprozesse unter weitgehender Vermeidung von Pufferzeiten (»slack time«) bedingt ein zuverlässiges Funktionieren der Geschäftsabläufe; je stärker die zeitliche Vernetzung, desto mehr ist eine zeitlich synchrone Koordination gefordert, und desto verhängnisvoller wirken sich Unterbrechungen der Produktion aus, weil damit schnell viele andere Teilsysteme betroffen sind und die Staus schließlich innerhalb kürzester Zeit das gesamte System lahmzulegen vermögen (vgl. Bower/Hout 1989, S. 77). Die Akzeleration der Prozesse muss zudem immer vor dem Hintergrund der *Zusammenhänge zwischen Qualität, Kosten, Durchlaufzeitbeschleunigung und Wirtschaftlichkeit* beurteilt werden. So kann eine einseitige Prozessbeschleunigung beachtliche Qualitätseinbußen nach sich ziehen (z.B. in Form von liederlicher Arbeit, erhöhtem Ausschussanteil, schlecht fundierten Entscheidungen, voreilig abgegebenen Versprechungen, übermäßigen Risiken usw.) (vgl. Perich 1993, S. 429). Eine Verkürzung der Durchlaufzeit schlägt sich oftmals nicht nur in einer geringeren Ressourcenbindung und einer schnelleren Leistungsbereitschaft nieder, sondern es stellen sich - wie die Praxis zeigt - vielfach auch niedrigere Kosten pro Produkt-/Leistungseinheit ein. Dem Management und insbesondere dem Controlling bietet sich insoweit ein neues Kriterium, Geschäftsprozesse zu bewerten: den Kostenmaßstab durch den Zeitmaßstab zu ersetzen (vgl. Hirzel et al. 1992, S. 155). Allerdings lassen sich die Ziele einer Kosten- und einer Durchlaufzeitreduzierung nur bis zu einem bestimmten Punkt parallel verfolgen (vgl. Stalk/Hout 1990, S. 47 ff).

Zeitwettbewerb mit einer Reduzierung der Durchlaufzeit muss prinzipell immer dann zum Fitnesskonzept einer Unternehmung zählen, wenn die einem Produkt oder einer Dienstleistung zugrundeliegenden Prozesse »zeitkritisch« sind, anders gesagt wenn der Nutzen einer Marktleistung in entscheidendem Maße vom Zeitpunkt abhängt, zu dem sie verfügbar ist (vgl. Perich 1993, S. 430). Eine ausgeprägte Zeitsensitivität gilt beispielsweise bei solchen charakteristischen Kriterien wie technische Veralterung (High-Tech-Produkte), Modeeffekte (Kleider), Verderblichkeit (Lebensmittel), Aktualität (Nachrichtenmedien), Fristgebundenheit (Einhalten gerichtlicher Einspruchsfristen, Konventionalstrafe bei zu später Lieferung).

9.1.6 Unternehmungsarchitektur

Der Unternehmungsarchitektur-Ansatz greift aus dem Spektrum an strategischen Einflussmöglichkeiten auf die Unternehmungsentwicklung die Beziehungen der Unternehmung zur Umwelt auf und erweitert die Möglichkeiten strategischer Pfade zur erstrebten Fitness der Unternehmung um ein aktives Management der Umwelt.

Intern orientierte Strategien der Unternehmungsentwicklung erscheinen traditionell für das Management vorrangig zu sein, weil die Unternehmung selbst für wesentlich besser beeinflussbar gehalten wird als die Umwelt. Erscheint eine Unternehmungsentwicklung eher durch organisationale Charakteristiken, also Unternehmungsfaktoren begrenzt, sind durchaus strategische Maßnahmen naheliegend, welche direkt auf die Verhaltenskapazität der Unternehmung einwirken. Eine Beeinflussung der Unternehmungsentwicklung durch ein aktives Management der Umwelt bietet sich hingegen eher an, wenn die weitere Entwicklung durch Umweltcharakteristika begrenzt bzw. gefährdet scheint und durch *extern orientierte Strategien* eine Manipulation *der Umwelt* bzw. eine Restrukturierung des Verhältnisses zwischen der Unternehmung und der Umwelt erfolgen kann.

Immer mehr zeigt sich denn auch, dass ein charakteristisches Merkmal dynamischer Unternehmungsführung gerade darin besteht, eher durch gezielte Maßnahmen bisher relevante Unternehmungsumwelten umzugestalten bzw. diese sogar gänzlich zu wechseln, als zu versuchen, weiterhin mit den bestehenden und häufig immer unattraktiver werdenden Umwelten zurecht zu kommen. Die nachstehende Tabelle zeigt überblicksweise eine Palette von Strategien mit einem überwiegend externen Fokus (nach Perich 1993, S. 338 f):

Ansatzpunkte für ein »Management der Umweltbeziehungen«

Kreation einer neuen relevanten Umwelt:
- Migration in neue Geschäftsfelder durch Diversifikation (Produkte, Märkte), Ausdehnung geographischer Aktionsräume (z.B. EU-Raum, Globalisierung) usw.
- Änderung der im Markt geltenden Spielregeln (neue »strategische Rezepte«), z.B. mittels Erschließung neuer Marktsegmente durch Produkt- oder Verfahrensinnovationen, neue Vertriebssysteme, Neudefinition der Sektorgrenzen (z.B. Ausnutzung von Snergieeffekten), Auftreten als »Zeitwettbewerber« usw.

Strategien der »interorganisationalen Zusammenarbeit«:
- Mergers & Acquisitions
- Joint Ventures, strategische Allianzen, Verbundsysteme
- Kooptation (z.B. in Form von »interlocking directorates«); Beteiligung externer Bezugsgruppen an der Unternehmungsführung [Verwaltungsratsmandate])
- Langfristige Verträge zur Stabilisierung der Austauschbeziehungen
- Nutzung flexibilitätserhöhender Optionen (z.B. Leasing, Subcontracting)

Indirekte Strategien zur Beeinflussung der Umwelt über eine Drittpartei:
- Lobbying (Beeinflussung des Gesetzgebungsapparates)
- Verbände (z.B. Wirtschaftsverband, Aufsichtsbehörde, Interessengemeinschaft)
- Absatzmittler

Stillschweigende oder explizite Absprachen zur Wettbewerbsbeeinflussung:
- Kartellierung
- »Codes of conduct« (Geschäftsethik, »gentlemen's agreement«, Stillhalteabkommen, »freiwillige Selbstbeschränkungen« [z.B. »code of conduct« multinationaler Firmen]

Informationsstrategien:
- Intensivierung der Marktbearbeitungsmaßnahmen; Schaffen von Goodwill (z.B. Werbung; Imagepflege durch Public Relations (Pressekontakte, Publikationen und Vorträge, Führungen); Erhöhung des sozialen Engagements durch Sponsoring usw.
- »Environmental scanning« (laufendes Sammeln kritischer Daten zur Verfolgung der Umweltentwicklung, Einrichtung sensitiver Umweltkontrollsysteme [Frühwarnung]).

Ein häufig praktiziertes Konzept, um neue Geschäfte zu erschließen und die eigene Innovationsfähigkeit zu verbessern, ist die organisatorische Integration der Potenziale gereifter (Groß-)Unternehmungen und innovativer Pioniereinheiten. Dazu bildet die reife Unternehmung relativ autonome interne Venture-Einheiten oder beteiligt sich an jungen Unternehmungen, um neue Technologien und Geschäfte zu erschließen, Innovationen zu beschleunigen oder eine kulturelle Revitalisierung zu erreichen (vgl. ausführlich Servatius 1991, S. 146 - 171).

Eine intensivere Einflussnahme auf die Umwelt und die daraus resultierende Veränderung in der Qualität der Unternehmungs-Umwelt-Beziehung korrespondiert mit einem neuen Unternehmungsverständnis, welches die Unternehmung nicht mehr als weitgehend unveränderliche und monolithische Einheit betrachtet, sondern sie eher als ein *mobiles*, das heißt im Umsystem bewegungsfähiges, *aktives,* das heißt Umsystemparameter gezielt beeinflussendes und in seinen Grenzen zuweilen recht diffuses, »fließendes« Gebilde betrachtet. Der Unternehmungsarchitektur-Ansatz ist Ausdruck dieses gewandelten Unternehmungsverständnisses, er stellt ständig die Frage nach den Möglichkeiten und wünschenswerten Formen einer fitnessorientierten strategischen Neustrukturierung (vgl. Perich 1993, S. 339 f).

In diesem Modell ist der existenzielle Bestand nicht mehr das ausschließliche und absolute Ziel der Unternehmung. Vielmehr wird die Auffassung eingenommen, dass für dynamische Systeme zur *Erhaltung des Ganzen* die *Variabilität der Teile*, das heißt das Ersetzen einzelner Geschäftsbereiche bzw. Unternehmungsteile durch neue geradezu *unumgänglich* ist. Dies kann im Zeitablauf zu einer weitgehenden Transformation der Unternehmung unter Abstoßung ihres traditionellen Kerngeschäftes (core business) führen.

Durch mannigfache und flexibel wechselnde *Formen der interorganisationalen Zusammenarbeit* werden vielfältige unterschiedliche *Netzwerk- bzw. Hybridformen* (Joint Ventures, strategische Allianzen, Minderheitsbeteiligungen, Franchise-Ketten, Verbundsysteme usw.) generiert. Hierbei geht es nicht um das Eigentum an erworbenen Ressourcen, vordergründig ist vielmehr das Prinzip, benötigte Ressourcen verfügbar zu haben. Die Analyseeinheit und der betriebswirtschaftliche Begriff »Unternehmung« werden insofern zunehmend problematischer und Unternehmungsgrenzen verschwommener, weil die exakte Abgrenzung von Unternehmungen anhand rechtlicher, wirtschaftlicher oder funktionaler Kriterien kaum noch gelingt; einzelne Unternehmungen sind in anderen Unternehmungen enthalten und enthalten selbst wieder andere Unternehmungen. Bei weitverzweigten Mischkonzernen und intransparent verschachtelten Holdingkonstruktionen könnte man allenfalls von einer »Unternehmungsfamilie«

sprechen, die aus einem »*Cluster ökonomischer Aktivitäten*« besteht (vgl. Perich 1993, S. 340).

Der Unternehmungsarchitektur-Ansatz erstrebt eine Steigerung des Unternehmungs*wertes* (vgl. Pümpin 1990). Dabei darf der Nutzen jedoch nicht lediglich einer Bezugsgruppe, etwa den Unternehmungseignern (»shareholder value«-Ansatz), zukommen, sondern muss durch eine ausgewogene konfliktvermeidende Berücksichtigung von Interessen für alle Bezugsgruppen (Kunden, Lieferanten, Mitarbeiter, Staat, Gesellschaft) optimale Nutzenwerte bieten (vgl. Pümpin/Imboden 1991, S. 11 f).

9.2 Besser sein: Unternehmensintelligenz und kulturbewusste Führung

Zur Fitness einer Unternehmung gehört es, dass sie sich nicht nur auf einer substantiellen Ebene entwickelt, sondern dass solche Prozesse auch auf einer immateriellen Ebene vom System selbst *kognitiv, affektiv und verhaltensmäßig* verarbeitet werden; das Hauptaugenmerk der Entwicklungsperspektive liegt damit auf kollektiven, *kulturellkognitiven* Prozessen (Denkmuster und Werthaltungen, Symbole und Riten usw.) *sowie politisch-behavioristischen Prozessen* (Handlungsprogramme, Entscheidungsfindungs- und Konfliktlösungsprozesse, Einfluss- und Austauschbeziehungen).

9.2.1 Organisationale Intelligenz

Eine die Fitness der Unternehmung bestimmende Fähigkeit, »besser« zu sein und zu werden, Problemsituationen mit mehr Wissen, Verständnis und Weisheit zu bewältigen, lässt sich als »organisationale Intelligenz« definieren. Dieses Potenzial unterscheidet *human-soziale Systeme* von Systemen tieferer Stufe und charakterisiert ihre Kapazität, im Laufe der Zeit Erfahrungen zu akkumulieren, zu speichern und eine eigenständige Identität aufzubauen, eigenes sowie fremdes Geschehen bewusst und zeitübergreifend kritisch zu reflektieren, logische Folgerungen zu ziehen, neue Erkenntnisse aufzunehmen, das Handlungspotenzial zu erweitern, Ziele und Zwecke zu wählen bzw. neu zu definieren usw. Analog zur menschlichen Intelligenz wird organisationale Intelligenz von den zentralen Funktionen »Lernen« und »Gedächtnis« bestimmt. Das Lernen beschreibt einen reflexiven Vorgang der Veränderung kognitiver Strukturen, der sich in Verhaltensmodifikationen niederschlägt (vgl. Punkt 7.4.2); im Lernen manifestiert sich die Prozesskomponente der Intelligenz. Das Gedächtnis umfasst die Gesamtheit der erworbenen, gespeicherten und abrufbaren Wissensbasis, und bildet damit den »Erfahrungsschatz«, aus dem aktuelle Sinnbezüge und Handlungsanleitungen hergeleitet werden; das Gedächtnis kennzeichnet die *Bestandskomponente* der Intelligenz.

Die »organisationale Intelligenz« einer Unternehmung ist nicht einfach mit der Summe der individuellen Intelligenzen der Unternehmungsangehörigen gleichzusetzen. Institutionelle Lern- und Gedächtnisprozesse besitzen vielmehr eine eigenständige *soziale*

Qualität, die insbesondere auf *dem intersubjektiven und intergenerativen* Charakter sozialer Systeme gründet. In gewissem Sinn wissen einzelne Mitarbeiter stets »mehr« oder etwas »anderes« als die Unternehmung, denn sie gehören diversen organisierten Systemen gleichzeitig an (z.B. Familie, Freizeitgruppe, Verein, Gemeinde usw.) und sammeln Wissen und Erfahrungen auch außerhalb der Unternehmung. Es ist aber vor allem auch die Unternehmung, die oft »mehr« weiß als die einzelnen Mitarbeiter, denn eine Unternehmung als soziales System »handelt« stets durch viele Mitglieder gleichzeitig und kann sich auf einer intersubjektiven Ebene deshalb deren kollektiver Intelligenz bedienen; Institutionen wissen manchmal auch weniger als die individuellen Beteiligten, und hierbei scheint es, dass die Institution das nicht lernt, was jedes Mitglied weiß. Bedeutsam ist zudem, dass Unternehmungen intergenerative Systeme sind, deren Informationsbasis, Wertvorstellungen und Problemlösungsfähigkeit grundsätzlich auch bei Fluktuationen im Mitgliederbestand innerhalb des Systems selbst bestehen bleibt.

Organisationale Intelligenz ist sowohl ein Individual- als auch ein Organisationsphänomen und erhält seinen typischen Wesensgehalt aus der *Interaktion* der beiden Ebenen (vgl. Hedberg 1981, S. 4). Grundsätzlich sind es immer Individuen, die in konkrete Problemlösungsprozesse eingebunden sind und dabei mittels ihrer rezeptiven und kognitiven Fähigkeiten Informationen aktiv aufnehmen, mit Sinn versehen, in Handlungen umsetzen, aus deren beobachteten Wirkungen lernen und ihre Erfahrungs-

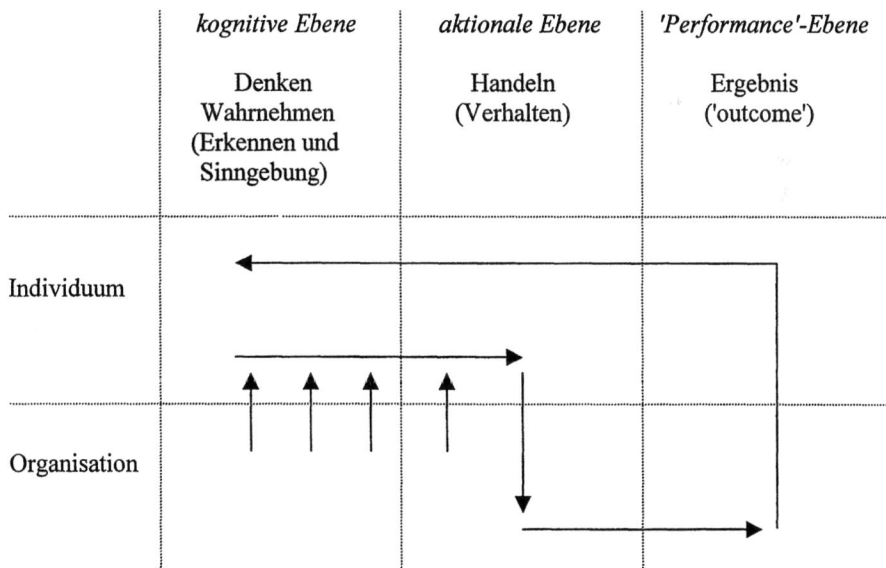

Abb. 46 : Interaktion von individueller und organisationaler Intelligenz
(Quelle: Perich 1993, S. 387)

basis erweitern. Damit »Intelligenz« von der Individual- auf die Organisationsebene übertragen wird, d.h. unternehmungsweit zum Tragen kommen kann, bedarf es eines Informationsaustausches sowie einer Harmonisierung von Wirklichkeitsauffassungen bzw. Lerninhalten unter den Unternehmungsmitgliedern. Dies geschieht einerseits über *Kommunikationsprozesse*, zum anderen über *Kulturations- und politische Konsensierungsprozesse* (vgl. Perich 1993, S. 387). Auf die Intelligenz ihrer Mitglieder wiederum üben Organisationen über ihre offiziell legitimierten bzw. kulturgeprägten Regeln, Verhaltensprogramme, Normen, Ideologien und Denkrahmen einen maßgeblichen Einfluss aus (siehe Abb. 45).

9.2.2 Humanpotenzialfördernde Kultur

Die *symbolische oder kulturelle Ebene* spielt für Lernprozesse eine bedeutende und zweifache Rolle:

- Die Kultur kann in vielfältiger Weise Lernen einschränken oder unterstützen.
- Die Kultur ist die Manifestation stattgefundener organisationaler Lernprozesse.

Jede Unternehmung hat bewusst oder unbewusst ihre Kultur, die vielschichtig und verschieden ausgeprägt ist. Unter *Kultur* wird verstanden das erworbene Wissens- und Erkenntnisprogramm eines sozialen Systems zur Interpretation der Erfahrungen und zur Generierung von Handlungen. Sie ist ein Netz von Werten, Glaubensvorstellungen, kognitiven und normativen Orientierungsmustern, die das System auf geistiger Ebene zusammenhalten und sinnhaft aufeinander bezogene Handlungen erzeugt; sie drückt sich in mehrheitlich geteilten Wahrnehmungen und Handlungsweisen aus (vgl. Klimecki/Probst 1990, S. 42 f, Probst 1987, Schein 1985, Ulrich, P. 1984). Kultur bezeichnet *geistig-sinnhafte Muster,* die materielle oder substanzielle Muster überlagern und ergänzen. Diese geistig-sinnhaften Muster sind implizit, teilweise unbewusst und nicht direkt sichtbar. Sie sind selbstverständlich und quasi undiskutierbar (vgl. Klimecki/Probst 1990, S. 42).

Kultur ist die sinn-orientierte Dimension der Organisation und Führung einer Unternehmung. Für eine betriebliche Organisation schafft die Organisationskultur "ein gemeinsames Bezugssystem, eine Linse, die Wahrnehmungen filtert und Erwartungen beeinflusst, gemeinsame Interpretationen ermöglicht, Komplexität reduziert, Handlungen lenkt und legitimiert" (Kieser 1984, S. 4).

Kultur ist qualitativ beschreibbar und erkennbar an Symptomen. Im Gegensatz zu einer schriftlich dokumentierten Strategie oder dem graphisch darstellbaren Organisationsplan ist die Unternehmungskultur als Ganzheit nicht fassbar. Kulturelle Kräfte steuern die »sichtbare« Kultur im betrieblichen Alltag in Form einzelner Symptome, die in den durch das Normen- und Wertgefüge geprägten Folgen und Erscheinungsformen in betrieblichen Strukturen und Prozessen zum Ausdruck kommen. Die Symptomvielfalt macht ein ganzheitliches Erleben der Kultur kaum möglich.

Die Kultursymptome manifestieren die Unternehmungskultur als »Oberflächenstruktur« in symbolischen Handlungen, wie gemeinschaftlich gepflegten Verhaltensweisen, Sitten und Gebräuchen, Riten und Zeremonien sowie sogenannten Artefakten wie Architektur der Gebäude, Bekleidungsgewohnheiten und ansonsten verwendeten Gegenständen, Hilfsmitteln, Einrichtungen, Ausstattungen und Technologien, aber deutlich auch in der Sprache für kommunikative Prozesse in der Organisation und mit der Umwelt und durch Geschichten, Legenden, Mythen, Sagen, Redewendungen, ein institutionsspezifisches Vokabular. Kultursymptome sind beobachtbar, erfahrbar, explizit und offen für eine gewisse Einflussnahme.

Aus entwicklungsorientierter Perspektive erscheint Kultur als *Fundament* von Managementprozessen. Der Managementprozess wird zu einem kulturellen Lern- und Entwicklungsprozess. Managementaktivitäten und -konzepte sind deshalb kultur-«imprägniert«: Für die Anwender dieser Konzepte ergibt sich daraus die selbstkritische Aufgabe, die eigenen Wirklichkeitsinterpretationen und Hintergrundüberzeugungen zu reflektieren (vgl. Ulrich, P. 1984, S. 318).

Eine fitness-orientierte Unternehmungskultur fördert das permanente Lernen und die Entwicklung individueller Fähigkeiten der Unternehmungsmitglieder und schafft ein Klima der Ermutigung, dass sie ihr volles Potenzial entfalten. Eine entwicklungsorientierte Kulturgestaltung mobilisiert mithin Lernen, Experimente, offenen Informationsfluss und konstruktive Dialoge. Durch den Einsatz von Schlüsselpersonen als »Sponsoren« für kreative und innovative Einzelpersonen, Gruppen und Arbeitsbereiche, die diese anregen, unterstützen und herausfordern, und zur Seite gestellte Mitarbeiter oder Teams als »Promotoren«, welche neue Ideen aufgreifen oder entwickeln und aktiv in der Organisation vertreten, lassen sich Lernprozesse wirksam fördern. Lernprozesse werden um so rascher und nachhaltiger ausgelöst, je größer deren Anzahl im System ist (vgl. Nevis/Dibella/Gould 1995, S. 81).

Die fitness-orientierte Kulturentwicklung und kulturbewusstes Management gehen davon aus, dass Menschen in der Unternehmung mit ihrem Wissen, ihrer Kreativität, ihrer Motivation usw. die Grundlage und Träger der organisationalen Intelligenz sind. Sie fördern oder hemmen die Prozesse der Aufgabenerfüllung und stellen nicht selten *den* Engpassfaktor in der Unternehmungsentwicklung dar. Zur Steigerung der organisationalen Intelligenz ist somit ein Managementansatz erforderlich, der auf eine optimale Ausschöpfung und Entwicklung des betrieblichen Humanpotenzials abzielt.

Während traditionellerweise ein Führungsverständnis vorherrscht, welches das obere Management als zentrale Quelle der Intelligenz und als dominierende Kraft in der Unternehmung begreift und deshalb auch zu einer Konzentration von Wissen und Lernprozessen auf der Ebene der »strategischen Elite« in der Unternehmung tendiert, erweist sich ein derartiges Vorgehen im heutigen Umfeld und bezogen auf die fitness-orientierte Unternehmungsentwicklung in mehrfacher Hinsicht als unzweckmäßig:

- Die Komplexität und Dynamik des Unternehmungsgeschehens erlauben es für den einzelnen Manager kaum noch, alles bis ins Detail »im Griff« zu behalten und in sämtliche Entscheidungen direkt involviert zu bleiben bzw. diese selber treffen zu können. Mangelnde Delegationsbereitschaft und fehlende Beteiligung der Mitarbeiter in Problemlösungsprozessen führen zu einer Überbelastung der Managementkapazität (»Kamineffekt«) und zu einer Degeneration latent vorhandener Intelligenzpotenziale seitens der Mitarbeiter (Unlust, Demotivation, Frustration).

- Durch die zunehmend notwendigerweise gestiegene Qualifikation und Spezialisierung sind die in einer hierarchischen Organisation auch auf tieferen Ebenen tätigen Mitarbeiter mehr und mehr »knowledge worker« und verfügen bezogen auf ihren konkreten Aufgabenbereich über Fach- und Expertenkenntnisse und -erfahrungen, die ihre Vorgesetzten nicht besitzen.

- Prinzipiell bestimmt die Person, die eine Tätigkeit verrichtet faktisch immer auch über deren Ausführung. Letztlich wird stets an der Basis - am Fließband, am Sachbearbeiterschreibtisch, im unmittelbaren Kundenkontakt usw. - gehandelt, das heißt dass letztlich die konkrete Unternehmungsentwicklung immer von den Ausführenden »gelebt« und vorangetrieben wird.

Um einer drohenden Entkoppelung zwischen der »strategischen Elite« und dem Rest der Unternehmung entgegenzuwirken und um zu vermeiden, dass latent vorhandene Intelligenzpotenziale in der Unternehmung ungenutzt verkümmern, müssen Lern- und Gedächtnisprozesse grundsätzlich in der Gesamtorganisation verankert und an möglichst breiter Front gefördert werden.

Hieraus begründet sich ein ganzheitliches *»Human Resources Management«*, welches sich in einem umfassenden Sinne mit dem Erkennen, dem Gewinnen und dem Entfalten von Intelligenzpotenzialen aller Menschen in der Unternehmung befasst.

9.2.3 Führer-Rolle

Verbunden mit der Hinwendung zu einem konsequent betriebenen humanpotenzialorientierten Ansatz der Unternehmungsführung ist ein markanter Wandel im *Rollenverständnis des Managements* bzw. in der Beziehung von »Führern« und »Geführten«. Das traditionelle Bild des omnipotenten Managers, der »Führung« weitgehend als einen einseitigen und direktiven Prozess der Anweisung und Kontrolle versteht und den Fokus in erster Linie auf die regulierende, ökonomische Systemgestaltung legt, verschiebt sich dabei zugunsten eines bedeutend komplexeren Führungsverständnisses, welches die zentrale Bedeutung der menschlichen Dimension im Rahmen der Leistungserstellung in den Vordergrund stellt. Die Unternehmung präsentiert sich in diesem Bild vornehmlich als eine *Arena kollektiver kultureller und politischer Prozesse,* wobei unterschiedliche Ideen, Interessen, Ziele, Werte, Gefühle usw. gesamthaft gesehen ein vielschichtiges und diffuses human-soziales Beziehungsfeld formen. Die

Aufgabe des Managements besteht in diesem Kontext primär darin, durch die bewusste Gestaltung ökonomischer, kultureller und politischer *Rahmenbedingungen* in der Unternehmung laufend Lern- und Handlungsfelder zu *kultivieren,* die eine optimale Entfaltung der vorhandenen Intelligenzpotenziale der einzelnen Mitarbeiter im Rahmen der gesamtunternehmerischen Entwicklung ermöglichen. Führung ist weniger die Ausübung von Macht, sondern will eher Anderen »Empowerment« geben. (Bennis/Nanus 1987, S. 224 f). Durch das visionäre Aufzeigen zukünftig zu beschreitender Entwicklungspfade, das Vorleben der die Unternehmung prägenden Werte und Umgangsformen, das Zurverfügungstellen der zur kreativen Aufgabenerfüllung benötigten Ressourcen, die Legitimierung und organisatorische Unterstützung von Vorhaben, eine offene und umfassende Kommunikation, die ständige Stimulierung inner- und außerbetrieblicher Ausbildungsmaßnahmen usw. wird von Seiten des (Top) Managements eine weitgehend indirekte Beeinflussung des Denkens und Verhaltens der Mitarbeiter in Richtung bestimmter unternehmerischer Schlüsselwerte und -ziele hin anvisiert. Das Bereitstellen von »infrastrukturellen Voraussetzungen« durch das Management bildet den zentralen Dreh- und Angelpunkt, um die Intelligenzpotenziale der Mitarbeiter in umfassender Weise anzusprechen und deren *Selbst*entwicklung aktiv zu stimulieren.

9.2.4 Prinzipien der Mitarbeiterführung

Das veränderte Rollenverständnis ist eine symbolische Führung, die auf der *symbolischen* Ebene die »organisationale Intelligenz« über die Gestaltung der kulturellen und politischen Rahmenbedingungen der Unternehmung zu steigern sucht. Dabei erweisen sich von zentraler Bedeutung für die *Mitarbeiterführung* fünf *Prinzipien*:

(a) Sinnvermittlung, (b) Offene Kommunikation, (c) Partnerschaft,
(d) Änderungskultur, (e) Konfliktmanagement.

Diese Ansatzpunkte sind als Ergänzung zu den strukturellen Gestaltungsprinzipien einer variablen »fluiden, heterarchischen Organisation« zu verstehen (vgl. Punkt 9.3).

a) Sinnvermittlung

Kulturbewusste Führung begreift den Menschen als sinn-suchendes Wesen in seinem alltäglichen und damit auch in seinem beruflichen Tätigsein. Sinn kann jedoch nicht vorgegeben, er muss gefunden werden. Im menschlichen Denken und Handeln spielt die Suche nach Sinn, Sinn der eigenen Person sowie Sinn des Handlungskontextes und der Produkte des eigenen Handelns die zentrale Rolle (vgl. Dachler 1984, zit. bei Probst 1987, S. 75). Dies gilt auch für die kollektive Sinnfindung in einer Organisation. Humane soziale Systeme sind Sinnsysteme.

Die Unternehmungsrealität ist charakterisiert durch unsichere, vielfach mehrdeutige Umweltentwicklungen sowie eine Vielzahl konkurrierender Werthaltungen und Interessenpositionen der in und mit einer Unternehmung arbeitenden Personen. Unter den

Bedingungen diffuser und widersprüchlicher Handlungskontexte besteht eine zentrale Aufgabe der Führung darin, durch das laufende Definieren, Strukturieren und Erfahrbarmachen von Sinnzusammenhängen an der Konstruktion der sozialen Wirklichkeit in der Unternehmung mitzuwirken und das menschliche Bedürfnis nach Sinnfindung zu befriedigen. Prozesse der Sinnvermittlung erleichtern das Verständnis über Vorgänge in der Unternehmung und der Umwelt; sie leiten die Aufmerksamkeit und das Problembewusstsein auf bestimmte relevante Tatbestände, kennzeichnen die grundlegenden Ziele und Werte, die die Tätigkeiten der Unternehmung leiten sollen, schaffen ein gemeinsames Fundament von Wirklichkeitsinterpretationen. Kulturelle Normen und Werte sind in ihrer Wirkung wesentlich stärker als die unmittelbare Beziehung zwischen Chef und Mitarbeiter.

Ein wesentlicher Gestaltungsbereich der Unternehmenskultur besteht darin, die Grundannahmen und Werte durch Leitbilder bzw. Visionen als Ausdruck eines bestimmten Weltbildes zu verdeutlichen (vgl. Withauer 1992, S. 152). Eine gemeinsame Vision und damit einhergehende strategische Leitideen sind für die fitness-orientierte Entwicklung eine bedeutsame Energiequelle für Lernprozesse. Gerade die dafür notwendige Entfaltung der »Humanenergie« setzt eine sich zur »verschworenen Glaubensgemeinschaft« entwickelte Unternehmung und ein »Wir-Gefühl« der Unternehmungsangehörigen voraus (vgl. Wüthrich 1991, S. 313 f). Die lebendige Kultur als reflektierte persönliche Vision bildet sinnvermittelnd die Basis für ein überdurchschnittliches persönliches Engagement und unterstützt sowohl Risikobereitschaft als auch Experimentierfreude. Kulturbedingt stärker motiviertes und koordiniertes Arbeiten und »denkenersparendes« zügiges Entscheiden sind zudem wesentlich bestimmend für die Produktivität und Leistung. Wie eine gemeinsam getragene Vision entstanden ist, ob sie von Führungspersonen oder von Mitarbeitern ohne formale Machtkompetenzen angeregt wurde, ist für die Stimulierung des Lernens irrelevant, wesentlich ist ihr selbstorganisatorisches Zustandekommen im Gruppenprozess, aus dem letztlich die Vision als gemeinsame Orientierung hervorgeht (vgl. Probst/Büchel 1994, S. 141).

Kulturen werden durch Vorbild und Vorleben der Führung sichtlich stark beeinflusst. Führung erhält dadurch eine symbolische Wirkung, wenn sie Ereignisse in der Arbeitsgruppe, in der Unternehmung oder in der Umwelt in einen »höheren« Zusammenhang stellt, ihnen dadurch »Sinn« gibt und für die Mitarbeiter vernünftig erscheinen lässt. Das unmittelbare Erleben vorbildhafter Führer, ihre rituellen Handlungen und sichtbar gesetzte Zeichen, z.B. für was und wie sie ihre Zeit verwenden, das Vorleben spezifischer Verhaltensformen in kritischen Situationen haben Symbolcharakter. Sie werden als »Helden« sichtbar geachtet, ihr Tun regt zur Nachahmung an. Werte und Visionen können durch sie personifiziert werden. Nicht nur Manager, sondern auch (Mit-)Arbeiter können Helden sein oder werden (vgl. Withauer 1992, S. 153).

Sprache, Erscheinung, Auftreten und Wirken einer Führungskraft werden von den Mitarbeitern sehr genau beobachtet. Besonders Führungskräfte müssen sich dieser symbolischen Bedeutung ihrer Ausdrucksweisen und Handlungen bewusst sein und diese im Rahmen eines symbolischen Managements auch bewusst einsetzen.

b) Offene Kommunikation

Die Fitness einer Unternehmung ergibt sich nicht in erster Linie aus den spezifischen individuellen Fähigkeiten einzelner Mitarbeiter, sondern beruht vielmehr auf der Art der Verteilung von Wissen und Können in der gesamten Unternehmung. Es kommt nicht so sehr darauf an, wieviel einer weiß, sondern wie viele es wissen. Die offene und intensive interne Kommunikation muss deshalb dafür sorgen, dass unternehmungsweit Wissen und Erfahrungen verbreitet und verfügbar werden. Besonders bedeutsam ist die freie Kommunikation über fitness-orientierte Aspekte, wie die Vision, strategische Erfolgspositionen, Teilstrategien (vgl. Pümpin/Imboden 1991, S. 55). Ein wesentlicher Teil des informellen Lernens entsteht aus ganz alltäglichen, oftmals ungeplanten Interaktionen zwischen den Menschen (vgl. Nevis/Dibella/Gould 1995, S. 80 f). Weil jeder Mensch subjektiv wahrnimmt, konfrontiert der Austausch von Informationen die Mitarbeiter mit unterschiedlichen Sichtweisen, wodurch reflektierend ein internes Bild der Umwelt entsteht und dadurch eine breitere Wissensbasis für Problemlösungen und Innovationen. Ein »Management der offenen Karten« mit Informationen über geschäftliche Ziele und Pläne, Ergebnisse, Chancen und Risiken erweist sich als Ansporn, mitzudenken und mitunternehmerisch zu handeln.

Primäres Ziel für einen *möglichst freien Kommunikationsfluss* ist der Abbau bestehender Kommunikationsbarrieren und die Vermeidung von Kommunikationsfehlern. In Unternehmungen lassen sich eine Fülle von Kommunikationshemmnissen feststellen, die organisatorisch bedingt oder Ausdruck eines durch destruktive Einstellungen und Motive bestimmten mikropolitischen Agierens der am Kommunikationsprozess Beteiligten sind, wie Filterung, Verzerrung, Verfälschung, Unrichtigkeit, Zurückhaltung, falsches Einspeisen, Unterbindung von Informationen (vgl. Neuberger 1994, S. 266 ff).

Die Erreichung einer offenen Kommunikation muss die Informationsaufnahme- und -verarbeitungskapazität auf der technischen, strukturellen und personalen Ebene steigern. Die computergestützte *Informations- und Kommunikationstechnik* macht weitverzweigte Kommunikationsbeziehungen in der Unternehmung möglich, verändert aber auch das Kommunikationsverhalten und bedarf der sozialen Akzeptanz der Unternehmungsmitglieder. Die Überwindung möglicher »Mensch-Technik-Gaps« avanciert denn auch im Bereich der Unternehmungskommunikation zu einer zentralen Führungsaufgabe. Die organisatorische Verwirklichung einer effizienten Verarbeitung, Speicherung und Übermittlung von Daten und Informationen kann mit einer netzwerkförmigen Strukturierung der Interaktionsbeziehungen (vgl. Punkt 9.3) erreicht werden.

Technische Hilfen und strukturelle Gegebenheiten können die Kommunikation erleichtern, gleichwohl beeinflussen unternehmenskulturelle Normen, Werte und Erwartungen, welche Informationen ausgetauscht und wie sie genutzt werden. Effektive Kommunikation wird wesentlich bestimmt von der *human-sozialen Beziehungsdimension*. Erst auf dieser stark informell geprägten Ebene lassen sich Aussagen über die *tatsächlichen* Kommunikationsbeziehungen innerhalb einer Unternehmung ableiten und qualitative Beurteilungen hinsichtlich des *inhaltlichen* Informationswertes und des Kommunikationsstils unter den Unternehmungsmitgliedern vornehmen.

Offene Unternehmungskommunikation beruht auf den Grundsätzen hoher Dichte, Regelmäßigkeit sowie Zwanglosigkeit der Kommunikation. Sie stellt hohe Anforderungen an die *soziale Kompetenz* der Kommunikationspartner wie zuhören, sich einfühlen, sich selbst in Frage stellen, Feedback geben können und fordert gerade von Seiten des Managements ein gutes Vorbild. Für den Abbau von Gesprächsbarrieren und die Schaffung möglichst vieler Anlässe für den Austausch von Informationen sind praktische Förderungsmaßnahmen z.B. eine »Politik der offenen Tür«, die Präsenz der Geschäftsleitung in der Unternehmung durch ein »management by wandering around«, die Schaffung eines Informationsmarktes, regelmäßige Mitarbeitergespräche, die konsequente Nutzung audio-visueller Hilfsmittel sowie die räumliche Gestaltung, z.B. die campusförmige Zusammenfassung der wichtigsten Unternehmungsbereiche auf einem einzigen Firmengelände bei 3M oder bei Kodak, die kommunikationsfreundliche Anordnung der Büros, Konferenzräume und Pausenzonen bei Hewlett-Packard usw. (vgl. Pümpin/Imboden 1991, S. 55).

c) Partnerschaft

Partnerschaft kennzeichnet eine interaktive Ausrichtung des Handelns auf Akzeptanz, Toleranz, Loyalität, Vertrauen. Sie ist grundlegend für hohe Motivation, überdurchschnittliches Engagement und eine fitness-gerichtete hohe Unternehmungsdynamik (vgl. Pümpin/Imboden 1991, S. 50). Partnerschaftliche Führung zielt darauf, dass sich die einzelnen Mitarbeiter in ihrem Arbeitsumfeld *wohlfühlen*, sich im Rahmen ihres Arbeitsbereichs und entsprechend ihrem individuellen Potenzial frei *entfalten* können und dass das gesteigerte Engagement von Seiten der Unternehmung auch angemessen *honoriert* wird. Mit dem Prinzip der Partnerschaft wird eine spezifische Form der zwischenmenschlichen Beziehungen unter den Unternehmungsmitgliedern - insbesondere im Umgang zwischen Führern und Geführten bzw. zwischen Arbeitgeber und Arbeitnehmern - angesprochen, die die Basis zur Realisierung dieser Ziele bildet. Betont wird dabei insbesondere die *»prosoziale«* Qualität der Beziehungen, welche geprägt ist von gegenseitigem Vertrauen, wechselseitiger fachlicher und menschlicher Akzeptanz sowie dem Willen zur kooperativen Zusammenarbeit. Sie verwirklicht sich in offenen Kommunikationswegen, frei artikulierten Wissensbeiträgen, Verbesserungsvorschlägen, helfendem solidarischem Verhalten, konstruktiver Konfliktlösung, sozialer Kompetenz usw. Prosozialität bezeichnet alle positiven Formen des zwischenmenschlichen Verhaltens (vgl. Lück 1975, S. 19), sie verweist vor allem auf *»partizipative«* Formen der Interaktion als regulativer Idee. Die hier angesprochene Partizipation ist nicht pseudo-partizipatorisch gemeint, sondern muss als echte Entscheidungsbeteiligung authentisch erfahrbar sein und erlaubt es, Bedürfnisse und Interessen einzubringen, Widerspruch zu erheben, die Entscheidungsregeln zu beeinflussen und zwischen verschiedenen Handlungsoptionen und Gestaltungsvarianten wählen zu können (vgl. Klimecki/Probst/Eberl 1994, S. 90 f). Der partizipative Managementstil kann durchaus auch Mitarbeiter überfordern und muss dann behutsam entwickelt werden. Die Beteiligung von Mitarbeitern an betrieblichen Planungsprozessen schafft jedenfalls beste Voraussetzungen für daraus resultierende Maßnahmen, denn was man selbst (mit-)entschieden hat, dafür ist man zugleich motiviert. Formen der finanziellen Partizipation - wie z.B. das Beteiligungsmodell des Medienkonzerns Bertelsmann - sind die konsequente Folge eines umfassenden partnerschaftlichen Managements.

Eine partnerschaftliche Grundeinstellung wird in hohem Maße von einer *Atmosphäre des Vertrauens* genährt. Vertrauen trägt zu einem Abbau der sozialen und psychologischen Distanz zwischen Menschen bei und erleichtert bzw. beschleunigt das Handeln. Vertrauen begünstigt non-konformes Verhalten (vgl. Krystek/Zumbrock 1993, S. 128 ff) und kann mithin zu mehr Kreativität und fitness-orientierter Dynamik führen. Vertrauen lässt sich nicht erzwingen, es muss erworben und deshalb besonders von Führungskräften aktiv gehegt und gepflegt werden, es muss sich im Umgang mit den Mitarbeitern immer wieder rechtfertigen. Vertrauenbildendes Führungsverhalten basiert auf einer positiv-menschlichen Grundeinstellung und wird getragen von persönlicher Integrität und Glaubwürdigkeit der Führungskraft (vgl. Withauer 1992, S. 136 f und 156 f). Mit der Abkehr von einer hierarchie- und statusbezogenen Denkhaltung gehört hierzu die vertrauensvolle Übertragung von Befugnissen und das Schaffen sozialer und organisatorischer Umfelder, welche das eigenverantwortliche Handeln der Mitarbeiter und die organisationale Fitness steigernde Initiativen fördern.

d) Änderungskultur

In Zeiten zunehmender Dynamik und fundamentalen Wandels besteht eine der Schlüsselaufgaben des Managements darin, laufend Konfrontationen mit der Andersartigkeit der Zukunft zu provozieren und durch die Unterstützung einer innovativen Lernatmosphäre die Fähigkeit und Bereitschaft der Unternehmungsmitglieder zu häufigen und *proaktiven Wandelprozessen* zu stimulieren.

In der Realität sind organisationale Lernprozesse häufig alles andere als optimal. *Gewohnheit, Bequemlichkeit, Unsicherheit und Bedrohung eigener Interessen* sind die häufigsten Ursachen dafür, dass organisationale Veränderungen bei den Betroffenen auf Ablehnung und Widerstand stoßen. Für eine veränderungsfreundliche Kulturentwicklung können deshalb als Bezugspunkte gelten die Ermöglichung pluraler Betrachtungsweisen, die Förderung innovativen Verhaltens, die Forderung nach Mobilität der Unternehmungsmitglieder und persönliche Sicherheiten trotz anstehenden Wandels.

Die *Förderung der Pluralität* will der Herausbildung zu ähnlicher Wertemuster und einseitiger Denkstrukturen entgegenwirken. Eine »kreative Unruhe« bei den Mitgliedern einer Unternehmung entsteht durch das Abgehen von Gewohnheiten und indem unterschiedliche Betrachtungsweisen, alternative Sichtweisen und Handlungsmöglichkeiten nicht nur erlaubt, sondern geradezu herausgefordert werden. Möglichkeiten hierzu bieten sich in der bewusst heterogenen Zusammensetzung von Führungs- und Projektgremien in Bezug auf Ausbildung, berufliche Erfahrungen, Alter, Nationalität und Geschlecht (vgl. Pümpin/Imboden 1991, S. 53), im Tolerieren unkonventioneller

Denker ("Spinner") sowie durch die Arbeit in multidisziplinär zusammengesetzten Teams.

Die *Förderung innovativen Verhaltens* muss ein wichtiges Anliegen einer Veränderungskultur sein. In vielen Unternehmungen begegnet man der Zukunft mit an der Vergangenheit orientierten Methoden, man versucht sich einer Situation anzupassen, die man selbst statisch definiert, und übersieht dabei, dass sich die Situation ständig weiter verändert und somit eine reaktive Anpassung bereits wieder überholt ist. Proaktives Denken und Handeln betont die aktive, vorausschauende Dimension, die das Management bei der Gestaltung fitness-orientierter Entwicklungsprozesse beachten muss. Proaktives Management fördert in einem sozialen System *aktive* und nicht reaktive Denkweisen (vgl. Morgan 1988, S. 27 ff). Um proaktiv zu handeln, ist vernetztes Denken und ein hohes Problemlösungspotenzial vonnöten, das auch unvorhergesehene Veränderungen verarbeiten kann. Anregungen hierzu ergeben sich einmal aus Interaktionen im System und auch aus den Beziehungen zur Umwelt. Mit einer aktiven Einstellung gilt es, Indikatoren eines Wandels, die z.B. durch Antizipation oder Frühwarnsysteme gewonnen werden, aufzugreifen und durch aufgebaute unbestimmte Verhaltenspotenziale diesen Wandel für die Unternehmung aktiv zu nutzen. Auch eine »outside-in«-Perspektive, bei der die Sichtweisen, Interessen und Erwartungen der »stakeholder« der Unternehmung als Spiegel für die eigenen Stärken und Schwächen benutzt werden, liefert Hinweise für proaktives Handeln und erlaubt zudem, grundlegende Fragen über Sinn und Zweck der Unternehmung zu überprüfen (vgl. Morgan 1988, S. 33 ff). Proaktive Denkweisen sind auf Chancen und Möglichkeiten ausgerichtet und nicht auf Risiken, veränderte Situationen werden als Lern- und Entwicklungschancen gesehen mit der Möglichkeit, sich situativ neu zu positionieren. Eine proaktiv ausgerichtete Unternehmungskultur zeichnet sich durch eine ausgeprägte Lernatmosphäre sowie das laufende Hervorbringen neuer Ideen aus, sie beruht auf einer Mentalität, die Bestehendes immer wieder grundsätzlich in Frage zu stellen bereit ist und Neuem gegenüber aktives Interesse und Neugier entgegenbringt. Das Management kann auf die Lern- und Innovationsfreudigkeit, das Wissen, Können und die Einstellungen der Unternehmungsmitglieder in eine zukunftsorientierte Richtung einen stimulierenden Einfluss nehmen, zum Beispiel durch gezielte Anerkennung und Ermutigung, die wirksame Unterstützung innerbetrieblicher Innovatoren (»Intrapreneurs«), eine gewisse Fehlertoleranz gegenüber experimentierwilligen Mitarbeitern, die Bevorzugung von Mitarbeitern, die ein hohes Maß an Unsicherheit und Ambiguität akzeptieren.

Die *Forderung nach Mobilität* der Unternehmungsmitglieder ergibt sich aus dem zunehmend temporären Charakter des Unternehmungsgeschehens. In dynamischen, erneuerungsfähigen Unternehmungen herrscht denn auch ein Geist vor, in dem Mitarbeiter dazu angehalten werden und bereit sind (!), ihren Arbeitsplatz, den geographischen Standort oder den Karrierepfad in- und außerhalb der Unternehmung in häufigem Rhythmus zu wechseln. Ein bestimmt extremes Beispiel ist der Club Mediterranée, der die Feriendorfleiter (»chefs de villages«) und Animateure (»gentil organisateurs«) alle sechs Monate in einem neuen Club einsetzt, wobei sich dieser oft in völlig anderen Ländern oder Kontinenten befindet. Die Philosophie des »Job Rotation« geht von der

Erfahrung aus, dass, - was im Reisegeschäft besonders wichtig ist, - Routinisierung und Erstarrung mehr schadet als die mit häufigen Wechseln der Aufgabenfelder verbundenen Kosten (vgl. Pümpin/Imboden 1991, S. 53). Die Forderung nach Aufgabe der traditionell stark verbreiteten »Sesselkleber«-Mentalität bezieht sich nicht zuletzt auch auf die obersten Führungsgremien einer Unternehmung, entsteht doch häufig erst aus einem »Generationenwechsel« an der Spitze die Chance zur Realisierung tiefgreifender organisationaler Umgestaltungen.

Die *Förderung der Sicherheit im Wandel* will helfen, die bei dem notwendigen Aufgeben vertrauter Lösungen und dem Beginnen neuer Handlungsoptionen die potenziellen Verluste der Betroffenen an Sicherheit, Identität und emotionaler Bindung zu mildern. Dies bedeutet einen Balanceakt zwischen der Absicht, durch Unsicherheit Erneuerungsprozesse zu fördern und der Notwendigkeit, den Menschen soviel Sicherheit zu geben, dass sie bereit sind, die häufig damit einhergehenden Risiken einzugehen. Dies kann zum einen durch Vertrauen schaffende kulturelle Leitbilder, zum anderen durch Unternehmungsgrundsätze wie etwa die Garantierung zwar nicht des Arbeitsplatzes, aber der Beschäftigungssicherheit. Unterstützend wirkt eine planvolle und gezielte Fort- und Weiterbildung, die zudem den hohen Wissensstand und souveränes Können der Mitarbeiter für eine steigende Unternehmensdynamik fördert (vgl. Pümpin/Imboden 1991, S. 55).

e) Konfliktmanagement

Politisches Handeln ist ein wesentlicher und unausweichlicher Bestandteil organisierten sozialen Handelns in der Unternehmung. Es kennzeichnet das Arsenal jener alltäglichen »kleinen« (Mikro-!)Techniken, mit denen Macht aufgebaut und eingesetzt wird, um den eigenen Handlungsspielraum auszuweiten und sich fremdem Einfluss zu entziehen (vgl. Neuberger 1994, S. 261). Die meisten Führungskräfte tabuisieren das Thema der politischen Machtbeziehungen in der Unternehmung: Mikropolitik wirkt unerkannt am besten und ist dann *anscheinend* legitimiert, ihre Aktionen werden deshalb verborgen oder geleugnet, und Konflikte werden dementsprechend verdeckt ausgetragen (vgl. ebenda, S. 264).

Jede Position in Organisationen und somit auch jede Führungsposition ist sowohl Quelle wie auch Ziel einer großen Anzahl von Einflusslinien, die quasi nach allen Seiten gehen: Man beeinflusst und wird beeinflusst von Vorgesetzte(n), Kollegen, Mitarbeiter(n), Stäben, Außenstehende(n) usw. Das Funktionieren-lassen der Unternehmung geschieht nicht durch das üblicherweise stillschweigend unterstellte Einflussmonopol der Führungskraft in einer geraden Befehlskette. Das Verständnis von Machtbeziehungen und Interessenkonflikten ist fundamental für das Erfassen des tatsächlichen Verhaltens von Unternehmungen. Politische Prozesse sind kennzeichnend für systemisches Management und bilden einen notwendigen Bestandteil zur Auflösung widerstreitender Ziele und Mittelverwendungsalternativen. Im heutigen Umfeld sind Manager zur Verwirklichung ihrer Visionen und Vorhaben auf Informationen, Fachwissen und Unterstützung einer Vielzahl anderer Unternehmungsmitglieder angewiesen und müssen deshalb vermehrt auch als »Politiker« agieren, das heißt andere von ihren Ideen und Plänen überzeugen, über alternative Lösungen und Kompromisse zu verhandeln bereit sein, Koalitionen eingehen u.a.

Konkurrenzbeziehungen, Flügelkämpfe und Konfliktaustragungsprozesse sind aus politischer Sicht somit nicht notwendigerweise destruktive Elemente für das Funktionieren der Unternehmung. In der Konfliktbeladenheit des Unternehmungsgeschehens liegt vielmehr auch ein konstruktives Potenzial für Erneuerungen und Lernprozesse; die ständige Konfrontation mit unterschiedlichen Ideen, Methoden, Interessen und Ansprüchen hilft zu verhindern, dass die Unternehmung sich zu einseitig auf einen einmal eingeschlagenen Kurs versteift und sich alternativen fitness-steigernden Entwicklungsmöglichkeiten verschließt. Trotzdem besteht natürlich stets die Gefahr, dass in der Unternehmung zuviel Energie in politischen Machtspielen gebunden wird und dadurch letztlich eine produktive und zielgerichtete Handlungsweise blockiert wird.

Eine wesentliche Aufgabe der Unternehmungsintelligenz besteht daher aus der Bewältigung der Problematik einer *konsensfähigen Gestaltung der Arbeits- und Sozialbeziehungen*. Politische Prozesse lassen sich in erster Linie durch die Anwendung von *Konfliktlösungsstrategien* kanalisieren. Prinzipiell lassen sich dabei fünf Grundstile der Konflikthandhabung unterscheiden (vgl. Perich 1993, S. 418 f), die zum Teil kombinativ einsetzbar sind: Vermeidung (»avoiding«), Anpassung (»accomodating«), Kompromiss (»compromising«), Konkurrenz (»competing«) und Zusammenarbeit (»collaborating«).

- *Vermeidungsstrategien* beinhalten z.B. Formen des psychologischen Abwehrverhaltens (Bsp.: Ignoranz, Isolation, Projektion, Kompensation, Regression, Aufschieben), der Abschottung, der raum-zeitlichen Trennung (Segregation), der Abschiebung, des Wechsels und der Ausweitung. Vermeidungsstrategien helfen zwar die Spannung von Konfliktsituationen zu ertragen, vermögen das Konfliktproblem jedoch häufig nicht zu beseitigen.

- *Anpassungsstrategien* beinhalten z.B. Formen des »Sich-Arrangierens«, des Konformismus, des Nachgebens, der Unterordnung und der Absorption.

- *Kompromissstrategien* beinhalten z.B. Formen des Aushandelns (»bargaining«), der Kanalisierung des Entscheidungsfindungsprozesses (Traktandenliste; institutionalisierte Abstimmungsmodi; Vetorechte), der Suche nach allseits akzeptierbaren Lösungen und des Anrufens einer Drittinstanz (Schlichtungsstelle).

- *Konkurrenzstrategien* beinhalten z.B. Formen der individuellen Machtanwendung (formale Weisungsbefugnisse; Manipulation; sozialer Druck; Überzeugungsarbeit usw.) und des »Powerplays« (Solidarisierung; vorübergehende Koalitionenbildung; Lobbying).

- *Zusammenarbeitsstrategien* beinhalten z.B. Formen der Kommunikation (Informationsstand aller Beteiligten ausgleichen; Transparenz schaffen), der Konfrontation (Artikulieren der gegensätzlichen Positionen; Verständnis der Konfliktursachen gewinnen als Voraussetzung für eine Lösungssuche), partizipative Entscheidungsfindung (gemeinsame Lösungserarbeitung durch alle Beteiligten; Schaffen von »Gewinner-Gewinner«-Situationen) und Einigung (freiwillige Zustimmung aller zur erarbeiteten Lösung).

Der letztgenannte Strategietypus bildet die aktivste und fruchtbarste - zugleich sehr häufig aber auch die aufwendigste und nicht immer realisierbare - Form der Auflösung einer Konfliktsituation. Um in der Unternehmung eine konsensfähige »politische Kultur« zu verankern, ist neben klaren und generell akzeptierten Spielregeln zur Entscheidung von Konfliktfällen auch in gezielter Weise auf die »politischen Reife« der einzelnen Systemmitglieder selbst einzuwirken. So setzt beispielsweise eine nach außen hin sichtbar gute Zusammenarbeit innerhalb des Teams der Geschäftsleitung für die ganze Unternehmung Signale. »Corporate Identity«-Maßnahmen tragen zusätzlich dazu bei, unter den Unternehmungsmitgliedern ein Gemeinschaftsgefühl zu schaffen und die Einhaltung grundlegender »Fairplay«-Regeln, wie beispielsweise das Einhalten eines sachorientierten Diskussionsstils, selbstverständlich erscheinen zu lassen.

9.3 Variabler sein: Fluide, heterarchische Strukturen

Flexibilität, Erneuerung und der Sinnbezug des Handelns im Rahmen entwicklungsbezogener Unternehmungsprozesse können durch Strukturen begünstigt oder gehemmt werden. Geeignete Rahmenbedingungen sollen deshalb dafür sorgen, alle Entwicklungspotenziale eines sozialen Systems ausschöpfen zu können. Aus der Selbstorganisationsperspektive ergibt sich, dass Entwicklung nur von innen heraus durch die eigene Dynamik des Systems erfolgen kann und sich aus einem interaktiven Wechselspiel der Teile ergibt. Dynamik und Wandel können mithin prinzipiell durch alle Mitarbeiter beeinflusst werden. Jeder Akteur erbringt Managementleistungen in einem selbstorganisierenden System. Management erweist sich mithin als eine »Eigenschaft des Systems« und findet *permanent* im gesamten System statt, jeder ist zumindest potenziell Gestalter bzw. Manager. Daraus folgt, dass entwicklungsfähige Systeme mit *variablen Interaktionsspielräumen* ausgestattet sein müssen.

9.3.1 Eigendynamik von Organisationstypen

Die Organisations- und Managementlehre präsentiert die Aufgabe der Strukturgestaltung der Unternehmung üblicherweise als Entscheidungsproblem zwischen jeweils polaren Strukturierungsprinzipien (z.B. Dezentralisation-Zentralisation, Einheit-Vielfalt, Kosten-Qualität, Routinisierung-Flexibilisierung). Verhaftet in der binären Denklogik des kartesianischen Weltbilds (vgl. Punkt 3.4) behandelt die betriebswirtschaftliche Theorie derartige Dilemmatas derart, dass sie sich eingehender nur mit der einen oder der anderen Strukturierungsvariante auseinandersetzt und dies damit begründet, dass eine Variante vorrangig oder besser ist oder beide zeitlich oder situativ nicht vereinbar sind.

Gerade ein von einem vernetzt-dynamischen Weltbild geprägter theoretischer Ansatz, der die dynamischen Qualitäten von Unternehmungen zu erfassen sucht, muss davon ausgehen, dass eine facettenreiche, sich rasch und häufig wandelnde Realität sich nicht durch einseitige Kategorisierungen beschreiben lässt, sondern vielmehr berücksichtigen, dass gerade die Realität von Unternehmungen inhärent paradox ist. Mit paradoxen Verhältnissen von hoher Prozessdynamik, mit gleichgewichtsfernen von verschiedenen Zieldimensionen geprägten Handlungsfeldern und mit zahlreichen konkurrierenden Erwartungen und Ansprüchen diverser interner und externer Bezugsgruppen umzugehen, ist ja ohnehin die Aufgabe des Managements. Eine dynamische Unternehmung muss deshalb strukturelle Attribute besitzen, die sich vielfach gegenseitig »logisch« widersprechen oder sogar ausschließen. Die Konzeption *dissipativer Strukturen* verkörpert ein solches nicht-lineares und ständig fluktuierendes System, wobei prinzipiell einander entgegengesetzte Wirkungseinflüsse simultan miteinander interagieren und die Dynamik des Systems bewirken. Die Wirkungsentfaltung einzelner Strukturkomponenten hängt in einer dissipativen Struktur davon ab, dass sich gegensätzliche Prinzipien und Ansprüche, welche der Struktur zugrunde liegen und sie prägen, jeweils in einer kritischen Balance bleiben. Sobald sich *eine* bestimmte Gestaltungsphilosophie allzu einseitig in der Unternehmungsstruktur durchsetzt bzw. ein bestimmtes Muster an Strukturierungsprinzipien übermächtig wird, wird diese Balance gefährdet und dysfunktionale Komponenten lösen in der Struktur einen »Umkippeffekt« aus (vgl. Perich 1993, S. 349).

Dynamische Ansätze der Unternehmungsstrukturierung müssen die Problematik des Ausgleichs stabilisierender, reproduktionsfördernder und destabilisierender, variabilitäts- und transformationsfördernder Ordnungselemente aufgreifen. Beide Ordnungsmuster sind notwendige und komplementäre Voraussetzungen für den Bestand und die Entwicklung eines sozialen Systems. Ein gewisses Maß an Stabilität ist nötig, um nach außen als handlungsfähige Einheit zu erscheinen und unter Ressourcenknappheit eine wirtschaftliche Leistungserstellung zu erbringen; zum anderen ist gerade in einem zunehmend turbulenten Umfeld ein immer höheres Maß an Wandel erforderlich, um mobiler, schneller und intelligenter handeln zu können. Im Rahmen der Organisationstheorie sind unter diesen Aspekten zwei grundlegende Strukturierungsphilosophien entstanden: mit dem *stabilisierenden Organisationstypus* wird eine bürokratische Ordnungsphilosophie verfolgt, die in erster Linie auf Beherrschbarkeit, Routine, Berechenbarkeit und Effizienz gerichtet ist; der *destabilisierende Organisationstypus* ist von einer adhokratischen Ordnungsphilosophie bestimmt und strebt ein Höchstmaß an Flexibilität, Erneuerung und Effektivität an.

Beide Strukturmodelle entwickeln Eigendynamiken. Eigendynamische Prozesse erzeugen die eine Unternehmung prägenden Strukturierungsmuster immer wieder selbst und neigen dazu, diese zu verstärken. Aus dieser Tendenz erwächst die Gefahr, dass die durch eine ursprünglich zugrunde gelegte Ordnungsphilosophie intendierte Struktur überbetont wird und die Unternehmung zu pathologischen Verhaltensweisen übergeht (vgl. Mayntz/Nedelmann 1987). Dies gilt sowohl für bürokratisch wie auch adhokratisch geprägte Strukturen. Prozesse der fortschreitenden Stabilisierung führen aus dem funktionalen Bereich der effizienten Leistungserstellung und optimalen Ausnutzung von Erfahrungseffekten zu immer mehr Trägheit, Persistenz und Rigidität und fast gänzlichen Unbeweglichkeit; beginnen variabilitätsgenerierende Prozesse in einem System zu dominieren, wird es aus dem funktionalen Bereich der Sensibilität, Aktionsbereitschaft sowie der laufenden Schaffung zukünftiger Erfolgspotenziale herausdriften, es kommt immer mehr ins Strudeln, um sich schließlich nach einer hektisch-neurotischen Phase gegebenenfalls vollends in Anarchie und Chaos aufzulösen.

Die Tatsache, dass bürokratisch strukturierte Organisationen im Zeitablauf unbeweglich werden und zur Erstarrung tendieren, wird von zahlreichen organisationstheoretischen Studien dokumentiert und ist auch empirisch untermauert (vgl. Perich 1993, S. 359 u. die angef. Lit.). Weit weniger ausführlich dargelegt und empirisch belegt sind dagegen die eigendynamischen Prozesse, die adhokratisch strukturierte Organisationen im Zeitablauf zu dysfunktionaler Fluktuation und Zersetzung führen. Die folgenden Argumente machen die Eigendynamik destabilisierender Organisationsformen erklärlich (nach Perich 1993, S. 359 ff.):

- Auf permanente Veränderung ausgerichtete, selbstorganisierende Systeme stimulieren sich ständig durch Krisen. In chaostheoretischer Bezeichnungsweise symbolisieren derartige Krisen Bifurkationspunkte mit Verzweigungen, wobei der eine Ast jeweils kreative und spontane Prozesse der Ordnungsbildung auf eine höhere Stufe verspricht, im anderen Ast jedoch eine immanente Tendenz zu Unordnung (höhere Entropie) bzw. destruktiven Prozessen des Ordnungszerfalls verborgen liegen.

- Dezentralisierte auf individuellen Freiraum ausgerichtete Strukturformen lassen zentrifugale Kräfte entstehen. Die einzelnen autonomen Subsysteme entfalten mit der Zeit eine eigene »Subkultur«, die sich soweit verselbständigen kann, dass die Teile immer mehr aus dem Gesamten ausscheren und sich womöglich gänzlich abspalten.

- Adhokratie artet in Anarchie aus, wenn alle Beteiligten sich nur auf kurzfristige Probleme stürzen, sich nur als »Champions« ihrer eigenen Produkte verstehen, sich in zerstörerische Machtspiele verwickeln und existenzielle Aufgaben vernachlässigen; so werden z.B. erworbene funktionale Stärken untergraben, wenn die Mitarbeiter ständig von einem zeitlich begrenzten Projekt zum nächsten wandern.

- Systeme, die sensitiv und für vielfältige (Informations-)Stimuli offen sind, erreichen bei zunehmender Informationsflut und Veränderungsintensität bald die Grenzen ihrer Verarbeitungskapazität. Negative Stressfunktionen (Überlastung, Orientierungslosigkeit, Rückzug, Rebellion, Zusammenbruch) überlagern dabei immer spürbarer ursprünglich positive Stressfunktionen (erhöhte Sensibilität und Reagibilität, energetische Stimulierung).

- Unbändige Freude am Experimentieren, das Primat der Entscheidung im Team und überzogene Flexibilität führen zu einem zu wenig überlegten, opportunistischen und nur kurzfristig ausgerichteten Handeln. Weil dadurch unkalkulierbare Risiken und Fehlentscheide, für die niemand verantwortlich sein will, zustandekommen, und generell eine Vision für die lange Frist fehlt, wird die Irrationalität der Organisation erhöht, der Weiterbestand ist gefährdet.

- Hochflexible Systeme können ohne ein rigoroses Zeitmanagement nur schwerlich auch schnell sein und synchronisiert handeln. Störungen im betrieblichen Handlungsablauf führen nicht selten zum Stillstand bzw. Zusammenbruch des gesamten Systems.

9.3.2 Heterarchie und organisationale Fluidität

Die vorstehenden Darlegungen haben klargelegt, dass weder eine stabilisierende, bürokratische noch eine destabilisierende, adhokratische Ordnungsphilosophie per se eine Grundtugend sind und der jeweilige Organisationstyp keine eindeutigen Erfolgspotenziale schaffen, sondern sowohl funktionale als auch dysfunktionale Wirkungen auf die Unternehmungsentwicklung haben kann. Zugleich bildet diese Erkenntnis aber auch den konzeptionellen Rahmen, der das Problem der strukturellen Dynamik von Unternehmungen in der intermediären Verfassung zwischen sozialer Erstarrung (»pure Stabilität«) einerseits und der Auflösung ins Chaos (»pure Variabilität«) andererseits zu fassen vermag. Vor allem mit Blick auf solche neuartigen und komplexen Aufgabenstellungen wird deutlich, dass Strukturen sich funktional zu den jeweiligen Problemstellungen verändern lassen müssen. Diese *»fluktuierenden Strukturen«* seien als Heterarchie bezeichnet.

> "Heterarchien sind aus mehreren, voneinander relativ unabhängigen »Akteuren«, »Entscheidungsträgern« oder »Potenzialen« zusammengesetzte Handlungs- oder Verhaltenssysteme, in denen es keine zentrale Kontrolle gibt, sondern die Führung des Systems in Konkurrenz und Konflikt, in Kooperation und Dominanz, in Sukzession und Substitution sozusagen immer wieder neu ausgehandelt wird oder von Subsystem zu Subsystem bzw. von Potenzial zu Potenzial wandert" (Bühl 1987, S. 242 in Anlehnung an Taschdjian 1981).

Dabei soll nicht verkannt werden, dass einer solchen Fluktuation auch Grenzen gesetzt sind. Formale und stabile Hierarchien sind z.B. für die Repräsentation des Systems (etwa gegenüber Kunden) unverzichtbar, und außerdem verlangen Gesetzesvorschriften nach einer eindeutigen, auch personell zurechenbaren Klärung der Verantwortlichkeiten.

Dies steht jedoch nicht im Widerspruch zur Idee der »fluktuierenden« Struktur, denn die formale Hierarchie ist in diesem Fall funktional in bezug auf die zuvor angesprochenen Probleme, und es ist ebenfalls funktional, diese Hierarchie dauerhaft zu konstruieren, da diese Konstanz vor allem aus rechtlicher Sicht erforderlich ist. Die Fluktuation sollte deshalb dort einsetzen, wo die *Problemlage* eine andere Struktur erfordert. Zu erkennen, wann und wo dies der Fall ist und welche alternativen Strukturen eingesetzt werden können, ist deshalb ein zentrales Gestaltungsproblem. Dies lässt sich umso besser lösen, je mehr Managementpotenziale freigesetzt werden - je mehr Management als eine Systemeigenschaft anerkannt wird. Heterarchie bedeutet also nicht »Anarchie«, sondern vielmehr, dass Verantwortungs- und Kompetenzbereiche sowie Kontrollinstanzen nur virtuell gegeben sind und sich je nach Gegebenheit der Umwelt oder Interaktionssituation verschieben (vgl. Bühl 1987, S. 242). Dies ist dann möglich, wenn soziale Systeme über ein hinreichendes Maß an breit gestreuten redundanten Fähigkeiten verfügen.

Unter Verwendung einer Metapher aus der Chemie lässt sich das Dynamikspektrum der heterarchischen Struktur als eine Serie von Zuständen zwischen flüssiger und fester Form veranschaulichen und im Einzelfall durch die Bestimmung des jeweiligen Fluiditätsgrades ausdrücken. Unterteilt man das Kontinuum aus Praktikabilitätsgründen in einzelne diskrete Abschnitte, so lassen sich die bereits bekannten vier idealtypischen Zonen in einen Gesamtbezug zueinander setzen (vgl. Abb. 47).

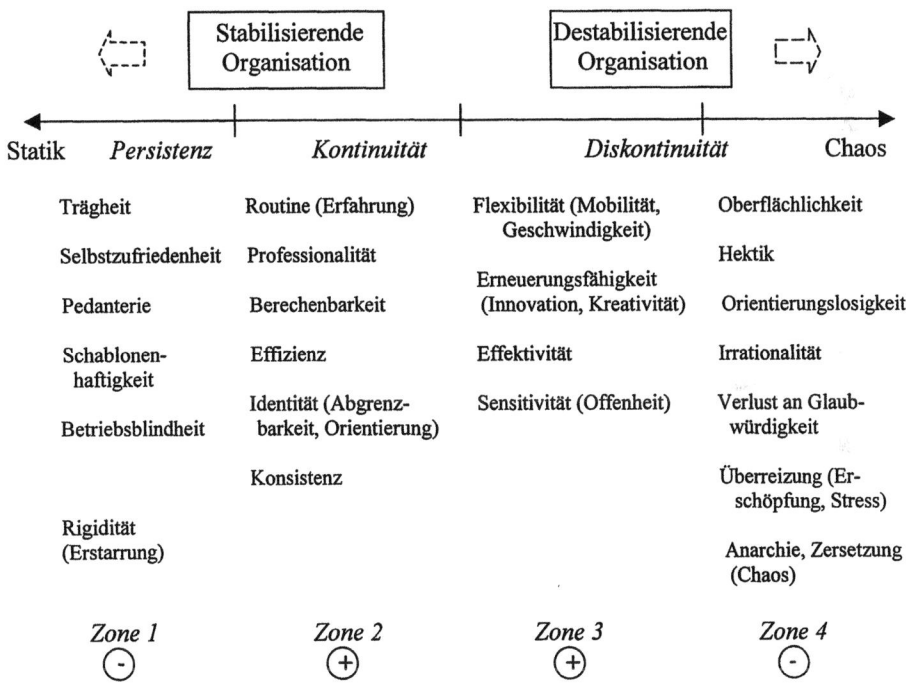

Abb. 47: *Das Spektrum organisationaler Fluidität*
(Quelle: Perich 1993, S. 364)

Die dauerhafte Bestandserhaltung einer Unternehmung verlangt nach einer Kombination bzw. wechselseitigen Durchdringung stabilitätsgenerierender und variabilitätsgenerierender Strukturelemente (Zonen 2 und 3); gewinnen stabilitätsgenerierende (Zone 1) bzw. variabilitätsgenerierende (Zone 4) Strukturelemente die absolute Oberhand, kippt die Unternehmung in Ordnungszustände um, die ihren weiteren Bestand auf Dauer nicht mehr zu gewährleisten vermögen. Das Aufrechterhalten eines bestands- und fortschrittsichernden »organisationalen Fluiditätsgrades« ist somit typischerweise ein permanentes Balancieren zwischen Zonen der »produktiven Spannung« und dysfunktionaler »Kontraproduktivität«. Hierbei muss man in der Regel davon ausgehen (vgl. Perich 1993, S. 365), dass

- bei den meisten etablierten Unternehmungen im heutigen Kontext eher ein *Defizit an variabilitätsfördernden Strukturierungsmechanismen* besteht und deshalb die Flexibilisierung der Unternehmungsstrukturen im Vordergrund steht;

- im Zeitablauf veränderte und neue Bedürfnisse an die Unternehmungsordnung gestellt werden und dass dann *gewisse Komponenten in ihrer Bedeutung variieren*, generell an Relevanz verlieren oder gänzlich obsolet werden, während hingegen andere noch gar nicht abschätzbar sind und erst im Zeitablauf neu entstehen und damit zusätzlich hinzukommen;

- eine heterarchische Organisation *hohe Anforderungen an die Unternehmungsmitglieder* stellt (z.B. das Problem der »Matrixfähigkeit«, der kognitiven Informationsverarbeitungskapazität oder die Voraussetzungen zur Anwendung eines partnerschaftlichen Führungsstils);

- besonders das Management gefordert ist (z.B. Delegationsfähigkeit, Vertrauensvorschuss, soziale Kompetenz) (vgl. Abschn. 9.2); hinzu kommt meistens, dass hierarchisch gesicherte Machtpositionen aufgelöst, Machtressourcen jedoch in der Regel ungern abgegeben werden. Somit kommen Entwicklungsprozesse häufig dann zum Stillstand, wenn zentrale Ressourcen betroffen sind und es »Verlierer« gibt. Um so wichtiger ist es, die Interaktionsfähigkeiten der Akteure zu stärken und in Konfliktsituationen sozial verträgliche Lösungen zu finden.

9.3.3 Prinzipien des Strukturierens

Die entwicklungsorientierte Gestaltung des Wandels durch fluide, heterarchische Strukturen mit einer Verankerung des positiven Spannungsverhältnisses des stabilisierenden und destabilisierenden Organisationstypus in der Unternehmungsstruktur stellt bei der Unternehmungsgestaltung fünf *Strukturierungsprinzipien* in den Vordergrund:

(a) strukturelle Koexistenz, (b) lose Kopplung, (c) Kunden-Fokus,
(d) Netzwerk-Kommunikation, (e) Minimal-Organisation.

Zusammengenommen wird mit diesen Prinzipien die strukturelle Grundkonzeption einer »fluiden, heterarchischen Organisation« umrissen.

a) Strukturelle Koexistenz

Die Sicherstellung von Kontinuität und Wandel sind die notwendigen und hinreichenden Mindestaufgaben einer jeden Organisation. Wenn es sich empirisch erweist, dass ein und dieselbe Struktur beide Aufgaben nicht zufriedenstellend lösen kann, bietet sich an, mindestens zwei parallele Strukturen zu installieren. Eine einheitliche Struktur wird der Dynamik von Unternehmungen in den meisten Fällen nicht gerecht. Einzelne funktionale Unternehmungskomponenten und Subsysteme verfügen teilweise über völlig verschiedene Eigenheiten, zeitliche Verlaufsmuster und jeweils relevante Umwelten, so dass die Gesamtunternehmung ein äußerst heterogenes Gebilde darstellt. Die jeweilige Unzulänglichkeit der beiden archetypischen Strukturierungsmodelle - stabilisierende und destabilisierende Organisation - für spezifische Handlungsprozesse macht es erforderlich, die Grundstruktur von Wirtschaftssystemen dualistisch zu gestalten. Aus der *Sicht der Gestaltung der Unternehmungsordnung* heißt dies, dass beide Gestaltungsmodelle *innerhalb* desselben Gesamtsystems *koexistieren müssen*. »Koexistenz« bedeutet hierbei zweierlei: zum einen bezeichnet der Terminus das *"Nebeneinander existieren"*, zum anderen meint er das *"Gleichzeitig verwirklichen"*. Die erste Bedeutung wäre durch eine *modulare* Struktur der Unternehmungsgestaltung realisierbar, die zweite Bedeutung verweist auf *mehrdimensionale* Strukturierungskonzepte.

Eine *modulare* Struktur ist prinzipiell so konzipiert, dass unterschiedliche Subsysteme auch modellmäßig unterschiedlich strukturiert werden. Innerhalb derselben Unternehmung befinden sich dann »bürokratisch« strukturierte Subsysteme *neben* solchen flexibel und temporär agierenden Subsystemen, die »adhokratisch« konzipiert sind. Die Gesamtkoordination wird von einem relativ stabilen Kernsystem (»framework«) übernommen, um das sich die ausgegliederten und in ihrer Konfiguration immer wieder wechselnden Unterorganisationen (»modules«) als Grenzsysteme gruppieren. Die zentrale Unternehmungseinheit wirkt als Dachholding bzw. Holdingzentrale zu den modularen Subsystemen.

Mehrdimensionale Strukturierungskonzepte institutionalisieren innerhalb derselben organisationalen Einheit *gleichzeitig* unterschiedliche Strukturierungserfordernisse, wodurch die Varietät unternehmerischen Handelns erheblich erhöht wird (vgl. Ulrich 1987, S. 212). Probleme mit unterschiedlichem Komplexitätsgrad und unterschiedlicher Bedeutsamkeit für die Gesamtorganisation werden miteinander verbunden. In der Matrix-Organisation wird in Anlehnung an *Taylors* Mehrliniensystem *simultan* zwei Aspekten eines Problembereiches Aufmerksamkeit geschenkt (z.B. Verrichtung und Objekt) und bei der Tensor-Organisation sogar drei Aspekten (Verrichtung, Objekt, Region). Die mehrdimensionale Strukturierung kann dauerhaft mit einer längerfristigen Stabilität von Strukturen, Stellen und Personen vorgesehen werden oder rotierend, wenn befristete Projekte abzuwickeln sind und folglich ein häufiger Wechsel von Stellen und Personen damit einhergeht.

Das »Koexistenzmodell« sieht *mindestens* vor eine

- Leistungserbringungs-Organisation (Primärorganisation) und eine
- Unternehmungsentwicklungs-Organisation (Sekundärorganisation),

die durch die Geschäftsleitung verbunden sind und koordiniert werden (vgl. Fuchs 1995, S. 92 ff). Heterarchische Organisationen benötigen lediglich *zwei Ebenen:* die Ebene der Arbeitsteams und die der Koordination. Die Koordinationsebene stimmt die Ziele der einzelnen Arbeitsgruppen im Hinblick auf den Zweck des sozialen Systems ab und koordiniert Interaktions- und Austauschprozesse.

Die Leistungserbringungs-Organisation ist der Bereich der Unternehmung, in dem die eigentliche Wertschaffung geschieht. Sie wird als operationelle Grundstruktur durch kundenorientierte Geschäftsprozesse bestimmt und erfolgt weitgehend in Teams mit Ergebnisverantwortung. Die Arbeit in einem solchen *Leistungszentrum* geschieht weitgehend selbstorganisierend und wird von einem - vom Team auf Zeit gewählten - Leiter des Leistungszentrums geführt und als Teamsprecher verantwortet. Die Leistungszentren bilden als »Centers of Competence« eine *Leistungslandkarte* der Unternehmung, einen Verbund von Leistungszentren (Fuchs 1995, S. 88) zur Abwicklung kundenausgerichteter Geschäftsprozesse. Das geregelte Miteinander der Leistungszentren bildet die »Linienorganisation«.

Die Unternehmungsentwicklungsorganisation ist eine innovationsförderliche Parallelorganisation (vgl. Staehle 1991, S. 332). Die Bearbeitung schlecht-strukturierter, komplexer Probleme und die Einleitung von Dynamik und Wandel durch unternehmungsbezogene Entwicklungsprojekte ist ihre Aufgabe. Das Organisationskonzept schließt die Managementphilosophie ein, dass Innovationen und Wandel einen Organizational Slack benötigen, das heißt einen Überschuss an Ressourcen - wie Zeit, Geld, Mitarbeiter - über das übliche Notwendige hinaus voraussetzen (vgl. Staehle 1991, S. 316). Es kann durch die Bildung von Task Forces, Projekt-Teams, einer Netzwerk-Organisation oder Intrapreneuring verwirklicht werden. Die Arbeit wird durch Projektstrukturen und Projektmanagement gestaltet und gelenkt. Eine »Projektorganisation« besteht aus einer Vielzahl fluktuierender temporärer Task Forces. Projektmitarbeiter sind nur zeitweise aus den Leistungszentren für definierte Aufgaben in definierten Projektrollen abgeordnet; auch der Projektleiter, dem die Projektleitung übertragen wird, ist »Manager auf Zeit«. Die Mitarbeiter in den Projekten sind entweder dauerhaft in eigenen Entwicklungsstellen tätig, die nur Projekte machen, wie in der Forschung und Entwicklung, Softwareentwicklung, Fort- und Weiterbildung, oder sie werden aus den Leistungszentren vorübergehend und zeitanteilig zu Projekten abgeordnet und übernehmen projektbezogene Aufgaben und Rollen, behalten jedoch ihre »Heimat« in der Leistungserbringungs-Organisation.

Alle Projekte innerhalb der Projektorganisation brauchen einen Auftraggeber; Projekte müssen deshalb initiiert werden. Ein Auftrag kann entweder von der Geschäftsleitung erteilt werden oder von Leistungszentren der Leistungserbringungs-Organisation ausgehen, zugleich ergibt sich daraus deren Verantwortung für die Umsetzung der Projektergebnisse. Ein Projektlenkungsausschuss übernimmt oft die Auftraggeberrolle im Verhältnis zum Projektleiter eines Projektes; die beauftragenden Leistungszentren sind im Lenkungsausschuss vertreten. Die Projekte lassen sich organisatorisch zu thematischen Gruppen zusammenfassen, zum Beispiel Markt-, Produkt-, Organisations- und Personalentwicklung (vgl. Fuchs 1995, S. 91).

Eine zentrale Unternehmungseinheit bzw. die Geschäftsleitung nimmt die Verbindungsfunktion wahr, welche durch die Zuordnung von z.B. mindestens einer Gruppe von Innovationsprojekten und mindestens einem Leistungszentrum in der Leistungserbringungs-Organisation verwirklicht wird. Die Geschäftsleitung priorisiert die Projekte und steuert das Projektportfolio. Gerade für die Strukturierung der Leitungsorgane im Rahmen einer fluiden Organisation kommt dieser Form der Mehrfachunterstellung eine erhebliche Bedeutung zu. In großen internationalen Unternehmungen wird sogar die Verantwortlichkeit der Geschäftsleitung zum Beispiel derart gebündelt, dass jedes Geschäftsleitungsmitglied gleichzeitig sowohl für eine Geschäftssparte (Produkt) als auch für eine geographische Region (Markt) und einen zentralen Dienstbereich (Funktion) zuständig ist (vgl. Ulrich 1987, S. 197 - 213).

Das Koexistenzmodell wird der Abfolge von Zeiten der Ruhe mit geringen Veränderungen und Zeiten der Umbrüche gerecht und unterstützt den Wandel durch das organische mehrdimensionale Zusammenwirken der Strukturierungskonzepte. Die Koexistenz-Organisation schafft eine Transparenz der Leistungsprozesse und der Entwicklungsprojekte. Dies schafft beste Voraussetzungen zur Optimierung und für ein straffes Controlling *aller* Projekte in der Unternehmung. Vor allem bietet sie aber Chancen zum Experimentieren, zum Fehlermachen und zur Selbstorganisation als Voraussetzung für individuelles und organisationales Lernen, ohne den Routineablauf der Leistungsprozesse zu gefährden. Für eine humanpotenzialorientierte Unternehmungsführung ist besonders dienlich die flexible Personalentwicklung mit Karrierewegen über Linien- und Projektrollen.

b) Lose Kopplung

Eine nach dem Prinzip der losen Kopplung konzipierte Unternehmungsstruktur ist dadurch charakterisiert, dass die Einzelteile größtmögliche Selbständigkeit (Autonomie) besitzen und trotzdem in einen übergeordneten Verbund eingebunden sind. Im Gegensatz zur engen, starren Verkettung will die lose Kopplung durch eine lockere Verknüpfung teilautonomer Gruppen, Abteilungen oder Systeme die weitestgehende *Dezentralisation* von Entscheidungsbefugnissen herstellen und den autonomen Subeinheiten den nötigen Freiheitsraum für ein flexibles und individuell auf ihre jeweilige Umgebung angepasstes Handeln ermöglichen. Lose Kopplung erleichtert die lokale Anpassung von Subsystemen gerade im Hinblick auf die heutige Dynamik von Umweltveränderungen an je typische Umwelten. Eine lose Kopplung bewirkt vor allem, dass z.B. Fehler/Störungen in einem Teilsystem bzw. einer kleinen Organisationseinheit (Gruppe, Abteilung) nicht automatisch auf das Gesamtsystem durchschlagen, sondern auf dieses begrenzt bleiben und dezentral vor Ort behoben werden können (vgl. Staehle 1991, S. 331).

Das Prinzip der losen Kopplung bildet die weitreichendste Form auf einer ganzen Skala an Konzepten, die durchaus dem klassischen Organisationsrepertoire angehören und die allesamt durch unterschiedliche Grade der Autonomiegewährung die *Leitungsbe-*

ziehungen zwischen der Unternehmungsspitze und einzelnen organisationalen Subsystemen regeln. Beispiele für solche Organisationsmodelle sind Formen der nach Produktgruppen (Objekten) oder Gebieten (Regionen) strukturierten Unternehmung als Geschäftsbereichs- oder Spartenorganisation. Am stärksten wird das Prinzip autonomer Einheiten im System der *föderativen Dezentralisierung* verwirklicht mit Subsystemen für bestimmte Produktgruppen, eigenem Ein- und Verkaufsmarkt sowie eigener Erfolgsrechnung und eigenverantwortlichem Management, die dann treffend als Profit-Center bezeichnet werden. Auch das aufgrund nachteiliger Aspekte der Geschäftsbereichsorganisation entwickelte Konzept strategischer Geschäftseinheiten (SGE), welche im Zuge der Einrichtung eines Portfolio-Managements durch die Zusammenfassung homogener Produkt/Markt-Kombinationen mit einer Konkurrenzsituation zu anderen Anbietern bei einer klar abgrenzbaren Kundengruppe gebildet werden, erstrebt die strategische Autonomie der SGE's (vgl. Staehle 1991, S. 696 f und 708 f).

Kennzeichnend für eine föderalistische Grundkonzeption von Subunternehmungen ist die ausgeprägt *polyzentrische Struktur*. Damit die autonomen Subsysteme effizient arbeiten können, müssen alle wichtigen Unternehmungsfunktionen in diese Subsysteme eingebaut werden. Jeder Teil verfügt somit prinzipiell über alle bestands- und fortschrittsnotwendigen Funktionen; in einem *holistischen* Sinne ist das Ganze jeweils in seinen Teilen in allen Funktionen repräsentiert. Zwischen den einzelnen Subsystemen selbst brauchen kaum Synergiepotenziale bestehen, und dies lässt eine lose Kopplung zu. Die lose Kopplung unter den Subsystemen hat den großen Vorteil, dass gezielt nur ein Teil verändert oder sogar abgestoßen werden kann, ohne das Ganze zu tangieren und somit womöglich andere Abläufe unnötig zu stören. Der Zusammenhalt und die Koordination eines durch lose Kopplung geprägten föderalistischen Gefüges erfolgt auf der Basis der *"straff-lockeren Führung"* (Peters/Waterman 1984, Kap. 12). Der starken Individualität und Selbständigkeit der verschiedenen autonomen Subsysteme steht ein Bündel allgemeingültiger Spielregeln sowie klare strategisch-visionäre Leitlinien für das Gesamtsystem gegenüber, welche als unumstößliche Bestandteile im *Wertesystem* der Subsysteme verankert sind und deren Selbstverständnis auf nachhaltige Weise prägen. Die Beherrschbarkeit der Autonomie seitens der Unternehmungsleitung wird maßgeblich durch *informationstechnologisch gestützte Managementsysteme* (vgl. Bleicher 1996, S. 262 ff., Schwaninger 1994) ermöglicht; sie erlauben es, trotz erheblich erweiterter Kontroll- bzw. Leitungsspanne die Direktheit und Intensität der Kontakte zu erhalten und die operative und strategische Gesamtkoordination zu übernehmen.

c) Kunden-Fokus

Ein weiterer Ansatzpunkt zur Steigerung der organisationalen Fluidität bezieht sich auf die Form, wie Geschäftsprozesse ausgerichtet und Unternehmungsressourcen zugewiesen werden.

Die Beschreibung einer Unternehmung als "eine Ansammlung von Tätigkeiten, durch die .. Produkte entworfen, hergestellt, vertrieben, ausgeliefert und unterstützt" (Porter

1996, S. 63) werden, kennzeichnet eine Betrachtung, in der der »Kunde« gar nicht vorkommt, Produkte oder Dienstleistungen werden in einer »geschobenen Wertschöpfungskette« an den Markt gebracht (vgl. Fuchs 1995, S. 95). Dieser Sichtweise ist immanent, dass die beim Kunden realisierte Gewinnspanne von kaum oder wenig Werte schaffenden Aktivitäten aufgezehrt wird, indem viele Unternehmungsteile aus der Umlage von Gemeinkosten Werte zugeschrieben bekommen.

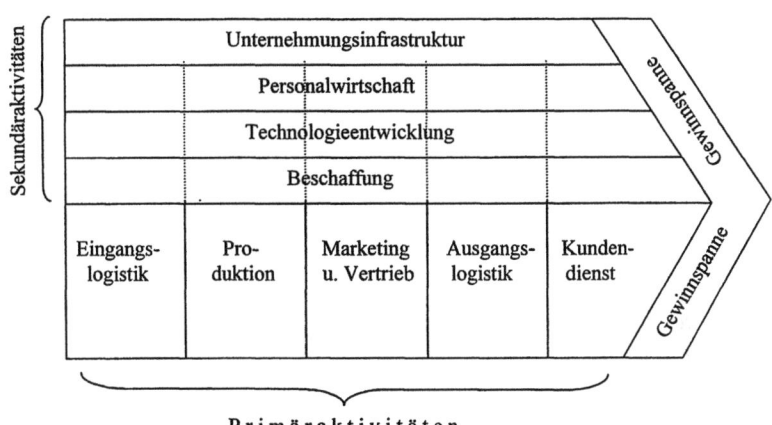

Abb. 48: Die »Wertekette« nach Porter
(Quelle: Porter 1996, S. 62)

Eine sich am »Kunden-Fokus« orientierende Unternehmung setzt sich bewusst den Wünschen und Bedürfnissen der Kunden aus. In einer Kundenbeziehung artikuliert der Kunde den erwarteten Nutzen und will diesen erfüllt bekommen; nur dann wird die nutzenbringende Leistung auch honoriert. Der Kunden-Fokus als Leitkonzept zielt darauf, dass sich sämtliche Ressourcen der Unternehmung auf die Kundensituation fokussieren. Die Abkehr von der produktorientierten zur kundennutzenorientierten Denkweise führt bei den Geschäftsabläufen der Unternehmung zum Umdenken, der Kunde löst aus und »zieht«, die Kundenbe»ziehung« ergibt eine gezogene Wertschaffungskette. Diese in einem dynamischen Marktumfeld kundengetriebene *Wertschaffungskette* zeigt auf, wo und wie Werte geschaffen werden.

Eine Unternehmung ist ein Verbund von Leistungszentren, die für ihre externen und internen Kunden Leistungen erbringen. Die Leistungszentren definieren sich durch ihre Leistungen für ihre Kunden.

Durch die gezogene Wertschaffungskette wird die Unternehmung zum Supportsystem für die kundennahen Bereiche. Sie kann und muss schnell und flexibel auf Kundenwünsche reagieren, denn jetzt hat *jeder* Kunden: Die Zentrale hat die Werke und Niederlassungen als Kunden, die Niederlassungen haben die lokalen Geschäftsstellen und die Geschäftsstellen die Kundenberater, Servicetechniker, Verkäufer usw. Das Modell einer Unternehmung als Verbund von kundenorientierten Leistungszentren beschreibt interne und externe Kunden-Beziehungen. Die Geschäftsabläufe werden prinzipiell nach dem Pull-Prinzip gesteuert, das heißt abnehmende Einheiten intervenieren in vorgängige Prozesse. Das Denken ist output- und ergebnisorientiert, nicht tätigkeits- oder verrichtungsorientiert. Jeder muss für seine Kunden Werte schaffen.

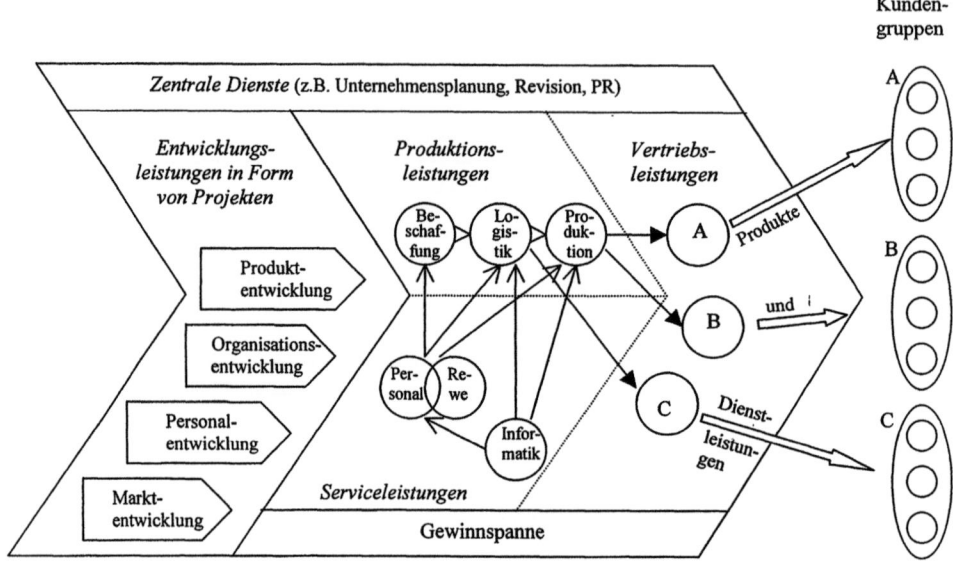

Abb. 49: Die »kundenorientierte Wertschaffungskette«
(Quelle: Fuchs 1995, S. 96)

Mit der Internalisierung der Idee des »Marktes« in die Unternehmung tritt an die Stelle zentraler oder historisch begründeter Verteilungsschlüssel das *Element der internen Konkurrenz*. Dadurch kann flexibel auf veränderte Ressourcenbedürfnisse einzelner Subsysteme reagiert werden, die Bereitschaft zur Innovation wird auf vielfältige Weise stimuliert. Der Sinn bzw. Wert und die Existenzberechtigung einer Unternehmung und eines internen Leistungszentrums ergeben sich aus dem *Kundennutzen,* der erzeugt wird, und der notwendigerweise ständig ausgehandelt werden muss. Typische Kundennutzen von Unternehmungen bei ihren externen Kunden sind beispielsweise Mobilität (Autohersteller), Liquidität (Bank), Sicherheit (Versicherung), Erlebnis (Reiseveranstalter), Bequemlichkeit (Taxi) usw. Auch interne Dienste und Leistungszentren sollen Nutzen bei ihren Kunden stiften; diese Nutzenkategorien sind üblicherweise Fähigkeiten, die durch Menschen in der Unternehmung erzeugt werden. So nützt der Einkauf der Produktionsfähigkeit der Produktion, die Produktion dient der Lieferfähigkeit des Vertriebs, Controlling will die Entscheidungsfähigkeit der Mitarbeiter und Manager »vor Ort« und in der Zentrale unterstützen, das Personalwesen kümmert sich um die Einsatzfähigkeit der Mitarbeiter, der Bereich Information und Kommunikation will die Kommunikation der Menschen innerhalb der Unternehmung und auch zu den Lieferanten und Kunden verbessern, usw. (vgl. Fuchs 1995, S. 27 f).

Für die Sichtweise einer Unternehmung als vitale, auf Fitness orientierte Organisation ist das klassische Bild mit Matrizen, Stäben, Linien und Hierarchieebenen nicht mehr geeignet. Geeigneter ist eine Leistungslandkarte miteinander verbundener »Leistungszentren« mit ihren Leistungsflüssen zu ihren externen und internen Kunden. Ein Leistungszentrum muss sich als Kompetenzzentrum verstehen, das sich durch seine Kompetenz und seine Leistungen für seine jeweiligen Kunden profiliert. Der Kundennutzen und die Leistungsbeiträge der einzelnen Leistungszentren, der Teams in diesen Leistungszentren und der einzelnen Mitarbeiter zu der Leistungskette stehen im Vordergrund. So wird es möglich, dass das Management und jeder Mitarbeiter die Unternehmung als Ganzes sieht und seine Rolle im Verbund begreift. Die Leistungsprozesse quer durch die Unternehmung bis hin zum Kunden werden erkennbar. Der Blick aufs Ganze hilft der Unternehmungsentwicklung auf dem Weg zur kundenorientierten lebendigen Organisation. Das fordert und fördert ganzheitliches Denken und Handeln als Voraussetzung für die Flexibilisierung, für das Einführen von Teamstrukturen und für das Entdecken von »Blindleistungen«, also Leistungen, die von keinem externen oder internen Kunden gebraucht oder honoriert werden.

In einer nach dem Kunden-Fokus ausgerichteten Sichtweise können die Geschäftsprozesse innerhalb einer Unternehmung in fünf Kategorien eingeteilt werden:

- *Vertriebsleistungen* sind Leistungen, welche die Kundenwünsche und die Fähigkeiten der Unternehmung zum wechselseitigen Nutzen zusammenführen. Verkaufen heißt erkennen, was der Kunde braucht, und Wege finden, damit die Unternehmung diese erfüllen kann.

- *Produktionsleistungen* sind Leistungen, die innerhalb des Erstellungsprozesses von Produkten und Dienstleistungen erbracht werden.

- *Serviceleistungen* sind Leistungen, welche die vertrieblichen und produktionsbezogenen Prozesse durch interne Dienstleistungen unterstützen.

- *Zentrale Dienste und hoheitliche Leistungen* sind solche, die auf unternehmungsweiten Nutzen gerichtet sind oder gesetzlich oder von Kapitalgebern gefordert werden (z.B. Unternehmungsplanung, Revision, Public Relations).

- *Entwicklungsleistungen* sind meist größere komplexe Leistungen, die - vielfach als Projekte - der strategischen bzw. fitness-orientierten Weiterentwicklung der Unternehmung dienen.

Nach dem Prinzip der Koexistenz werden die ersten vier Leistungsarten eher als stetige Prozesse in einer Leistungserbringungs-Organisation abgewickelt, für die Innovationsprozesse empfiehlt sich die projektorientierte Gestaltung im Rahmen der Unternehmungsentwicklungs-Organisation.

Das Prinzip des Marktes gilt außer auf dem »ökonomischen Markt« für physische Ressourcen sowie Finanzmittel auch für den »informationellen Markt«, auf dem Wissen und Ideen ausgetauscht werden, und den »politischen Markt«, auf dem um Zustimmung und Legitimierung von Seiten des oberen Managements und auch der übrigen Unternehmungsmitglieder geworben wird. Die Leiter einzelner Subsysteme, aber auch individuelle »Product Champions« sind gehalten, sich durch Initiative, Überzeugungskraft und letztlich natürlich durch erfolgversprechende Projekte die benötigten Ressourcen auf diesen Märkten zu beschaffen. Die Regulierung der Ressourcenverteilung über Marktkräfte geht einher mit einer Zunahme der Bedeutung der *politischen Dimension* des Organisierens und bedeutet eine Flexibilisierung der Machtstrukturen. Dies trifft vor allem das »mittlere« Management, hier kann Macht sich relativ frei verlagern, während sie an der Unternehmungsspitze sowie auf der operationellen Ebene im Rahmen der hierarchischen Struktur weiterhin konzentriert bleibt (vgl. Perich 1993, S. 371 f).

Die Unternehmungsprozessgestaltung nach dem Prinzip des Kunden-Fokus mit der Verankerung von Marktmechanismen in der Unternehmung bewirkt eine Stärkung der Selbstorganisation und Freiräume für innerbetriebliches Unternehmertum (»Intrapreneurship«). Vom Prinzip des Marktes geprägte Strukturlösungen greifen über Unternehmungsgrenzen hinaus: Informationen, Ideen, benötigte Güter usw. werden da beschafft, wo sie bedürfnisgerecht am schnellsten und kostengünstig verfügbar sind. Dies kann zu neuen Formen und Strategien der interorganisationalen Zusammenarbeit (Joint Ventures, Strategische Allianzen usw.) führen und fördert dadurch im Sinne des Unternehmungsarchitektur-Ansatzes (vgl. Pkt. 9.1) die Variabilität der Unternehmung.

d) Netzwerk-Kommunikation

Die zweckmäßige Strukturierung der *Bereitstellung und Übertragung* von Informationen innerhalb der Unternehmung sowie zwischen Unternehmung und Umwelt ist eine wesentliche Aufgabe der Organisationsgestaltung. »Information« ist eine zentrale Unternehmungsressource. Informations- und Kommunikationssysteme verringern Zeit- und Raumdistanzen. Dies ist vor allem von maßgeblicher Bedeutung, wenn diese Distanzen - wie bei weltweit tätigen Unternehmungen - groß sind. Die Nutzung informationstechnologischer Potenziale macht ausgedehnte informationstechnische Netzwerke, die Kommunikation über beliebige Distanzen und eine hohe Durchdringung der Unternehmung mit Informations- und Kommunikationsanwendungen möglich (vgl. Griese 1992, S. 165). Mittels elektronischer Datenverarbeitungs- und Kommunikationsmedien kann über die Unternehmung eine *netzwerkförmige Kommunikationsstruktur* gelegt werden, welche die traditionelle Leitungsstruktur überlagert und gegenüber dieser zunehmende Bedeutung erfährt. Mit einem solchen informationstechnischen Netzwerk liegt ein auf multiplen Beziehungen beruhendes dynamisches Strukturprinzip vor, das unabhängig von der Organisationsstruktur die Kommunikation innerhalb einer Unternehmung von Arbeitsplatz zu Arbeitsplatz zulässt. Statt hierarchischer (»Baum-Struktur«) ergeben sich heterarchische (»Netz-Struktur«) Kommunikationsstrukturen.

Informations- und Kommunikationssysteme lösen organisatorische Veränderungen innerhalb einer Unternehmung und im Verhältnis zu ihren Marktpartnern aus. Diese organisatorischen Veränderungen sind nicht eine zwangsläufige Folge des Technikeinsatzes, sondern organisatorischer Gestaltung mit dem Ziel, Wettbewerbsvorteile aufzubauen oder die Fluidität und das Dynamikspektrum der Unternehmungsorganisation zu steigern.

Die wesentliche strukturelle Wirkung einer netzwerkförmigen Kommunikation besteht in der *Potenzierung der möglichen Kommunikationskanäle*. Dadurch erhöht sich die Anzahl an Kontaktmöglichkeiten (»jeder kann prinzipiell mit jedem kommunizieren«), ebenso wie die Direktheit der Kommunikationswege. *Information hat die Möglichkeit, freier und rascher zu zirkulieren.* Die Informations- und Kommunikationsmedien erlauben zusätzlich einen dezentralen Zugriff auf interne und externe Datenbestände und machen mithin Informationen in der Unternehmung umfassend verfügbar. Aus fitnessorientierter Sicht ergeben sich daraus größere Chancen zur Kreativität durch informationelle Verknüpfungen, eine höhere organisationale Sensitivität durch die Redundanz über mehrere Kanäle laufender Informationen sowie, weil Kommunikation nicht mehr verhindert werden kann, eine bessere organisationale Transparenz und Kommunikationskultur.

Durch diese Wirkungen der netzwerkförmigen Kommunikation lassen sich - gerade auch bei weltweit tätigen Unternehmungen - erhebliche Dynamikvorteile nutzen. Teamarbeit kann über lokale oder Fern-Netzwerke intensiviert werden. Planungsprozesse können zeitnäher laufen. Eine Funktionsintegration wird möglich, zum Beispiel wenn alle Einkaufsvorgänge für die Fertigung zahlreicher Produktionsstätten an einem Ort zusammengefasst werden. Weitergehend bietet sich eine Integration der Wertschaffungskette an, wenn zum Beispiel Mitarbeiter des Einkaufs, Entwicklungsingenieure und Konstrukteure, Fertigungsspezialisten und Kundenbetreuer mittels gemeinsamer Datenbasis sich über ihren Arbeitsfortschritt informieren und in gegenseitiger Abstimmung Aktivitäten durchführen und deren Arbeitsergebnisse in der Datenbasis ablegen. Letztlich zeichnet sich der Übergang von der »realen« zur »virtuellen« Unternehmung ab. Zwischen Marktpartnern könnte ein Prozess- und Wissensverbund gestaltet werden (vgl. Griese 1992, S. 166 ff).

e) Minimal-Organisation

Das Prinzip der Minimal-Organisation besagt, dass sowohl die *Anzahl bzw. Dich*te struktureller Regelungen als auch die *Größe* einzelner Organisationseinheiten möglichst - dem »menschlichen Maß« entsprechend - klein gehalten werden soll (»small is beautiful«) (vgl. Peters/Waterman 1984, Kap. 11). Die äußerst *sparsame* Verwendung formaler Regelungen und Dokumente soll erreichen, dass die Struktur dynamisch bleibt. Unternehmungen versuchen stattdessen auf Komplexität mit ebenso komplexen Strukturen und Koordinationssystemen zu antworten; in der Folge entstehen häufig immer engmaschigere und unübersichtlichere Strukturmuster, die von den Organisationsmitgliedern kaum mehr überblickt werden können und auf deren Verhalten stark einschränkend wirken. Eine fluide Organisation setzt hingegen eine Komplexitätsbewältigungsstrategie ein, die darauf ausgerichtet ist, durch konsequente Förderung von *Einfachheit* und *Überschaubarkeit* primär Sinnbezüge zu erleichtern, Verhalten zu ermöglichen sowie Kreativität und Initiative zu stimulieren; es werden lediglich die Grundideen sichtbar gemacht, Schwerpunkte gesetzt, Verhaltensfreiräume abgesteckt, um die eigendynamischen Fähigkeiten der Unternehmungsmitglieder zum Tragen zu bringen.

Auch Großunternehmungen können das Prinzip der Minimalorganisation verwirklichen, indem durch eine Dekomposition des Großbetriebs in eine Vielzahl von kleinen, übersichtlichen und agilen Einheiten die Vorteile der Kleinunternehmung nutzbar gemacht werden. Große Firmen sollten so handeln wie eine Vielzahl kleiner Unternehmungen (vgl. Peters 1987, S. 199). Dieses Postulat kann durch verschiedene Strukturlösungen realisiert werden (vgl. Perich 1993, S. 376): Aufgabenerfüllung in teamförmigen Einheiten mit der Größe von Arbeitsgruppen; bewusste Förderung eines ständigen Abspaltens neuer und zu groß werdender Teile zu selbständigen Organisationseinheiten *(Grundsatz der Zellteilung)*, beispielsweise durch die Bildung eines neuen Produktbereichs beim Überschreiten eines bestimmten Umsatzes; strukturelle und räumliche Ausgliederung von innovativen Entwicklungsvorhaben von der Muttergesellschaft, wie dies die Firma IBM für die Entwicklung des Personalcomputers getan hat, usw.

Teil IV: Management-Development als persönliche Aufgabe der Selbstentwicklung von und in Organisationen

Entwicklungsorientiertes Management erstrebt organisationale »Fitness«. Managementleistungen werden verteilt über die gesamte Unternehmung erbracht, eine wesentliche Rolle spielen Selbstorganisationsprozesse. Wird Management als eine Eigenschaft des Systems aufgefasst, dann stellt sich erfolgreiches Management als die Fähigkeit der Unternehmung dar, sich selbst zu lenken und zu entwickeln. Management Development zielt dann darauf, diese Fähigkeit zur selbstorganisierenden Lenkung und Entwicklung der Unternehmung zu verbessern und zu fördern. Diesem Ansatz des Management Development entspricht die Perspektive der lernenden Organisation.

Management Development wird naturgemäß von Menschen getragen, es sind Manager, die zur Entwicklung einer Unternehmung beitragen. Eine die Entfaltung von Management-Kompetenz erstrebende Selbstentwicklung von Führungspersonen setzt an den motivbestimmten Wünschen und Bedürfnissen der Menschen an. Management Development im Zusammenhang dieses Ansatzes strebt mithin an, Management-Potenziale zu entwickeln und weiter zu entwickeln.

10. Persönliche Erkenntnis- und Handlungsressourcen für Management-Development

Entwicklungsorientiertes Management wird von vielen Akteuren in der Unternehmung gestaltet. Auf der Grundlage konzeptioneller und methodischer Leitlinien wurden einige erprobte Gestaltungskonzepte für praktisches entwicklungsorientiertes Managementhandeln referiert. Notwendige und geeignete Interventionen sind und bleiben jedoch dem Tun dieser Akteure vorbehalten. Voraussetzung für das Tun sind zunächst immer Erkenntnisse zur Ausgangssituation und zu möglichen Handlungsoptionen, die zur Fitness der Unternehmung beitragen.

10.1 Evolutionär begrenzte Erkenntnisfähigkeit entwicklungsorientierter Gestaltungspotenziale

10.1.1 Situative Ausgangslage für entwicklungsorientierte Gestaltung

Die fitnessorientierte Entwicklungsfähigkeit von Organisationen ist eine Frage vorhandener Möglichkeiten, und diese werden von der jeweiligen Systemdynamik bestimmt. In einer gleichgewichtsnahen Prozessphase ist die Dynamik relativ gut überschaubar, und strategische Erfolgspotenziale, etwa im Sinne einer Produkt-Markt-Kombination, können inhaltlich durch einen planerischen Ansatz konkretisiert werden. Dafür sind jedoch der Entwicklungsfähigkeit durch die eingeschränkte Systemdynamik enge Grenzen gesetzt. Im Gegensatz hierzu sind gleichgewichtsferne, nichtlineare Unternehmungsprozesse höchst komplex und deshalb nicht mehr überschaubar und inhaltlich nicht konkretisierbar. Erfolgspotenziale sind eher metastrategische Fähigkeiten wie Lernfähigkeit, Flexibilität, Anpassungsfähigkeit, Kreativität. Entscheidend für den Aufbau zukünftiger Erfolgspotenziale ist die Sicherstellung der selbstorganisierenden Musterbildung im Rahmen der Unternehmungsprozesse und einer hiermit gegebenen spontanen Entwicklungsfähigkeit der Unternehmung. Die musterbildende Lenkung zielt vor allem auf eine Schaffung des geeigneten strukturellen Potenzials für Dynamik und Wandel durch die indirekte Kanalisierung der nichtlinearen Selbstorganisationsprozesse. In der gleichgewichtsnahen Prozessphase ist eine weitgehend intendierte Lenkung durch direkte Eingriffe möglich. Die Lenkungsmöglichkeiten in der gleichgewichtsfernen Prozessphase hängen wesentlich stärker vom Unternehmungszustand und der Eigendynamik der Unternehmungsprozesse ab als von der Lenkungsintention; die Lenkbarkeit ist damit zwar eingeengt und nur indirekt gestaltbar, dafür können sich aber im Rahmen einer solchen Lenkung kreativ vollkommen neue Unternehmungszustände entwickeln.

Fitness der Unternehmung heißt mithin, dass die Unternehmung zur Wahrung eines kreativen Entwicklungspotenzials der Unternehmungsprozesse auf unterschiedliche Prozessdynamiken vorbereitet ist. Diese Vorbereitung ist auch in gleichgewichtsnahen Prozessphasen zu erbringen. Das Dilemma des traditionellen, bisherigen Managementverständnisses liegt darin, dass es im Prinzip auf eine Bewahrung des Gleichgewichts gerichtet ist, die analytisch-rationale Sicht ist überbetont. Demgegenüber sind gesteigerte Fitness und Innovationen das Ergebnis von Ungleichgewichten und eines Prozesses, der eine bestimmte Akzeptanz von Chaos erfordert, das sich in einer Vielfalt möglicher Unternehmungsentwicklungen ausdrückt.

In Anknüpfung an die gestellten Grundfragen zur theoretischen Fundierung des Managements von Wandel (vgl. Punkt 2.3.3) soll nunmehr der Frage nachgegangen werden, welche Erkenntnisschwierigkeiten sich den Akteuren für Prozesse des entwicklungsorientierten Managements entgegen stellen. Mangelnde Erkenntnisfähigkeiten des Menschen zeigen sich in diesem Kontext beim notwendigen Umgang mit komplexen Phänomenen, wobei in dynamischer Sichtweise Fluktuation und Turbulenz auftreten. Anders formuliert lautet die Frage: wie kommt es, dass die bereits geschilderten Tücken im Umgang mit komplexen Realitäten nicht erkannt werden?

10.1.2 Erkenntnisprozess nach der evolutionären Erkenntnistheorie

Die Evolutionsbiologie hat mit der Betrachtung der Evolutionsmechanismen und der daraus hervorgegangenen Charakterisierung des Entwicklungsprozesses untersucht, wie sich die Biologie die Entwicklungsdynamik der belebten Welt vorstellt. Mit dem organismischen System wurde zudem das Produkt dieser Entwicklungsdynamik näher analysiert. Mit der Betrachtung des menschlichen Geistes will die Evolutionsbiologie die menschliche Erkenntnisfähigkeit untersuchen. Dabei geht es primär um eine biologische Erklärung der Entwicklung der menschlichen Erkenntnis. Da die Evolutionsbiologie eine empirisch fundierte Naturwissenschaft ist, will sie auch die menschliche Erkenntnisfähigkeit mittels einer empirisch prüfbaren Theorie erklären. Die hingegen nicht-empirische philosophische Erkenntnistheorie will insbesondere klären, was Erkenntnis ist, und die normativen Bedingungen einer möglichen Erkenntnis im Sinne ihrer Gültigkeit untersuchen.

Was kann die moderne Evolutionsbiologie zu den erkenntnistheoretischen Grundlagen für entwicklungsorientiertes Management beitragen? Für die Betrachtung der menschlichen Fähigkeiten zum Management fitnessorientierter Dynamik- und Veränderungsprozesse stellt sich hierzu insbesondere die Frage, ob und mit welchen evolutionär entstandenen Besonderheiten der menschlichen Erkenntnis bei der Bewältigung organisationaler Entwicklungsprozesse zu rechnen ist.

Die *Evolutionäre Erkenntnistheorie* geht von der These aus, dass unsere Fähigkeiten zur Erkenntnis *Ergebnis der biologischen und soziokulturellen Evolution* sind.

Konrad Lorenz begründete die Evolutionäre Erkenntnistheorie. Die zentralen Thesen gelten bis heute als die wesentlichen Grundaussagen dieser Theorie (vgl. Lorenz 1973 und 1977):

- Sie erklärt den Evolutionsprozess als erkenntnisgewinnenden Prozess. Über die Außenwelt gesammelte Informationen werden über den Selektionsmechanismus als genetische Informationen an den Organismus weitergegeben.

- Apriorische Denkformen des Menschen wurden a posteriori im Laufe seiner Stammesgeschichte festgelegt.

- Erkenntnis ist in Bezug auf die Abbildung der äußeren Wirklichkeit stets nur hypothetisch. Dennoch spiegeln die evolutionär ausgebildeten apriorischen Denkstrukturen die real existierenden Strukturen wider, da nur jene Organismen überleben, deren Erkenntnisstrukturen mit den zugrunde liegenden Naturordnungen übereinstimmen.

- Die apriorischen Denkformen werden durch eine sich im vorbewussten Bereich abspielende gesamthafte, aber abstrahierte Sichtweise geprägt, die in Form von Mustern oder Gestalten nur die wesentlichen Merkmale des zu erkennenden Beobachtungsphänomens -, was man deshalb vernunftsähnlich oder *ratiomorph* nennt, - erfasst.

Der Weg von Riedl zur Evolutionären Erkenntnistheorie verläuft zunächst unabhängig von Lorenz. Ausgangspunkt ist die von ihm entwickelte Systemtheorie der Evolution. Riedl stellt fest, dass die vier von ihm identifizierten Ordnungsmuster der Evolution, nämlich Normen, Interdependenzen, Hierarchien und Tradierungen, ebenso Ordnungsmuster des menschlichen Denkens sind. Die Ordnungsmuster des Denkens sind mithin von den bereits vorher vorhandenen Ordnungsmustern der physischen Evolution abgeleitet. Die Denkordnung ist ein Selektionsprodukt der älteren Naturordnung (Riedl 1980, S. 13). Die menschliche Erkenntnisfähigkeit ist demnach exakt nach den gleichen Prinzipien aufgebaut wie alle evolutionären Strukturen. Ebenso wie Lorenz schließt Riedl daraus, dass sich die Grundlagen der menschlichen Erkenntnis biologisch erklären lassen.

10.1.3 Erkenntnisschwierigkeiten durch den »ratiomorphen Apparat«

Nach Riedl sind die Schichten der menschlichen Erkenntnisfähigkeit das Bewusste, das auf dem Ratiomorphen aufbaut, darunter liegen Instinkte, Reflexe und alle lebenserhaltenden Funktionen und Strukturen. Der Schwerpunkt der Untersuchungen von Riedl liegt auf den Entwicklungsphasen vom »ratiomorphen Apparat« bis hin zur bewussten Erkenntnis als Grundlage der kulturellen Evolution.

Er beschreibt in seinem Buch »Die Biologie der Erkenntnis«, dass sich im Laufe der Evolutionsgeschichte der menschlichen Vernunft ein »ratiomorpher Apparat« gebildet hat und wie sich die Ordnungsmuster der Evolution als Bestandteile dieses vorbewussten, ratiomorphen Apparates erweisen (Riedl 1980). Das Denken wird durch eine Reihe evolutionär entstandener vorbewusster Voraus-Urteile gelenkt, die sich im Laufe der Evolution in Anpassung an die reale Welt als überlebensadäquat herauskristallisiert haben (Riedl 1980, S. 35 f), weil sie für die Organismen erfolgreiche Programme waren zur Entscheidungsfindung gegenüber immer komplexeren Zuständen und Ereignissen in ihrer Umwelt.

Zwischen der realen Welt als dem Objekt der Erkenntnis und dem Erkenntnisapparat des Subjekts besteht mithin eine indirekte Verbindung in dem Sinne, dass die reale Welt eine evolutive Anpassung der subjektiven Wahrnehmungsstrukturen bewirkt hat. Daraus ergibt sich, dass die subjektiven Wahrnehmungs- und Erkenntnisstrukturen auf die Welt passen, weil sie sich im Laufe der Evolution in Anpassung an diese reale Welt herausgebildet haben. Und sie stimmen mit den realen Strukturen - teilweise - überein, weil nur eine solche Übereinstimmung das Überleben ermöglichte (Vollmer 1987, S. 102).

Bestandteile des ratiomorphen Apparates sind vier empirisch ermittelte Erkenntnismechanismen:

- *Die Hypothese vom anscheinend Wahren:* Diese Hypothese baut darauf auf, dass sich bestimmte Ordnungsformen in dieser Welt immer wiederholen. Mit der Unterscheidung des Zufälligen von dem durch eine Ordnung bestimmten Notwendigen greift vorrational die Erwartung, dass mit der Bestätigung einer Prognose auch das Zutreffen aller Folgeprognosen immer wahrscheinlicher wird (Riedl 1987a, S. 121).

- *Die Hypothese vom Ver-Gleichbaren:* Die vorbewusste menschliche Wahrnehmung neigt zum "Gleichmachen von Ungleichem" (Riedl 1980, S. 81). Reale Phänomene als spezifisch und einmalig zu betrachten, ergäbe eine das Zurechtfinden unmöglich machende Informationsfülle, sodass sich der Zwang zur abstrahierenden menschlichen Gestaltwahrnehmung ergibt. "Die Hypothese vom Ver-Gleichbaren enthält die Erwartung, dass das Ungleiche in der Wahrnehmung der Dinge ausgeglichen werden dürfe, und dass sich ähnliche Sachen, obwohl sie offenbar nicht dasselbe sind, auch in manchen noch nicht wahrgenommenen Eigenschaften als vergleichbar erweisen würden: sie lässt erwarten, dass Ähnliches die Voraussicht über weitere Ähnlichkeiten zuließe" (Riedl 1980, S. 93).

- *Die Hypothese von der Ur-Sache:* Diese Hypothese macht eine Aussage zu den Voraussetzungen eines kausalen Denkens. Die Hypothese von der Ursache geht davon aus, dass ähnliche Ereignisse oder Zustände dieselbe Ursache haben und dieselbe Wirkung hervorrufen. Der Erkenntnismechanismus bewirkt, dass wir jedes Phänomen zunächst als das Ergebnis einer Ursache-Wirkungs-Kette betrachten und die Erklärung dieses Phänomens durch die Rückverfolgung der Ursache-Wirkungs-Kette bis hin zur "Ur-Sache" suchen (Riedl 1980, S. 113).

- *Die Hypothese vom Zweckvollen:* Diese Hypothese formuliert die Erwartung, dass wir die Funktionen ähnlicher Systeme als Subfunktionen desselben Obersystems verstehen dürfen, oder anders gesagt, dass gleiche Strukturen demselben Zweck dienen oder genügen werden. Für ein betrachtetes Phänomen ergibt sich deshalb stets die Frage nach dem Sinn oder Zweck (Riedl 1980, S. 159).

Riedl sieht die vier Erkenntnismechanismen als eine Stufenhierarchie in der hier vorgestellten Reihenfolge, bei der das Funktionieren eines nachgelagerten Mechanismus vom Funktionieren der vorgelagerten Mechanismen abhängig ist. Der ratiomorphe Apparat verfolgt unbewusst eine Vorgehensweise des Wissensgewinnes, die bereits der gesamten Evolution erfolgreich zugrunde liegt. Bedeutsam für die Erkenntnisgewinnung ist der Umstand, dass der ratiomorphe Apparat angeboren und mithin bereits vor jeder individuellen Erfahrung eines Menschen vorhanden ist. Der ratiomorphe Apparat arbeitet vernunftsähnlich im Vorbewussten, hat aber dennoch nichts mit rationaler Vernunft zu tun, ja er kann von dieser nicht einmal in seinen Fehlern korrigiert werden. Der vorrationale Verrechnungsapparat ist zwar der rationalen Wahrnehmung entzogen, bestimmt und steuert jedoch ständig unsere rationale Vernunft mit (Riedl 1980, S. 35).

Die Hypothesen des ratiomorphen Apparats wurden unter bestimmten Selektions- oder Milieubedingungen entwickelt. Damit ist die selektive Bewährung auch an diese Selektionsbedingungen geknüpft, unter denen er entstanden ist. Da die Entwicklung des ratiomorphen Apparates unter Selektionsbedingungen erfolgte, die in einem frühen Stadium der menschlichen Entwicklung relevant waren, die mit den heutigen Milieubedingungen aber nicht mehr übereinstimmend sind, ist die Folge, dass es durch teilweise falsche Kanalisationsleistungen im vorbewussten Bereich zu verkürzten Deutungen kommt, welche die Erkenntnis beeinträchtigen (vgl. Riedl 1985, S. 137):

- Der ratiomorphe Apparat macht glauben, dass lineare Ursache-Wirkungsketten vorhanden sind. Gleichzeitig suggeriert er, dass die Zwecke aus der Zukunft wirken. Rekursiven Regelkreisen wird misstraut.

- Aufgrund der Vorstellung einer linearen Ursachen-Wirkungskette wird nach absoluter Gewissheit in Form von letzten Ursachen und letzten Zwecken gesucht.

- Die Annahme linearer Ursache-Wirkungsketten lässt es als möglich erscheinen, geplante und richtungsgenaue Eingriffe vorzunehmen.

- Es besteht die Vorstellung, dass aus allen möglichen Lösungen eines Problems die einfachste Lösung die richtige Lösung sei.

- Bereits einmal getroffene Entscheidungen werden vielfach wiederholt und dabei jeweils statt als »Vorurteil« als eine neue Entscheidung gewertet.

- Zufälligkeiten werden stark tendenziell als Gesetzmäßigkeiten umgedeutet.

Grundsätzlich ist davon auszugehen, dass jeder bewusst gemachte Problemlösungsvorschlag immer zunächst auf der Basis dieser verkürzten Deutungen erstellt wird. Für die Fülle von Alltagsproblemen mögen solche vereinfachten Deutungen ausreichend sein. Erst wenn die vorbewusste Informationsverarbeitung mit der Lösung komplexer Probleme überfordert ist, wird der ratiomorphe Apparat zu einem echten Erkenntnishindernis, er kanalisiert eine »Logik des Misslingens« (vgl. Dörner 1991). Bewusste Vorgehensweisen sind dann der notwendige Ausweg.

Riedl fordert deshalb zur Vermeidung einer Loslösung von der wirklichen Erfahrungswelt eine rationale Übersteigung der sinnlichen und vorbewussten Ausstattung. Die Wirkungen der vorbewussten Kanalisierung des Denkens sind durch bewusste Reflexion der Erfahrungen mit im Erkenntnisprozess zu berücksichtigen. Anpassungsmängel des Erkenntnisapparates und die damit verbundenen Erkenntnisfehler sollen so mittels einer verstandesmäßigen bzw. wissenschaftlichen Vorgehensweise transzendiert werden. Mit dem bewussten Denken wird die reine Erfahrungswelt zugunsten einer Vorstellungswelt verlassen, die eine gedachte Wirklichkeit darstellt.

10.1.4 Kulturell entstandene Verkürzungen der Wirklichkeitsverarbeitung

Die bewusste Reflexion, Abrufbarkeit und Weitergabe gedachter Erkenntnisse basieren vor allem auf der sprachlichen Ausstattung des Menschen. Die Sprache ist die Voraussetzung der bewussten Erkenntnis. Die kulturelle Evolution geht einher mit der Entwicklung der Sprache und hat auch über die Sprache zur Entwicklung von Mathematik und Logik geführt. Aus den Besonderheiten der menschlichen Sprachmöglichkeiten und der europäischen Entwicklung der Logik und Mathematik entstanden im Rahmen der Transzendierungsversuche jedoch weitere Kanalisierungen des rationalen Denkens.

Riedl zeigt eine Reihe von kulturell bedingten Einschränkungen auf, die ebenfalls wichtige Folgerungen für eine Betrachtung entwicklungsorientierter Managementpfade zur Fitness der Unternehmung bringen (vgl. Riedl 1992, S. 106 ff).

Sprachliche Besonderheiten sowie Besonderheiten der europäischen Entwicklung von Logik und Mathematik	*Folgen für ein dynamikgeprägtes entwicklungsorientiertes Management*
Alle bekannten Grammatiken zeichnen sich durch eine Trennung von Verb und Substantiv sowie durch eine klare Abgrenzung der einzelnen Worte aus. Besonders die europäische Grammatik versucht eine genaue Begriffsbestimmung über eine definitorische Festlegung von Begriffsgrenzen.	Entwicklungsorientiertes Management ist mehrdimensional und durch rekursive, wechselseitig verknüpfte, fließend ineinander übergehende Entwicklungsprozesse gekennzeichnet. Versuche einer definitorischen Begriffsfassung fitnessorientierter Managementhandlungen nehmen diesen möglicherweise ihren dynamischen Prozesscharakter.
Es ist nur eine einstimmige Tonmodulation in eindimensionaler Abfolge möglich.	Die komplexen und wechselseitig verknüpften entwicklungsorientierten Managementprobleme können nur eindimensional und linearisiert in Worte gefasst werden.
Die griechische Logik baut auf Allsätzen auf, die ihrerseits wieder auf einer Klassifizierung der betrachteten Gegenstände beruhen.	Unternehmungszustände lassen sich nur schlecht klassifizieren, es entstehen vielmehr im Rahmen der wechselnden Dynamik des Entwicklungsprozesses immer wieder neue dynamisch stabile Unternehmungszustände. Damit ist auch die Formulierung von Allsätzen im Rahmen des entwicklungsorientierten Managements bedenklich.
Die griechisch geprägte europäische Logik basiert auf der Vorstellung, dass ein Ding stets mit sich selber gleich ist und baut auf diesem Identitätsprinzip ihre Aussagesätze auf.	Entwicklungsorientiertes Management kann nicht von einer Unternehmung mit einer dauerhaft gleichen Identität ausgehen. Im Gegenteil, es befasst sich mit einem laufenden dynamischen Entwicklungsprozess, der immer wieder neue dynamisch stabile Unternehmungszustände hervorbringt.
Die Mathematik basiert auf einem Zahlbegriff, der qualitative Änderungen nicht fassbar macht.	Mit Lenkungsinformationen, die nur auf Zahlen basieren, lassen sich qualitative Veränderungen des Unternehmungszustandes nicht erfassen.

Tabelle 5: Kulturell entstandene Verarbeitungsmechanismen und entwicklungsorientiertes Management
(nach Scheurer 1997, S. 414)

Die bewusste, vernunftmäßige Transzendierung erzeugt, wie sich zeigt, weitere Erkenntniseinschränkungen, weil zusätzlich kulturell entstandene Kanalisierungen wirken. Während die vereinfachenden Deutungen des ratiomorphen Apparates noch verhältnismäßig leicht erfassbar sind, dürften die Kanalisierungen der kulturellen Evolution sogar wesentlich schwerer erkennbar und antizipierbar sein.

10.1.5 Konsequenzen aus der reduzierten Sichtweise für entwicklungsrelevante Gestaltungspotenziale

Die vorherigen Betrachtungen zeigen summarisch, dass es wesentlich ist, um die Vorbedingungen der menschlichen Erkenntnis zu wissen. Sowohl die vorbewussten als auch die vernunftmäßigen Merkmale der menschlichen Erkenntnis setzen deutliche Grenzen in bezug auf eine adäquate Erfassung der Probleme des Managements entwicklungsorientierter Dynamik- und Veränderungsprozesse, die es zu überwinden gilt. Die überblicksweise Betrachtung der Erkenntnisgrenzen macht auffällig, dass diese insbesondere für Unternehmungszustände fern vom Gleichgewicht bzw. mit hoher Prozessdynamik gravierend sind.

Für Situationen mit niedriger Dynamik gelten hingegen sogar eine ganze Reihe von Annahmen, die sich mindestens teilweise mit den dargestellten Einschränkungen der menschlichen Erkenntnis decken. Die mangelnde Einbindung der Komplexität und Dynamik in vielen Konzeptionen des Managements erklärt sich offensichtlich daraus, dass die menschliche Erkenntnis, ob nun vorbewusste oder verstandesmäßig transzendierte, eher auf Linearisierung, auf Vereinfachung oder auf analytisch-rationale Zerlegung der vorhandenen Komplexität, auf saubere begriffliche Trennungen sowie auf eine gesetzmäßige Schließung von Intransparenz ausgerichtet ist. Der gerade auch für eine dynamische Unternehmungsentwicklung vorgeschlagene strategische Planungsansatz mit einer formal organisierten Arbeitsweise und in der Regel schriftlicher Artikulation des Planungsprozesses, der durch eine Abfolge wohldefinierter Schritte eine integrierte Strategie hervorzubringen beabsichtigt, der analytisch-zerlegend vorgeht und vorrangig quantitative Informationen berücksichtigt, ist ein Beispiel für einen durch erkenntnisbeschränkende Kanalisierungen verführten Managementansatz. Bei niedriger Prozessdynamik kann dieses Vorgehen allerdings durchaus als passender und gültiger Rahmen für das Managementhandeln angenommen werden.

Für einen Unternehmungszustand fern vom Gleichgewicht muss jedoch davon ausgegangen werden, dass keine linearen Wirkungsmechanismen vorliegen und es sinnvoll einsetzbare direkt und abgrenzbar wirkende Lenkungseingriffe nicht gibt, dass es um Prozesslenkung geht und diese nur im Rahmen eines kreativen und offenen Prozesses durch eine indirekte Kanalisierung der ablaufenden Selbstorganisationsprozesse, insbesondere aber die Schaffung der strukturellen Voraussetzungen für eine dezentral ablaufende spontane Musterbildung erfolgen kann. Durch eine Zerlegung des Selbstorganisationsprozesses in einzelne Bestandteile und deren anschließende Zusammenfügung zu einem »gesamten« Entwicklungsprozess können keinerlei Erkenntnisse über die Ausrichtung der Prozessdynamik gewonnen werden. Strategisches, entwicklungsorientiertes Management in gleichgewichtsfernen Prozessphasen kann somit nur auf der Basis einer synthetischen Erfassung der Richtungsausbildung des Selbstorganisationsprozesses oder mit anderen Worten auf der Basis einer ganzheitlichen Mustererkennung geschehen.

Das Management fitnessorientierter Dynamik- und Veränderungsprozesse verlangt offensichtlich eine differenzierte Vorgehensweise. In gleichgewichtsnahen Phasen der

Unternehmungsentwicklung spricht nichts gegen die zuvor dargestellten Vereinfachungen als Grundlage des Managementhandelns. Die relativ stabile, in gewissen Grenzen eingeschränkte Prozessdynamik erlaubt solche Vereinfachungen, ohne dadurch eine allzu große Gefahr von Lenkungsfehlern in Kauf zu nehmen. Selbstverständlich darf aber im Rahmen einer solchen auf Vereinfachungen basierenden Lenkung niemals vergessen werden, dass sich die Dynamik der Unternehmungsentwicklung durchaus in Richtung gleichgewichtsferner Bereiche bewegen kann. In einem solchen Fall stellen genau die auf den vorbewussten und kulturell entwickelten Deutungen der menschlichen Erkenntnis basierenden Annahmen des strategischen Planungsansatzes unzulässige Verkürzungen der wirklich vorhandenen Managementproblematik dar. Bei hoher Prozessdynamik in der Unternehmungsentwicklung muss versucht werden, die Annahmen, auf denen der strategische Planungsansatz basiert, zu überwinden. Entwicklungsorientiertes Management in gleichgewichtsfernen Prozessphasen kann sich nur an vieldimensionalen und dezentral selbstorganisierend ablaufenden Unternehmungsprozessen orientieren und muss daher selbst eine kreative Offenheit gegenüber den daraus spontan resultierenden Musterbildungen aufweisen.

In Bezug auf die schriftliche Artikulation von Entwicklungsprozessen sei bemerkt, dass jede sprachliche Artikulation immer auf exakten Begriffsabgrenzungen und auf Klassifizierungen basiert. Damit findet bereits auf der sprachlichen Ebene eine unumgängliche Vereinfachung der zugrundeliegenden Prozesshaftigkeit entwicklungsorientierter Managementprobleme statt. Genau diese hohe Prozessdynamik spielt für eine Unternehmungsentwicklung fern dem Gleichgewicht jedoch eine wesentliche Rolle. Der Zwang zu einer sprachlichen Artikulation von Lenkungsinformationen führt zudem zu einem Verlust eines Teils ihres Informationsgehaltes. Dies gilt insbesondere für die unmittelbar vor Ort erhaltenen und nur in ihrem Kontext richtig verständlichen oder ausdrückbaren Lenkungsinformationen. Damit muss im Rahmen einer gleichgewichtsfernen Lenkung akzeptiert werden, dass nicht alle Informationen artikulierbar sind und schon gar nicht in einen zentral angelegten Managementprozess eingebracht werden können. Mit dem Verzicht auf eine Artikulation aller Lenkungsinformationen, besonders sie zentral zu artikulieren, kann somit eine Einschränkung der ablaufenden Prozessdynamik verhindert werden.

An dieser Stelle wird nochmals deutlich, wie wichtig das Wissen über die eingeschränkten menschlichen Erkenntnisgewinnungsmechanismen für eine differenzierte Betrachtung und Ausrichtung entwicklungsorientierter Dynamik- und Veränderungsprozesse ist. Welche konkreten Konsequenzen daraus zu ziehen sind, wird noch im folgenden diskutiert werden.

Aus der Sicht globalisierter Märkte und des interkulturellen Managements wird die Frage nach der Erreichung und Erhaltung der organisationalen Fitness zudem dann brisant, wenn die evolutionäre Anpassung der Wahrnehmungsstrukturen in anderen Kulturkreisen dazu geführt hat, dass diese für die neuen Herausforderungen der Unternehmungsentwicklung besser gerüstet zu sein scheinen als wir. Sind die langfristigen Erfolgspotenziale unserer Unternehmungen dann begrenzt, weil diese Systeme nicht hinreichend angepasst sind? Oder haben wir eine Chance, den fehlenden »Fit« durch

Lernprozesse auszugleichen? Falls ja, was sind dann die neuen Lerninhalte, und auf welchem Wege können wir sie erschließen?

Darüber hinaus stellen sich die Fragen, ob parallel zu einer Evolution der Erkenntnisfähigkeit auch eine Evolution der ethischen Leitlinien des Handelns erfolgen sollte (vgl. Jantsch 1992, S. 357 ff), und ob diese evolutionäre Ethik irgendwo an Grenzen stößt, die einer weiteren Evolution des Wissens Einhalt gebieten. Eine solche Koevolution von Erkenntnis und Ethik erscheint unbedingt notwendig, wenn das Konzept eines ganzheitlich-entwicklungsorientierten Managements den Vorwurf vermeiden möchte, es basiere auf einer reduzierten Perspektive, die Fragen nach möglichen Konsequenzen eines ethisch nicht verantwortlichen Handelns ausklammert.

10.2 Intuitive Erkenntnismechanismen als zusätzliche Chance für das Management

Jegliches Managementhandeln in gleichgewichtsfernen Prozessphasen muss an den selbstorganisierenden Prozessen spontaner Musterbildung anknüpfen. Diese Muster bilden sich aber aus einer Vielzahl von nichtlinearen und durch vielfältig rekursiv miteinander vernetzte Beziehungen. Die vorhandene Komplexität durch eine analytisch-rationale Vorgehensweise erkennen zu wollen, muss mithin schon deshalb scheitern. Hinzu kommen bei einer bewussten und damit verstandesmäßigen Form der Erkenntnisgewinnung die kulturellen Kanalisierungen der griechischen Logik, welche eine ganzheitlich-synthetische Erfassung der Dynamik der ablaufenden Unternehmungsprozesse durch eine wie auch immer geartete Form von Mustererkennung aussichtslos machen.

10.2.1 Emotionen als nichtbewusste Grundlage erweiterter Erkenntnis

Menschliche Erkenntnis geschieht jedoch nicht nur über die bewusste, rationale Form der Informationsverarbeitung. Eine weitere Möglichkeit der Erkenntnis besteht über nichtbewusste Erkenntnismechanismen, denen zwar von der wissenschaftlichen Warte aus bislang eine eher unbedeutende Rolle bei der Erkenntnisgewinnung zugeschrieben werden, die jedoch aus Sicht des Managementhandelns in Dynamik- und Veränderungsprozessen sich besonders geeignet erweisen, nämlich dass es ganzheitliche Erkenntnismechanismen sind. Gerade der scheinbare Nachteil, dass es sich um nichtbewusste Erkenntnismechanismen handelt, bringt zugleich den wesentlichen Vorteil, dass genau dadurch die Verkürzungen der managementrelevanten Erkenntnis vermieden werden, die unweigerlich mit jeder bewussten und rationalen Erkenntnisgewinnung verbunden sind. Es wird wiederum offenkundig, welche Bedeutung die Emotionen haben, vor allem jedoch dass die Intuition für ein Management der Dynamik und Veränderung fern dem Gleichgewicht die wesentliche Rolle spielt.

Emotionen entstehen unabhängig vom Verstand und sind deshalb auch nicht mit der bei verstandesmäßiger Verarbeitung verkürzt wahrgenommenen Realität konfrontiert, sie bieten noch einen umfassenden Zugang zur Wirklichkeit. Sie erfassen folglich eine

"... als Ganzes wahrgenommene Wirklichkeit" (Guggenberger 1987, S. 129 f, zit. bei Scheurer 1997, S. 419). Guggenberger geht davon aus, dass Emotionen somit ein unverzichtbarer Bestandteil einer ganzheitlichen Sichtweise der Wirklichkeit sind. "Was sich auch langwierigsten Berechnungen nicht reimt und fügt, rücken sie von einem Augenblick auf den anderen ins Licht intuitiven Urteils." Damit sind Emotionen "... vor allem in der Beurteilung komplexer Sachverhalte, allen Versuchen der »Berechnung« bei weitem überlegen." "Ohne Emotionen, ohne die gefühlsmäßige Vorgestimmtheit gegenüber den Erscheinungen und Herausforderungen wären wir der Vielgestalt des Wirklichen hilflos ausgeliefert." (ebenda). Mit der Einbeziehung der auf Emotionen beruhenden Intuition ist eine ganzheitliche Erfassung der Komplexität und Dynamik wesentlich besser möglich als über eine nur rationale Vorgehensweise.

Eine ganzheitliche Mustererkennung wurde als eine wesentliche Grundlage für ein Management in gleichgewichtsfernen Prozessphasen erkannt. Gerade Muster können häufig bereits intuitiv erkannt werden und deshalb ist die sinnliche Mustererkennung der verstandesmäßigen Fähigkeit zur Musterspezifizierung sogar ziemlich oft überlegen (Hayek 1972, S. 9). Die Folgerung daraus ist, dass in einer gleichgewichtsfernen Prozessphase Managementhandlungen sich vorrangig durch eine intuitive Erkenntnis leiten lassen sollten. Intuitives Handeln lässt sich in der Regel schwer begründen, man »weiss« jeweils, dass es richtig ist, kann aber nicht erklären, warum dem so ist. Dies ist nicht verwunderlich, wenn man den Charakter der intuitiven Erkenntnis beleuchtet.

Intuition basiert, wie bereits aufgezeigt, auf einer nichtbewussten, unverkürzten und damit ganzheitlichen Erfassung der Wirklichkeit. Mit einer ganzheitlichen Wahrnehmung eines hoch komplexen Musters geht jedoch stets einher, dass damit eine verminderte Genauigkeit der Erfassung verbunden ist. Das heißt, eine intuitive Arbeitsweise für entwicklungsorientiertes Management macht zwar das Erkennen der vorhandenen oder sich aus den Unternehmungsprozessen spontan bildenden Muster möglich, aus der so gewonnenen Gesamtsicht des Musters lassen sich jedoch keine exakten Informationen über einzelne Bestandteile dieses Musters ableiten. Intuitive Erkenntnis kann selbst als die Bildung einer spontanen Ordnung aus einer riesigen Menge von teils exakten, teils unscharfen Informationen beschrieben werden. All diese Informationen könnten niemals im Rahmen einer analytischen, verstandesmäßigen Informationsverarbeitung als Entscheidungsgrundlage aufbereitet werden. Im Rahmen der spontanen Ordnungsbildung dieser Informationen entsteht jedoch ein neues Emergenzniveau, wobei es zu einem nichtbewussten Gesamtbild der zugrundeliegenden Komplexität kommt.

Intuitive Erkenntnis basiert also keinesfalls primär auf genauen Informationen. Das exakte und detailorientierte Wissen dürfte sogar eher untergewichtet sein. Vor allem dieser Umstand führt letztlich zu der Möglichkeit einer ganzheitlichen Mustererfassung. Das »Erkennen des Waldes« erfasst das Muster und vermeidet, in einer Flut von Informationen »vor lauter Bäumen den Wald nicht mehr zu sehen«. Mit der Unschärfe des Musters ist eine Verminderung von Detail- und Einzelinformationen verbunden, die aber gerade das »Wesentliche«, welches das Muster ausmacht, besser zur Geltung bringt (vgl. Scheurer 1997, S. 420 f).

Unscharfe Informationen sind zudem vielfach mit Unsicherheiten und Mehrdeutigkeiten »belastet«, aber gerade diese Mehrdeutigkeiten der Informationen sind für eine ganzheitliche Gesamtsicht wesentlich wichtiger als streng abgegrenzte, genaue Informationen. Eine Mehrdeutigkeit der Information weist auf Überschneidungsbereiche hin, und genau um diese geht es, wenn ein ganzheitliches, vernetztes Bild erfasst werden soll. Damit scheint ein intuitiv orientiertes Management für gleichgewichtsferne Prozessphasen geradezu notwendig zu sein, insbesondere auch vor dem Hintergrund, dass es in gleichgewichtsfernen Prozessbereichen sehr schwierig ist, die nichtlineare Prozessdynamik mit exakten Informationen zu beschreiben (vgl. ebenda).

Ein auf die fitnessorientierte Unternehmungsentwicklung gerichtetes Management ist zur Schaffung struktureller Rahmenbedingungen und zur Kanalisierung ablaufender Unternehmungsprozesse angewiesen auf das Erkennen der Selbstorganisationsprozesse, um konform zu diesen handeln zu können. Damit wird die Intuition zur wesentlichen Komponente von Managementfähigkeiten.

Zwar könnte in gleichgewichtsnahen Prozessphasen aufgrund der eingeschränkten Prozessdynamik durchaus eine Unternehmungsentwicklung in Form eines strategischen Planungsansatzes erwogen werden und deshalb eine rationalanalytische Vorgehensweise möglich sein. Es wäre dabei allerdings in Kauf zu nehmen, dass die Möglichkeiten der Unternehmungsentwicklung in solchen gleichgewichtsnahen Prozessphasen durch die eingeschränkte Prozessdynamik eng begrenzt sind.

Eine kreative Unternehmungsentwicklung, die strukturell für Selbstorganisationsprozesse relativ offen sein muss, ist allerdings zugleich auch wesentlich anfälliger für gleichgewichtsferne Prozessdynamiken als eine weitgehend planerisch gelenkte Unternehmung. Es mag sogar zur Förderung der fitnessorientierten Höherentwicklung der Unternehmung wünschenswert sein, die Dynamik einer gleichgewichtsfernen Prozessphase zu nutzen. Intuitive Erkenntnismechanismen und intuitives Management sind dann prädestiniert, angemessen mit der Handhabung von Dynamik- und Veränderungsprozessen für eine kreative und offene Unternehmungsentwicklung umzugehen.

10.2.2 Plädoyer für mehr intuitives Management

Wenn für das fitnessorientierte entwicklungsorientierte Management herausgearbeitet wurde, dass eine rein rational ausgerichtete Unternehmungsentwicklung durch einen strategischen Planungsansatz zu kurz greife und mithin zu »überwinden« sei, sollte damit nicht ausgedrückt werden, dass diese nun vollständig durch ein anderes Managementkonzept in Form des intuitiven Managements zu ersetzen sei. Es sollte vielmehr deutlich werden, dass das rein rational-analytisch orientierte Managementhandeln zumindest in gleichgewichtsfernen Prozessphasen durch intuitive Sichtweisen ergänzungsbedürftig ist. Ganzheitliches Management ist aus diesem Blickwinkel weder rein rational noch rein intuitiv ausgerichtet.

Intuition hat nichts mit plötzlichen Eingebungen zu tun, sondern gründet sich stets auf einer rationalen Basis. Voraussetzung einer jeden intuitiven Erkenntnis ist mithin eine intensive rationale Beschäftigung mit dem zu lösenden Problem. Wenn Intuition als spontane Ordnungsbildung aus einer Menge von Informationen verstanden wird, müssen eben zunächst im Rahmen einer rationalen Vorgehensweise die mit dem zu bearbeitenden Problem zusammenhängenden Informationen beschafft werden, um eine solche Ordnungsbildung überhaupt zu ermöglichen. In diesem Zusammenhang zeigt sich auch die Bedeutung eines dezentralen Managements »vor Ort« und damit jedes Einzelnen. Nur wenn man sich unmittelbar vor Ort mit einem Managementproblem befasst, lässt sich die notwendige »intime« Kenntnis des Lenkungsproblems gewinnen, die auch ein intuitives Erfassen der gesamten Lenkungskomplexität ermöglicht (vgl. Scheurer 1997, S. 422).

10.3 »Schlüsselqualifikationen« für interaktives Handeln und ganzheitliche Managementkompetenz

Managementkompetenz muss sich aus mehreren Komponenten zusammen setzen. Aus der Sicht des systemorientierten Managements sind Managementaufgaben und dafür geforderte Managementfähigkeiten nicht nur auf die formellen Führungskräfte beschränkt, Management ist vielmehr über das gesamte System Unternehmung verteilt und mithin sind auch viele Unternehmungsmitglieder als »Manager« daran beteiligt. Solche Management- oder Handlungskompetenz umfasst Wissen, Fähigkeiten und Einstellungen, welche vor allem für Entwicklungsprozesse das Fundament für die Stimulierung und Förderung des organisationalen Lernens bilden können. Hierbei spricht man von »Schlüsselqualifikationen« und versteht darunter fachübergreifende Qualifikationen, die der Entwicklung der Unternehmung als System dienen (vgl. Berthel 1995, S 228 f).

Bei Schlüsselqualifikationen handelt es sich um übergeordnete Fähigkeiten, die eine Person in die Lage versetzen, auch in zuvor nicht trainierten Problemsituationen angemessen und kompetent zu handeln. Charakteristisch für sie ist, dass sie keinen unmittelbaren bzw. einen begrenzten Bezug zu bestimmten praktischen Tätigkeiten besitzen, sondern Menschen dazu befähigen, unterschiedliche Positionen und Funktionen qualifiziert wahrzunehmen (vgl. Brommer 1993, S. 66 f). Es sind also eher allgemeine, funktions- und berufsübergreifende und mithin auch längerfristig verwertbare Fähigkeiten.

Schlüsselqualifikationen sind zudem mehr als die Summe von bestimmten Fertigkeiten und Kenntnissen, sie sind eher das Resultat einer Persönlichkeitsentwicklung. Dies schließt ein und macht es unerlässlich, das Feedback Anderer in bezug auf das eigene Verhalten zu erfahren, eigene Fehler und Defizite zu erkennen und zu akzeptieren, um sie dann korrigieren oder durch andere Verhaltensweisen ersetzen zu können (vgl. Brommer 1993, S. 66 f und 78).

Qualifikationen durchlaufen Lebenszyklusphasen. Man unterscheidet zwischen *Basisqualifikationen,* das sind elementare Qualifikationen, die von Mitarbeitern in einem bestimmten Arbeitsfeld allgemein vorausgesetzt werden, den vorgenannten *Schlüsselqualifikationen,* die die Voraussetzung für berufliches Tun in einer längerfristigen Perspektive sind, und den *Schrittmacherqualifikationen,* welche den Ausgangspunkt für künftigen unternehmerischen Erfolg und wichtige persönliche Potenziale bilden. Die Zuordnung der Qualifikationen ist veränderlich, so waren viele der Basisqualifikationen von heute die Schlüsselqualifikationen von gestern, etliche der Schrittmacherqualifikationen von heute werden Schlüsselqualifikationen von morgen sein (vgl. Pieper 1989, S. 71 f).

10.3.1 Handlungskompetenz

Wesentlich für das Funktionieren-lassen und Funktionieren-Können einer Unternehmung sind letzlich die praktisch umgesetzten Qualifikationen. Diese Fähigkeit wird als *Handlungskompetenz* bezeichnet. Sie ergibt sich aus der Summe der Schlüsselqualifikationen. Die Teilbereiche der Handlungskompetenz sollen im folgenden näher dargestellt werden:

(1) Fachkompetenz (auch als fachliche oder funktionale Kompetenz bezeichnet)

Fachkompetenz beinhaltet die zur Wahrnehmung einer Aufgabe benötigten fachlichen Fähigkeiten und Fertigkeiten. Dieser Kompetenzbereich umfasst den klassischen Bereich der Berufsausbildung, also Wissen, das in Berufsschule, Ausbildung und bei persönlichen und betrieblichen Weiterbildungsmaßnahmen vermittelt bzw. systematisch gefestigt und vertieft wird. Daneben rangiert unter der Fachkompetenz auch das allgemeine Generalistenwissen, das überwiegend in der Schule vermittelt wird bzw. als Teil der Lebenserfahrung gilt (vgl. Winnes 1993, S. 92; Brommer 1993, S. 80). Weiterhin zählen zur Fachkompetenz
- organisatorische Fähigkeiten (vgl. Berthel 1992, S. 211; ders. 1992a, S. 284),
- betriebswirtschaftliche Kenntnisse
- EDV-Wissen (vgl. Berthel 1992a, S. 282 f),
- Markt-Know-how (vgl. Brommer 1993, S. 81),
- Fremdsprachenkenntnisse (Schirmer/Staehle 1991, S. 58).

(2) Methodenkompetenz (auch strategische Kompetenz genannt)

Methodische Kompetenz bezeichnet das strategisch eingesetzte und zielgerichtete Umsetzen des vorhandenen Fachwissens zur Bewältigung der Berufsaufgaben. Darüber hinaus umfasst sie die Problemlösungsfähigkeiten für solche Fragestellungen, die nicht durch Anwendung von Fachwissen allein zu bewältigen sind. Adäquate Hilfsmittel, anhand derer Probleme analysiert und Lösungen systematisch erzielt werden können, müssen abrufbar sein. Auf diese Weise verlangt die Ausbildung von Methodenkompetenz ein konzeptionelles und kreatives Denken in Strukturen und Zusammenhängen, das Erkennen von möglichen Wechselwirkungen und das Abwägen von Chance und Risiko.

Die Methodenkompetenz lässt sich näher differenzieren nach fachspezifischen Methoden, allgemeinen Arbeitsmethoden, persönlichen Planungs- und Arbeitstechniken bis hin zu Problemlösungsmethoden in Arbeitsteams. Im einzelnen sind zu nennen
- persönliches Zeitmanagement (vgl. Winnes 1993, S. 93),
- ganzheitliches, sowohl analytisches als auch - aus einer »Helikoptersicht« - integratives Denken und Handeln, vernetztes Denken (vgl. Brommer 1993, S. 81),
- die strategische Kompetenz, das heißt Umgang mit strategischen Planungs- und Analysemethoden wie z.B. Portfolio-Technik, Gap-Analyse, Erfahrungskurvenkonzept, Suchfeldanalyse, Szenariotechnik, strategische Frühaufklärung (vgl. Riekhof 1992, S. 63),
- konzeptionelle Fähigkeiten zur Problemlösung bzw. Entscheidungsfindung, z.B. die Methodik des vernetzten Denkens (vgl. Gomez/Probst 1995, S. 3 ff),
- unternehmerisches Denken und Handeln durch ein Selbstverständnis des Mitarbeiters als »Intrapreneur« (Unternehmer in der Unternehmung) (vgl. Berthel 1992, S. 211; ders. 1992a, S. 280),
- ein Gefühl für zukünftige Entwicklungen, Imagination, Veränderungen erkennen und antizipieren (vgl. Brommer 1993, S. 81),
- Kreativität und Innovationsfähigkeit (vgl. Berthel 1982a, S. 283),
- visionäres Denken (vgl. Neges/Neges 1993, S. 136 ff).

(3) Soziale Kompetenz

Der Begriff der sozialen Kompetenz charakterisiert im wesentlichen die Fähigkeit eines Individuums zum konstruktiven Umgang mit sich selbst und anderen Menschen. Grundlage für eine gut ausgebildete soziale Kompetenz sind dabei *kommunikative Fähigkeiten* auf der Sach- und Beziehungsebene durch eine offene Einstellung zu anderen, Zuhören-können, Einfühlungsvermögen. Darüber hinaus zeigt sich soziale Kompetenz in der Fähigkeit, positive *zwischenmenschliche Beziehungen* aufbauen zu können durch Hilfsbereitschaft, Problemsensibilität, konstruktives Feedback und Kompromissfähigkeit. Sozial kompetent ist u.a. auch ein Verhalten der aktiven Einbindung anderer Mitarbeiter in Problemlösungsprozesse durch ein prozessorientiertes Vorgehen, indem man sie fordert und durch Motivationserlebnisse mobilisiert. Als weitergehender Ansatz geht es beim sog. Coaching darum, Mitarbeitern bei ihrem persönlichen Entwicklungsprozess zu helfen, ihr individuelles Potenzial zu erkennen und sie zu Entscheidungsmündigkeit und Selbstbewusstsein zu führen. Daraus erwächst das Können, in einem Team selbständig, umsichtig und nutzbringend zu handeln und bedeutet die Fähigkeit und die Bereitschaft, von anderen zu lernen, Beiträge für die Gruppe zu leisten, Initiative zu ergreifen und Verantwortung zu übernehmen, die Rollenverteilung innerhalb der Gruppe zu erkennen sowie die Werthaltungen und Erfahrungen anderer zu respektieren (vgl. Faix/Laier 1991, S. 62).

Soziale Kompetenz drückt sich auch darin aus, dass man dazu bereit ist, *Konflikte,* wo sie notwendig sind, *offen* auszutragen, anstatt sie zu verdrängen, das heißt Konfrontationen zu wagen, dabei unterschwellige bzw. tabuisierte Themen transparent zu machen und dabei klare Positionen zu beziehen. Durch diese Fähigkeit der konstruktiven

Auseinandersetzung mit der Wirklichkeit sollen Probleme in einem bedürfnisgerechten Einvernehmen nach dem Gewinner-Gewinner-Prinzip (vgl. Hausmann 1994, S. 41) gelöst werden. Des weiteren werden zur sozialen Kompetenz gerechnet u.a. die Fähigkeiten der
- Kooperationsbereitschaft,
- Konsensfähigkeit,
- Mitarbeiterbezogenheit, die sich vor allem in der Wertschätzung ausdrückt (vgl. Brommer 1993, S. 81),
- Überzeugungskraft, vor allem durch die Fähigkeit, Identifikation zu schaffen, Sinn zu vermitteln, ein Vorbild zu sein.

Die immer noch zunehmende Globalisierung der Wirtschaft, weltweit operierende Unternehmungen, multinationale Konzerne, die immer dichtere globale Vernetzung der Kommunikationskanäle, politische Vorstellungen von offenen Märkten - all dies erlaubt und fordert einen Umgang mit dem Fremden, ein interkulturelles Management, es ist die Voraussetzung für ein gegenseitiges Akzeptieren und Kooperieren in und mit fremden Kulturen. *Interkulturell orientierte* soziale und intellektuelle *Anforderungen* ergeben sich aus Problemfeldern wie Welt- sowie Kulturkonflikten, kulturbedingten Denkweisen, Kulturstandards und Mentalitäten und schließlich aus der Bereitschaft zum persönlichen Enkulturationsprozess (vgl. Wunderlich 1995, S. 580 ff).

(4) Persönlichkeitskompetenz

Persönlichkeitskompetenz entwickelt sich durch die Entfaltung der eigenen Persönlichkeit als Voraussetzung für selbstständiges und selbstbewusstes Handeln. Selbstverantwortung, Persönlichkeitsentwicklung und Sinngebung sind die wesentlichen Aspekte (vgl. Boethius/Edhin 1997). Sie kennzeichnet die Fähigkeit, die eigene Person unter Berücksichtigung der persönlichen Rahmenbedingungen optimal zu entwickeln. Dies bedeutet einen bewussten Umgang mit den eigenen Kräften, indem die individuellen Grenzen und Möglichkeiten erkannt und eingeschätzt werden. Selbstreflexion und die Bereitschaft zur Selbstentwicklung sind wichtige Voraussetzungen dafür, die persönlichen Fähigkeiten zu entfalten, aber auch ein Fehlverhalten, das vielfach auf in der Kindheit angelegten neurotischen Denkmustern basiert, bewusst zu machen und zu verändern. Ein Mensch mit hoher Persönlichkeitskompetenz ist realitätsbezogen, er ist »eigenständig«, setzt sich seine Ziele und handelt konsequent danach.

Die »ganze« Person soll sich in das betriebliche Wirken einbringen können. Zur Persönlichkeitskompetenz werden mithin folgende Qualitäten gerechnet (vgl. Brommer 1993, S. 83):
- Offenheit gegenüber Neuem, Neugierde, Kreativität, Experimentierfreude;
- Lernfähigkeit und Fortbildungsbereitschaft;
- Belastbarkeit, Frustrationstoleranz;
- Emotionalität und Subjektivität;
- Leistungsbereitschaft, Engagement, Initiative, Selbstdisziplin und Ausdauer bei der Verfolgung der gesteckten Ziele;
- Risikobereitschaft und Toleranz gegenüber Misserfolgen;

- Anpassungsfähigkeit, Flexibilität, Mobilität (vgl. Schirmer/Staehle 1990, S. 715);
- Ausstrahlung, Selbstsicherheit, Glaubwürdigkeit;
- Ethische Grundsätze durch ein sichtbar gelebtes Wertesystem.

(5) Handlungskompetenz

Handlungskompetenz ergibt sich aus der Fähigkeit, die in den vier Kategorien der Kompetenz – Fach-, Methoden-, Sozial- und Persönlichkeits-Kompetenz – erlangten Erkenntnisse und Verhaltensweisen im beruflichen und persönlichen Lebensbereich anzuwenden und effizient einzusetzen (vgl. Brommer 1993, S. 69, 85).

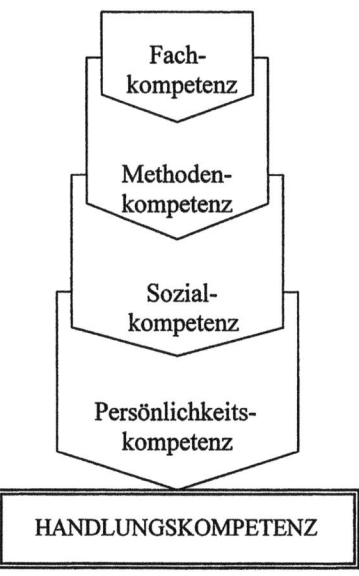

Abb. 50: Einflussfaktoren auf die Handlungskompetenz

10.3.2 Systemkompetenz

Das Komplement zur Handlungskompetenz ist die *Systemkompetenz*. Mit der zunehmenden Komplexität und Dynamik steigt auch der Bedarf, einerseits das ganze System Unternehmung zu verstehen und andererseits die Unternehmung in einem größeren Zusammenhang zu sehen (vgl. Thommen 1995, S. 17).

Zwischen dem Ideal und der Realität des Führungsverhaltens von Managern besteht in vielen Unternehmungen eine *erhebliche Diskrepanz*. Eine Befragung von 350 Führungskräften durch das Management Centre Europe, die die Führungsqualitäten ihrer Vorgesetzten bewertet haben, kommt jedenfalls zu diesem Ergebnis. Nach dieser Untersuchung sind die wichtigsten Eigenschaften der idealen Führungskraft:

- das Talent, wirkungsvoll arbeitende Teams zu bilden,
- die Fähigkeit, zuzuhören,
- Entscheidungsfreudigkeit und
- die Fähigkeit, gute Leute im Unternehmen zu halten.

Im Wesentlichen handelt es sich hierbei um Schlüsselqualifikationen aus dem Bereich der sozialen Kompetenz. Demgegenüber zeigen Manager in der Realität im wesentlichen die folgenden Qualifikationen:

- Entscheidungsfreudigkeit
- Ehrgeiz
- Tatkraft
- starker Wille und
- Machtstreben.

Diese Eigenschaften spiegeln eine stärker entwickelte Persönlichkeitskompetenz im Vergleich zur Sozial- und Methodenkompetenz wider. Sie resultiert aus dem Streben nach Macht und Dominanz, was auch erklärt, warum »politische Machtspiele« in der Realität einen so großen Raum einnehmen und Zeit und Arbeitsenergie der Führungskräfte beanspruchen. Servatius sieht die entscheidende Ursache für das Auseinanderklaffen zwischen dem Ideal und der Wirklichkeit des Führungsverhaltens in der weitgehend noch vorherrschenden mechanistischen Sichtweise der Unternehmung. Eine zukunftsorientierte Führungskräfteentwicklung sollte deshalb die Fähigkeit zur evolutionären Anpassung und zum ganzheitliche Denken und Handeln fördern. Dies geschieht am wirkungsvollsten in Form eines *aufgabenbezogenen Lernens* der Entscheidungsträger, bei dem die Teilnehmer die konkreten Probleme der Unternehmung bzw. ihres Führungsbereichs bearbeiten und parallel zur sachlogischen Problemlösung ihr Denken und ihre Verhaltensweisen ändern (vgl. Servatius 1991, S. 111).

11. Prozessuale Förderung des Management-Development durch personale Qualifizierung

Die Förderung von Schlüsselqualifikationen erscheint als die wichtigste Aufgabe im personalen Bereich zur Erhöhung der Fitness der Unternehmung. Die zentrale Frage für das Management-Development lautet: Welche speziellen Schlüsselqualifikationen müssen bei den Mitarbeitern ausgebildet und gefördert werden, damit Lernprozesse in der Unternehmung stimuliert und kultiviert sowie nutzbringend umgesetzt werden und Problemlösungen zur Fitness der Unternehmung zustande kommen?

11.1 Integriertes Management-Development durch plurale Entwicklungsprozesse

Die prozessuale Gestaltung des Management-Developments spielt außer den inhaltlichen Aspekten eine wichtige Rolle. Es kann an dieser Stelle nicht auf die große Vielfalt der hierbei eingesetzten Methoden eingegangen werden (vgl. für einen Überblick Dubs 1994, S. 28 ff oder Heidack 1993). Neben die traditionelle Management-Ausbildung treten innovative Formen (vgl. Sattelberger 1989a und 1991). Besonders erwähnenswert sind das organisationale Lernen, das Konzept der helfenden Beziehungen und Wege zur Selbstentwicklung von Schlüsselpersonen bzw. Führungskräften.

- Das organisationale Lernen betrachtet einerseits das Lernen einzelner Individuen und andererseits das Lernen ganzer Organisationen. Organisationales Lernen umfasst den "Prozess der Erhöhung und Veränderung der organisationalen Wert- und Wissensbasis, die Verbesserung der Problemlösungs- und Handlungskompetenz sowie die Veränderung des gemeinsamen Bezugsrahmens von und für die Mitglieder innerhalb der Organisation" (Probst/Büchel 1994, S. 17).

Eine recht attraktive Vision einer lernenden Organisation formulieren Pedler/Boydell/ Burgoyne (1991, S. 63): "Im lernenden Unternehmen sind Lernen und Arbeiten synonym, sind Menschen Kollegen und Partner, nicht Vorgesetzte, Untergebene und Arbeiter. Im lernenden Unternehmen werden die eigene Innenwelt und die Außenwelt der Organisation laufend auf Innovation hin abgeklopft und untersucht - auf neue Ideen, neue Probleme und neue Möglichkeiten des Lernens hin."

Die Ansprüche einer lernenden Organisation an eine innovative Personalentwicklung als eine Komponente des Management-Developments lauten (vgl. Sattelberger 1991, S. 215; Beyer 1992, S. 99 ff.; Große-Oetringhaus 1993, S. 273 ff.):

- Personalentwicklung soll Lernanreize für *alle* Mitarbeiter schaffen, nicht nur für Führungskräfte;

- Personalentwicklung versucht, das Lehren und Lernen wieder in den Arbeitsalltag zu integrieren, Arbeiten bedeutet permanentes Lernen - Führen ist gleichzeitig Lehren, Lernen am Realitätsmodell;

- Personalentwicklung verwendet neue Formen der Mitarbeiterförderung wie Instruktion, Mentoring und Coaching; erhöhter Lernbedarf und erhöhtes Lerntempo bei Mitarbeitern erfordern funktionsfähige Lernbeziehungen, Vorbilder, Symbole und Modelle eignen sich besonders als Lernobjekte;

- Personalentwicklung verbindet die Persönlichkeitsentwicklung der Mitarbeiter und entwicklungsorientierte Dynamik- und Veränderungsprozesse; die Entwicklung der Mitarbeiter soll für eine erfolgreiche Unternehmungsentwicklung genutzt werden;

- Personalentwicklung ist Selbstentwicklung des Menschen; Selbstorganisation ist das Mittel zur Zusammenarbeit.

- Das Konzept der helfenden Beziehungen will das Lernen von Individuen, Gruppen und der Organisation unterstützen. Es umfasst Lernformen, die zur persönlichen Entwicklung und Verhaltensänderung des Lernenden beitragen. Reine Weiterbildungs-

Maßnahmen durch Seminare, Schulungen oder Vorträge reichen nicht aus. In der lernenden Organisation geht es um neue, aber auch traditionelle partnerschaftliche Lernbeziehungen zwischen Mitarbeitern und Gruppe, zwischen Führenden und Geführten oder oberen Führungskräften und Nachwuchskräften. Helfende und unterstützende Beziehungen bauen den Lernenden auf und integrieren das Lernen in den Arbeitsprozess. Sattelberger warnt vor einer zu starken Inanspruchnahme von externen Beratern, um so »Lernpartner« oder Ratgeber von Managern und Nachwuchskräften zu gewinnen. Die durch Arbeitsteilung und Spezialistentum verschütteten »lernpartnerschaftlichen Beziehungen« müssten vielmehr in der Unternehmung wieder entdeckt und aktiviert werden (vgl. Sattelberger 1991, S. 209).

Durch das Konzept helfender Beziehungen nutzen Organisationen ihr eigenes »natürliches Entwicklungspotenzial«. Sattelberger nennt beispielhafte unternehmungsinterne Ansätze für qualitative Personalentwicklungsprogramme (vgl. Sattelberger 1989, S. 31 ff.):

- Häufiger Einsatz von Projektgruppen, denen ein Coach zugeordnet ist;
- Obere Führungskräfte stellen sich in Gesprächsrunden zur Verfügung;
- Wissensaustausch durch selbstorganisierende Lernformen;
- Manager und angehende Führungskräfte wirken als Trainer;
- Lernen »vor Ort«, Seminare nur zur Vorbereitung und Verarbeitung des Lernstoffs.

Für helfende Beziehungen kommen drei unterschiedliche Formen infrage, die sich hinsichtlich der Zeitdimension und Art der Hilfestellung jedoch erheblich unterscheiden: Instruktion, Coaching und Mentoring.

Unter *Instruktion* versteht man eine kurzfristig angelegte Hilfe für eine konkrete Aufgabe oder Problemstellung. Meist soll der Lernende beim Erwerb von Fachkompetenzen unterstützt werden.

Beim *Coaching* werden hauptsächlich längerfristige Arbeitsergebnisse und das Problemlösungsverhalten des Lernenden unterstützt. Die Förderung beim Coaching findet durch gemeinsame Bearbeitung von Problemen des Lernenden und des Coachs und das Ausprobieren von neuen Fähigkeiten und Kompetenzen. Coaching ist aufgabenorientiert.

Mentoring dagegen orientiert sich an der Persönlichkeit des Lernenden und seiner Entwicklung. Der Mentor fungiert als Freund und Partner, hört den Problemen und Fragen des Lernenden zu, erteilt Ratschläge und hilft, die persönlichen Ziele und Vorstellungen zu verwirklichen (vgl. Sattelberger 1991, S. 209 f).

Die drei Formen helfender Beziehungen zur Entwicklung und Verhaltensänderung des Lernenden mobilisieren die Änderungsprozesse in unterschiedlicher Weise. Während bei der Instruktion die erhaltenen Informationen auf Nützlichkeit meist nur geprüft werden und dann gegebenenfalls zur Verhaltensänderung führen, ist beim Mentoring eher die Identifikation mit dem Mentor der auslösende Effekt (vgl. Sattelberger 1991,

S. 212), extrem betrachtet könnte es zu einem rein emotional geprägten Anpassungsverhalten ohne Rücksicht auf den Inhalt der Aufgaben führen.

Coaching integriert beides, neben der sachlichen Aufgaben- und Problembewältigung wird eine vertrauensvolle Beziehung zwischen Lernendem und Coach angestrebt (vgl. Hauser 1991, S. 212 f.). Deshalb eignet sich das Coaching auch für die integrative Personalentwicklung der lernenden Organisation. Lernen und betriebliche Arbeit sollen miteinander verwoben sein. Linien- oder Projektmanager fördern und entwickeln in der Rolle des Coachs durch Zielvereinbarungen bzw. Leistungsbeurteilungsgespräche die Fähigkeiten und Kompetenzen der Lernenden (vgl. Sattelberger 1991, S. 217).

Neben dem Coaching durch interne Berater oder durch Vorgesetzte kann ein externer Berater verpflichtet werden. Der externe Coach ist meist ein psychologisch geschulter Berater, der Führungskräfte als vertrauenswürdiger Gesprächspartner und Ratgeber unterstützt (vgl. Hauser 1991, S. 213 f.). »Coaching« beschreibt Hauser in diesem Sinne somit als einen Einzelberatungsprozess, in dem der Coach als neutraler Außenstehen-

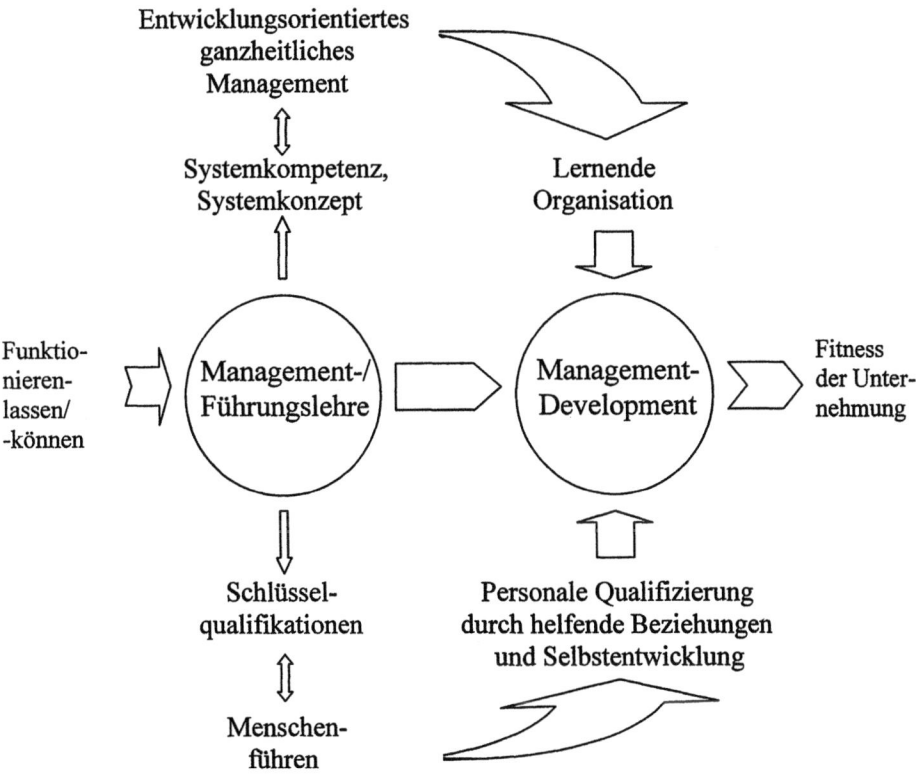

Abb. 51: Strukturdiagramm für integriertes Management-Development

der unternehmungsintern fehlende Rückmeldungen und Widersprüche an die Führungskraft gibt. Der Coach versteht sich dabei nicht als Problemlöser, vielmehr will er Lernprozesse anstoßen, die die Führungskraft benötigt, um zukünftige Probleme und Anforderungen besser zu bewältigen (vgl. Hauser 1991, S. 213).

- Die Selbstentwicklung von Mitarbeitern und Unternehmung ist das letztliche Ziel der lernenden Organisation. Neben traditionellen und neueren Formen der Personalentwicklung sind mithin systematisch Wege zur Selbstentwicklung (vgl. Staehle 1990, S. 361) durch mentales Training notwendig. Eine entwicklungsorientierte personale Qualifizierung ist durch die Personal- bzw. Führungskräfteentwicklung nur begrenzt zu »managen«; zur Fitness der Unternehmung muss vielmehr eine ganzheitliche Handlungskompetenz beitragen, die jeder Einzelne »für sich selbst« entwickeln muss (vgl. Servatius 1991, S. 124).

Das *integrierte Management-Development* durch plurale Entwicklungsprozesse kann nunmehr durch das in Bild 51 dargestellte Strukturdiagramm verdeutlicht werden.

11.2 Selbstentwicklung mentaler Fitness für geistige Arbeit

Ein mentales Training strebt an, das ungenutzte Potenzial an geistigen Fähigkeiten besser auszuschöpfen, und brachliegende innere Kräfte durch eine Nutzung beider Gehirnhälften zu mobilisieren. Das Ziel der verschiedenen Ansätze besteht darin, die Grenzen des linkshirnigen Denkens zu überwinden sowie eine Harmonie zwischen Verstand und Gefühl bzw. Körper und Geist zu erreichen. Zur körperlichen Fitness soll damit eine geistige Fitness treten, die zum einen stressreduzierend wirken und zum anderen das ganzheitliche Denken und Handeln trainieren soll.

Die folgenden Ansätze eines mentalen Trainings sollen das Erlangen von ganzheitlicher Führungskompetenz unterstützen. Die ursprünglich in der Raumfahrt und im Spitzensport erprobten Konzepte (vgl. Stemme/Reinhardt 1988, S. 49 ff) werden zunehmend auch bei der Selbstentwicklung von Führungs- und Fachkräften angewandt.

Aufgrund der Forderung zur Überwindung des rein rational ausgerichteten Denkens im Management und der hervorgehobenen Bedeutung einer intuitiven Handlungsweise soll zunächst auf das harmonische Zusammenwirken der rechten und linken Gehirnhälfte als notwendige Voraussetzung für ganzheitliche Management-Kompetenz eingegangen werden. Anschließend werden einige Formen eines mentalen Trainings für einen nach innen gerichteten Weg zur Selbstentwicklung aufgezeigt.

11.2.1 Ganz-hirniges Denken und Erkennen

Ein ganzheitlich ausgerichtetes Management der Unternehmung kann nur mittels einer Kombination aus rationaler und intuitiver Vorgehensweise erreicht werden. Für diese Behauptung sprechen auch die Ergebnisse der Gehirnforschung. Demnach finden im

Gehirn zwei unterschiedliche Arten von Informationsverarbeitung statt, die sich auch unterschiedlichen Hirnhemisphären, der linken bzw. der rechten Hirnhälfte zuordnen lassen (vgl. Eccles 1989, S. 332 ff). Die linke Hirnhemisphäre lässt sich folgendermaßen charakterisieren:

- Die linke Hemisphäre hat eine Verbindung zum Bewusstsein.
- Es handelt sich um die verbale Hemisphäre.
- Die linke Hemisphäre ist verbal, rational-analytisch, kausallogisch, sequentiell, arithmetisch und computerartig ausgerichtet.

Diese Hirnhemisphäre ist also für die bewusste und logisch-analytische Informationsverarbeitung zuständig. Da diese Art des Denkens zumindest in der westlichen Welt als die »wissenschaftliche« und damit auch positiv bewertete Denkweise gilt, wird die linke Hirnhälfte meist auch bedeutend mehr trainiert als die rechte Hirnhemisphäre, und sie ist bei vielen Menschen deshalb die dominante Hemisphäre.

Im Gegensatz hierzu werden der rechten Hirnhemisphäre folgende Eigenschaften zugewiesen:

- Die rechte Hemisphäre hat keine oder nur eine recht begrenzte Verbindung zum Bewusstsein.
- Sie ist fast nonverbal und denkt in Bildern und Mustern, sie vergleicht und erstellt Analogien, Denk-Bilder, Denk-Modelle.
- Es handelt sich um die intuitive, gefühlvolle Hälfte mit einem Sinn für Musik, Tanz, Kunst.
- Sie ist a-logisch und a-kausal, kreativ und spontan.
- Die rechte Hemisphäre weist vor allem synthetische, holistische, geometrisch und räumlich wahrnehmende Fähigkeiten auf.

Die rechte Hirnhemisphäre übernimmt damit offensichtlich mehr die gesamthafte, bildhafte Informationsverarbeitung.

In der gesamthaften Betrachtung der beiden Hirnhemisphären wird deutlich, dass es sich bei dieser Aufgabenteilung zwischen den beiden Hirnhälften um eine komplementäre Zuordnung der Erkenntnisfunktionen handelt, die eine wechselseitig ganzheitlich intuitive und zugleich analytische Betrachtung der realen Welt ermöglichen. Aus diesem Blickwinkel kann wohl keiner der beiden Hemisphären eine dominierende oder untergeordnete Funktion zugewiesen werden. Beide Hemisphären ergänzen sich und haben dabei jeweils gleichrangig die Aufgabe auszuführen, die der anderen Hemisphäre schwerfällt. Erst das Zusammenwirken beider Hirnhemisphären ergibt ein ganzheitliches, ganz-hirniges Denken.

Vor dem Hintergrund, dass unterschiedliche Fähigkeiten verschiedenen Hirnhemisphären zuordenbar sind, wird klar, dass eine rein rationale Denkweise im Management nur eine im doppelten Sinne des Wortes »einseitige« Erfassung von Lenkungsproblemen bedeuten würde. Ein umfassendes, ganzheitliches Bild des Lenkungsproblems bedingt die Inanspruchnahme und Kombination der Informationsverarbeitungsmöglichkeiten beider Hirnhemisphären. Dabei lässt sich keiner Hirnhemisphäre von vornherein eine dominante oder eine untergeordnete Funktion zuerkennen, die Hervorhebung des rationalen Denkens beruht wohl ausschließlich auf einem durch ein streng rational-analytisches Wissenschaftsideal geprägten Werturteil. Mit der notwendigen Überwindung der rein rational-analytisch orientierten Sichtweise bei der Betrachtung nichtlinearer, komplexer Systeme sollte der bislang »untergeordneten« rechten Hirnhemisphäre und auf diese Weise einer ganzheitlichen, bildhaften und intuitiven Sichtweise mindestens die gleiche Bedeutung zugemessen werden.

11.2.2 Selbsterfahrung im intuitiven Handeln

Intuitive Erkenntnis und intuitives Handeln müssen sich dennoch immer wieder in Bezug auf zwei Punkte rechtfertigen:

1. Intuition lässt sich kaum oder nur schwerlich begründen. Man fühlt bzw. »weiß«, dass ein Gedanke, eine Absicht oder ein Handeln »richtig« ist, aber man weiß nicht, warum oder woher man es weiß.

2. Intuitive Erkenntnis lässt sich entweder überhaupt nicht kommunizieren oder, wenn man es dennoch versucht, dann nur verkürzt mitteilen.

Beide Probleme lassen sich jedoch über die Betrachtung des Entstehens einer Intuition sowie den zweihemisphärischen Aufbau der menschlichen Informationsverarbeitung erklären.

Intuitive Erkenntnis kommt zustande, indem sich aus einer Vielzahl von Informationen eine spontane Ordnung bildet und dadurch ein Gesamtbild der Komplexität aufscheint. Dies geschieht in der rechten Hirnhemisphäre, diese besitzt jedoch keinen direkten Zugang zum Bewusstsein, auch der mittelbare Weg über die linke Hirnhemisphäre ist wegen kapazitiver Beschränkungen chancenlos, und damit kann das intuitiv entstandene Gesamtbild rational-analytisch nicht weiter verarbeitet werden. Was somit bleibt, ist nur das als Intuition bezeichnete »Aufblitzen des Gesamtbildes der Komplexität« in der nichtbewussten Hirnhemisphäre. Statt einer analytischen Weiterverarbeitung des Gesamtbildes ist zur weiteren verstandesmäßig-analytischen Verarbeitung allenfalls eine verkürzte Übertragung dieses Gesamtbildes oder von Teilen denkbar. Rationale Begründungen einer intuitiven Erkenntnis machen eben deshalb solche Schwierigkeiten, weil sie im wahrsten Sinne des Wortes zu einer »Spurensuche« werden.

Dass man eine intuitive Erkenntnis nicht sprachlich auszudrücken vermag, liegt darin begründet, dass sie in der rechten Gehirnhälfte entsteht und diese Hirnhemisphäre im wahrsten Sinne des Wortes »sprachlos« ist. Die sprachlichen Fähigkeiten sind in der linken Gehirnhälfte lokalisiert. Damit kann sich die intuitive Erkenntnis nicht unmittelbar über bewusste, rationale Argumente »zu Wort melden«, noch ist die Intuition in die linke Hirnhemisphäre als Voraussetzung für eine sprachliche Fassung übermittelbar, allenfalls kommt eine »rational geprägte Übersetzung« zustande. Daraus ergibt sich die Frage, inwieweit es überhaupt sinnvoll erscheint, Absichten oder Handlungen sprachlich zu formulieren, oder ob ein »wortloses« Handeln angemessener ist.

In jedem Falle ist ein intuitives Management für die ganzheitliche Erfassung einer unternehmungsbezogenen Lenkungsproblematik von großer Bedeutung, da es Aufgaben übernehmen kann, die eine rein rational ausgerichtete Lenkung nicht bewältigen kann. Gefühlsbetonte Entscheidungen oder mit den Worten der Praxis die »Entscheidungen aus dem Bauch heraus« machen so gesehen durchaus einen Sinn. Natürlich ergeben sich trotzdem für unterschiedliche Prozessphasen unterschiedliche Lenkungsnotwendigkeiten. Je klarer überschaubar und einfacher die Dynamik der Unternehmungsprozesse ist, desto eher genügt für eine sinnvolle Lenkung eine rationalanalytische Vorgehensweise. Besonders hingegen wenn in gleichgewichtsfernen Prozessphasen der Unternehmungsentwicklung aufgrund der hohen Prozessdynamik nur unvollständige oder unscharfe Informationen vorliegen, jedoch ein Wissen um die Prozessmuster unabdingbar für jegliche fitnessorientierte Lenkungsintention ist, bietet ein rein rational-analytisches Handeln keine befriedigende Lösung. Die Unschärfe der Situationsgegebenheiten bei einem jeden nichtlinearen, sich entwickelnden komplexen Systems kann eben nur bei einer intuitiven Lenkungsweise erfasst werden und öffnet so erst den Weg zu einer wirklich weiteren und kreativen Entwicklung der Unternehmung.

Die Intuition als »aufgeblitztes« Gesamtbild der Komplexität kann zumindest rational-analytische Entscheidungen und Absichten ergänzen und bestärken und auf einer nicht bewussten, emotionellen Basis mitwirken. Die intuitiv erfassten Zusammenhänge und Verknüpfungen, die nicht bewusst wahrgenommen und auch nicht rational-analytisch rekonstruierbar sind, hinterlassen nämlich immerhin ein »Gefühl« dafür, welche Handlungen stimmig sein könnten und welche nicht. Werden in komplexen Situationen Entscheidungen getroffen, die ein »schlechtes Gefühl« hervorrufen, kann dies auf eine Nichtkompatibilität dieser Entscheidung mit dem ganzheitlich wahrgenommenen, intuitiven Bild des Entscheidungsproblems zurückzuführen sein. An solchen zunächst wenig definierbaren Gefühlen könnte nun ein rational ausgerichteter Suchprozess anknüpfen, der dann möglicherweise die hinter diesem Gefühl steckenden »unscharfen« intuitiven Informationen in »harte« Informationen im Sinne einer rationalen Handlungsweise verwandeln kann. Wird hingegen zum Beispiel eine Managemententscheidung mit einem »guten Gefühl« getroffen, dann scheinen diese Entscheidung und das ganzheitliche Bild miteinander stimmig zu sein. Ungeachtet der damit verbundenen Verkürzungen könnte eine in Worte gefasste Intuition auch als mögliche Grundlage für eine intersubjektive »Spurensuche« genutzt werden.

Entwicklungsorientiertes Management sollte mithin immer aus zwei Komponenten bestehen, nämlich aus einer rational-analytischen Sichtweise, die versucht über die Analyse exakte und detaillierte Informationen zu erfassen und aus einer intuitiven

Erfassung der Handlungssituation, die versucht das Problem in seiner ganzheitlichen Komplexität zu erfassen. Es ist auch nicht einzusehen, warum die evolutionär entwickelten nichtbewussten, intuitiven Fähigkeiten der rechten Hirnhemisphäre nicht mit der gleichen Berechtigung für entwicklungsorientierte Managementhandlungen eingesetzt werden wie das rational-analytischen Denken, vor allem auch deshalb, weil sie offensichtlich durch ihren ganzheitlichen Wahrnehmungscharakter zu einer möglicherweise entscheidenden Anreicherung der Entscheidungsgrundlagen beitragen. Mit anderen Worten: Mit einem erweiterten Rationalitätsverständnis erscheint es wesentlich rationaler zu sein, nicht nur die rational-analytischen, sondern auch die intuitiven Erkenntnismechanismen gleichberechtigt mit in Managemententscheidungen einzubeziehen (vgl. Scheurer 1997, S. 428).

11.2.3 Entfaltung des Selbstwertgefühls

Selbstentwicklung heißt, sich selbst zu entfalten. Viele Menschen neigen in ihrem Denken und Handeln zu einer Überbetonung ihrer rational-analytischen Fähigkeiten, die als Folge der eher auf Faktenlernen ausgerichteten Ausbildung entwickelt wurden. Diese Dominanz der linken Hemisphäre ist zudem vielfach Ausdruck eines defizitären *Selbstwertgefühls*. Zur Bewältigung solcher Minderwertigkeitsgefühle werden meist Mechanismen der *Kompensation* eingesetzt, die beim Einsatz solcher starker intellektueller Fähigkeiten es auch dem scheinbar Schwächeren erlauben, aufgrund dieser Differenzierung sich subjektiv überlegen zu fühlen. Diese individualpsychologische Interpretation kompensatorischer Verhaltensmuster zeigt auch, dass die sozial-darwinistische Deutung vom Sieg des Stärkeren irrig ist. Niedriges Selbstwertgefühl verrät sich in einem unentwegten Kontrollbedürfnis, der Angst vor Fehlern und Entscheidungen und Rechthaberei.

Sich selbst zu führen, beginnt dabei immer mit der *Arbeit am eigenen Selbstwertgefühl*.

Ein primär rational denkender und pragmatisch handelnder Mitarbeiter, der ganzheitliche Managementkompetenz entwickeln möchte, muss daher lernen, seine kreativen und emotionalen Fähigkeiten zu verbessern. Die Notwendigkeit zu einer solchen Kurskorrektur wird einem Menschen häufig erst dann bewusst, wenn ein bestimmter Leidensdruck erreicht ist und sich die Frage nach dem Sinn des Lebens stellt (vgl. Lauster 1990, S. 147 ff). So gibt es viele Beispiele dafür, dass Führungs- oder Fachkräfte in einer bestimmten Phase ihres Lebens an eine Barriere zu stoßen scheinen. Die Karriereentwicklung verlangsamt sich, und zu beruflichen Schwierigkeiten gesellen sich private Konflikte. Eine solche Phase des Übergangs ist typisch für eine Situation, in der das alte Denken noch nicht überwunden ist, und das neue, ganzheitliche Denken noch nicht vollständig beherrscht wird. Nach dieser Übergangsphase wird das Erreichen eines »höheren Niveaus« dann als umfassende Sinn- und Kompetenzerweiterung erlebt.

11.2.4 Persönlichkeitsanalyse und Stressbewältigung

Die Analyse der eigenen Persönlichkeit mit der Feststellung der Intelligenzstruktur (Structure of Intellect - SOI) sowie eines Profils der Persönlichkeitsdominanzen - wie zum Beispiel durch die DISG-Analyse - ermöglicht ein Erkennen persönlicher *Stärken* und Defizitbereiche. Weil deren Ursachen in der zurückliegenden Ausbildung und Erziehung liegen und in der Regel unbewusst sind, ist eine *Selbstreflexion* geeignet, den Prozess der Selbstfindung zu unterstützen (vgl. Seiwert/Gay 1996, Spinola/Peschanel 1988).

Einen wesentlichen Einfluss hat die Persönlichkeitsstruktur auf die persönliche Belastbarkeit durch Stress. Stress ergibt sich aus allen nur erdenklichen Umweltreizen, die auf den Menschen »stressend« einwirken können. Stressreize bewirken kurzzeitige Muskelkontraktionen, physiologische Veränderungen und subjektiv erlebte Gefühle, und Stress beeinflusst langzeitlich die körperliche Leistung und den psychischen Zustand eines Menschen (vgl. Huber 1977, S. 16). Die Stressforschung zeigt, dass Fach- und besonders Führungskräfte unter ständigem Zeitdruck-Empfinden, Konkurrenz-Orientiertheit und Aggressivität leiden (vgl. Stemme/Reinhardt 1988, S. 87 ff). Höchstleistungen müssen somit oftmals unter *Stressbedingungen* erbracht werden.

Auf der Grundlage der Anwendung eines Persönlichkeitsmodells lässt sich über die Feststellung von Verhaltenstendenzen herausfinden, wie *Stress* zu *vermindern* wäre. Die vorrangige Persönlichkeitskomponente aus einer DISG-Persönlichkeitsanalyse – dominant, initiativ, stetig, gewissenhaft – (vgl. Seiwert/Gay 1996, S. 22 ff) legt unterschiedliche Wege nahe, Selbstkorrekturen eingeschliffener Verhaltensweisen vorzunehmen. Dadurch sollen die im Grunde sinnlos belastenden Stressreize vermieden oder verändert werden (»Reizmanagement«):

Der »dominante« Persönlichkeitstyp beeinflusst gerne seine Umgebung, fühlt sich durch Widerstände herausgefordert und will Ergebnisse erzielen, ist wetteifernd, direkt und offen. Dominante veranlassen Dinge, zeigen von sich aus Initiative, stellen bestehende Zustände in Frage, treffen schnelle Entscheidungen, packen Probleme geradewegs an. Stress entsteht durch Ihre Ungeduld und hochgestellte Ansprüche. Dominante können Stress vermindern, indem sie sensibler gegenüber Bedürfnissen und Gefühlen anderer werden, zuhören lernen und ihre Beweggründe ausreichend erläutern, sich nicht zu viel vornehmen.

Der »initiative« Persönlichkeitstyp ist vor allem kontaktfreudig, will soziale Beziehungen knüpfen und pflegen. Initiative tun Dinge nicht gerne allein, sie bevorzugen Aktivitäten in der Gruppe. Sie versprühen Optimismus und zeigen sich begeisternd, emotional, gesprächig und spontan. Stress entsteht dadurch, dass sie Dinge oft unrealistisch einschätzen und zu optimistisch sind, zu viel reden, impulsiv handeln, zuviel auf einmal tun wollen und oftmals schlecht »Nein« sagen können. Der initiative Persönlichkeitstyp kann Stress reduzieren, indem er besonnener und realistischer überlegt, bei Entscheidungen objektiver ist und Prioritäten und feste Termine setzt.

Der »stetige« Persönlichkeitstyp fühlt sich wohl in einer entspannten und freundlichen Atmosphäre, in der Sicherheit, klare Vereinbarungen und vorhersehbare Abläufe vorherrschen. Er fühlt sich herausgefordert, wenn er mit anderen zusammenarbeiten muss, um Ergebnisse zu erreichen. Stetige sind treu, loyal, zuverlässig, schaffen ein stabiles, beständiges Umfeld, entwickeln ein spezialisiertes Können. Eine stetige Person hört ruhig, gut und geduldig zu, ist vermittelnd und beruhigt andere. Stress entsteht, wenn sie sich gegenüber Veränderungen wehren zu müssen glaubt sowie bei terminlichen Engpässen, die oft jedoch wegen einer unentschlossenen oder zu nachsichtigen Haltung selbst verursacht sind. Stressverminderung ist möglich, wenn sich die stetige Person öfter Konfrontationen bewusst stellt, häufiger die Initiative ergreift, öfter delegiert und sich auch mit schnellen Veränderungen anfreundet.

Der »gewissenhafte« Persönlichkeitstyp liebt Ordnung, Disziplin und bevorzugt bekannte und bewährte, präzise und in allen Details geplante Vorgehensweisen bei optimaler Qualität. Er folgt Anweisungen und Normen, denkt kritisch und prüft Genauigkeit, entscheidet analytisch und objektiver als andere. Gewissenhafte arbeiten sehr effizient, aber weniger effektiv, sie verlieren sich in Einzelheiten. Stress entsteht, weil sie detailverliebt nicht loslassen und delegieren können, sich vor persönlichen Fehlern und Kritik ängstigen, zu vorsichtig und pessimistisch denken. Stetige vermindern Stress, indem sie Anweisungen nur als Richtlinien sehen, durch ein größeres Selbstvertrauen, mehr Optimismus und indem sie offener mit ihren Gefühlen umgehen.

Das Abfangen von Stressreaktionen auf meist unvermeidbare Stressreize kann erstrebt werden durch eine positive innere Haltung nach der Devise »ich schaffe das«, um die Balance zwischen Anspannung und Gelassenheit zu finden (vgl. Stemme/Reinhardt, S. 129). Stressabbau gelingt durch körperliche und geistige *Entspannung* (»Erregungsmanagement«). Im entspannten Zustand überwiegen im Gehirn die Alpha-Wellen mit einer niedrigeren Frequenz, während im wachbewussten Zustand höherfrequente Beta-Wellen das Denken bestimmen. Kreative Ideen entstehen erfahrungsgemäß eher in einem entspannten träumerischen Zustand, also in einer Situation, in der der regelhafte rationale Verstand nicht dominiert und Gefühle und bildhafte Vorstellungen sich entfalten können (vgl. ebenda, S. 38 ff).

Gerade für die Mobilisierung intuitiver Fähigkeiten, um *kreativ, bildhaft* zu sein *und Muster wahrnehmen* zu können, ist somit ein herbeizuführender Entspannungszustand außerordentlich förderlich.

Auch das Erfassen und Behalten von Informationen gelingt leichter in entspanntem Zustand, ein Arbeiten in entspannter Atmosphäre bringt bessere Erfolge als unter Anspannung (vgl. ebenda, S. 35 ff). Hierauf baut auch das *Superlearning* auf, ein Lernkonzept, bei dem mentale Sperren überwunden werden, welche die Lernfähigkeit beeinflussen.

Das Einüben von *Entspannungstechniken* ist ein möglicher Weg zu mehr Harmonie, sie sind deshalb eine Antwort auf negativen Stress. Das Entspannungs-Training der *systematischen progressiven Muskelentspannung (sE)* ist besonders bei Stresserscheinungen auf der motorischen Reaktionsebene, wie muskulären Verspannungen, angezeigt. Suggestive Techniken wie das *Autogene Training (AT)* eignen sich zum Gegenkonditionieren von vegetativen Stressreaktionen, es verwendet Vorstellungen, die direkt auf die Funktionen des Vegetativums bezogen sind und in ihrer inhaltlichen Formulierung auf eine Ruhigstellung abzielen. Die *systematische Autogene Meditation (sAM)* will für die kognitive Reaktionsebene eine Reizeinschränkung zugunsten bestimmter Gedankeninhalte bewirken, der meditative Vorgang ist demnach durch körperliche Entspannung gepaart mit geistiger Konzentration gekennzeichnet (vgl. im einzelnen Huber 1977).

11.2.5 Mentale Beeinflussung und Energetisierung positiver Gefühle

Als Bausteine eines Mentalen Trainings, die als individuelles Programm zur Selbstentwicklung genutzt werden können, seien die nachstehenden Ansätze vorgestellt, die im wesentlichen aufeinander aufbauen:

Bausteine	Trainingsschritte	*Begründer des Ansatzes*
Fokussierung	- Symbolisieren - Spüren der Befindlichkeit	(Gendlin)
Selbstregulation	- Arousal	(Suinn)
Visualisation	- Ideomotorisches Training	(Luria)
Positive Gedankenkontrolle	- Positives Führen - Rational-Emotive Therapie	(Carnegie) (Ellis)
Autosuggestion	- Suggestivformeln	(Stokvis/ Wiesenhütter)
Entspannungstechniken	- Autogenes Training - Systematische progressive Muskelentspannung	(Schultz) (Jacobson)

Abb. 52: Bausteine für mentales Training
(entnommen aus Servatius 1991, S. 133)

- Entspannungstraining, wie systematische progressive Muskelentspannung und Autogenes Training
- die Autosuggestion
- die Positive Gedankenkontrolle
- die Visualisation
- die Selbstregulation und
- die Fokussierung.

Die verschiedenen Bausteine des mentalen Trainings können situativ kombiniert werden (vgl. Servatius 1991, S. 133). Entspannungstechniken sind die wesentliche Basis für positive Gefühle.

Bei der sE-Methode werden alle größeren Muskelgruppen nacheinander angespannt und anschließend wieder bewusst gelockert. Der Wechsel von Anspannung und Entspannung führt zu innerer Ruhe und zu mehr Gelassenheit. Die systematische progressive Muskelentspannung geschieht in der Regel in den folgenden drei Stufen (vgl. Huber 1977, S. 229 ff):

- Einzelne Muskelgruppen nacheinander in liegender Position an einem ruhigen Ort anspannen und danach entspannen;
- Entspannung auf Schlüsselreize ohne vorherige Anspannung;
- Entspannung im natürlichen Arbeitsumfeld.

Im Autogenen Training werden Gefühle übertragen, welche durch Vorstellungen ausgelöst werden. Diese Vorstellungen werden in Formeln gefasst und auf subjektiv/kognitiv besonders zugängliche Organbereiche bezogen: Magen, Atmung, Herz, Körpergefühl, Kopf. Zusammengefasst werden sie in den bekannten 6 autogenen Übungen:

1. Schwereübung
2. Wärmeübung
3. Pulsübung
4. Atemübung
5. Bauchübung
6. Kopfübung

Auf der Grundlage der muskulären Tiefenentspannung und als Erweiterung des Autogenen Trainings ist die Autosuggestion eine spezifische Technik zur Modifikation von Verhalten. Durch eine »formelhafte Vorsatzbildung« wird den autogenen Grundübungen eine »Formel« hinzugefügt, zum Beispiel "Arbeit macht Freude", wobei eine solche assoziative Verbindung von zwei oder mehr Inhalten »gelernt« wird.

Autosuggestiv wirkt auch, wenn Ziele, die man gerne erreichen möchte, in positive Slogans umgesetzt werden, wie »ich will Ruhe ausstrahlen«, und diese Eigenbefehle so lange wiederholt werden, bis sie sich im Unterbewusstsein festsetzen. Positive

Suggestivformeln stärken das Selbstvertrauen und aktivieren Emotionen. Die Ratio wird zurückgedrängt, so dass Gefühle und auch Willensantriebe besser auf andere Menschen übertragen werden können (vgl. Stemme/Reinhardt, S. 160 ff).

Ein solcher Prozess kann durch eine *positive Gedankenkontrolle* verstärkt werden. Dabei stellt sich die Aufgabe (vgl. ebenda, S. 189 ff),

- negative Gedanken und Selbstzweifel in positive Gedanken umzustrukturieren
- und das Entstehen negativer Gedanken bewusst zu kontrollieren.

Dieses Konzept geht von der Vorstellung aus, dass nicht die Dinge selbst die Menschen beunruhigen, sondern die Vorstellung von den Dingen. Hierauf baut die *Rational-Emotive Therapie* auf, mit der angestrebt wird, negative Gefühle wie etwa Versagensängste und innere Spannungen in positive Gedanken umzuwandeln und Optimismus zu bewirken (vgl. ebenda, S. 205 ff). So führt negatives Denken häufig dazu, dass Mitarbeiter deshalb ein nachlässiges Verhalten zeigen, weil ihr Chef nichts anderes erwartet, während positive Erwartungen allmählich das Selbstwertgefühl des Mitarbeiters und damit seine Leistung wachsen lassen. In diesem Sinne entspricht die positive Gedankenkontrolle einer "Anleitung zum Glücklichsein" (Watzlawick 1988a).

Ähnliche Effekte werden mit der *Visualisation* erreicht. Dieses Konzept basiert auf der Erkenntnis, dass antizipierte Bilder sich bei intensiver visueller Vorstellung unserem Gehirn ebenso stark einprägen wie wirkliche Geschehnisse. So wendet jeder Kunstturner mehr oder weniger bewusst die Technik des *Ideomotorischen Trainings* an, bei der ein Bewegungsablauf in Gedanken »durchgespielt« wird, bevor man ihn ausführt. In analoger Weise kann man zukünftige Erfolge in Gedanken »durchleben« und diese inneren Bilder nutzen, um sich auf ein Ziel auszurichten (vgl. ebenda, S. 256 ff).

Visualisationen helfen auch beim Prozess der *Selbstregulation*. Hierunter versteht man die bewusste Steuerung des eigenen vegetativen Nervensystems. So hängt die seelische Stabilität von »Gewinner-Typen« im Spitzensport nicht zuletzt davon ab, im entscheidenden Augenblick ein positives Lampenfieber zu erreichen (vgl. Suinn 1989, S. 31 ff). Man nennt diesen Zustand *»Arousal«* (to arouse: wachrütteln) und meint damit eine Siegeszuversicht, die sich in einer gelassenen Selbstsicherheit ausdrückt, mit der der tatsächliche Erfolg praktisch vorweggenommen wird. Signifikante Erfolge im sportlichen Bereich rechtfertigen es, die Selbstregulation als mentales Training auch im Rahmen der Selbstentwicklung von Führungskräften anzuwenden. Sie hilft besonders in kreativen Prozessen, das mentale Ungleichgewicht bei neuen Ideen besser zu bewältigen (vgl. Servatius 1991, S. 135).

Ein letzter Baustein des mentalen Trainings für »Geistesarbeiter« ist die *Fokussierung*. Fokussierung bedeutet, die gebündelte Aufmerksamkeit auf ein bestimmtes Zielobjekt auszurichten (vgl. Stemme/Reinhardt, S. 213 ff). In dieser Konzentrationsphase sollte man sich eher in einem entspannten als in einem angespannten Zustand befinden. Die Fokussierung kann sich auch auf die eigenen Gefühle richten und Ordnung in die eigenen Empfindungen bringen. Dabei versucht man zunächst, seine »gefühlsmäßige Befindlichkeit« (Felt Sense) implizit zu erspüren, und in einer zuerst noch vagen

Ganzheit wahrzunehmen. Hieran schließt sich eine Symbolisierung an, bei der das Gefühl explizit in Bilder umgesetzt und damit ausdrückbar (Felt Shift) wird. Für einen linkshirnig dominierten Menschen ist dies eine völlig neue Erfahrung, die zu einem intensiveren Erleben und Ausdrücken der eigenen Gefühle führt. Dieses von Eugene Gendlin entwickelte »Training für die Gefühle« entstand aus der *Klientenzentrierten Gesprächspsychotherapie,* die auf Carl R. Rogers zurückgeht (vgl. Gendlin 1982). Es wurde ausdrücklich als Programm zur Selbstentwicklung konzipiert, das von einem Coach begleitet werden kann.

Die dargestellten Bausteine zu einer Selbstentwicklung von Führungskräften in Richtung auf ein ganzheitliches Denken und Handeln sind überwiegend durch einen starken Selbstbezug gekennzeichnet, das heißt es wird versucht, die im eigenen Inneren vorhandenen Potenziale zu aktivieren und besser auszuschöpfen. Ein solcher selbstreferenzieller Prozess kann durch die Interaktion mit künstlerisch und kreativ denkenden Menschen, Gruppen und Lebensräumen verstärkt werden, wie man sie zum Beispiel am Theater und in der »Kulturszene« eher findet als in einer Unternehmung. Eine Beschäftigung mit den geistig-kulturellen Strömungen der Gegenwart eröffnet somit ein Fenster zu interkulturellen Lernprozessen, die auf ein Auftauen der traditionellen Denkgewohnheiten gerichtet sind (vgl. Servatius 1991, S. 137 ff).

12. Management-Development durch genutzte Managementpraxis

Management-Development mit der Ausrichtung, durch eine erstrebte Fitness der Unternehmung für planmäßigen sowie auch überraschenden Wandel vorbereitet zu sein, kann von unterschiedlichen Aktionsfeldern der gestaltenden organisationalen Entwicklung ausgehen und ist dabei auf die Erkenntnis- und Handlungspotentiale der führenden Unternehmungsmitglieder angewiesen. Die beiden Ansätze des organisationalen sowie des kollektiven und individuellen Lernens bedingen sich mithin.

Die rasante Zunahme neuen Wissens und die zugleich damit zurückgehende »Halbwertzeit« des bisherigen Wissens macht Lernen und Umlernen immer notwendiger. Überträgt man das »ökologische Gesetz des Lernens«, dass eine Spezies nur so lange überlebt, wie ihre Lerngeschwindigkeit gleich oder größer ist als die Änderungsgeschwindigkeit der relevanten Umwelt, auf das Lernen von Organisationen, heißt dies, dass eine ausreichende *Lerngeschwindigkeit* erforderlich ist, um deren Existenz langfristig zu sichern und die Fitness zu erhalten. Darüber hinaus ist die Fähigkeit, schneller zu lernen als die Wettbewerber, für viele Unternehmungen eine der wichtigsten Quellen für tragfähige Wettbewerbsvorteile.

Die besten Möglichkeiten des Lernens scheinen in der Praxis kaum ausreichend genutzt zu werden. Aktuelle Aufgaben betrieblicher Problemlösungs- und Entscheidungsprozesse werden selten explizit mit Lernprozessen verknüpft. Und in Management-Seminaren werden theoretische Konzepte bestenfalls im Rahmen von Fallstudien gelernt, die natürlich nie wie eine praktische Problemsituation zugeschnitten sein können. Die strategische Planung, die operativen Funktionen und personales Management-Development agieren eher nebeneinander als miteinander, und es fehlt ein ganzheitliches Konzept für die Problemlösung und das Lernen. Hierzu bemerkt der einstige Chef der Planung von Shell, Arie de Geus: "Der einzig wirklich relevante Lernprozess in einem Unternehmen ist der, den die Entscheidungsträger absolvieren... Deshalb besteht der eigentliche Sinn effektiver Planung nicht im Erstellen von Plänen, sondern darin, .. die geistigen Vorstellungswelten in den Köpfen all dieser Entscheidungsträger zu verändern" (Geus 1989, S. 30, zit. bei Servatius 1991, S. 112).

Auch für den Bereich der Unternehmensberatung stellt Servatius eine fehlende Verbindung von problemorientierter Beratung und personalem Management-Development fest. Die wirkungsvolle Verknüpfung durch Beratung analysierter organisationaler Entwicklungschancen und einem personalen Management-Development zur Umsetzung durch entwicklungsorientiertes Management scheitert vielfach daran, dass Berater meist primär analytisch geschult sind und pädagogisch ohnehin nicht wirklich kompetent sich um das transfer- und entwicklungsorientierte Training des Kliententeams kaum kümmern (vgl. Servatius 1991, S. 114).

Die für das Management-Development genutzte Managementpraxis bildet den naheliegenden Zugang für organisationalen Wandel durch ein integriertes Konzept der Aktionsforschung als erlebter Wirklichkeit und der Führungskräfteentwicklung. Die nach dem »Action Research Model« zu durchlaufenden Phasen des Wandels, die Wahrnehmung und Diagnose von Problemen, die zielgerichtete Aktionsplanung sowie die erneute Diagnose der Situation und daraufhin eventuell neue Aktionen (vgl. Staehle 1990, S. 554), müssen mit Lernprozessen der führenden und beteiligten Schlüsselpersonen verbunden werden. Organisationales Lernen muss mit kollektivem Lernen einher gehen, und damit hiervon nicht nur die Gruppenebene betroffen ist, ist auch das dem Mitarbeiterverhalten zugrunde liegende Wertsystem zu beeinflussen. Das Programm der Aktionsforschung in einer Organisation zielt auf die Verbesserung des Funktionierens dieser Organisation und ist mithin entwicklungsorientiert.

Da Management-Development ein pluraler Entwicklungsprozess und nicht nur auf die Organisation und Gruppe bezogen ist, ist die sachliche Aufgaben- und Problembewältigung durch Lernformen auf der individuellen Ebene wie z.B. Coaching zu ergänzen, die zur persönlichen Entwicklung und Verhaltensänderung beitragen. Das aufgabenbezogene Lernen anhand aktueller Problemstellungen bildet den Einstieg für angestrebte Änderungen des Denkens und Handelns. Management-Development bietet und kann mithin definiert werden als ein umfassendes Lernverfahren für Organisationen.

Aus der Sicht der Unternehmensberatung plädiert Servatius in Analogie für eine integrierte Beratung und Führungskräfteentwicklung. Damit steht sie vor einer doppelten Herausforderung: Sie soll die sachliche, problembezogene Beratung mit einem personalen Management-Development verbinden, das heißt mit Prozessen des Lernens und Umlernens. Daraus ergibt sich ein ganzheitliches Consulting (vgl. auch hinführend Withauer 1973) mit vier Teilaufgaben:

Abb. 53: Ganzheitliche Unternehmensberatung und Führungskräfteentwicklung
(in Anlehnung an Servatius 1991, S. 115)

1. eine Unternehmensberatung, die sich auf die sachliche Problembewältigung konzentriert, wohl aber durch Interaktion das Kliententeam in die Problemlösungs- und Entwicklungsprozesse einbezieht,

2. die Weiterbildung von Führungskräften, bei der es um die Gestaltung der aufgabenbezogenen Lernprozesse im Team geht,

3 eine individuelle Unternehmerberatung, die primär als sachlich-problembezogener Übergang dient für

4. ein Coaching, bei dem der Manager mit Hilfe eines erfahrenen, psychologisch einfühlsamen Gesprächspartners Verengungen seines Selbstbildes erkennt und dadurch sich persönlich weiter entwickelt.

Ein entwicklungsorientiertes Management, das die individuelle Seite des Management-Development zu wenig beachtet, wird die mögliche »Fitness« der Unternehmung nicht erreichen auch bei durchaus vorhandenen strategischen und strukturellen Voraussetzungen. Und eine Unternehmensberatung, die die Klientenorganisation nicht wirklich einbezieht, mag zwar gute Konzepte liefern, die aber meist in der Umsetzung scheitern, weil die Pläne von den Empfängern nicht »mitgetragen« werden. Die ganzheitliche Beratung orientiert sich daher stärker an den Mitarbeitern der Klientenunternehmung, die die Ergebnisse implementieren sollen, als am eigenen Beratungsansatz, obwohl dieser möglicherweise fachlich bestechender erscheint (vgl. Servatius 1991, S. 116). Eine integrierte Beratung und Führungskräfteentwicklung müßte auf der Grundlage neuer Erkenntnisse der angewandten Führungsforschung die traditionelle Managementberatung um Elemente des Coachings und einer unternehmungsspezifischen

Weiterbildung ergänzen. Servatius sieht für ein solches ganzheitliches Management-Development gute Chancen für darauf spezialisierte, kleinere Consultingfirmen und auch für Hochschullehrer (vgl. Servatius 1991, S. 117).

Zur Handhabung komplexer Probleme und für entwicklungsorientiertes Management bieten unter dem »Primat der Tat« (vgl. Neuberger 1995, S. 60) statt einer Stabs- oder Beraterlösung »Problemlösungs-Konferenzen« bzw. »problemorientierte Workshops« ein hohes Potenzial. Durch einen Workshop werden Austausch von Wissen und unterschiedlichem Know-how, die Mitwirkung der Betroffenen, Kommunikationsfähigkeit und Teamgeist gefördert und dadurch Konsensfindung, Akzeptanz der Lösungen und eine wirksame, rasche Umsetzung erreicht (vgl. Eggers 1994, S. 183).

Charakteristisch für die Workshop-Arbeit ist das Aufspüren von *Phänomenen* als *bedeutsamen Erscheinungen* innerhalb und/oder außerhalb der Einflusssphäre der Unternehmung, die u. a. als *Auslöser für notwendigen Wandel* zu betrachten sind. Unter methodischen Gesichtspunkten verfolgt die Phänomenologie eine ganzheitliche Interpretation von Erscheinungen oder Objekten. Die Phänomensuche ist insbesondere auf *schwache Signale, Indikatoren oder Geschehnisse* gerichtet, die gegenwärtig oder künftig ein beachtenswertes Potenzial an Gelegenheiten und Gefahren sowie Stärken und Schwächen implizieren, ohne dass daraus zunächst eine klare Richtung zur Strategieänderung oder zum Wandel abzuleiten wäre. Dabei kann es sich z.B. um wandlungsverdächtige Prämissen in bezug auf die globale oder marktliche Umwelt (Umweltgesetzgebung, Kundenbedürfnisse, Marktanteile etc.) handeln, andererseits stellen auch unternehmungsinterne Faktoren wie Fluktuation, das Fertigungsprogramm usw. Phänomene dar, die einen unspezifischen Problemdruck erzeugen können.

Eine Integration der Aufgabenschwerpunkte für entwicklungsorientiertes Management auf der Gruppenebene und der individuellen Ebene stellt relativ hohe Anforderungen an den Moderator eines Workshops. Um als Katalysator des Wandels in Richtung auf ein ganzheitliches Denken und Handeln erfolgreich zu sein, muß er Berater, Trainer, Sparringspartner und psychologisch geschulter Coach sein (vgl. Simon 1989, S. 34 f). Er sollte in der Wissenschaft und in der Praxis gleichermaßen zu Hause sein, um weder alte Theorien noch Lösungen für die Probleme von gestern zu vermitteln. Entscheidend ist aber wohl, daß er selbst auf dem Wege zu einem ganzheitlichen Denken und Handeln ist, um das Konzept der Fitness, der Dynamik und des Wandels glaubhaft vermitteln zu können (vgl. Probst/Büchel 1994, S. 29). Professionelle Workshops erfordern eine ganze Reihe aufeinander abgestimmter Aktivitäten und Instrumente. "Für die Entwicklung ganzheitlicher Unternehmenskonzepte benötigen wir Werkzeuge. Das sind Methoden, die uns helfen, unsere bisherigen Denktrampelpfade zu verlassen und neue Erkenntnisse zu gewinnen; Kreativitäts-Methoden, die uns dort Alternativen erkennen lassen, wo wir vor einer Wand stehen; gruppendynamische Methoden, um das Wir-Gefühl gemeinsam zu entwickeln und Konflikte auf konstruktive Art zu lösen; Methoden, um vernetzte Denkweisen und spiralförrnige Prozesse dort einzusetzen, wo bisher lineare Prozesse stattfanden; KonferenzTechniken, Moderations-Techniken, ... Visualisierungstechniken ... Strategie-Methoden ..." (Mann 1990, S. 235).

Das Plädoyer für ein Management-Development auf der Grundlage genutzter Managementpraxis berührt auch die Frage nach dem Beitrag dieses Buches für ein Management von Fitness, Dynamik und Wandel.

Ziel konnte es nicht sein, Führungskräften und »Schlüssel«mitarbeitern in einer Unternehmung in ihrem Umfeld spezifische Lösungen für konkrete Probleme anzubieten. Diese müssen in erfahrungsgeprägter Abschätzung aller Bedingtheiten, welche die Struktur und Situation von Entscheidungen beeinflussen, selbst gefunden werden. Was jedoch gelungen sein mag, ist eine Systematik für eine Gedankenführung, die es erleichtert, von begrenzten Teillösungen Abstand zu nehmen. Die vorgegebene Struktur für einen individuellen Denk- und Dialogprozess lässt Gesamtzusammenhänge erkennen und dabei insbesondere die Relevanz einzelner Überlegungen für Dynamik und Wandel der Unternehmung als unumgängliche Voraussetzung für »Fitness« und Erfolg.

»Wir wissen weit mehr, als wir erzählen können«, dieser Satz des Philosophen Michael Polanyi macht deutlich, dass persönliches Wissen, menschliches Know-how nicht auf einfache Antworten und Schritte reduziert werden können. Organisationales Lernen und Management-Development beginnen, wenn Menschen die Managementpraxis als Lernfeld nutzen, sich engagieren und darüber nachdenken, wie sie das tun - und vielleicht sogar einen Coach oder Moderator hinzuziehen, der ein sinnvolles Vorgehen und einige Instrumente für die Workshoparbeit kennt, mit denen es sich einfacher lernen lässt.

Literaturverzeichnis

Ablay, P. (1990): Konstruktion kontrollierter Evolutionsstrategien zur Lösung schwieriger Optimierungsprobleme der Wirtschaft, in: Albertz, J. (Hrsg.), Evolution und Evolutionsstrategien in Biologie, Technik und Gesellschaft, Wiesbaden 1990

Argyris, C.; Schön, D.A. (1978): Organizational learning: a theory of action perspective, Reading (Ma.) u.a. 1978

Arthur D. Little (Hrsg.) (1997): Management von Innovation und Wachstum, Wiesbaden 1997

Ashby, W.R. (1984): Einführung in die Kybernetik, Frankfurt 1984; englische Originalausgabe: An Introduction to Cybernetics, London 1956

Aulin, A. (1992): Foundations of Economic Development, Berlin/New York 1992

Baecker, D. (1994): Postheroisches Management · Ein Vademecum, Berlin 1994

Bandura, A. (1986): Social Foundations of Thought and Action: A Social Cognitive Theory, Englewood Cliffs, 1986

Bauer, L.; Matis, H. (1989) (Hrsg.): Evolution - Organisation - Management, Berlin 1989

Bayerisches Staatsministerium für Arbeit und Sozialordnung (Hrsg.) (1976): Wo drückt der Schuh? Arbeitnehmer in Bayern beurteilen ihre Arbeitswelt. Ergebnisse einer Befragung von 4000 Arbeitnehmern. München 1976

Bea, F.X.; Haas, J. (1997): Strategisches Management, 2. Aufl., Stuttgart/Jena 1997

Becker, A.; Küpper, W.; Ortmann, G. (1992): Revisionen der Rationalität, in: Küpper, W.; Ortmann, G. (Hrsg.), Mikropolitik, Opladen 1992

Beer, S. (1981): Brain of the Firm, 2. Aufl., London 1981

Bennis, W.G.; Nanus, B. (1987): Führungskräfte, 3. Aufl., Frankfurt/New York 1987

Berger, P.L.; Luckmann, T. (1966): The social construction of reality, New York 1966

Bergmann, W. (1981): Die Zeitstrukturen sozialer Systeme. Eine systemtheoretische Analyse, Berlin 1981

Bertalanffy, L. von (1950): The theory of open systems in physics and biology, in: Science 3: 1950, S. 23 - 29

Bertalanffy, L. von (1951): General systems theory: A new approach to the unity of science, in: Human Biology 23: 1951, S. 302 - 361

Bertalanffy, L. von (1970): Gesetz oder Zufall. Systemtheorie und Selektion; in: Koestler, A.; Smythies, J.R. (Hrsg.): Das neue Menschenbild. Die Revolutionierung der Wissenschaft vom Leben, Wien/München/Zürich 1970

Berthel, J. (1995): Personal-Management - Grundzüge für Konzeptionen betrieblicher Personalarbeit, 4. Aufl., Stuttgart 1995

Berthel, J. (1992): Führungskräfte-Qualifikationen (Teil I), in: Zeitschrift Führung und Organisation 61:1992, H. 4, S. 206 - 211

Berthel, J. (1992a): Führungskräfte-Qualifikationen (Teil II), in: Zeitschrift Führung und Organisation 61:1992, H. 5, S. 279 - 286

Bieri, P. (1972): Zeit und Zeiterfahrung. Exposition eines Problembereichs, Frankfurt 1972

Bleicher, K. (1996): Das Konzept Integriertes Management, 4.Aufl., Frankfurt/New York 1996

Bleicher, K. (1995): Betriebswirtschaftslehre - Disziplinäre Lehre vom Wirtschaften in und zwischen Betrieben oder interdisziplinäre Wissenschaft vom Management?, in: Wunderer, R. (Hrsg.), Betriebswirtschaftslehre als Management- und Führungslehre, 3. überarb. u. erg. Aufl., Stuttgart 1995, S. 91 - 119

Bleicher, K. (1990): Zukunftsperspektiven organisatorischer Entwicklung, in: Bleicher, K; Gomez, P. (Hrsg.), Zukunftsperspektiven der Organisation, Bern 1990, S. 11 - 27

Böcher, W. (1987): Der Mensch im Fortschritt der Medizin. Erkenntnistheoretische Überlegungen zu Problemen der modernen Medizin, Berlin/Heidelberg/New York 1987

Boehm-Tettelbach, P. (1990): Unternehmenspolitischer Rahmen und strategisches Management, München 1990

Boethius, S.; Edhin, M. (1997): Die vierte Kompetenz - Selbstverantwortung, Persönlichkeitsentwicklung und Sinngebung: die hohe Kunst der Führung, Zürich 1997

Bonsen, M. zur (1992): Mehr Tempo durch Vision, in: Hirzel, Leder & Partner (Hrsg.), Speed-Management, Wiesbaden 1992, S. 133 - 146

Bosshard, S. N. (1985): Erschafft die Welt sich selbst?, Würzburg 1985

The Boston Consulting Group (1988): Vision und Strategie; München 1988

Boulding, K.E. (1956): General systems theory - the skeleton of science; in: Bertalanffy, L.; Rapoport, A. (eds.), General systems: Yearbook of the Society for the Advancement of General Systems Theory, vol. 1, 1956, S. 11 - 17

Bower, G.H.; Hilgard, E.R. (1983): Theorie des Lernens I, 5. Aufl., Stuttgart 1983

Bower, J.L.; Hout, T.M. (1989): So sind Sie schneller als die Konkurrenz. Zeitmanagement - ein Drahtseilakt, der sich lohnt; in: Harvard manager 1989, H.3, S. 68 - 77

Breilmann, U. (1990): Die Berücksichtigung der strategischen Wahl im Rahmen eines neokontingenztheoretischen Ansatzes, Frankfurt 1990

Briggs, J.; Peat, D.F. (1990): Die Entdeckung des Chaos, Wien 1990

Brommer, U. (1993): Schlüsselqualifikationen, Stuttgart 1993

Bühl, W. (1990): Sozialer Wandel im Ungleichgewicht. Zyklen, Fluktuationen, Katastrophen Stuttgart 1990

Bühl, W. (1987): Grenzen der Autopoiesis; in: Kölner Zeitschrift für Soziologie und Sozialpsychologie 39: 1987, S. 225 - 281

Bullinger, H.-J. (1995): Informations- und Kommunikationssysteme als Nervenbahnen vitaler Unternehmen; in: Fuchs, J. (Hrsg.), Wege zum vitalen Unternehmen, Wiesbaden 1995

Burns T.; Stalker, G.M. (1961): The management of innovation. London 1961, 2. Aufl. 1966

Capra, F. (1983): Krise und Wandel in Wissenschaft und Gesellschaft; in: Lutz, R. (Hrsg.), Bewußtseins-(R)evolution, Weinheim/Basel 1983

Checkland, P. (1987): Weiches Systemdenken; in: Die Unternehmung 41: 1987, H. 2, S. 117 - 133

Chéhab, P.; Fröhlich, S. (1991): Management by Fledermaus - Frühwarnsysteme im Management; in: Organisationsentwicklung 10: 1991, H. 1, S. 4 - 16

Child, J. (1972): Organizational structure, environment and performance: the role of strategic choice; in: Sociology 6: 1972, S. 2 - 22

Chmielewicz, K. (1984): Forschungsschwerpunkte und Forschungsdefizite in der deutschen Betriebswirtschaftslehre; in: Zeitschr. f. betriebsw. Forschung und Praxis 38: 1984, H.2

Dachler, H.P. (1988): Allgemeine Betriebswirtschafts- und Managementlehre im Kreuzfeuer verschiedener sozialwissenschaftlicher Perspektiven; in: R. Wunderer (Hrsg.), BWL als Management- und Führungslehre, 2. Aufl. 1988, Stuttgart 1988, S. 65 - 84

Daft, R.; Huber, G. (1987): How Organizations Learn: A. Communication Framework; in: Ditomaso, N.; Bacharach, S. (Eds.), Research in theSociology of Organizations (5), London 1987, S. 1 - 36

Davies, P. (1989): The cosmic blueprint. New discoveries in nature's creative ability to order the universe, New York 1989

Deser, F. (1997): Chaos und Ordnung im Unternehmen, Heidelberg 1997

Dilthey, W. (1957): Gesammelte Schriften Bd.V, Stuttgart/Göttingen 1957

Dörner, D. (1991): Die Logik des Mißlingens. Strategisches Denken in komplexen Situationen, Reinbek 1991

Dubs, R. (1994): Management-Ausbildung: ein altes Thema neu betrachtet, in: Hasenböhler, R.; Kiechl, R.; Thommen, J.-P. (Hrsg.), Zukunftsorientierte Management-Ausbildung, Zürich 1994

Duncan, R.B.; Weiss, A. (1979): Organizational learning: implications for organizational research; in: Staw, B.M. (ed.), Research in Organizational Behavior, Vol.1, Greewich 1979

Dyllick, T. (1982): Gesellschaftliche Instabilität und Unternehmensführung. Ansätze zu einer gesellschaftsbezogenen Managementlehre, Bern/Stuttgart 1982

Dyllick, T.; Probst, G. (1983): Lebensgrundlagen und Werthaltungen im Wandel; in: Siegwart H.; Probst G. (Hrsg.), Mitarbeiterführung und gesellschaftlicher Wandel. Bern 1983

Eccles, J.C. (1989): Die Evolution des Gehirns - die Erschaffung des Selbst. München/Zürich 1989

Eder, K. (1985): Geschichte als Lernprozeß? Zur Pathogenese politischer Modernität in Deutschland, Frankfurt 1985

Eder, K. (1982): Kollektive Lernprozesse und Geschichte; in Saeculum 33: 1982, H. 2, S. 116 - 132

Eggers, B. (1994): Ganzheitlich-vernetzendes Management. Konzepte, Workshop-Instrumente und strategieorientierte Puzzle-Methodik, Wiesbaden 1994

Espejo, R.; Watt J. (1988): Information Management, Organisational and Managerial Effectiveness; in: J.Oper.Res.Soc. 39: 1988, H.1

Exner, A.; Königswieser, R.; Titscher, S. (1992): Unternehmensberatung - systemisch, in: Königswieser, R.; Lutz, C. (Hrsg.), Das systemisch-evolutionäre Management, 2. Aufl., Wien 1992, S. 204 - 235

Faix, W.G.; Laier, A. (1991): Soziale Kompetenz - Das Potential zum unternehmerischen und persönlichen Erfolg, Wiesbaden 1991

Fischer, H.R. (1990): Selbstorganisation. Kritische Bemerkungen zur Begriffslogik eines neuen Paradigmas, in: Kratky, K.; Wallner, F. (Hrsg.), Grundprinzipien der Selbstorganisation, Darmstadt 1990, S. 156 - 181

Flechtner, H.J. (1966): Grundbegriffe der Kybernetik, Stuttgart 1966

Foerster, H. von (1981): Observing systems, Seaside CA 1981

Forrester, J. (1961): Industrial Dynamics, Cambridge 1961

Forrester, J. (1974): Das intuitionswidrige Verhalten sozialer Systeme; in: Meadows, D.L.; Meadows, D.H. (Hrsg.), Das globale Gleichgewicht, Reinbek 1974

Fraser, J.T. (1988): Time, the familiar stranger, Redmond 1988

Freeman, J.H. (1984): The unit of analysis in organizational research, in: Meyer, M.W. et al (eds.), Environments and organizations, 3rd ed., San Francisco 1984

Fuchs, J. (1995): Management von Dynamik und Wandel; in: Fuchs, J. (Hrsg.), Wege zum vitalen Unternehmen, Wiesbaden 1995, S. 13 - 112

Gabriel, G. (1991): Erkenntnis in Wissenschaft, Philosophie und Dichtung, in: Bachmeier, H.; Fischer, E.P. (Hrsg.), Glanz und Elend der zwei Kulturen. Über die Vergänglichkeit der Natur- und Geisteswissenschaften, Konstanz 1991

Gadamer, H.G. (1975): Wahrheit und Methode, Tübingen 1975

Gälweiler, A. (1987): Strategische Unternehmensführung, Frankfurt/New York 1987

Gareis, R. (1992): Thesen zum Zusammenhang von Projekten und Strategien, in: Gareis, R. (Hrsg.), Projekte und Strategien, Wien 1992, S. 15 - 22

Geißler, H. (1991): Vom Lernen in der Organisation zum Lernen der Organisation; in: Sattelberger, Th. (Hrsg.), Die lernende Organisation - Konzepte für eine neue Qualität der Unternehmensentwicklung, Wiesbaden 1991, S. 79 - 96

Gendlin, E.T. (1982): Focusing, 2. Aufl., Salzburg 1982

Gerhard, T. (1997): Moderne Management-Konzepte, Wiesbaden 1997

Gerken, G.; Luedecke, G.A. (1988): Die unsichtbare Kraft des Managers - Die Bedeutung des Inner-Managements für den äußeren Erfolg, Düsseldorf/Wien/New York 1988

Geus, A. de (1997): Das Geheimnis der Vitalität, in: Harvard Business manager 3/1997, S. 111 - 118

Geus, A. de (1989): Unternehmensplaner können Lernprozesse beschleunigen, in: Harvard Business manager 1/1989, S. 28 - 34

Gharajedaghi, J.; Ackoff, R.L. (1985): Mechanistische, organismische und soziale Systeme; in: Probst, G.; Siegwart (Hrsg.), Integriertes Management: Bausteine des systemorientierten Managements, Bern/Stuttgart 1985, S. 281 - 298

Gomez, P. (1981): Modelle und Methoden des systemorientierten Managements, Bern/Stuttgart 1981

Gomez, P.; Probst, G. (1995): Die Praxis des ganzheitlichen Problemlösens: vernetzt denken, unternehmerisch handeln, persönlich überzeugen, Bern/Stuttgart/Wien 1995

Gottfreund, G. (1993): Cybernetic Management: The Example of the Karlsberg Group; in: Espejo, R.; Schwaninger, M. (Hrsg.), Organisational Fitness. Corporate Effectiveness through Management Cybernetics, Frankfurt/New York 1993, S. 207 - 227

Griese, J. (1992): Auswirkungen globaler Informations- und Kommunikationssysteme auf die Organisation weltweit tätiger Unternehmen; in: Staehle, W.; Conrad, P. (Hrsg.), Managementforschung 2, Berlin/New York 1992, S. 163 - 175

Große-Oetringhaus, W.F. (1993): Sozialkompetenz - ein neues Anspruchsniveau für die Personalpolitik, in: Zeitschr. f. betriebsw. Forschung 45: 1993, H. 3

Güldenberg, S.; Eschenbach, R. (1996): Organisatorisches Wissen und Lernen - erste Ergebnisse einer qualitativ-empirischen Erhebung; in: Zeitschrift Führung und Organisation 65: 1996, H. 1, S. 4 - 9

Guggenberger, B. (1987): Das Menschenrecht auf Irrtum. Anleitung zur Unvollkommenheit, München/Wien 1987

Hahn, D. (1989): Strategische Unternehmungsführung: Stand und Entwicklungstendenzen, 1. Teil; in: Zeitschrift Führung und Organisation 58: 1989, H. 3, S. 159 - 166

Haken, H. (1990): Erfolgsgeheimnisse der Natur, Frankfurt 1990

Haken, H. (1988): Information and Self-Organization. A Macroscopic Approach to Complex Systems, Berlin u.a. 1988

Hasenfuss, I. (1987): Evolution und Umwelt, in: Siewing, R. (Hrsg.), Evolution: Bedingungen-Resultate-Konsequenzen, 3. Aufl., Stuttgart/New York 1987

Hauser, E. (1991): Coaching: Führung für Geist und Seele, in: Feix, W.E. (Hrsg.), Personal 2000, Frankfurt 1991

Hausmann, H. (1994): Welche Schlüsselkompetenzen brauchen Führungskräfte?, in: io Management Zeitschrift 1994, H. 4, S. 39 - 42

Hayek, F.A. v. (1972): Die Theorie komplexer Phänomene, Tübingen 1972

Hayek, F.A. v. (1969): Freiburger Studien. Gesammelte Aufsätze von F.A. v. Hayek, Tübingen 1969

Hedberg, B.L.T. (1981): How organizations learn and unlearn; in: Nystrom, P.S.; Starbuck, W.H. (eds.), Handbook of Organizational Design Vol. 1, New York 1981, S. 3 - 27

Heidack, C. (1993): Lernen der Zukunft. Kooperative Selbstqualifikation - die effektivste Form der Aus- und Weiterbildung, 2. Aufl., München 1993

Heinzel, F. (1996): Management ist nicht nur Menschenführung, Renningen/Wien 1996

Heitger, B. (1991): Chaotische Organisationen - organisiertes Chaos; in: Sattelberger, T. (Hrsg.), Die lernende Organisation, Wiesbaden 1991, S. 113 - 124

Hejl, P. (1983): Kybernetik 2. Ordnung, Selbstorganisation und Biologismusverdacht; in: Die Unternehmung 37: 1983, S. 41 - 62

Hejl, P. (1987): Soziale Systeme: Körper ohne Gehirne oder Gehirne ohne Körper? Rezeptionsprobleme der Theorien autopoietischer Systeme in den Sozialwissenschaften; in: Ellemann, R.; Opolka, U. (Hrsg.), Was bringen uns die Theorien selbstorganisierender Prozesse?, St. Augustin 1987

Hejl, P. (1992): Konstruktion der sozialen Konstruktion: Grundlinien einer konstruktivistischen Sozialtheorie; in: Schmidt, J.S. (Hrsg.), Der Diskus des Radikalen Konstruktivismus 2, Frankfurt 1992, S. 303 - 339

Hinterhuber, H. H. (1990): Struktur und Dynamik der strategischen Unternehmensführung; in: Hahn D.; Taylor B. (Hrsg.), Strategische Unternehmensplanung. Strategische Unternehmensführung. Stand und Entwicklungstendenzen. 5. Aufl., Heidelberg 1990

Hinterhuber, H.H. (1990a): Strategische Unternehmungsführung in den 90er Jahren; in: Pieper, R.; Richter, K. (Hrsg.), Management, Wiesbaden 1990, S. 30 - 58

Hinterhuber, H.H. (1989): Strategische Unternehmungsführung. Band I: Strategisches Denken, 4. Aufl., Berlin/New York 1989

Huber, G.K.M. (1977): Stress und Konflikte bewältigen, München 1977

Hübenthal; U. (1991): Interdisziplinäres Denken. Versuch einer Bestandsaufnahme und Syste-matisierung, Stuttgart 1991

Jantsch, E. (1992): Die Selbstorganisation des Universums. Vom Urknall zum menschlichen Geist; Wien 1992

Jehle, E. (1991): Wertanalyse - Ein System zum Lösen komplexer Probleme; in: Wirtschaftswissenschaftliches Studium 20: 1991, H. 6, S. 287 - 294

Kieser, A. (1984): Innovation und Organisationskultur; in: Gdi-Impuls 1984, H. 4

Kieser, A. (1994): Fremdorganisation, Selbstorganisation und evolutionäres Management, in: Zeitschrift für betriebswirtschaftliche Forschung 46: 1994, S. 199 - 228

Kirsch, W. (1992): Kommunikatives Handeln, Autopoiese, Rationalität. München 1992

Kirsch, W. (1990): Unternehmenspolitik und strategische Unternehmensführung, München 1990

Kirsch, W. (1989): Entscheidungsorientierte Betriebswirtschaftslehre und angewandte Führungslehre; in: Kirsch, W.; Picot, A. (Hrsg.), Die Betriebswirtschaftslehre im Spannungsfeld zwischen Generalisierung und Spezialisierung, Wiesbaden 1989, S. 121-135

Kirsch, W. (1988): Die Handhabung von Entscheidungsproblemen, 3.Aufl., München 1988

Kirsch, W. (1984): Wissenschaftliche Unternehmensführung oder Freiheit vor der Wissenschaft? Studien zu den Grundlagen der Führungslehre, 1. Halbband, München 1984

Kirsch, W.; Knyphausen, D. zu (1991): Unternehmen als "autopoietische" Systeme?; in: Staehle, W.H.; Sydow, J. (Hrsg.), Managementforschung 1, Berlin/New York 1991, S. 75 - 101

Kirsch, W.; Esser, W.-M.; Gabele, E. (1979): Das Management des geplanten Wandels von Organisationen, Stuttgart 1979

Klimecki, R.; Probst, G. (1993): Interkulturelles Lernen; in: Haller M. et al. (Hrsg.), Globalisierung der Wirtschaftseinwirkungen auf die Betriebswirtschaftslehre; 54. Jahrestagung des Verbandes der Hochschullehrer für Betriebswirtschaft, Bern 1983, S. 243-272

Klimecki, R.; Probst, G. (1990): Entstehung und Entwicklung der Unternehmungskultur; in: Lattmann, C. (Hrsg.), Unternehmenskultur, Heidelberg 1990, S. 40 - 51

Klimecki, R.; Probst, G.; Eberl, P. (1994): Entwicklungsorientiertes Management, Stuttgart 1994

Klimecki, R.; Probst, G.; Eberl, P. (1991): Systementwicklung als Managementproblem; in: Staehle, W.H.; Sydow, J. (Hrsg.), Managementforschung 1, Berlin/New York 1991, S. 103 - 162

Knyphausen-Aufsess, D. zu (1995): Theorie der strategischen Unternehmensführung: state of the art und neue Perspektiven, Wiesbaden 1995

Knyphausen, D. zu (1988): Unternehmungen als evolutionsfähige Systeme. Überlegungen zu einem evolutionären Konzept für die Organisationstheorie, München 1988

Koblitz, H.G. (1989): Betr. Zeit, in: Harvard manager 1989, H. 3, Editorial

Komorek, C.; Zimmermann, T. (1990): Vernetztes Denken und Handeln; in: Institut für Unternehmenskybernetik e.V. (Hrsg.), Neupositionierung mittelständischer Unternehmen im Wettbewerb, Köln 1990, S. 227 - 246

Krüll, M.; Luhmann, N.; Maturana, H. (1987): Grundkonzepte der Theorie autopoietischer Systeme. Neun Fragen an Niklas Luhmann und Humberto Maturana und ihre Antworten; in: Zeitschrift für systemische Therapie 5: 1987, S. 4 - 25

Krystek, U.; Müller-Stewens, G. (1990): Grundzüge einer strategischen Frühaufklärung, in: Hahn, D.; Taylor, B. (Hrsg.), Strategische Unternehmungsplanung - Strategische Unternehmungsführung, 5. Aufl., Heidelberg 1990, S. 337 - 364

Krystek, U.; Zumbrock, S. (1993): Planung und Vertrauen - Die Bedeutung von Vertrauen und Misstrauen für die Qualität von Planungs- und Kontrollsystemen, Stuttgart 1993

Kuhn, T.S. (1988): Die Struktur wissenschaftlicher Revolutionen, 9. Aufl., Frankfurt 1988

Lenk, H.; Maring, M.; Fulda, E. (1985): Wissenschaftstheoretische Aspekte einer anwendungsorientierten systemtheoretischen Betriebswirtschaftslehre; in: Probst G.; Siegwart H. (Hrsg.), Integriertes Management. Bausteine des systemorientierten Managements, Bern/Stuttgart 1985

Lipp, W. (1987): Autopoiesis biologisch, Autopoiesis soziologisch, in: Kölner Zeitschrift für Soziologie und Sozialpsychologie 39: 1987, S. 452 - 470

Lübbe, H. (1989): Zeit-Verhältnisse. Über die veränderte Gegenwart von Zukunft und Vergangenheit; in: Wendorff, R. (Hrsg.), Im Netz der Zeit. Menschliches Zeiterleben interdisziplinär, Stuttgart 1989, S. 140 - 149

Lück, H. (1975): Prosoziales Verhalten, Gießen 1975

Luhmann, N. (1993): Soziale Systeme - Grundriss einer allgemeinen Theorie, Frankfurt 1993

Luhmann, N. (1988): Die Wirtschaft der Gesellschaft, Frankfurt 1988

Luhmann, N. (1986): Organisation; in: Küpper, W.; Ortmann, G. (Hrsg.), Mikropolitik: Rationalität, Macht und Spiele in Organisationen, Opladen 1986, S. 165 - 185

Malik, F. (1996): Strategie des Managements komplexer Systeme. Ein Beitrag zur Management-Kybernetik evolutionärer Systeme, 5. Aufl., Bern/Stuttgart 1996

Malik, F. (1991): Controlling und vernetztes Denken, strategische Führung; in: Risak, J.; Deyhle, A. (Hrsg.), Controlling. State of the Art und Entwicklungstendenzen, Wiesbaden 1991, S. 197 - 229

Malik, F. (1987): Management-Systeme. Die Orientierung Nr. 78, 3. Aufl., Bern 1987

Malik, F. (1985): Gestalten und Lenken von sozialen Systemen; in: Probst, G; Siegwart, H. (Hrsg.), Integriertes Management. Bausteine des systemorientierten Managements, Bern/Stuttgart 1985, S. 205 - 216

Malik, F. (1984): Selbstorganisation, Evolution und Unternehmungsführung; in: Gdi-Impuls 1984, H.2, S. 44 - 54

Malik, F.; Probst, G. (1981): Evolutionäres Management; in: Die Unternehmung 35: 1981, S. 121 - 140

Mandelbrot, B. (1991): Die fraktale Geometrie der Natur, Basel 1991

Mann, R. (1990): Das ganzheitliche Unternehmen, Bern/München/Wien 1990

Markl, H. (1990): Grenzen und Grenzüberschreitungen lebender Systeme, in: Albertz, J. (Hrsg.), Evolution und Evolutionsstrategien in Biologie, Technik und Gesellschaft, Wiesbaden 1990

Mason, R.O.; Mitroff, I.I. (1981): Challenging Strategic Planning Assumptions - Theory, Cases and Techniques, New York 1981

Matenaar, D. (1983): Vorwelt und Organisationskultur. Vernachlässigte Faktoren in der Organisationstheorie; in: Zeitschrift Führung und Organisation 52: 1983, S. 19 - 27

Maturana, H.; Varela, F. (1992): Der Baum der Erkenntnis. Die biologischen Wurzeln des menschlichen Erkennens, 3. Aufl., Bern/München 1992

Maturana, H.; Varela, F.; Uribe, R. (1982): Autopoiese: die Organisation lebender Systeme, ihre nähere Bestimmung und ein Modell; in: Maturana, H. (Hrsg.), Erkennen: Die Organisation und Verkörperung von Wirklichkeit, Braunschweig/Wiesbaden 1982, S. 157 - 169

Mayntz, R.; Nedelmann, B. (1987): Eigendynamische soziale Prozesse. Anmerkungen zu einem analytischen Paradigma; in: Zeitschrift für Soziologie und Sozialpsychologie 39: 1987, S. 648-668

Miller, M. (1986): Kollektive Lernprozesse. Studien zur Grundlegung einer soziologischen Lerntheorie, Frankfurt 1986

Mintzberg, H. (1994): The Rise and Fall of Strategic Planning: Reconceiving Roles for Planning, Plans, Planners; New York 1994

Mittelstraß, J. (1989): Glanz und Elend der Geisteswissenschaften, Oldenburg 1989

Morgan, G. (1988): Riding the Waves of Change, San Francisco 1988

Müri, P. (1989): Chaos Management, Zürich 1989

Neges, G.; Neges, R. (1993): Management-Training - Leitfaden aus der Praxis - Praktische Führungsfälle, Führungsbausteine und Persönlichkeitsentwicklung, Wien 1993

Neuberger, O. (1995): Betriebswirtschaftslehre: Management-Wissenschaft? Management der Wissenschaften vom Management? (Wirtschafts-)Wissenschaft fürs Management!; in: Wunderer R. (Hrsg.), Betriebswirtschaftslehre als Management- und Führungslehre, 3. Aufl., Stuttgart 1995, S. 53 - 66

Neuberger, O. (1994): Führen und geführt werden, 4. Aufl., Stuttgart 1994

Neuberger, O. (1992): Spiele in Organisationen, Organisationen als Spiele; in: Küpper, W.; Ortmann, G. (Hrsg.), Mikropolitik, Opladen 1992, S. 53 - 86

Neuberger, O. (1976): Führungsverhalten und Führungserfolg, Berlin 1976

Neumann, P. (1995): Das Mitarbeitergespräch; in: Rosenstiel, L.; Regnet, E.; Domsch, M. (Hrsg.), Führung von Mitarbeitern, 2. Aufl., Stuttgart 1995, S. 195 - 210

Nevis, E.C.; Dibella, A.J.; Gould, J.M. (1995): Understanding Organizations as Learning Systems; in: Sloan Management Review, Vol. 36, Winter 1995, Nr. 2, S. 73 - 85

Nicolis, G.; Prigogine, I. (1987): Die Erforschung des Komplexen. Auf dem Weg zu einem neuen Verständnis der Naturwissenschaften, München/Zürich 1987

Nürnberger, C. (1993): Faszination Chaos. Wie zufällig Ordnung entsteht, Stuttgart 1993

Oeser, E. (1989): Evolution und Management; in: Bauer, L.; Matis, H. (Hrsg.), Evolution - Organisation - Management: Zur Entwicklung und Selbststeuerung komplexer Systeme, Berlin 1989, S. 7 - 23

Parsons, T. (1960): Structure and Process in Modern Societies, Glencoe 1960

Paslack, R. (1991): Urgeschichte der Selbstorganisation, Wiesbaden 1991

Pautzke, G. (1989): Die Evolution der organisatorischen Wissensbasis, München 1989

Pawlowsky, P. (1992): Betriebliche Qualifikationsstrategien und organisationales Lernen; in: Staehle, W.; Conrad, P. (Hrsg.), Managementforschung 2, Berlin/New York 1992, S. 177 - 237

Pedler, M.; Boydell, T.; Burgoyne, J. (1991): Auf dem Weg zum "Lernenden Unternehmen", in: Sattelberger, T. (Hrsg.), Die lernende Organisation - Konzepte für eine neue Qualität der Unternehmensentwicklung, Wiesbaden 1991, S.

Perich, R. (1993). Unternehmungsdynamik: Zur Entwicklungsfähigkeit von Organisationen aus zeitlicher Sicht, 2. Aufl., Bern/Stuttgart/Wien 1993

Peters, T.J. (1987): Thriving on chaos. Handbook for a management revolution, New York 1987

Peters, T.J./ Waterman R.H. jun. (1984): Auf der Suche nach Spitzenleistungen. Was man von den bestgeführten US-Unternehmen lernen kann, 10. Aufl., Landsberg 1984

Pieper, J. (1989): Schlüsselpersonen erwerben Schlüsselqualifikationen, in: Sattelberger, Th. (Hrsg.), Innovative Personalentwicklung, Grundlagen, Konzepte, Erfahrungen, Wiesbaden 1989, S. 70 - 79

Pöppel, E. (1987): Grenzen des Bewußtseins. Über Wirklichkeit und Weitererfahrung. München 1987

Pongratz, H.J.; Voß, G.G. (1997): Fremdorganisierte Selbstorganisation · Eine soziologische Diskussion aktueller Managementkonzepte; in: Zeitschrift für Personalführung 11: 1997, H. 11

Porter, M.E. (1996): Wettbewerbsvorteile, 4. Aufl., Frankfurt/New York 1996

Prahalad, C.K.; Hamel, G. (1990): The Core Competence of the Corporation; in: Harvard Business Review, May-June 1990, S. 79 - 91

Prange, C.; Probst, G.; Rüling, C. (1996): Lernen zu kooperieren - Kooperieren, um zu lernen; in: Zeitschrift Führung und Organisation 65: 1996, H. 1, S. 10 - 16

Prigogine, I. (1989): The philosophy of instability, in: Futures 1989

Prigogine, I. (1992): Vom Sein zum Werden. Zeit und Komplexität in den Naturwissenschaften, 6. Aufl., München 1992

Probst, G. (1992): Organisation, Landsberg 1992

Probst, G. (1987): Selbst-Organisation: Ordnungsprozesse in sozialen Systemen aus ganzheitlicher Sicht, Berlin/Hamburg 1987

Probst, G. (1987a): Führungstheorien - Biokybernetik und Führung; in: Kieser, A.; Reber, G.; Wunderer, R. (Hrsg.), Handwörterbuch der Führung, Stuttgart 1987, Sp. 727 - 735

Probst, G. (1985): Regeln des systemischen Denkens; in: Probst, G.; Siegwart, H. (Hrsg.), Integriertes Management: Bausteine des systemorientierten Managements, Bern/Stuttgart 1985, S. 181 - 203

Probst, G. (1981): Kybernetische Gesetzeshypothesen als Basis für Gestaltungs- und Lenkungsregeln im Management, Bern/Stuttgart 1981

Probst, G.; Büchel, B. (1994): Organisationales Lernen, Wiesbaden 1994

Probst, G.; Dyllick, T. (1987): Führungstheorien, kybernetische; in: Kieser, A.; Reber, G.; Wunderer, R. (Hrsg.), Handwörterbuch der Führung, Stuttgart 1987, Sp. 823 - 831

Probst, G.; Gomez, P. (1991): Vernetztes Denken - Unternehmen ganzheitlich führen, 2. Aufl., Wiesbaden 1991

Probst, G; Scheuss, R. (1984): Die Ordnung von sozialen Systemen; in: Zeitschrift Führung und Organisation 53: 1994, S. 480-488

Pümpin, C. (1990): Der Unternehmenswert setzt neue Massstäbe; in: gdi-impuls 8: 1990, H. 4, S. 35 - 42

Pümpin, C. (1986): Management strategischer Erfolgspositionen, 3. Aufl., Bern/Stuttgart 1986, 4. Aufl. 1989

Pümpin, C.; Imboden, C. (1991): Unternehmungs-Dynamik. Wie führen wir Unternehmungen in neue Dimensionen? Die Orientierung Nr. 98, Bern 1991

Raub, S.; Büchel, B. (1996): Organisationales Lernen und Unternehmensstrategie - 'Core Capabilities' als Ziel und Resultat organisationalen Lernens; in: Zeitschrift Führung und Organisation 65: 1996, H. 1, S. 26 - 31

Reber, G. (1992): Organisationales Lernen; in: Frese, E. (Hrsg.), Handwörterbuch der Organisation, 3. Aufl., Stuttgart 1992, Sp. 1240 - 1255

Reber, G. (1989): Lernen und Planung; in: Szyperski, N. (Hrsg.), Handwörterbuch der Planung, Stuttgart 1989, S. 960 - 972

Richter, P. (1991): Chaos. Das Weltbild der deterministischen Physik in der Krise; in: Sandkühler, H.J. (Hrsg.), Wissenschaftliche Weltbilder, Bremen 1991

Riedl, R. (1992): Wahrheit und Wahrscheinlichkeit. Biologische Grundlagen des Für-Wahr-Nehmens, Berlin/Hamburg 1992

Riedl, R. (1987): Die Systemtheorie der Evolution, in: Schmidt, F. (Hrsg.), Neo-darwinismus oder Kybernetische Evolution? Bericht über ein Internationales Symposium vom 15.-17.07.1987 in Heidelberg, S. 4 - 26

Riedl, R. (1987a): Kultur - Spätzündung der Evolution? Antworten auf Fragen an die Evolutions- und Erkenntnistheorie, München/Zürich 1987

Riedl, R. (1985): Die Spaltung des Weltbildes. Biologische Grundlagen des Erklärens und Verstehens, Berlin/Hamburg 1985

Riedl, R. (1984): Die Strategie der Genesis, München/Zürich 1984

Riedl, R. (1980): Biologie der Erkenntnis. Die stammesgeschichtlichen Grundlagen der Vernunft, Berlin/Hamburg 1980

Riedl, R. (1975): Die Ordnung des Lebendigen. Systembedingungen der Evolution, Hamburg/Berlin 1975

Riekhof, H.-Ch. (1992): Strategieorientierte Personalentwicklung, in: Riekhof, H.-Ch. (Hrsg.), Strategien der Personalentwicklung, 3. Aufl., Wiesbaden, S. 49 - 75

Ringlstetter, M. (1987): Auf dem Weg zu einem evolutionären Management, München 1987

Rosenstiel, L. v.; Molt, W.; Rüttinger, B. (1988): Organisationspsychologie, Stuttgart 1988

Roth, G. (1987): Autopoiese und Kognition: Die Theorie H.R. Maturanas und die Notwendigkeit ihrer Weiterentwicklung; in: Schmidt, S. (Hrsg.), Der Diskurs des Radikalen Konstruktivismus, Frankfurt 1987, S. 256 - 286

Roth, G. (1986): Selbstorganisation-Selbsterhaltung-Selbstreferentialität: Prinzipien der Organisation der Lebewesen und ihre Folgen für die Beziehung zwischen Organismus und Umwelt; in: Dress, A.; Hendrich, H.; Küppers, G. (Hrsg.), Selbstorganisation. Die Entstehung von Ordnung in Natur und Gesellschaft, München/Zürich 1986

Rüegg, J. (1989): Unternehmensentwicklung im Spannungsfeld von Komplexität und Ethik, Bern/Stuttgart 1989

Rufer, D.; Wüthrich, H.A. (1989): "Unternehmerisch" führen ist anders !; in: io Management Zeitschrift 58: 1989, H. 7/8, S. 33 - 35

Sattelberger, T. (1991): Die lernende Organisation im Spannungsfeld von Strategie, Struktur und Kultur; in: Sattelberger, T. (Hrsg.), Die lernende Organisation - Konzepte für eine neue Qualität der Unternehmensentwicklung, Wiesbaden 1991, S. 11 - 55

Sattelberger, T. (1989): Personalentwicklung als strategischer Erfolgsfaktor, in: Sattelberger, T. (Hrsg.), Innovative Personalentwicklung - Grundlagen, Konzepte, Erfahrungen; Wiesbaden 1989, S. 15 - 37

Sattelberger, T. (1989a): Gedankenskizze zu Nachwuchsermittlung, Projektarbeit und Coaching, in: Sattelberger, T. (Hrsg.), Innovative Personalentwicklung - Grundlagen, Konzepte, Erfahrungen; Wiesbaden 1989, S. 155 - 174

Schäuble, G. (1985): Zur Konstruktion der Zeit: eine Auswahl zeittheoretischer Analysen, Bremen 1985

Schein, E. (1985): Organizational Culture and Leadership, San Francisco 1985

Scheurer, S. (1997): Bausteine einer Theorie der strategischen Steuerung von Unternehmen, Berlin 1997

Schirmer, F. (1991): Was tun Manager? - Möglichkeiten und Grenzen der "Work Activity"-Forschung, Wiesbaden 1991

Schirmer, G.; Staehle, W.H. (1990): Untere und mittlere Manager als Adressaten und Akteure des Human Ressource Management, in: Die Betriebswirtschaft 1990, H. 6, S. 707 - 720

Schmidt, S. (1987): Der Radikale Konstruktivismus: ein neues Paradigma im interdisziplinären Diskurs; in: Schmidt, S. (Hrsg.), Der Diskurs des Radikalen Konstruktivismus, Frankfurt 1987, S. 11 - 87

Schramm, M. (1989): Wissenschaftsgeschichte Naturwissenschaften; in: Seiffert, H.; Radnitzky, G. (Hrsg.), Handlexikon zur Wissenschaftstheorie, München 1989

Schreyögg, G. (1991): Managementrolle: Stratege; in: Staehle, W. (Hrsg.), Handbuch Management - Die 24 Rollen der exzellenten Führungskraft, Wiesbaden 1991, S.101 - 119

Schuhmann, W. (1990): Ganzheitliche Unternehmensführung; in: Czap, H. (Hrsg.), Unternehmensstrategien im sozio-ökonomischen Wandel, Berlin 1990, S. 329 - 341

Schuster, P. (1987): Molekulare Evolution und Ursprung des Lebens, in: Küppers, B.O. (Hrsg.), Ordnung aus dem Chaos. Prinzipien der Selbstorganisation und Evolution des Lebens, München/Zürich 1987

Schwaninger, M. (1994): Management-Systeme, Frankfurt/New York 1994

Schwaninger, M. (1993): A Concept of Organisational Fitness; in: Espejo, R.; Schwaninger, M. (eds.), Organisational Fitness. Corporate Effectiveness through Management Cybernetics, Frankfurt/New York 1993, S. 39 - 66

Schwaninger, M. (1989): Zur Zukunft der systemorientierten Managementforschung, Diskussionsbeitrag Nr. 13/1989 des Instituts für Betriebswirtschaft an der Hochschule St. Gallen, St. Gallen 1989

Schwaninger, M. (1989a): Integrale Unternehmensplanung, Frankfurt/New York 1989

Seiwert, L.J.; Gay, F. (1996): Das 1×1 der Persönlichkeit, Offenbach 1996

Semmel, M. (1984): Systemorientierte Managementlehre - Grundauffassungen, Schwierigkeiten und Ansätze zu deren Überwindung, Diskussionsbeitrag Nr. 5/1984 des Instituts für Betriebswirtschaft an der Hochschule St. Gallen, St. Gallen 1984

Senge, P. (1990): The Fifth Discipline - The Art and the Practice of the Learning Organization, New York 1990

Servatius, H.-G. (1991): Vom Strategischen Management zur Evolutionären Führung, Stuttgart 1991

Shrivastava, P. (1983): A Typology of Organizational Learning Systems; in: Journal of Management Studies 20: 1983, H. 1, S. 7 - 20

Simon, H. (1989): Lernen und Unternehmenskultur und Strategie, in: ZfbF-Sonderheft Nr. 24, 1989, S. 23 - 39

Sofsky, W.; Paris, R.: Figurationen sozialer Macht, Frankfurt 1994

Spinola, R.; Peschanel, F.D. (1988): Das Hirn-Dominanz-Instrument (HDI), Speyer 1988

Staehle, W.H. (1991): Redundanz, Slack und lose Kopplung in Organisationen: Eine Verschwendung von Ressourcen?; in: Staehle, W.H.; Sydow, J. (Hrsg.), Managementforschung 1, Berlin/New York 1991, S. 313 - 345

Staehle, W.H. (1990): Management. Eine verhaltenswissenschaftliche Perspektive, 5. Aufl., München 1990

Staehle, W.H.; Sydow, J. (1992): Management-Philosophie; in: Frese, E. (Hrsg.), Handwörterbuch der Organisation, 3. Aufl., Stuttgart 1992, Sp. 1286 - 1302

Staffelbach, B. (1987): Ethik und Management - Grundlagen und Ansätze, in: Die Unternehmung 41: 1987

Stalk, G.; Evans, P.; Shulman, L.E. (1992): Competing on Capabilities: The New Rules of Corporate Strategy; in: Harvard Business Review, March-April 1992, S. 57 - 69

Stalk, G.; Hout, T.H. (1990): Zeitwettbewerb. Schnelligkeit entscheidet auf den Märkten der Zukunft, Frankfurt 1990

Steinle, C. (1995): Betriebswirtschaftslehre als Führungsleere? Mehrebenenanalytische Skizze zur führungszentrierten Betriebswirtschaftslehre; in: Wunderer, R. (Hrsg.), Betriebswirt-schaftslehre als Management- und Führungslehre, 3. überarb. u. erg. Aufl., Stuttgart 1995, S. 285 - 307

Stewart, I. (1990): Spielt Gott Roulette? Chaos in der Mathematik, Basel 1990

Suinn, R.M. (1989): Übungsbuch für Mentales Training - In sieben Schritten zur sportlichen Höchstleistung, Göttingen 1989

Taschdjian, E. (1981): The Role of Ambivalence in Heterarchic Social Systems; in: Lasker, G. (Ed.), Human Systems, Sociocybernetics, Management and Organizations, New York 1981, S. 1010 - 1023

Thommen, J.-P. (1995): Management-Kompetenz durch Weiterbildung, in: Thommen, J.-P. (Hrsg.), Management-Kompetenz, Wiesbaden 1995, S. 11 - 29

Türk, K. (1989): Neuere Entwicklungen der Organisationsforschung. Ein Trend Report, Stuttgart 1989

Turnheim, G. (1991): Chaos und Management, Wien 1991

Ulrich, H. (1995): Von der Betriebswirtschaftslehre zur systemorientierten Managementlehre; in: Wunderer R. (Hrsg.), Betriebswirtschaftslehre als Management- und Führungslehre, 3. Aufl., Stuttgart 1995, S. 161 - 178

Ulrich, H. (1987): Unternehmungspolitik, 2. Aufl., Bern/Stuttgart 1987

Ulrich, H. (1984): Management, hrsg. von T. Dyllick; G. Probst, Bern/Stuttgart 1984

Ulrich. H. (1981): Die Betriebswirtschaftslehre als anwendungsorientierte Sozialwissenschaft; in: Geist, M.; Köhler, R. (Hrsg.), Die Führung des Betriebes, Stuttgart 1981

Ulrich, H. (1970): Die Unternehmung als produktives soziales System, 2. überarb. Aufl., Bern/Stuttgart 1970, 1. Aufl. 1968

Ulrich,H./Hill, W. (1976): Wissenschaftstheoretische Grundlagen der Betriebswirtschaftslehre; in: Wirtschaft und Statistik 7/1976

Ulrich, H.; Probst, G. (1991): Anleitung zum ganzheitlichen Denken und Handeln, 3. Aufl., Bern/Stuttgart 1991

Ulrich, P. (1995): Betriebswirtschaftslehre als praktische Sozialökonomie; in: Wunderer, R. (Hrsg.), Betriebswirtschaftslehre als Management- und Führungslehre, 3. überarb. u. erg. Aufl., Stuttgart 1995, S. 179 - 203

Ulrich, P. (1983): Konsensus-Management: Die zweite Dimension rationaler Unternehmensführung; in: Betriebswirtschaftliche Forschung und Praxis 35: 1983, S. 70-84

Ulrich, P. (1984): Systemsteuerung und Kulturentwicklung; in: Die Unternehmung 38: 1984, S. 303 - 325

Varela, F. (1990): Autonomie und Autopoiese; in: Schmidt, S. (Hrsg.) Der Diskurs des Radikalen Konstruktivismus, 3. Aufl., Frankfurt 1990, S. 119 - 132

Vester, F. (1983): Unsere Welt - ein vernetztes System, München 1983

Vester, F. (1988): Leitmotiv vernetztes Denken, München 1988

Vester, F. (1988a): Neuland des Denkens, München 1988

Vollmer, G. (1987): Evolutionäre Erkenntnistheorie - Angeborene Erkenntnisstrukturen im Kontext von Biologie, Psychologie, Linguistik, Philosophie und Wissenschaftstheorie, 4. Aufl., Stuttgart 1987

Watzlawick, P. (1988): Wie wirklich ist die Wirklichkeit?, 16. Aufl., München 1988

Watzlawick, P. (Hrsg.) (1988a): Die erfundene Wirklichkeit - Wie wissen wir, was wir zu wissen glauben? Beiträge zum Konstruktivismus. 5. Aufl., München 1988

Weber, M. (1972): Wirtschaft und Gesellschaft, 1. Aufl. 1921, Köln 1972

Weick, K.E. (1985): Der Prozess des Organisierens, Frankfurt 1985

Weinberg, G. (1975): General systems thinking. An introduction to general systems thinking. New York 1975

Weinert, A.B. (1987): Lehrbuch der Organisationspsychologie, 2. Aufl., München/Weinheim 1987

Wiener, N. (1968): Kybernetik - Regelung und Nachrichtenübertragung in Lebewesen und Maschine, Reinbek 1968

Willke, H. (1993): Systemtheorie. Eine Einführung in die Grundprobleme sozialer Systeme, 4., überarb. Auflage, Stuttgart/Jena 1993

Willke, H. (1989): Systemtheorie entwickelter Gesellschaften. Dynamik und Riskanz moderner gesellschaftlicher Selbstorganisation, Weinheim 1989

Winnes, R. (1993): Neue Anforderungen an Führungsqualität und Persönlichkeitsstruktur, in: Schuppert, D. (Hrsg.), Kompetenz zur Führung - Was Führungspersönlichkeiten auszeichnet, Wiesbaden 1993, S. 73 - 111

Withauer, K. (1992): Menschen führen, 6. Aufl., Ehningen/Stuttgart/Zürich 1992, Neuauflage in Vorb., Renningen 2000

Withauer, K. (1973): Betriebswirtschaftslehre der Consulting-Unternehmung, Grafenau-Döffingen 1973

Womack, J.P.; Jones, D.T.; Roos, A. (1992): Die zweite Revolution in der Autoindustrie, Frankfurt/New York 1992

Wüthrich, H.A. (1991): Neuland des strategischen Denkens - Von der Strategietechnokratie zum mentalen Management, Wiesbaden 1991

Wuketis, F.M. (1984): Evolution, Erkenntnis, Ethik. Folgerungen aus der modernen Biologie, Darmstadt 1984

Wunderlich, W. (1995): "Andere Länder - andere Sitten" - Interkulturelle Kommunikation und internationales Management - , in: Thommen, J.-P. (Hrsg.), Management-Kompetenz, Wiesbaden 1995, S. 571 - 587

Zahn, E./Rüttler, M. (1990): Ganzheitliches Informationsmanagement - Informationsbereitschaft, Informationspotential, Informationsfähigkeit - ; in: Heilmann, H.; Gassert, H.; Horváth, P. (Hrsg.), Informationsmanagement - Aufgabe der Unternehmensführung; Stuttgart 1990, S. 1 - 27

Zimmer, G. (1987): Selbstorganisation des Lernens, Frankfurt 1987

Sachregister

Action learning, 71, 281
Adaptationsmodell, 143ff
Adhokratie, 234f, 239
Änderungskultur, 229ff
Analogie, 29
Anwendungsorientierung, 25, 41, 70ff, 150
Attraktor, 112
Auslöser für entwicklungsorientiertes Management, 140f
Autonomie, 117
Autopoiese, 116ff

Betriebswirtschaftslehre als Managementlehre, 83ff
Bifurkation, 113, 235
Biokybernetik, 28, 52, 177

Centers of Competence, 239, 243
Chaos: deterministisches, 110
Chaosforschung, 106, 108, 110, 168
Coaching, 263, 268ff, 280, 282

Deduktion, 67
Determinismus, 76
Deutero-learning, 167f
Developing, 17
Dezentralisation, 189
Diskontinuität, 14, 79, 111
Dissipatives System
- allgemein, 79ff
- Merkmale, 109ff.
- als Konzeption für Unternehmungen, 129
Diversität, 10
Double-loop learning, 167
Durchlaufzeit, 214ff
Dynamik, 1ff, 13ff
Dynamische Stabilität, 109, 134

Economies of speed, 214
Effektivität, 87, 91
Effizienz, 87, 91
Eigendynamik, 109, 122, 234
Emotionen, 258f
Entwickeln als Managementfunktion, 44

Entwicklung
- Auslöser für Entwicklungsprozesse, 140ff
- Entwicklungsdynamik, 203ff
- Entwicklungsfähigkeit, 137f
- Entwicklungsmodelle, 142ff
- Entwicklungsorientierung, 16f, 60
Erfolgsfaktoren
- bei normaler Prozessdynamik, 187
- bei hoher Prozessdynamik, 187ff, 250
Erfolgsposition, 91f
Erfolgspotenzial, 57, 250
Erkenntnismechanismen: intuitive, 258ff
Erkenntnismethodik, 67ff
Erkenntnisschwierigkeiten
- durch den ratiomorphen Apparat, 251ff
- sprachlich und kulturell bedingte, 254ff
Erneuerungsfähigkeit, 205f
Evolution
- Systemtheorie der Evolution, 120
- Ziel der Evolution, 125
- Zufall im Evolutionsprozess, 124f
Evolutionäre Erkenntnistheorie, 250ff
Evolutionäre Führungslehre, 98ff
Evolutionsdynamik, 99f, 123ff, 131

Fitness der Unternehmung, V ff, 56ff, 64
Flexibilität, 206
Fluidität, organisationale, 236ff
Fluktuation, 114, 130, 184, 204, 236
fraktale Struktur, 168ff
Frühwarnung, 182, 219
Führbarkeit, 6, 16, 82
Führer-Rolle, 95f, 234ff
Führungslehre, 27

Ganzheitliches Denken, 22ff
Geschäftsprozesse, 211ff, 245ff
Geschwindigkeitskultur, 54
Gestalten als Managementfunktion, 40f

Handlungskompetenz, 262ff
Handlungstheorien, alltagsweltliche, 146
Helfende Beziehungen, 267ff
Hirnhemisphären, 271f

Hermeneutik, 64
Heterarchie, 233ff, 236ff
Holismus, 22f, 242
Humanpotenzial, 57, 222, 224
Human Ressources Management, 224

Instabilität, 75ff
Integrative Verknüpfung von Managementkonzeptbausteinen, 94ff
Intelligenz: organisationale, 220ff
Interdisziplinarität,
- als Forschungskonzept, 81ff
- Ansatz der St. Galler Schule, 87ff
Intrapreneuring, 142, 230, 240
Intuitives Management, 12, 258ff, 272ff
Iteration, 112

Just-in-time Konzept, 214f

Kernkompetenzen, 209f
Koexistenz: strukturelle, 238ff
Kognitiver Dualismus, 69ff
Kommunikation
- Kommunikation und Führung, 96
- offene Kommunikation, 227ff
Komplexität
- Komponenten der Komplexität, 10f
- Komplexität dissipativer Systeme, 109
- Komplexität und Dynamik, 14ff
- Komplexität und Führbarkeit, 6ff, 16
Komplexitätszustand, 179f
Kompliziertheit, 11
Konfliktmanagement, 231f
Konstruktion von Wirklichkeiten, 155ff
Konstruktivismus, 74
Kontrolle
- komplexer Phänomene, 7ff
- Prozesskontrolle, 193
- Strukturkontrolle, 193ff.
Konvergenz, 76
Kultur, 50, 59
Kulturbewusste Führung, 222ff, 225
Kunden-Fokus, 242ff
Kybernetik, 27ff, 34f
Kybernetische Systemtheorie, 18ff, 25f, 45 ff, 87
Langlebige Unternehmungen, VI ff
Lernen
- individuelles, 158f

- kollektives, 159f
- organisationales, 160ff
Lernende Organisation, 152f
Lernmodelle, 145f
Linearität, 77
Logistische Gleichung, 111f
Lose Kopplung, 241ff

Machbarkeitsglaube, 103
Metaerfolgsfaktoren, 187
Metapher, 102, 237
Managementkonzept
- St.Galler, 87ff
- der Münchner Schule, 96ff
- Sozialökonomisches, 86ff
Management,
- der Komplexität, 7ff, 35ff
- Entwicklungsorientiertes, 61ff
- Integriertes, 94ff
- Interkulturelles, 257
- Systemorientiertes, 24ff
Management-Development, 266ff
Managementfunktionen, kybernetische, 40ff, 78
Managementtechniken zum Aufspüren von Veränderungschancen, 193ff
Managementverständnis
- analytisches, 102
- ganzheitlich-evolutionäres, 104ff
- mikropolitisch-behavioristisches, 106ff
MbO: partizipatives, 208f
Mentales Training, 277ff
Mentoring, 268
Metaerfolgsfaktoren, 187
Metawissenschaft, 18, 25
Minimal-Organisation, 247f
Mitarbeiterführung: Prinzipien, 225ff
Mobilität, 230
Modelle: kybernetische, 45ff
Moderation, 283f
Musterbildung
- durch Sinn- und Werterahmen, 185ff
- strukturelle Rahmenbedingungen, 188ff
- Ordnungsparameter, 111, 113, 169
Mustererkennung, 164, 177ff
Mutation, 120

Naturwissenschaften als interdisziplinärer Anknüpfungspunkt, 100f, 107f

Netzwerkdarstellung, 195, 197f
Netzwerk-Kommunikation, 246f
Netzwerk-Organisation, 240
Nicht-Linearität, 14, 110, 250
Normatives Management, 89ff

Offenheit der Welt, 80
Operatives Management, 92
Ordnungsbildung und Systemdynamik
- spontan durch Fluktuationen, 115ff, 131
- durch evolutionsdynamische Selbstorganisation, 123ff, 131
Ordnungsebenen sozialer Systeme
- normativ: kulturell-kognitive, 57, 138, 222
- strategisch: politisch-behavioristische, 57, 138
- operativ: technisch-ökonomische, 56, 138
Ordnungsmanagement: substanzielles-symbolisches, 139
Organisation
- stabilisierende-destabilisierende, 237ff
- fraktale Struktur, 168ff
- lose Kopplung, 241f
Organisationales Lernen, 145f, 160ff, 267
Organisationales Wissen, 163ff
Organisationsentwicklung, 60f
Organizational slack, 190, 240

Paradigma,
- allgemein, 72ff
- mechanistisch-technomorphes, 102f
- der Selbstorganisation, 104f
- der Prozesshaftigkeit, 106
Partnerschaftliches Management, 228ff
Persistenz, 14, 237
Persönlichkeitsanalyse, 275ff
Persönlichkeitstheorien, 147f
Phänomenologie, 64
Planung, 55f
Präsenz, weltweite, 2f
Problemlösungsfähigkeit, 17
Problemlösungsmethodik: ganzheitliche, 196ff
Projektorganisation, 173, 240f
Prozessdynamik: hohe-niedrige, 133f
Prozessorientierung, 211f
Pull-System, 214, 244

Quick response-System, 213

Ratiomorpher Apparat, 251ff
Raumgestalt, 15
Reduktionismus, 20, 76
Reflexion, 153
Redundanz, 189
Regelkreis, 29, 30ff
Regelung, 31
Rekreation, 139
rekursiv, 109, 111
Repositionierung, 138f
Restrukturierung, 138
Reversibilität, 77
Revitalisierung, 139

Selbstorganisation
- allgemein, 109, 115, 168ff
- Paradigma der Selbstorganisation, 104f
- Selbstorganisation dissipativer Systeme, 110ff
- Selbstorganisation in der Evolutionsdynamik, 123ff
Selbstwertgefühl, 274
Schlüsselqualifikationen, 261ff
Schmetterlingseffekt, 111, 195
Selbstentwicklung, 34, 249, 270ff
Selbstkoordination, 169
Selbstreferenz, 117, 128, 151
Selbstreflexion, 159
Selektion, 120, 123ff
Selektionsmodelle, 143
Shareholder-value-Ansatz, 220
Single-loop learning, 166f
Sinn
- allgemein, 49f
- -findung, 52, 226
- -modelle für Organisationen, 154f
- vermittlung, 225ff
Soziales System,
- allgemein, 48ff
- als handlungsfähige Einheit, 151f
Speed-Management, 213
Steuerung, 30
Stakeholder-Perspektive, 229f
St. Galler Management-Konzept, 87ff
Stimulus-response Schema, 144, 158
Straff-lockere Führung, 242
Strategie
- Begriff, 172
- als dynamischer Problemlösungspfad, 172f

Strategieerkennung, 194ff
Strategiefehler, 175f
Strategisches Management
- allgemein, 57
- Konzepte, 91ff.
Strategische Planung
- bei hoher Prozessdynamik: Kritik, 178f, 183
- bei niedriger Prozessdynamik, 181ff
Strategische Lenkung
- als Musterbildung, 185ff
- fern dem Gleichgewicht, 182f
- Frühwarnkonzepte, 182
- ganzheitliche strategische Lenkung, 191ff
- intuitive, 260
- nahe dem Gleichgewicht, 181ff
Strategische Wahl, 144f
Stressbewältigung, 275ff
Strukturen: dissipative, 234
Strukturierung, 233ff
Strukturierungsprinzipien, 188ff, 192, 238ff
Strukturkontrolle, 193ff
Synergetik, 145
System
- autopoietisches, 110, 116ff
- dissipatives, 109ff.
- offenes, geschlossenes, 115
- organismisches, 14, 47f, 114ff
- selbstreferenzielles, 117
- soziales dissipatives, 132ff
Systemklassifikation, 19f
Systemkompetenz, 265
Systemtheorie
- und Komplexität, 18ff
- der Evolution, 48, 120ff

Teleologie, 19f
Teleonomie, 124f, 179f
Temporalisierung, 117f
Tücken strategischer Interventionen, 174ff
Turbulenz, 14

Übersteuerung, 192f
Umkippeffekte, 175, 234
Umweltdynamik, 186f
Unternehmungsarchitektur, 217ff
Unternehmungsbilder, 50ff
Unternehmungsentwicklung, 90
Unternehmenskonzeption, siehe »System«
Unternehmungskultur, 52, 91

Unternehmungsleitbild, 189, 207
Unternehmungsverfassung, 90
Unternehmungszustände, 132ff

Varietät, 3, 35ff
Vernetztes Denken, 194ff
Vernetztheit, 10, 52, 104
Versuch-Irrtums-Prozess, 52, 123f
Vertrauensatmosphäre, 228f,
Vision, 207f
Voluntarismus, 147
Vorkopplung, 33

Wahrnehmung, 72, 174
Wandel, 1ff, 59, 64
Weltbild
- allgemein, 65
- kartesianisches, 75ff, 102, 233
- vernetzt-dynamisches, 78ff, 234
Wertewandel, 5
Wertschöpfungskette, 210, 212
Wettbewerbsfähigkeit, VII
Wirklichkeit: konstruierte, 15, 155ff
Wissenschaftsmethodik, 67ff
Wissenschaftstheoretische Erkenntnisübertragung, 118
Workshoparbeit, 208, 283

Zeit, 53
Zeit als Ressource, 54, 213f
Zeitautonomie, 5
Zeitgestalt, 13, 15
Zeitschere, 15f
Zeitwettbewerb, 4, 213ff
Zellteilung: Prinzipien der, 171, 248
Zukunft, 53ff
Zwiebelmodell der Organisation, 138

Wolfgang Korndörfer

Unternehmensführungslehre

Einführung – Entscheidungslogik – Soziale Komponenten

9., aktualisierte Auflage 1999
312 Seiten, Broschur, DM 79,80
ISBN 3-409-38172-4

In diesem Lehrbuch der Unternehmensführung werden sowohl sachbezogene als auch personelle Probleme der Unternehmensführung behandelt.

Die Kapitel „Einführung", „Entscheidungslogik" und „Soziale Komponenten" beginnen mit Lernzielbeschreibungen, die in die einzelnen Teilbereiche einführen, und enthalten am Ende einen bereichsbezogenen Fragenkatalog. Dazu werden keine fertigen Antworten angeboten, sondern Seitenhinweise zur Beantwortung der Fragen gegeben.

Für die 9. Auflage wurde die „Unternehmensführungslehre" aktualisiert. Das Literaturverzeichnis befindet sich auf neuestem Stand.

Der Autor, Professor Dr. Wolfgang Korndörfer, lehrt am Fachbereich Wirtschaft der Fachhochschule Frankfurt am Main in den Fachgebieten Betriebswirtschaftslehre, Personal- und Sozialwesen, Prüfungs- und Revisionswesen.

Die Meinung der Fachpresse zu diesem Buch:

„Es ist eine empfehlsame, wichtige Lektüre für alle, die in verantwortlicher Stelle im Unternehmen stehen oder sich auf eine solche Position vorbereiten."

Der Betriebswirt

Betriebswirtschaftlicher Verlag Dr. Th. Gabler GmbH, Abraham-Lincoln-Str. 46, 65189 Wiesbaden

Klaus North

Wissensorientierte Unternehmensführung

Wertschöpfung durch Wissen

2., aktualisierte und erweiterte Auflage
1999, 304 Seiten, Broschur, DM 58,–
ISBN 3-409-23029-7

Die Bedeutung der Ressource „Wissen" wird in Volkswirtschaften und Unternehmen zunehmend erkannt. Die gesellschaftlichen und organisatorischen Rahmenbedingungen zur Generierung und effektiven Nutzung von Wissen werden in der nahen Zukunft die Wettbewerbsfähigkeit bestimmen.

Ziel wissensorientierter Unternehmensführung ist es, aus Informationen Wissen zu generieren und dieses Wissen in nachhaltige Wettbewerbsvorteile umzusetzen, die als Geschäftserfolge meßbar werden.

Eine Vielzahl von Praxisbeispielen macht deutlich, wie wissensorientierte Unternehmensführung und das Management von Wissensressourcen erfolgreich umgesetzt werden können.

Aus dem Inhalt:

- Wissenswettbewerb
- Wissen in Organisationen
- Organisieren rund ums Wissen
- Wissen ist menschlich
- Wissen aufbauen und teilen
- Wissen messen und absichern
- Wissensmanagement implementieren

Die zweite Auflage wurde durchgesehen und aktualisiert. Kapitel 7 wurde um eine erweiterte Darstellung der Einführungspfade des Wissensmanagement ergänzt.

Die Zielgruppen sind Studenten der Betriebswirtschaft, insbesondere mit den Schwerpunkten Organisation und Unternehmensführung, Unternehmenspraktiker, Berater und Organisationsentwickler.

Betriebswirtschaftlicher Verlag Dr. Th. Gabler GmbH, Abraham-Lincoln-Str. 46, 65189 Wiesbaden

MIX
Papier aus verantwortungsvollen Quellen
Paper from responsible sources
FSC® C105338

If you have any concerns about our products,
you can contact us on
ProductSafety@springernature.com

In case Publisher is established outside the EU,
the EU authorized representative is:
**Springer Nature Customer Service Center GmbH
Europaplatz 3, 69115 Heidelberg, Germany**

Printed by Libri Plureos GmbH
in Hamburg, Germany